완역 한서 ❻ 열전列傳 2

완역 ⑥
한서 漢書
列傳
열전 2

漢書

반고 지음 • 이한우 옮김

21세기북스

【 옮긴이의 말 】

우선 중국 한(漢)나라의 역사서인 반고(班固)의 『한서(漢書)』를 우리말로 옮겨 세상에 내놓는다.

편년체(編年體)와는 구별되는 기전체(紀傳體)로 사마천(司馬遷)의 『사기(史記)』는 이미 여러 사람들에 의해 국내에 번역이 돼 있는데 아직 어떤 번역본도 대표 번역의 지위를 얻지 못하고 있다. 아마도 번역상의 문제 때문일 것이다.

고대에서부터 한나라 무제(武帝)까지를 범위로 하는 『사기』와 달리 『한서』는 오직 한나라만을 대상 범위로 하고 있어 흔히 단대사(斷代史)의 효시로 불리기도 한다. 서(書)란 곧 사(史)다. 『서경(書經)』도 그렇지만 적어도 『한서(漢書)』와 『당서(唐書)』의 이름에서 보듯이 중국의 오래된 역사서 서술 방식인 기전체라는 것은 본기와 열전(列傳)으로 돼 있다는 뜻인데, 그밖에도 표(表)와 지(志)가 포함돼 있다. 서(書)란 곧 사(史)였다.

『당서』 편찬에 참여했던 당(唐)나라 역사학자 유지기(劉知幾)는 중국 역사학의 전통을 체계적으로 정리한 『사통(史通)』에서 옛날부터 그가 살았던 당나라 때까지의 역사서를 여섯 유파로 분류했다.

첫째가 상서가(尚書家)다. 『상서(尚書)』란 바로 육경(六經)의 하나인 『서경(書經)』을 가리킨다.

둘째는 춘추가(春秋家)다. 공자가 지은 『춘추(春秋)』를 가리킨다. 편년체 역사의 원조다.

셋째는 좌전가(左傳家)다. 좌구명(左丘明)이 『춘추』를 기반으로 해서 역사적 사실을 보충한 것이다.

넷째는 국어가(國語家)다. 『국어(國語)』는 좌구명이 『좌씨전(左氏傳)』을 쓰기 위해 각국의 역사를 모아 찬술(撰述)한 것으로, 주어(周語) 3권, 노어(魯語) 2권, 제어(齊語) 1권, 진어(晋語) 9권, 정어(鄭語) 1권, 초어(楚語) 2권, 오어(吳語) 1권, 월어(越語) 2권으로 돼 있다. 주로 노(魯)나라에 대해 기술한 『좌씨전』을 '내전(內傳)'이라 하는 데 비해 이를 '외전(外傳)'이라고 한다. 사마천이 좌구명을 무식꾼으로 몰았다 하여 '맹사(盲史)'라고도 한다. 또 당나라 유종원(柳宗元)이 『비국어(非國語)』를 지어 이 책을 비난하자 송(宋)나라의 강단례(江端禮)가 『비비국어(非非國語)』를 지어 이를 반박하는 등, 그후로도 학자들의 논쟁이 끊이지 않았다.

다섯째는 사기가(史記家)다. 사마천의 『사기』를 가리킨다. 이 책은 기전체(紀傳體)의 효시로 불린다. 그러나 지나치게 문장의 꾸밈에 치중하고 사실의 비중을 낮췄다는 비판이 줄곧 제기됐다.

여섯째는 한서가(漢書家)다. 반고의 단대사 『한서』를 말한다.

그런데 유지기는 책의 결론에서 "상서가 등 4가의 체례는 이미 오래전에 폐기되었다. 본받아 따를 만한 것으로는 단지 『좌전』과 『한서』 2가만 있을 뿐이다"라고 단정 지었다. 즉, 편년체는 『좌씨전』, 기전체는 『한서』만이 표준이 될 만하다는 것이다. 그후에 사마광(司馬光)은 『좌씨전』의 전통에 서서 『자치통감(資治通鑑)』을 편찬했고, 나머지 중국의 대표적 역사서들은 한결같이 『한서』를 모범으로 삼아 단대기전(斷代紀傳)의 전통을 따랐다. 참고로 사마천의 『사기』는 통고기전(通古紀傳)이라고 한다.

그후에도 중국 역사학계에서는 편년체와 기전체 중에 어느 것이 좋은 역사 서술이냐를 놓고서 지속적인 논쟁이 이어졌고, 동시에 사마천과 반고 중 누가 더 뛰어난 역사가인지를 두고서도 지속적인 논쟁이 이어졌다. 편년체와 기전체의 우열 논쟁은 조선 세종 때 고려의 역사를 정리하는 문제를 두고도 치열하게 진행됐다. 결국 세종은 어느 한쪽의 손을 들어주지 않은 채 기전체 『고려사(高麗史)』와 편년체 『고려사절요(高麗史節要)』를 다 편찬하도록 했다. 그만큼 쉽지 않은 문제인 것이다.

그러면 중국에서 『한서』와 『사기』의 우열 논쟁은 어떻게 진행돼왔는가? 이에 대해서는 옮긴이의 생각보다는 『반고평전(班固評傳)』(진기태·조영춘 지음, 정명기 옮김, 다른생각)에 있는 내용을 간략히 정리하는 것으로 대신하고자 한다. 그에 앞서 『논어(論語)』 「옹야(雍也)」 편에 나온 공자의 말을 읽어둘 필요가 있다.

"바탕이 꾸밈을 이기면 거칠고 꾸밈이 바탕을 이기면 번지레하니, 바탕과 꾸밈이 잘 어우러진 뒤에야 군자답다[質勝文則野 文勝質則史 文質彬彬 君子]."

『후한서(後漢書)』를 지은 범엽(范曄)은 이미 사마천과 반고를 비교해 이렇게 말한 바 있다.

"사마천의 글은 직설적이어서 역사적 사실들이 숨김없이 드러나며, 반고의 글은 풍부한 내용을 담고 있어서 역사적 사실들을 상세하게 서술하고 있다."

송나라 작가 양만리(楊萬里)는 또 더욱 운치 있는 말을 남겼다.

"이백(李白)의 시는 신선과 검객들의 말이며, 두보(杜甫)의 시는 전아(典雅)한 선비와 문사(文士)의 말이라고 할 수 있다. 이들을 문장에 비유하자면 이백은 곧 『사기』이며, 두보는 곧 『한서』다."

『반고평전』은 『한서』가 후한 초에 발간된 이래 지식인들의 필독서가 된 과정을 이렇게 요약한다.

"『한서』는 동한 시기에 조정 당국과 학자들 사이에서 매우 높은 지위를 차지했다. 이후 반고를 추종하고 『한서』에 주석을 다는 사람들이 끊임없이 증가하여 『한서』의 지위가 계속 높아지자 전문적으로 『한서』를 가르치고 배우는 데까지 이르렀으며, 마침내 오경(五經)에 버금하게 됐다."

남북조(南北朝)시대를 거쳐 당나라에 이르면 『한서』에 주석을 단 지작들이 20여 종에 이른다. 당나라 안사고(顏師古)는 '한서서례(漢書敍例)'라는 글에서 3국, 양진(兩晉), 남북조시대까지 『한서』를 주석한 사람들로 복건(服虔), 응소(應劭), 진작(晉灼), 신찬(臣瓚) 등 23명의 학자들을 열거하고 있다. 이는 곧 이때에 이미 『한서』가 『사기』에 비해 훨씬 더 중시되고 있었음을 보여준다. 물론 여기에는 『한서』의 경우 고문자(古文字)를 많이 사용한 데 반해 『사기』는 고문자를 별로 사용하지 않고, 그나마 인용된 고문자조차 당시에 사용하던 문자로 번역했기 때문에 많은 주석이 필요치 않은 이유도 작용했다.

그리고 안사고가 주석을 단 이후에 『한서』는 비로소 더 이상 배우기 어려운 책이 아닌 것으로 인식됐고 주석도 거의 사라졌다.

당나라 때 『사기』를 연구해 『사기색은(史記索隱)』을 지은 사마정(司馬貞)은 "『사기』는 반고의 『한서』에 비해 예스럽고 질박한 느낌이 적기 때문에 한나라와 진(晉)나라의 명현(名賢)들은 『사기』를 중시하지 않았다"고 말했다. 이런 흐름은 명(明)나라 때까지 이어져 학자 호응린(胡應麟)은 "두 저작에 대한 논의가 분분해 정설은 없었지만, 반고를 높게 평가하는 사람이 대략 열에 일곱은 됐다"고 말했다.

물론 사마천의 손을 들어주는 학자도 있었다. 진(晉)나라의 장보(張輔)는 이렇게 말했다. "세상 사람들은 대부분 반고가 뛰어나다고 말한다. 하지만 나는 이것이 잘못이라고 본다. 사마천의 저술은 말을 아껴 역사적 사실들을 거론해 3,000년 동안에 있었던 일을 서술하면서 단지 50만 자로 표현해냈다. 그러나 반고는 200년 동안에 있었던 일을 80만 자로 서술했으니, 말의 번거로움과 간략함이 같지 않다."

이런 흐름 속에서 반고의 편을 드는 갑반을마(甲班乙馬)라는 말도 생겨났고, 열고우천(劣固優遷)이라는 말도 생겨났다.

그러나 우리의 입장에서는 굳이 이런 우열 논쟁에 깊이 관여할 이유는 없다. 장단점을 보고서 취할 것은 취하고 버릴 것은 버리면 그만이다. 송나라 때의 학자 범조우(范祖禹)는 사마광의 『자치통감』 편찬에도 조수로 참여한 인물이었는데, 그의 말이 우리의 척도라 할 만하다.

"사마천과 반고는 뛰어난 역사가의 인재로서 박학다식하고 사건 서술에 능하여 근거 없이 찬미하거나 나쁜 점을 감추지 않았다. 그러므로 그들의 저서는 1,000년 이상을 전해오면서 사라지지 않았다."

『한서』 번역은 그저 개인의 취향 때문에 고른 작업이 아니다. 그것은 지금 우리가 처해 있는 상황과 깊은 관련이 있다.

  첫째, 중국의 눈부신 성장이다. 그것은 곧 우리에게 위험과 기회를 동시에 가져다준다는 점에서 말 그대로 위기(危機)이다. 기회로 만드는 길은 분명하다. 중국을 정확히 알고서 그에 맞게 대처해가는 것이다. 중국을 정확히 아는 작업은 크게 두 가지 방향에서 이뤄질 수밖에 없다. 지금 당장 일어나고 있는 중국의 정치, 경제, 문화, 사회의 변동을 깊고 넓게 파악하는 것이다. 이것은 어느 한 사람의 노력으로 될 일이 아니며, 우리 사회의 전반적인 정보 및 지식의 종합 대응력을 높이는 데 달려 있다. 또 하나는 중국의 역사를 깊이 들어가서 정확하게 아는 일이다. 옮긴이의 이 작업은 바로 그 방향으로 나아가기 위한 첫걸음이라 여긴다.

  둘째, 우리의 역사적 안목과 현실을 보는 시야를 깊고 넓게 하는 데 『한서』가 크게 기여한다고 보았기 때문이다. 그것이 중국의 역사라는 점과는 별개로, 오래전에 이와 같은 치밀하고 수준 높은 역사를 저술할 능력을 갖췄던 반고의 식견은 지금도 여전히 우리에게 절실히 필요한 안목이다. 역사에서 중요한 것은 무엇을 취하고 무엇을 버리느냐에 달려 있는데, 그런 점에서 반고는 여전히 우리의 스승이 될 수 있다.

셋째, 우리에게 필요한 고전의 목록에 반드시 『한서』를 포함시키고 싶은 욕심이 있었다. 서양의 역사 고전은 읽으면서 우리가 속한 동양의 고전을 소홀히 여겨서는 안 된다. 사실 그렇게 된 이유 중의 하나는 이 분야에 대한 제대로 된 번역서가 없기 때문이기도 하다. 그래서 우리 다음 세대들은 중국에 대한 단편적인 지식보다는 이 같은 정사(正史), 특히 저들의 제국 건설의 역사를 깊이 파고듦으로써 중국 혹은 중국인을 그 깊은 속내에서 읽어내주기를 바라는 바람으로 이 작업에 혼신의 힘을 다했다.

넷째, 다소 부차적인 이유가 되겠지만, 일본에는 『한서』가 완역돼 있는데 우리는 열전의 일부만이 편집된 채 번역된 것이 전부라는 지적 현실에 대한 부끄러움이 이 작업을 서두르게 한 원동력의 하나가 됐다는 점을 말하고 싶다.

이 책이 나오게 되기까지 많은 분들의 도움과 성원이 있었다. 21세기북스 김영곤 대표의 결단이 없었다면 이 책은 세상에 나오지 못했을 것이다. 이 자리를 빌려 깊이 감사드린다. 그리고 함께 공부하는 즐거움을 누리고 있는 우리 논어등반학교 대원들에게 진심으로 고맙다는 말을 전하고 싶다.

22년 동안 재직한 조선일보의 방상훈 사장님을 비롯해 선후배님들에게도 깊은 고마움을 전한다. 또 2016년 조선일보를 그만두고 강의와 저술에 뛰어든 이래로 물심양면의 지원을 아끼지 않으시는 LS그룹 구자열 회장님께 진심으로 감사드린다.

아마도 이 책의 출간을 가장 기뻐해주셨을 분은 돌아가신 아버님과 장인어른, 그리고 고 김충렬 선생님이신데 아쉽다. 하늘나라에서나마 축하해주시리라 믿는다. 학문적 기초를 닦게 해주신 이기상 교수님께도 감사드린다. 그리고 내 글쓰기의 든든한 원동력인 가족에게 고마움을 전한다.

2020년 4월 상도동 보심서실(普心書室)에서

탄주(灘舟) 이한우(李翰雨) 삼가 쓰다

【 차례 】

옮긴이의 말 · · · · · · · · · · · · · · · · 4

권45 괴통·오피·강충·식부궁전(蒯伍江息夫傳) · · · · · 17

권46 만석군·위관·직불의·주인·장구전(萬石衛直周張傳) · · 63

권47 문삼왕전(文三王傳) · · · · · · · · · 81

권48 가의전(賈誼傳) · · · · · · · · · · · 101

권49 원앙·조조전(爰盎晁錯傳) · · · · · · · · 157

권50 장석지·풍당·급암·정당시전(張馮汲鄭傳) · · · · · 209

권51 가산·추양·매승·노온서전(賈鄒枚路傳) · · · · · 237

- 권52 두영·전분·관부·한안국전(竇田灌韓傳) ····· 291
- 권53 경십삼왕전(景十三王傳) ············ 331
- 권54 이광·소건전(李廣蘇建傳) ··········· 367
- 권55 위청·곽거병전(衛靑霍去病傳) ········ 411
- 권56 동중서전(董仲舒傳) ·············· 439
- 권57 사마상여전(司馬相如傳) (상) ········ 485
- 권57 사마상여전(司馬相如傳) (하) ········ 517

| 일러두기 |

1. 『한서(漢書)』에는 안사고(師古)를 비롯한 많은 학자들의 원주가 붙어 있다. 아주 사소하거나 지금의 맥락에서 중요성이 떨어지는 것 외에는 가능한 한 원주를 다 옮겼다(원주는 해당 본문에 회색 글자로 〔ㅇ 〕 처리해 넣었다). 그리고 인물과 역사적 배경이 중요하기 때문에 문맥에서 필요한 범위 내에서 충실하게 역주(譯註)를 달았다.

2. 간혹 역사적 흐름에 대한 설명이 필요한 경우 간략한 내용을 주로 달았다. 그러나 독자들의 해석과 평가에 영향을 미치지 않도록 최소한의 범위에서만 언급했다. 단어 수준의 풀이가 필요한 경우에는 별도의 역주로 처리하지 않고 괄호 안에 짧게 언급했다.

3. 『논어(論語)』를 비롯해 동양의 고전들을 인용한 경우가 많은데, 기존의 번역에서는 출전을 거의 밝히지 않았다. 그러나 『한서(漢書)』의 경우 특히 열전(列傳)에서 인물들을 평가할 때 『논어』를 비롯한 유가의 경전들을 빈번하게 인용하기 때문에 그 속에 중국 고전들이 얼마나 자연스럽게 녹아 있는지를 살피는 것이 중요하다. 그래서 확인 가능한 고전 인용의 경우 주를 통해 그 전거를 밝혔다.

4. 분량이 워낙 방대하기 때문에 설사 앞서 주를 통해 언급한 바 있더라도 다시 찾아보는 번거로움을 덜기 위해 중복이 되더라도 다시 주를 단 경우가 있음을 밝혀둔다.

5. 한자는 대부분 우리말로 풀어쓰고 대괄호([ ]) 안에 독음과 함께 한자를 표기했다. 그래서 '천명(天命)'이라고 표기한 경우도 있지만 대부분 '하늘의 명[天命]'이라는 방식으로 표기했다. 또한 한자 단어의 경우 독음을 붙여쓰기로 표기하여 한문 문장을 이해하는 데 도움이 되도록 했다.

권
◆
45

괴통·오피·강충·
식부궁전

蒯伍江息夫傳

괴통(蒯通)은 범양(范陽) 사람으로〔○ 사고(師古)가 말했다. "범양은 탁군(涿郡)의 현으로 옛날에는 연(燕)나라에 속했다. 통(通)은 본래 연나라 사람인데 뒤에 제(齊)나라에 유람을 다녔다. 그래서 고조(高祖)가 말하기를 제나라 변사 괴통이라고 했다."〕원래는 무제(武帝)와 같은 이름[同諱]동휘이었다〔○ 사고(師古)가 말했다. "원래 이름은 철(徹)이었는데 (무제의 이름 철을 피해) 후세의 사가들이 (그것과 뜻이 같은) 통(通)이라고 쓴 것이다."〕. 초(楚)나라와 한(漢)나라가 처음에 일어났을 때 무신(武臣)이 조(趙)나라 땅을 공략해 평정하고 무신군(武信君)이라고 불렸다. 통이 범양의 현령 서공(徐公)을 설득해 말했다.

"신은 범양 백성 괴통이라고 하는데 공께서는 장차 죽게 돼 남몰래 가련히 여겨 조문을 하려고 했습니다. 그렇지만 공께서 이 통을 얻게 돼 사실 수 있으니 축하드립니다."

서공이 두 번 절하고 물었다.

"어째서 조문을 하려 했던 것이오?"

통이 말했다.

"족하께서 현령이 되시어 10여 년이 됐는데 그동안 남의 아버지를 죽이고 남의 자식을 고아로 만들고 남의 다리를 자르고 남의 얼굴에 경형(黥刑-먹물을 새기는 형)을 시행한 것이 너무나도 많습니다. 자식을 사랑하는 부모와 부모를 사랑하는 효자가 지금까지 감히 공의 배를 칼로 찌르지[事=刺]〔○ 이기(李奇)가 말했다. "동쪽 지방에서는 물건으로 땅을 찍는 것을 일러 사(事)라고 한다."〕 못하고 있는 것은 진나라의 법[秦法]이 두려워서입니다. (그런데) 지금 천하가 어지러워져 진나라의 정치가 제대로 행해지지 못하고 있으니 그렇다면 자식을 사랑하는 부모와 부모를 사랑하는 효자가 장차 다투어 칼을 들고 공의 배를 찔러 그 원한을 갚고 공명(功名)을 이루려 할 것입니다. 이것이 바로 통이 조문을 하려 했던 까닭입니다."

서공이 말했다.

"어째서 그대를 얻게 돼 살 수 있으니 축하한다고 한 것이오?"

"조나라 무신군은 통이 뛰어나지 못함[不肖]을 알지 못해 사람을 시켜 나의 생사 여부를 살펴서 물어올 것인데 그러면 이 통은 장차 무신군을 만나보고서 그에게 이렇게 설득할 것입니다.

'분명히 앞으로 전쟁에서 이겨 땅을 공략할 것이고 공격을 해 성을 떨어뜨릴 것인데 신은 남몰래 이를 위태롭다[殆=危] 여깁니다. 신의 계책을 쓰시어 싸우지 않고서 땅을 공략하시고 공격을 하지 않고서 성을 떨어뜨려 격문을 사방으로 전해 (사방) 천리를 평정하는 것이 좋지 않겠습니까?'

그러면 저쪽에서 물어올 것입니다.

'어떻게 하라는 말인가?'

그러면 신은 이렇게 말할 것입니다.

'범양현령은 마땅히 그 사졸들을 정돈해 전투를 준비해야 할 터인데 지금 겁을 먹고 죽음을 두려워하며 탐욕스러워 부귀를 좋아하기 때문에 누구보다도 먼저 성을 갖고서 군께 항복하려고 합니다. 그런데 가장 먼저 군께 항복했는데도 군께서 그를 제대로 대우해주지 않는다면[不利] 변방의 성들에서는 모두 다 서로에게 말하기를 "범양현령이 가장 먼저 항복했는데도 몸을 망쳤다"라고 하면서 반드시 장차 성벽을 더욱 튼튼히 해 굳게 지키려 할 것이니 모두 금성탕지(金城湯池)[1]가 돼 공격할 수가 없을 것입니다. 군을 위한 계책으로는 황옥(黃屋)과 주륜(朱輪)으로 된 수레로 범양의 현령을 맞이해 연(燕)과 조(趙)나라의 교외를 맘껏 달리게 하는 것 만한 것이 없습니다. 그렇게 하면 변방의 성들에서는 모두 장차 서로 고해 말하기를 "범양현령이 가장 먼저 항복을 하더니 부귀한 몸이 됐다"라고 할 것이니 그러면 분명 서로 이끌고 와서 항복을 할 것입니다. 이는 마치 산비탈 위에서 공 굴리기[阪上走丸]〔○ 사고(師古)가 말했다. "기세를 타서 너무나도 쉽다는 뜻이다."〕와 같다고 할 것입니다. 이것이 바로 신이 말한 격문을 전함으로써 천리를 평정시킬 수 있다는 것입니다.'"

서공은 두 번 절하고서 수레와 말을 갖춰주고 통을 보냈다. 통은 드디어 이런 내용으로 무신(武臣)을 설득했다. 무신은 수레 100승, 기마 200명,

---

1 쇠로 만든 성과 끓는 물을 채운 못이란 뜻으로 매우 견고한 성과 해자를 가리킨다.

후(侯)의 인장을 갖고서 서공을 맞이했다. 연나라와 조나라에서 이를 듣고서 30여 개 성이 항복했으니 과연 통의 계책대로 됐다.

뒤에 한나라 장군 한신(韓信)이 위왕(魏王)을 사로잡고 조(趙)와 대(代)나라를 깨뜨렸으며 연(燕)나라를 항복시켜 3국(三國)을 평정하고서 군대를 이끌고 장차 동쪽으로 가서 제(齊)나라를 치려고 했다. 평원(平原)(의 나루)을 아직 건너지 않았을 때 한왕이 역이기(酈食其)를 보내 설득해 제나라를 떨어뜨렸다는 말을 듣고서 신(信)은 진격을 멈추려 했다. (이때) 통이 신을 설득해 말했다.

"장군께서 조서를 받아 제나라를 치려 하는데 한왕이 단독으로 간사(間使-밀사)를 보내 제나라를 항복시키긴 했지만 오히려 장군께 진격을 그만두라는 조서가 있습니까? 그러니 어찌 진격하지 않을 수 있겠습니까! 게다가 역생(酈生)은 일개 선비일 뿐인데도 식(軾-수레 가로 막대)에 엎드려 세 치 혀를 놀려 제나라의 70여 성을 항복시켰습니다. 그러나 장군께서는 수만의 무리를 거느리고 한 해가 넘도록 조나라의 50여 개 성을 항복시켰을 뿐입니다. 장군이 되신 지 여러 해가 됐는데 도리어 일개 보잘것없는 선비[豎儒]의 공로만도 못하다는 말씀입니까?"
수유

이에 신도 그렇다고 여겨 그의 계책을 따라 드디어 황하를 건너갔다. 제나라는 이미 역생의 말을 듣고 곧바로 그를 머물게 한 뒤 술잔치를 벌여 한나라에 대한 방비를 풀어놓고 있었다. 신이 이 틈을 타서 역하(歷下)의 군대를 습격해 드디어 임치(臨菑)에 이르렀다. 제나라 왕-전광(田廣)-은 역생이 자기를 속였다고 여기고 그를 삶아 죽이고 패주해 달아났다. 신은 드디어 제나라 땅을 평정하고 스스로를 세워 제나라의 가왕(假王-임시 왕)

으로 삼았다. 한왕은 (한신을 처벌하려 했으나) 마침 형양(滎陽)에서 고전을 하고 있었기 때문에 장량(張良)을 보내 신을 세워 제왕으로 삼았는데 일단은 신을 달래 안정시키려는 조치였다. 항왕(項王-항우) 또한 무섭(武涉)을 보내 신을 설득해 서로 화친을 맺으려 했다.

괴통은 천하의 권력이 신에게 있다는 것을 알고서 신을 설득해 한나라에 등을 돌리게 하려고 마침내 우선 아주 작은 일로 신을 감동시키고자 이렇게 말했다.

"제[僕]가 일찍이 사람을 살피는 술법[相人之術]을 배운 적이 있어 군(君)의 얼굴을 보니 후(侯)에 봉해지는 것에 지나지 않고 그나마도 위태로워 안전하지 않습니다. (그런데) 군의 등을 보니 귀하기가 이루 다 말할 수가 없습니다."

신이 말했다.

"무슨 말이오?"

통이 이에 가까이 다가가게 해줄 것[間]을 청한 다음 이렇게 말했다.

"천하가 처음 어려움에 처했을 때 영웅[俊雄]과 호걸들이 스스로 제후나 왕이라고 칭하고[建號] 한번 크게 소리치자 천하의 선비들이 구름처럼 몰려들어[雲合霧集] 물고기 비늘처럼 서로 겹칠 정도였으며[魚鱗雜襲] 불길이나 바람처럼 일어났습니다. 이런 때를 맞아 근심거리라고는 오직 진나라를 멸망시키는 것뿐이었습니다. (그런데) 지금 유(劉-유방)와 항(項)[2]이

---

2 유방(劉邦)과 항우(項羽)를 한왕이나 초왕이라고 하지 않고 유와 항이라고 부르고 있는 것 자체가 의미심장하다.

서로 나뉘어져 다투게 되자 사람들의 간과 쓸개가 땅바닥에 내팽개쳐지고 (백성들 중에) 고향 마을을 떠나 들판에서 유리걸식하는 자들을 이루 다 헤아릴 수 없습니다.

한왕(漢王)은 수십만의 무리를 거느리고 공(鞏)과 낙(洛)에서 험준한 산하를 방패삼아 하루에도 여러 차례 싸웠지만 한 자 한 치의 공도 세우지 못했고, 패배해 달아나도 구원해주는 사람이 없어 형양(滎陽)에서 패하고 성고(成皐)에서 가슴을 다쳐 군대를 돌려 완(宛)과 섭(葉) 사이로 달아났으니, 이것이 이른바 지혜로운 자와 용감한 자[智勇]가 다 함께 괴로움을 당하는 것입니다. (반면에) 초나라 사람-항우-은 팽성(彭城)에서 일어나 각지를 돌아다니며 달아나는 적을 쫓아 형양(滎陽)까지 이르렀고 그 승세를 타고 각지를 석권하니 그 위세가 천하를 진동시키고 있지만, 그러나 병사들은 경(京)과 삭(索) 사이³에서 곤경에 빠지고 서산(西山)에 이르러 더 이상 진격을 하지 못한 채 3년이 됐습니다. 무릇 날카로운 기세는 험준한 요새에서 꺾이고, 양식은 창고에서 바닥나고 백성들은 지칠 대로 지쳐 의지할 곳[歸命]조차 없습니다.

신이 헤아려[料=量]볼 때 천하의 빼어나고 뛰어난 이[聖賢]가 아니고서는 그 형세상 참으로 천하의 재앙을 그치게 할 수 없습니다. 이런 때를 맞아 두 임금[兩主]의 운명은 족하께 달려 있습니다. 족하께서 한나라를 위하면 한이 이길 것이요 초나라와 함께하면 초가 이길 것입니다. 신이 바라건대 속마음을 다 터놓고 간과 쓸개를 드러내고 어리석은 계책을 말씀드

---

3 하남 형양 부근이다.

리려고 하는데 족하께서 그것을 제대로 쓸 수 없지 않을까 두렵습니다. 바야흐로 지금 족하를 위한 계책으로는 양쪽을 다 이롭게 하면서 두 임금을 모두 존속시켜 천하를 셋으로 나누어 큰 쇠솥의 발[鼎族]처럼 서 있게 하는 것만 한 것이 없습니다. 그리되면 그 형세상으로 누구도 감히 먼저 움직이지 못할 것입니다.

무릇 족하의 뛰어남과 빼어남[賢聖]으로 수많은 무장 병사를 거느리고 강대한 제나라에 의지해 연과 조나라를 복종시키고, 주인 없는 땅으로 나아가 한과 초나라의 후방을 제압하고, 백성들이 바라는 대로 서쪽으로 진격해서 두 나라의 전쟁을 끝내게 하고 백성들의 생명을 구해준다면 천하에서 누가 감히 족하의 명을 듣지 않겠습니까!

족하께서는 제나라의 옛 땅인 것을 생각해 회(淮)와 사(泗)의 땅을 차지하고 다움[德]으로 제후들을 회유하며 궁궐 깊은 곳에서 두 손 모아 읍하면서 겸양하는 태도를 보인다면 천하의 군왕들이 서로 끌고 와서 제나라에 조회할 것입니다. 대개 들건대 '하늘이 내려주는 것을 받지 않으면 도리어 벌을 받고, 때가 왔는데도 행동하지 않으면 도리어 그 재앙을 받는다'라고 했습니다. 족하께서는 이를 깊이 생각하시기 바랍니다."

신이 말했다.

"한나라가 나를 대우해주는 것이 두터운데 내 어찌 이익을 바라고서 은혜를 저버릴 수 있겠소?"

통이 말했다.

"처음에 상산왕(常山王-장이(張耳))과 성안군(成安君-진여(陳餘))이 서로 목을 베어줄 만큼 가깝게 사귀었지만[勿頸之交] 뒤에 장염(張黶)과 진택

(陳澤)의 일 때문에 다투게 되자 상산왕은 항영(項嬰)의 머리를 들고 달아나 한왕에게 귀순했습니다. 한왕이 장이에게 군대를 주어 동쪽으로 내려가서 성안군을 지수(泜水) 남쪽에서 죽이니 그의 머리와 다리가 따로 떨어져나갔습니다. 이 두 사람 사이를 보면 천하에 둘도 없이 친한 사이였는데 끝에 가서 서로를 멸망시키려고 한 것은 어째서이겠습니까? 우환은 욕심이 많은 데서 생기고 사람의 마음은 앞을 헤아릴 수 없기 때문입니다.

지금 족하께서는 충성과 신의를 다해 한왕과 사귀려고 하시지만 분명 그 사귐은 상산왕과 성안군의 사귐보다 견고하다고 할 수 없습니다. 그리고 두 사람 사이에 놓여진 일들은 장염과 진택의 일보다 많고 큽니다. 그래서 저는 족하께서 한왕이 결코 족하를 위태롭게 하지 않을 것이라고 여기는 것은 잘못[過=誤]이라고 봅니다.

대부(大夫) 종(種)과 범려(范蠡)는 망해가는 월(越)나라를 존속시키고 월왕(越王) 구천(句踐)을 패자(霸者)로 만들어 공명을 세웠지만 자기 몸은 죽게 됐습니다. 속담에 들짐승이 다 없어지게 되면 사냥개도 삶아 먹힌다고 했습니다. 교우관계로 말한다면 (족하와 한왕은) 장이와 성안군보다 못하며, 충성과 신의로 말한다면 대부 종만 못합니다. 이 두 가지의 일은 마땅히 (거울로 삼아서) 잘 살펴보아야 합니다. 바라건대 족하께서 깊이 생각해보십시오. 또 제가 듣건대 '용기와 지략으로 군주를 떨게 하는 자는 몸이 위태롭고, 공로가 천하를 덮는 자는 상을 (정작) 받지 못한다'라고 했습니다.

족하께서는 서하(西河)를 건너 위왕(魏王)을 사로잡고[虜] 하열(夏說)을 사로잡았으며[禽], 군대를 이끌고 정형(井陘)으로 내려가 성안군의 죄를 주토하고 조나라를 항복시키셨습니다. 연나라를 위협하고 제나라를 평정했으며, 남쪽으로 초나라의 수십만 대군을 꺾고 드디어 동쪽으로 진격해 용저(龍且)를 목 베고, 서쪽(-한왕)을 향해 이 사실을 보고했으니, 이것이 이른바 '공로는 천하에 둘도 없고 지략은 불세출이다'라고 하는 것입니다.

지금 족하께서는 상을 받을 수 없는 공로를 가지고 있고 군주를 떨게 하는 위력이 있으니 초나라로 돌아가면 초나라 사람들이 믿지 않고, 한나라로 돌아가도 한나라 사람들이 떨며 두려워할 것입니다. 족하께서는 이러한 공로와 위력을 가지고 어디로 (의탁하러) 가려고 하십니까? 무릇 형세는 남의 신하의 위치에 있으면서도 이름은 천하에 드높아지셨으니 간절하게[切] 족하를 위해 위험하다는 말씀을 드리는 것입니다."

신이 말했다. "선생[生]께서는 잠시 쉬십시오. 나도 장차 깊이 생각해보겠소."

며칠 뒤에 통이 다시 설득해 말했다.

"남의 말을 듣는다는 것[聽者]은 일을 사전에 살펴보는 것[候]이고 계책을 잘 세운다는 것[計者]은 일의 성공과 실패의 기틀[機]입니다. 무릇 비천하게 말 먹이는 일에 종사하는 자는 만승(萬乘-천자)이 될 권위를 얻지 못하고[失], 한두 섬의 녹봉 지키기에 급급한 자는 경상(卿相)의 지위를 지키지 못합니다. 계책을 세워 그 일을 잘 알면서도 끝내 결단해 과감하게 행동하지 못하는 것은 모든 일의 화근입니다.

그래서 사나운 호랑이라도 머뭇거리게 되면[猶與=猶豫] 벌이나 전갈의 독(毒)[蠚]만 못하며, (진나라 맹장) 맹분(孟賁)이라도 여우 같은 의심을 품게 되면[狐疑] 어린아이가 반드시 결행하는 것만 못합니다. 이는 실행하는 것이 그만큼 중요하다는 말입니다. 무릇 공업(功業)이란 이루기는 힘들고 실패하기는 쉬우며, 때란 얻기는 어렵고 놓치기는 쉽습니다. 옛말에 좋은 때는 다시 오지 않는다고 했습니다. 바라건대 족하께서는 신의 계책을 조금도 의심하지 마십시오."

신은 망설이면서 차마 한나라를 배반하지 못했고 또 스스로 공로가 많다 여겨 한왕이 자신의 제나라를 빼앗지는 않을 것이라고 생각하고서 통의 말을 물리쳤다[謝]. 통은 자신의 말을 들어주지 않자 후환을 두려워해 마침내 겉으로[陽] 미친 척하고 무당이 됐다.

천하가 이미 평정되고 나서 뒤에 신(信)은 죄를 물어 폐위되고 회음후(淮陰侯)가 됐다가 모반을 했다 해 주살됐는데 죽음을 앞두고 한탄해 말했다.

"괴통의 계책을 쓰지 않아 여자의 손에 죽게 되는 것이 한스럽구나!"

고제가 말했다.

"괴통은 제나라 변사(辯士)다."

이에 제나라에 조서를 내려 괴통을 불러올렸다. 통이 잡혀오자 상은 그를 삶아 죽이려 하며 물었다.

"네가 한신에게 모반하라고 가르쳤다는데 왜 그랬는가?"

통이 말했다.

"개가 짖는 것은 본래 자기 주인이 아니기 때문입니다. 그 당시 신은 오직 제나라 왕 한신만 알았을 뿐 폐하는 알지 못했습니다. 진(秦)나라가 그 사슴을 잃어버리자[○ 장안(張晏)이 말했다. "사슴은 황제의 자리를 비유한 것이다."] 천하는 모두 그 사슴을 쫓았고 재주가 뛰어난 자가 먼저 그 사슴을 잡았습니다. 천하가 흉흉해지자 다투어 폐하께서 하신 것처럼 해보려는 사람들이 많았는데 돌이켜보면 능력이 모자랐을 뿐입니다. 폐하께서는 그들을 모두 주살하시겠습니까?"

상은 이에 통을 용서해주었다.

제(齊)나라 도혜왕(悼惠王) 때에 이르러 조참(曹參)이 상국이 돼 뛰어난 이[賢人]에게 예의를 갖춰 자신을 낮췄는데[下] 통(通)에게 청해 그를 빈객으로 삼았다.

애초에 제왕(齊王) 전영(田榮)은 항우에게 원한을 품고서 군대를 일으켜 반란을 일으키고자 모의해 제나라 선비들을 협박했고 자기 뜻을 따르지 않는 자들은 죽여버렸다. 제나라의 처사(處士) 동곽(東郭)선생과 양석군(梁石君)도 겁박을 당해 어쩔 수 없이 따랐다. 전영이 패하게 되자 두 사람은 어쩔 수 없이 따랐던 것을 부끄럽게 여겨 함께 깊은 산에 들어가 숨어 살았다. 어떤 나그네가 통에게 말했다.

"조(曹)상국에게 선생의 역할이란 상국이 놓치는 것을 찾아내고 그의 허물을 살펴 뛰어난 이를 드러내고 유능한 이를 나아오게 하는 것[顯賢進能]이고 이런 점에 있어 제나라에서 선생만 한 이가 없소. (그런데) 선생은 양석군이나 동곽선생이 세속 사람들이 미칠 바가 아니라는 것을 누구보다 잘 알면서 어찌해 상국에게 말씀드려 그들을 조정에 나아오게 하지 않는 것이오?"

통이 말했다.

"알겠습니다. 신의 고향의 어떤 부인이 동네의 여러 어머니들과 서로 잘 지내고 있었습니다. 그 부인이 어느 날 밤에 고기를 잃어버렸는데 시어머니가 그 부인을 도둑이라고 여기고 화가 나서 내쫓았습니다. 그 부인이 새벽에 떠나가면서 지나는 길에 친하게 지냈던 마을 어머니들에게 사정을 말하면서 인사를 했습니다. 마을의 한 어머니가 말했습니다. '너는 안심하고 가거라. 내가 이제 너의 집으로 하여금 너를 쫓아가도록 하겠다.' 그러고 나서 즉시 헌 솜을 묶어서 고기를 잃어버린 집에 가서 불을 붙여달라고 청하며 말했습니다. '어제 초저녁 밤에 개가 고기를 물고 와서 쟁탈하다 서로 죽였습니다. 불로 그것들을 처리하려고 합니다.' 고기를 잃어버린 집에서는 급하게 그 부인을 쫓아가며 불렀다고 합니다."

마침내 상국을 찾아뵙고 말했다.

"부인들 중에는 남편이 죽고 사흘 만에 재혼을 하는 사람이 있고, 문을 닫아걸고 수절하며 문밖을 나오지 않는 사람이 있는데, 족하께서 만일 지금 부인을 구하신다면 누구를 고르겠습니까?"

(상국이) 말했다.

"재혼하지 않는 여인이지요."

통이 말했다.

"그렇다면 신하를 구하는 것 또한 이와 같을 것이니 저 동곽선생과 양석군은 제나라의 빼어난 선비[俊士]로서 은거하며 재혼하지 않고 일찍이 절의를 굽히고 뜻을 낮춰 벼슬하기를 구하지 않았습니다. 바라건대 족하께서 사람을 시켜 예를 갖춰 두 사람을 불러오십시오."

조상국이 말했다.

"삼가 명을 따르겠소이다."

두 사람을 맞아들여 상빈(上賓)으로 삼았다.

통(通)은 전국시대의 유세객[說士]으로 상황에 맞춰 필요한 논리를 잘 만들었으며[權變], 또 스스로 자신의 학설을 정리한 것이 모두 81수이며 책 이름은 『준영(雋永)』〔○ 사고(師古)가 말했다. "준(雋)이란 살찐 고기[肥肉]이고 영(永)이란 장구하다[長]는 뜻이다. 그 논한 바가 감미(甘美)롭고 그 뜻이 심장(深長)하다는 것이다."〕이라고 불렀다.

애초에 통은 제나라 사람 안기생(安其生)과 친했는데 안기생이 일찍이 항우(項羽)를 찾아가 벼슬자리를 구했으나 우(羽)는 그의 계책을 쓸 만한 능력이 안 됐다. 그런데도 항우는 이 두 사람을 봉해주려 했으나 두 사람 다 결국 그것을 기꺼이 받아들이지 않았다.

오피(伍被)는 초(楚)나라 사람이다. 어떤 사람은 그의 선조가 오자서(伍子胥)의 후손이라고도 한다. 피(被)는 재능이 있다는 칭송을 들어 회남(淮南) 중위(中尉)가 됐다. 이때 회남왕 안(安)은 (유학의) 학술을 좋아해 자신을 낮춰 선비들에게 겸손하게 해 영준(英儁)한 인걸 100여 명을 불러서 오게 했는데[招致=招聘] 그중에서도 피(被)는 으뜸[冠首]이었다.

시간이 지나 회남왕은 몰래 간사한 음모를 꾸몄는데 피가 여러 차례 은밀하게 간언했다[微諫=私諫]. 뒤에 왕은 동궁(東宮)에 앉아 피를 불러 함께 일을 계획하려고 그를 불렀다.

"장군(將軍)은 (당으로) 올라오시오."

피가 말했다.

"왕께서는 어찌[安=焉] 나라를 망하게 할 말씀을 하십니까? 옛날에 자서(子胥-오자서)가 오왕(吳王)에게 간언했다가 오왕이 듣지 않자[不用=

不聽] '신은 이제 (얼마 안 가서) 사슴들이 (황폐해진) 고소대(姑蘇臺-오나
불청
라의 대)에서 노는 것을 보게 될 것입니다'라고 했습니다. 신도 이제 마찬
가지로 장차 (회남국의) 궁중 뜰에 가시나무가 자라고 이슬에 옷이 젖는
것을 보게 될 것입니다."

이에 왕은 화가 나서 피의 부모를 잡아 석 달 동안 감옥에 가두었다. 뒤
에 다시 피를 불러 말했다.

"장군은 과인의 청을 받아들이겠는가?"

피가 대답했다.

"못 합니다. 신이 온 까닭은 대왕을 위한 계획을 세워주기 위해서일 뿐
입니다. 신이 듣건대 귀 밝은 자[聰者]는 소리가 없는 곳에서도 듣고 눈 밝
           총자
은 자[明者]는 형태가 없는 데서도 본다고 했습니다. 그런 까닭에 빼어난
   명자
이는 모든 일에 만전(萬全)을 기합니다. 옛날 주나라 문왕(文王)은 한 번
움직여 공을 천세(千世)에까지 드러냈고 그 자신은 삼왕(三王)의 반열에
올랐으니 이것이 이른바 하늘의 마음을 따라 움직인 것으로, 해내(海內-
온 나라)가 서로 기약도 하지 않았는데 모두 그를 따랐습니다."

왕이 말했다.

"바야흐로 지금 한나라의 조정은 잘 다스려지고 있는가, 아니면 어지러
운가?"

피가 말했다.

"천하는 잘 다스려지고 있습니다."

왕은 불쾌해하며 말했다.

"공은 무슨 근거로 천하가 잘 다스려지고 있다고 말하는가?"

피가 대답했다.

"제가 가만히 조정의 정치를 살펴보건대 군신, 부자, 부부, 장유(長幼)의 순서가 모두 도리에 맞고 상의 거동과 조치 또한 옛날의 도리를 따르고 있으며 풍속과 기강에도 아직 결여된 것이 없습니다. 재물을 가득 실은 부유한 상인들이 천하를 두루 다니며, 길이 통하지 않은 곳이 없어 교역의 길도 트여 있습니다. 남월이 귀순해 복종하고, (서쪽의) 강(羌)과 북(僰-서남이)이 입조해 조공을 바치며, 동구(東甌)가 입조하고 장유(長榆-요새 이름)를 넓히며 삭방(朔方)을 개척하니, 흉노가 날개가 끊기고 깃이 상했습니다. 비록 옛날의 태평스러운 때에는 미치지 못하지만 그러나 여전히 잘 다스려진다고 할 만합니다."

왕이 화를 내자 피는 죽을죄를 졌다며 사죄했다. 왕은 또 말했다.

"산동(山東)에 지금 당장 변란이 있게 되면 한나라는 반드시 대장군-위청(衛靑)-을 장수로 삼아 산동을 제압할 것인데 공은 대장군이 어떤 사람이라고 생각하나?"

피가 말했다.

"신과 잘 아는 황의(黃義)가 대장군을 따라 흉노를 친 일이 있는데 돌아와 저에게 말하기를 '대장군은 사대부를 예로 대우하고 사졸들에게는 은혜를 베풀며 사람들은 모두 그에 의해서 쓰이는 것을 좋아합니다. 말을 타고 산을 오르내리는 것이 날아다니는 것 같고, 재주는 남보다 뛰어납니다'라고 했습니다. 신이 생각하기에 그는 재능이 그와 같고 또 여러 차례 군사를 통솔하는 것을 익혔다고 하니 쉽게 당해내지는 못할 것입니다. 또 알자(謁者)인 조량(曹梁)이 장안에 사신으로 갔다가 돌아와 말하기를 대장군은 호령이 분명하고 적을 대적할 때에는 용감해 항상 사졸 앞에 선다고 합니다. 그는 또한 휴식을 취할 때에는 우물을 파고 나서야 물을 마십니다. 군대가 정벌을 하고 돌아올 때면 사졸들이 이미 황하를 다 건넌 뒤에야 자신이 건넜다고 합니다. 황태후께서 내려준 금전은 모두 다 군대의 관리들에게 내리니 비록 옛날의 이름난 명장이라고 할지라도 그보다 낫지는 않을 것입니다."

왕이 말했다.

"저 료(蓼)태자[4]는 지략이 불세출이라 평범한 사람과 다르니 한나라 조정에 있는 공경과 열후들은 죄다 목욕시킨 원숭이[沐猴]가 관을 쓰고 있는 것이나 다름없다고 여긴다."

피가 말했다.

"오로지 대장군을 제거한 다음이라야 마침내 일을 일으킬 수 있을 것입니다."

왕이 다시 피에게 물었다.

"공은 오(吳)나라가 군사를 일으킨 것이 잘못이라고 생각하는가?"

피가 말했다.

"잘못입니다. 저 오왕은 칭호를 하사받아 유씨(劉氏)의 좨주(祭酒)가 됐고 궤장을 받아 조회하지 않아도 되는 특권을 누렸으며, 네 군(郡)의 넓은 지역의 왕이 돼 땅이 사방 수천 리였고 산의 동을 캐서 동전을 만들고 바닷물을 끓여 소금을 만들었으며 강릉(江陵)의 나무를 베어 배를 만드니,

---

4   회남의 태자이며 료는 외가의 성이다.

나라는 부유했고 백성들은 많아 금은보화를 써서 제후들에게 뇌물로 주고 7국과 합종해 군사를 일으켜 서쪽으로 진군했지만, 대량(大梁)에서 깨지고 호보(狐父)에서 패주해 돌아왔다가 월나라에 붙잡혀 단도(丹徒)에서 살해됐으니, 머리와 발은 각각 나뉘고 몸은 없어지며 제사도 끊어져 천하 사람들로부터 벌을 받은 셈입니다. 오나라의 수많은 병졸을 갖고서도 일을 성공시키지 못한 것은 어째서이겠습니까? 진실로 하늘을 거역하고 백성들을 거슬러 때를 알지 못했기 때문입니다.”

“남자가 (모반을 위해) 죽는다고 했으면 그 한마디뿐이다. 게다가 오왕이 어찌 반란의 방략을 알았겠는가? 한나라의 장수 가운데 성고(成皐)를 지나는 자가 하루에 40여 명이 된다고 한다. 이제 내가 누원(樓緩)으로 하여금 먼저 성고의 입구를 차단하게 하고 주피(周被)로 하여금 영천(潁川)을 공격하게 해 이로써 병사를 시켜 환원(轘轅)과 이궐(伊闕)의 길을 막게 하고 진정(陳定)으로 하여금 남양(南陽)의 군사를 일으켜 무관(武關)을 지키게 하면 하남태수는 혼자서 낙양(雒陽)을 지킬 따름이니 무슨 걱정이 있겠는가? 그러나 하남 북쪽에는 오히려 임진관(臨晉關), 하동(河東), 상당(上黨), 하내(河內), 그리고 조나라가 있다. 사람들이 말하기를 ‘성고의 입구를 끊으면 천하가 통하지 않는다’라고 한다. 이곳 삼천(三川-이수(伊水)·낙수(洛水)·하수(河水))의 험난한 지형에 의지해 산동의 군사를 부르는 것이니 거사가 이와 같다면 그대는 어떻게 생각하는가?”

피가 말했다.

“신에게는 그 화(禍)는 보이는데 그 복(福)은 보이지가 않습니다.”

뒤에 한나라가 회남왕의 손자 건(建)을 체포해 옥에 가둬두고 조사를 진행했다. 왕은 비밀이 누설될까 두려워 피에게 말했다.

"일이 이렇게 된 이상 나는 결국 군대를 발동해야겠다. 천하의 노고(勞苦)라는 것이 간발의 차이다. 제후들에게 조금이라도 잘못된 행실이 있으면 그들은 모두 스스로의 안정을 의심하고 있어 내가 거병(擧兵)해 서쪽(-한나라)으로 진격하게 되면 반드시 호응하는 자가 있을 것이다. 만일 아무도 호응하지 않는다면 즉각 돌아와 형산(衡山)을 공략하라. 형세상으로도 군대를 발동하지 않을 수가 없다."

피가 말했다.

"형산을 공략해 여강(廬江)을 치고 심양(尋陽)의 배들을 보존하며 하치(下雉)의 성들을 지키고 구강(九江)의 포구들을 연결하며 예장(豫章)의 호구 입구를 끊고 강력한 쇠뇌로 장강(長江)에 임해 지킴으로써 남군(南郡)의 병사들이 아래로 내려오는 것을 막아 동쪽으로 회계(會稽)를 지키고 남쪽으로 강한 월나라를 통하게 해 장강과 회수 사이에 세력을 넓히게 되면 1년 남짓 수명을 연장하게 될 뿐 그것이 복이 될지는 알 수가 없습니다."

왕이 말했다.

"좌오(左吳), 조현(趙賢), 주교여(朱驕如)는 모두 복이 있어 열 가운데 아홉은 성공한다고 여기는데 공만이 홀로 화만 있고 복이 없다고 여기는 까닭은 무엇인가?"

피가 말했다.

"대왕의 신하들 중에서 가까이 총애하던 자들 가운데 평소 무리를 잘 부리던 자는 모두 이미 조옥(詔獄)에 갇혀 있고 그 나머지는 가히 쓸 만한 사람이 없습니다."

왕이 말했다.

"진승과 오광은 송곳을 꽂을 땅 하나 없이도 100여 명을 모아 대택(大澤)에서 일어나 팔뚝을 휘둘러 크게 호령하자 천하가 호응했고 서쪽으로 희수(戱水)에 이르니 병사가 120만 명이나 됐다. 지금 우리나라가 비록 작으나 군사로 삼을 수 있는 자가 20만 명에 이르는데 공은 어째서 화만 있고 복은 없다는 것인가?"

피가 말했다.

"신은 감히 자서(子胥-오자서)와 같은 죽음을 피하려 하지 않을 것이니 바라건대 대왕께서도 오왕처럼 충성스런 간언을 물리치는 일이 없으셔야 할 것입니다. 옛날에 진(秦)나라는 무도해 선비들을 죽이고 『시경(詩經)』과 『서경(書經)』을 불태우며[5] 빼어난 이들의 자취를 없애고 예의를 저버렸으며 형벌에 의지했고 동쪽 해변에서 나는 곡식을 운송해 서하(西河)로 보냈습니다. 이런 때를 맞아 남자들은 죽어라 경작해도 술지게미와 겨조차 얻어먹기에 부족했으며, 여자들은 밤낮으로 베를 짰지만 자기 몸을 덮기에도 부족했습니다. 몽염(蒙恬)을 파견해 장성(長城)을 쌓아 동서로 수천 리였습니다. 비바람과 눈서리에 몸을 맡긴 병사와 장수는 항상 수십만에 달했고 그 와중에 죽은 자는 이루 다 헤아릴 수 없으며 시체가 들판을 가득 채우고 피가 1,000리를 흘렀습니다. 이에 백성들은 힘이 다해 난을 일으키려고 하는 사람들이 열 집 가운데 다섯 집이었습니다.

---

5 유학의 경전들을 모두 불태웠다는 말이다.

또 (진시황은) 서복(徐福)을 바다 쪽으로 보내 들어가 신선의 불로장생약을 얻게 하니 진귀한 보배들을 엄청나게 싸 가지고 나아갔고 어린 남녀 아이 3,000명과 온갖 종류의 오곡과 백공(百工)을 데리고 갔습니다. 서복은 평원(平原)과 대택(大澤)을 손에 넣고서 그곳에 머물러 돌아오지 않았습니다. 이에 백성들은 비통하게 생각하고 근심한 나머지 난을 일으키려고 한 사람들이 열 집 가운데 여섯 집이었습니다.

또 위타(尉佗)로 하여금 오령(五嶺)을 넘어 백월(百越)을 공격하게 하니 위타는 중국(中國)이 극도로 피폐됐음을 알고 그곳에 머물러 남월의 왕이 돼 돌아오지 않았습니다. 이런 식으로 일단 떠나간 사람은 돌아오지 않으니 백성들은 인심이 흩어지고 무너져 난을 일으키려고 한 사람들이 열 집 가운데 일곱 집이었습니다.

만승의 수레를 일으키고 아방궁(阿房宮)을 짓고 백성들의 수입의 대부분을 부세(賦稅)로 거두고, 여좌(閭左-마을에서 무시당하는 백성)를 징발해 수자리를 서게 하고, 아비는 자식을 편안하게 하지 못했으며 형은 동생을 안심하게 하지 못했고, 정치는 가혹하고 형벌은 준엄해 백성들은 다 목을 길게 빼들고 갈망하고 있었고 귀를 기울여 듣고 있었으며 비통해하며 하늘을 우러러 부르짖고 가슴을 두드리며 위를 원망했기 때문에 난을 일으키려고 한 사람들이 열 집 가운데 여덟 집이었습니다.

어떤 빈객이 고황제에게 '이제 때가 됐습니다'라고 하니 고황제께서는 '기다려라! 빼어난 이가 장차 동남쪽에서 일어날 것이다'라고 했습니다. 그리고 1년도 되지 않아 진승(陳勝)과 오광(吳廣)이 크게 외쳤고 유(劉)와 항(項)도 나란히 창화해 천하가 모두 호응했던 것은 이른바 하흔(瑕釁-틈)을 뛰어넘는 것과 같았고 진나라가 망할 때를 맞아 움직인 것은 백성들이 원하는 바라 마치 오랜 가뭄에 비를 기다리는 것과 같았습니다. 그랬기 때문에 행군하던 군중에서 일어나 제왕의 공업을 성취한 것입니다. (그런데) 지금 대왕께서는 고조가 천하를 얻게 된 것의 쉬운 면만 보시고 홀로 근세의 오나라와 초나라가 실패하게 된 것은 보지 못하십니다. 지금 폐하께서는 천하에 군림해 백성들을 제어하고 해내(海內)를 통일해 널리 백성들을 사랑하시고 다움을 펴서 은혜를 베풀고 있습니다. 입으로 말하지 않아도 소리가 전파되는 것은 빠른 우레와 같고, 명령을 내지 않아도 덕화(德化)가 이루어지는 것은 귀신과도 같습니다. 마음에 품고만 있어도 위력이 1,000리까지 가게 되고 아래가 위에 호응하는 것은 마치 그림자나 메아리와 같습니다. 그런데다가 대장군의 재능은 장한이나 양웅과 비할 바가 아닙니다. 왕께서는 진승과 오광을 끌어들여 일을 논하셨는데 피는 그것을 잘못이라고 생각합니다. 게다가 지금 대왕의 군사 무리는 예전의 오, 초나라에 10분의 1도 되지 못하며 천하는 진나라 때보다도 만 배나 더 안정돼 있습니다. 바라건대 대왕께서는 신의 계책을 쓰십시오.

 신이 듣건대 기자(箕子)가 옛 (은)나라를 지나다가 슬픈 마음에 '맥수지가(麥秀之歌)'를 지었는데 이는 주왕(紂王)이 왕자 비간(比干)의 말을 받아들이지 않은 것을 애통해한 것입니다.

 그래서 『맹자(孟子)』에는 '주(紂)는 천자일 때는 존귀했으나 죽어서는 일개 필부(匹夫)만도 못했다'라고 기술돼 있는데 이는 주왕이 먼저 스스로 천하 사람을 끊어버린 것이 오래됐기 때문이지 그가 죽은 날 천하나 하늘이 그를 버린 때문이 아닙니다. 이제 신도 역시 대왕께서 (스스로) 천승(千

乘)의 군주를 버리려고 하심을 남몰래 슬퍼하오니 장차 (조정에서) 목숨을 끊으라는 글을 내리신다면 여러 신하들보다 먼저 이 몸이 동궁(東宮)에서 죽겠습니다."

피는 이어 눈물을 줄줄 흘리며 일어났다.

그 후에 왕은 다시 피를 불러 물었다.

"진실로 공의 말대로라면 요행을 바랄 수는 없다는 것인가?"

피가 말했다.

"정 어쩔 수 없다면 피에게 어리석은 계책이 있습니다."

왕이 말했다.

"그것이 무엇인가?"

피가 말했다.

"지금 제후들에게는 딴마음이 없고 백성들도 원망하는 기색이 없습니다. 삭방군의 밭과 땅은 넓고 강물과 초목은 아름다우나 이주하는 백성이 적어 그 땅을 채우기에도 부족합니다. (저의 계책이란) 승상과 어사대부가 주청하는 문서를 거짓으로 만들어 군(郡), 국(國)의 호걸과 임협(任俠), 그리고 내죄(耐罪) 이상의 죄인을 옮기고 명을 내려 그 죄를 사면시키며 재산이 50만 이상인 자의 경우 모두 그 가속을 삭방군으로 옮기게 하고 군사들을 더 보내 그들이 빨리 모여 출발하라고 다그치도록 요청하는 것입니다. 또 좌우(左右) 및 도사공(都司空),[6] 상림(上林), 중도관(中都官) 등이 칙명에 따라 죄인을 다스리는 문서를 위조해 제후들의 태자와 총애하

---

6 좌우 사공은 소부(少府) 소속이고 도사공은 종정(宗正) 소속이다.

는 신하들을 체포하는 것입니다. 이렇게 하면 백성들은 원망하게 되고 제후들은 두려워할 것이니 이때 즉각 변사들을 보내 설득시킨다면 혹시 요행으로 열 가운데 하나는 얻을 수 있을 것입니다."

회남왕은 말했다.

"그것도 좋다. 하지만 나는 그렇게까지는 되지 않을 것이라고 본다. 무조건 군사를 발동해야겠다."

뒤에 일이 발각되자 피는 관리에게 가서 회남왕과 함께 모반했던 사실을 있는 그대로 털어놓았다. 천자는 피가 평소 한나라의 좋은 점에 대해 여러 차례 언급한 것을 들어 주살하지 않으려 했다. 장탕(張湯)이 나아와 말했다.

"피는 왕을 위해 반란의 계책을 꾸민 자이기 때문에 그 죄를 용서해서는 안 됩니다."

결국 피는 주살됐다.

강충(江充)은 자(字)가 차천(次倩)으로 조(趙)나라 한단(邯鄲) 사람이다. 충(充)의 본래 이름은 제(齊)였는데 북과 비파를 잘 연주하고 가무에 능한 여동생이 있어 조(趙)나라 태자 단(丹)에게 시집을 갔다. 제(齊)는 경숙왕(敬肅王)에게 총애를 얻어 상객(上客)이 됐다.

얼마 후에 태자는 제가 자신의 은밀한 사생활[陰私=秘密]을 왕에게 아뢰었다고 의심해 제와 틈이 생겨[忤=乖] 관리를 보내 제를 쫓아가 체포하려 했는데 (이미 달아나) 붙잡지를 못하자 그의 아버지와 형을 감옥에 넣고 조사해[按驗] 모두 기시(棄市)했다. 제는 드디어 종적을 감추고 도망쳐

서쪽으로 함곡관에 들어가 이름을 충(充)이라고 고쳤다. 대궐에 나아가 태자 단(丹)이 자신의 친여동생 및 왕의 후궁과 간통하고[姦亂] 군국의 간활한 토호들과 교통하며 백성들을 겁주면서[剽=劫] 온갖 못된 짓을 하고 있는데도 관리들이 제대로 통제를 못하고 있다고 고했다. 글이 올라가자 천자-무제(武帝)-는 화가 나서 사자를 보내 군(郡)에 조서를 내려 관리와 병사들을 발동해 조나라 왕궁을 포위하게 하고 태자 단을 붙잡아 위군(魏郡)의 조옥(詔獄)에 옮겨서 집어넣고 정위(廷尉)와 함께 다스리도록 하니 법적으로는 사형에 해당됐다.

조나라 왕 팽조(彭祖)는 제(帝)의 이복형이었기 때문에 글을 올려 태자의 죄를 반박하며[訟] 이렇게 말했다.

"충(充)은 도망친 소신(小臣)으로 참으로 간교한 유언비어를 지어내 성조(聖朝)를 격노케 했는데 이는 반드시 만승(萬乘-천자)을 보호막으로 삼아 사사로운 원한을 되갚으려 한 것이 분명합니다. 이에 대해서는 뒤에 삶아 죽이거나 젓갈을 만들어 죽이는 형에 처한다 해도 계책으로는 후회할 일이 없는 것입니다. 신은 바라건대 조나라의 용감한 군사들을 뽑아서 그들을 거느리고 종군해 흉노를 치고 사력을 다해 싸우게 함으로써 단의 죄를 속죄할 수 있게 해주시옵소서."

상은 불허했고 결국 조태자는 패망했다[敗][○ 장안(張晏)이 말했다. "비록 사면을 받기는 했지만 결국 폐위됐다."].

애초에 충이 (상림원에 있는) 견대궁(犬臺宮)에 불려가 알현할 때 평소 자신이 입고 다니는 의관(衣冠)으로 만나볼 수 있게 해주기를 청하니 상은 그것을 허락했다. 충은 가는 비단으로 꾸민 단의(襌衣-홑옷)[○ 사고(師

古)가 말했다. "『한관의(漢官儀)』에 이르기를 무분중랑장(武賁中郎將)은 가는 비단으로 꾸민 단의를 입었다고 한다.")를 입고, 여인의 옷과 같이 곡거(曲裾-굽은 옷자락)를 나눠 뒤쪽으로 제비 꼬리처럼 드리웠으며[交輸], 걸을 때마다 흔들흔들 움직이는 갓끈이 달린 갓을 썼는데 그 갓끈은 새의 깃털로 만든 것이었다. 충의 사람됨은 그릇이 크고 결기가 있었으며[魁岸=大廉] 용모는 아주 장대했다. 제는 멀리서 바라보고 기이하다고 여겨 좌우의 신하들에게 말했다.

"연나라와 조나라에는 참으로 기이한 선비[奇士]들이 많다."

이미 면전에 이르자 당시의 정사(政事)를 물어보고는 상은 그 대답들에 대해 기뻐했다. 그 기회를 틈타 충은 자청해 흉노에 사자로 가겠다고 말했다. 조(詔)해 그 연유를 묻자 충은 이렇게 대답했다.

"때의 변화에 맞춰 마땅한 대처를 정하고 적을 스승으로 삼기 때문에 일을 예측할 수가 없습니다."

상은 알자(謁者)로 삼아 흉노에 사신으로 보냈고 돌아오자 제배해 직지수의사자(直指繡衣使者-직접 황제의 명을 받아 지방에 파견되는 사자)를 맡아 삼보(三輔-수도 일대)의 도적을 감독하고 지나친 사치를 감찰했다. (당시에는) 귀척이나 근신들의 사치가 도를 넘어 충은 모두 검거 탄핵하면서 그들의 수레와 말을 몰수하고, 몸은 흉노 토벌을 위해 북군(北軍)에서 대기하게 할 것을 주청했다. 주청을 재가했다. 충은 즉각 광록훈(光祿勳)과 중황문(中黃門)에 서한을 보내 근신과 시중(侍中)들 중에서 북군에 나아온 자들을 지명해 그들은 탄핵당한 자라는 사실을 문위(門衛)에 이첩해 궁전에 드나드는 것을 금지시켰다. 이에 귀척의 자제들은 놀라고 두려워 모두 상을 찾아뵙고 머리를 조아려 용서를 구하고 돈을 내고서 죄를 속해줄 것을 청했다. 상은 이를 허락했고 그 결과 각자 작질의 높고 낮음에 따라 북군에 돈을 바쳤는데 모두 수천만 전이었다. 상은 충을 충성스럽고 곧다[忠直]고 여겼는데 법을 받드는 데 있어 아첨하지 않았고 그 말하는 것이 상의 뜻에 딱 들어맞았다[中=當].

충이 외출했을 때 관도장공주(館陶長公主)〔○ 사고(師古)가 말했다. "무제의 고모이니 곧 무제의 진(陳)황후의 어머니다."〕가 치도(馳道-천자의 길)의 한가운데를 통행하는 것을 보게 됐다. 충이 꾸짖어 묻자 공주가 말했다.

"태후의 조(詔)가 있었소."

충이 말했다.

"공주만 홀로 가실 수 있지 수레와 말은 통행할 수 없습니다."

모두 탄핵해 수레와 말 등은 모두 관에 몰수했다. 뒤에 상을 따라서 감천궁(甘泉宮)에 갔는데 태자의 집안 이속(吏屬)들이 수레와 말을 타고서 치도(馳道) 한가운데로 달리는 것을 보고서 충은 수레와 말 등을 형리에게 넘겼다. 태자는 이 소식을 듣고서 사람을 보내 충에게 사과했다.

"수레와 말이 아까워서가 아니라 진실로 상께 그것이 보고되지 않도록 하기 위함이다. 주위 사람들을 잘 단속할 터이니 오직 강군(江君)께서 너그러이 보아주기를 바란다."

충은 들어주지 않고 드디어 상에게 있는 그대로 보고하니 상이 말했다.

"다른 사람의 신하 된 자는 마땅히 이와 같아야 한다."

상이 크게 신임을 보이면서 썼으니 그 위세가 온 경사(京師)를 떨게 했다. 승진해 수형도위(水衡都尉)가 됐고 충의 종족과 지우들 중에는 그의 힘을 입은 자들이 많았다. 얼마 후에 법에 걸려 면직됐다.

때마침 양릉(陽陵)의 주안세(朱安世)가 승상 공손하(公孫賀)의 아들인 태복(太僕) 경성(敬聲)이 무고(巫蠱)의 일을 행했다고 고발하니 일이 양석(陽石) 및 제읍(諸邑)공주에게 연계돼 하(賀)부자는 모두 죄에 걸려 주살됐다. 상세한 이야기는 「공손하전(公孫賀傳)」에 실려 있다. 뒤에 상이 감천궁에 행차했다가 병에 걸렸는데 충은 상이 연로한 것을 보고 상이 훙(薨)하게 되면[晏駕]안가 뒤에 태자에게 주살될 것을 두려워해 이로 인해 간사한 짓을 꾸며 상의 질병이 심해진 것은 무고 때문이라는 글을 올렸다. 이에 상은 충을 사자(使者)로 삼아 무고를 다스리게 했다. 충은 오랑캐의 무당을 따라가서 땅을 파 나무 인형[偶人]우인을 찾아냈고 이에 무고를 행한 자와 밤에 제사를 지내 귀신을 보고서 저주한 자를 체포했으나, 이는 자신이 나무 인형을 파묻어두고서 술[酒]주로 표시를 해 오랑캐의 무당에게 보여주어 찾아낼 지점을 알아낼 수 있도록 한 것이다. 붙잡힌 사람들을 뜨거운 쇠몽둥이로 지져서 강압적으로 죄를 인정하게 했다. 백성들은 이에 무고(巫蠱)에 의탁해 서로를 무고(誣告)했고 이때마다 관리들은 이들을 대역무도한 죄로 다스리니 이때 죄에 걸려들어 죽은 자가 전후로 수만 명이었다.

이때 상은 춘추가 높아 좌우의 신하들이 모두 고(蠱)를 행해 자신을 저주한다고 의심했기에 그런 사실이 있지 않은데도 감히 그 억울함을 호소하는 자가 없었다. 충은 이미 상의 뜻을 알고 있었기 때문에 그 틈을 이용해 궁중에 고기(蠱氣)가 있으니 우선 후궁들 중에서 총애를 제대로 받지 못하는 부인(夫人)을 치죄하고 그다음으로 황후에 이르렀다가 드디어 태자궁에서 인형을 찾아냈는데 오동나무로 만든 나무 인형이었다. 태자는 두려웠으나 스스로 해명할 길이 없었고 충을 붙잡아 자기가 있는 데서 목을 벴다. 그리고 욕하며 말했다.

"이 조나라의 포로 새끼야! 너는 너의 국왕 부자를 어지럽히고도 부족하더냐! 이번에는 또 우리 부자를 어지럽혀 놓았구나!"

태자는 이 일로 말미암아 파멸되고 말았다. 상세한 이야기는 「여원전(戾園傳)」(○ 사고(師古)가 말했다. "곧 「무오자전(武五子傳)」이다. 그중에 여태자(戾太子)를 서술하고 있다. 뒤에 시호를 내려주었고 원색(園色)을 두었는데 그래서 여원(戾園)이라고 한 것이다.")에 실려 있다. 뒤에 무제는 충이 사술(詐術)을 부렸다는 것을 알게 돼 충의 삼족을 멸했다[夷=滅].
　　　　　　　　　　　　　　　　　　　　　　　　　　　　이 멸

식부궁(息夫躬)은 자(字)가 자미(子微)이고 하내군(河內郡) 하양현(河陽縣) 사람이다. 어려서는 박사(博士)의 제자여서 『춘추(春秋)』를 전수받았고 각종 전기와 제자백가의 글들을 두루 읽었다. 용모는 장려(壯麗)했고 많은 사람들에게 특이하다는 인상을 주었다.

애제(哀帝)가 즉위한 초기에 황후의 아버지 특진(特進) 공향후(孔鄉侯) 부안(傅晏)은 궁(躬)과 같은 군(郡) 출신이어서 서로 벗으로서 잘 지냈고 궁은 이로 말미암아 도움을 받게 돼 교유가 날로 넓어졌다. 그에 앞서 장안(長安)의 손총(孫寵)도 유세(游說)로 이름을 날려 여남(汝南)태수로 있다가 면직돼 장안에 돌아와 궁과 서로 교결해 함께 글을 올리기도 하고 불려가 조명(詔命)을 기다렸다[待詔]. 이때 애제는 병이 있는 상태에서 처음
　　　　　　　　　　　　　　　　　　대조
으로 즉위했는데 어떤 사람이 중산국(中山國) 효왕(孝王)의 태후가 상을

저주했다고 밀고를 해서 태후와 그의 동생 의향후(宜鄕侯) 풍참(馮參)은 모두 자살했는데 그 죄는 분명히 드러나지 않았다. 그 후에 무염(無鹽-현)의 위산(危山)에서는 돌이 혼자 벌떡 일어나는 일이 있었고 저절로 길이 열리기도 했다. 궁은 총(寵)과 모의해 말했다.

"상께는 후사가 없고 옥체가 오랫동안 평안치 못하시기 때문에 관동(關東)의 제후들은 마음속으로 다투어 음모를 꾸미고 있다. (그런데) 요사이 무염에서는 큰 돌이 저절로 일어났고 또 듣건대 간사한 신하들이 그것을 지난 일에 빗대어 큰 산에서 돌이 일어선 것은 먼저 제위를 차지하려고 다투어 일어난 것을 상징한다고 말하고 있다고 한다. 동평왕(東平王) 운(雲)은 그 때문에 자신의 후(后)와 매일 밤 제사를 지내며 상을 저주해 신분에 어울리지 않는 야망을 꿈꾸고 있다. 그런데 왕후의 외삼촌 오굉(伍宏)은 도리어 방술에 의한 의료의 기술을 갖고서 상의 총애를 얻어 궁궐 문을 드나들고 있다. 곽현(霍顯)의 음모도 배표(杯杓)의 사이에서 행해졌고 형가(荊軻)의 이변도 유악(帷幄) 안에서 일어났다. 일의 형세가 이렇게 된 이상 고해 일을 이루지 않을 수 없다. 나라의 간범을 찾아내고 상의 원수를 주살하는 것은 봉작을 받는 계책이기도 하다."

궁과 총은 마침내 중랑(中郞) 우사담(右師譚)과 함께 공동으로 중상시(中常侍) 송홍(宋弘)을 통해 변고의 일을 위에 올렸다. 상은 분노해 이 일을 유사에 내려 조사케 하니 동평왕 운, 운의 왕후의 알(謁), 그리고 오굉 등이 모두 죄에 걸려 복주됐다. 상은 총(寵)을 발탁해 남양(南陽)태수로 삼았고 담(譚)은 영천(潁川)도위로 삼았으며 홍(弘)과 궁을 모두 광록대부(光祿大夫) 및 좌조급사중(左曹給事中)으로 삼았다. 이 당시에는 시중 동현(董

賢)이 총애를 받았는데 상은 그를 후(侯)로 삼고자 해 드디어 조서를 내려 말했다.

'궁과 총은 현(賢)을 통해 들었으니 현을 봉해 고안후(高安侯)로 삼고 총을 방양후(方陽侯), 궁을 의릉후(宜陵侯)로 삼아 식읍을 각각 1,000호씩 내려주었다. 담에게는 관내후와 식읍을 내려주라.'

승상 왕가(王嘉)는 동평의 옥사를 내심 의심해 현 등을 후로 삼아서는 안 된다고 간쟁했는데 상세한 이야기는 「왕가전(王嘉傳)」에 실려 있다. 가(嘉)는 동현의 권세가 너무 성대하고 총이나 궁은 모두 나라를 뒤엎을 간사한 재주를 가진 자들이니 반드시 국가를 위태롭게 할 것이라고 굳게 청했다. 가는 이 때문에 죄를 얻었다.

궁은 이미 상과 가까워지자 여러 차례 나아가 뵙고서 정사에 관해 말을 했는데 그 논의(論議)에는 꺼리는 바[所避=所忌]가 없었다. 많은 사람들이 그의 입을 두려워해 그를 보면 눈을 돌렸다. 궁이 소(疏)를 올려 공경대신을 차례대로 비방해 말했다.

"바야흐로 지금 승상 왕가는 탐욕스럽고 인색하기 때문에 중용해서는 안 됩니다. 어사대부 가연(賈延)은 쇠약해 직무를 맡을 수 없습니다. 좌장군 공손록(公孫祿)과 사예(司隸) 포선(鮑宣)은 겉으로는 강직하다는 평판을 얻고 있으나 속을 들여다보면 어리석어[騃=愚] 정사를 밝게 다스릴 수 없습니다. 여러 조(曹)들 이하도 모두 범속한 자들이라 자리에 어울리지 않습니다. 창졸간[卒=猝]에 강한 쇠뇌로 성을 지키고 긴 창으로 궁문을 지켜야 한다면 폐하께서는 누구와 함께 적에 맞서시겠습니까? 만일에 미친 자가 있어 동쪽 해안에서 소리를 지르고 흉노가 위수(渭水)에 이르러 말의 물을 먹이며 변경이 요동을 치고 사방에서 거친 바람이 일어나 경사(京師)에 설사 잘 무장한 정예병이 있다 해도 능히 왼쪽 발을 반 걸음 내딛어 선제적으로 대응할 자는 없습니다. 군대의 문서들이 서로 오가느라 폭주하고 (위급 상황을 알리는) 우격(羽檄)이 거듭해서 이르게 되면 저 나약한 소인배 무리들은 혼비백산해 무슨 일부터 해야 할지를 모를 것입니다. 그나마 견마(犬馬)와 같은 결단력이라도 있는 사람들은 독배를 받들고 칼에 엎어져 죽을 것이니 그때 가서 소인배 무리들을 삼족을 멸한다고 한들 패망에 이르는 과정에서 무슨 도움이 되겠습니까?"

궁은 또 말했다.

"진(秦)나라는 정국(鄭國)이 운하[渠]를 열어 나라를 부유하게 하고 군대를 강하게 했지만 지금 경사의 경우에는 토지가 비옥하고 지세나 수천(水泉)이 알맞아 관개의 이점을 넓힐 수가 있습니다."

천자는 궁에게 부절을 갖고 가게 해 삼보(三輔)의 도수(都水)[7]를 책임지고 다스리도록 했다. 궁은 표식을 세워서 장안성(長安城)을 뚫어 조(漕)를 끌어들여 물을 태창(太倉) 아래로 흘러가게 해 물자 수송의 비용과 노력을 줄이려 했다. 토의 결과 그것을 조성하는 것은 불가능하다고 해 마침내 중단됐다.

동현의 총애가 날로 성대해지자 정(丁)씨와 부(傅)씨[8]가 그의 총애를 저지하려 했고 공향후 안(晏)은 궁과 모의해 지위를 얻어 정사를 보좌하고

---

7   치수와 관개를 책임지는 관리다.
8   정씨는 애제의 어머니 집안, 부씨는 할머니 집안이다.

자[輔政] 했다. 마침 (흉노의) 선우(單于)가 내조하려 했다가 사자를 보내 병이 났다며 내년에 다시 조회하기를 원했다. 궁은 그 틈을 노려 주문을 올렸는데 그것은 다음과 같다.

'선우는 마땅히 11월에 변방 요새에 들어와야[入塞] 하는데 뒤에 가서 병이 났다고 해명하니 의심컨대 다른 변고가 있는 듯합니다. 오손(烏孫)의 두 곤미(昆彌)는 미약하지만 비원치(卑爰疐)[9]는 강한 데다가 강황(彊煌)의 땅에 있어 10만의 군중을 거느리고서 동쪽으로는 선우와 연결하며 아들을 보내 입시하게 했습니다. 만일 그들이 본래의 강한 위력을 갖고서 오손의 취도(就屠)의 뜻에 따라 군대를 일으켜 남쪽을 쳐서 오손의 세력을 병탄할까 걱정입니다. 오손이 흉노에 병탄되면 흉노는 강대해지고 서역은 위태롭게 됩니다.

따라서 항복한 흉노를 시켜 거짓으로 비원치의 사자라 하고 한나라에 와서 글을 올리기를 "신(臣)이 아들을 보내 선우에게 입시하게 한 것은 그들과 친해 신의를 맺으려는 것이 아니라 실은 그들을 두려워해서일 뿐입니다. 바라건대 천자께서 이를 가엾게 여기시어 선우에게 고해 신의 시자(侍子)를 돌려보내게 해주십시오. 바라건대 무기(戊己)교위를 도와 악도노(惡都奴-지명)의 변경을 보존하게 해주십시오"라고 하게 해야 합니다. 그리고 이런 취지의 문서를 여러 장군들에게 내려보내고 흉노에서 온 빈객으로 하여금 이를 듣게 한다면 이것이 이른바 "병법의 상책은 적의 모략을 치는 것이고 차선은 적의 외교를 치는 것이다"라고 한 것입니다.'

---

9 오손국에서 도망친 장수다.

글이 올라가자 상은 궁을 불러서 만나보고는 공경과 장군들을 불러 크게 토의하도록 했다. 좌장군 공손록이 말했다.

"중국은 항상 위엄과 신의로 오랑캐들을 품어주고 항복시켰는데 궁은 거꾸로 속여서[逆詐] 신뢰할 수 없는 계책을 만들어냈으니 허락해서는 안 될 것입니다. 또 흉노는 선제(先帝)의 은혜에 힘입어 요새를 지키면서 스스로 울타리 같은 신하임을 칭하고 있습니다[稱藩=稱臣]. (그리고) 지금 선우가 질병으로 조회하는 일을 감당할 수가 없어 사자를 보내와 스스로 진술했으니 신하의 예를 잃은 것은 아닙니다. 신 록(祿)은 이 한 몸이 죽더라도 흉노가 변경에서 걱정거리가 되는 일은 없을 것임을 제 자신이 보증하겠습니다."

궁은 록의 말을 끌어당겨 이렇게 말했다.

"신은 국가를 위해 계책을 세운 것이며 미리 장차 그렇게 될 것을 꾀한 것이고 아직 그러한 일이 나타나기 전에 미리 도모한 것이어서 만세를 위해 염려한 것입니다. 그러나 좌장군 공손록은 견마로서 눈으로 보는 것을 보증한 것입니다.[10] 신과 록의 의견은 다른 의견이며 같은 날에 말할 것은 아닙니다."

상이 말했다.

"좋다."

마침내 여러 신하들은 해산시키고 홀로 궁하고만 상의했다. 이어 건의

---

10 이는 신하로서 살아 있는 동안 보증한다는 말로 유한한 보증이라고 할 수 있다. 반면에 식부궁은 자신의 의견은 무한한 계책이라는 말이다.

해 말했다[建言=建白].
건언   건백

"최근 몇 년 사이 형혹성(熒惑星-화성)이 심수(心宿)를 지키고 태백성(太白星)이 높이 떴는데 테두리만 빛났으며 또 각성(角星-28수의 첫 번째 별)과 혜성이 하고성(河鼓星) 근처에 나타났으니 천문의 법도에 따르면 전쟁의 재앙[兵亂]이 있게 된다는 뜻입니다. 앞으로 유언비어가 퍼지고 조서
              병란
가 날조돼 군국(郡國)에 거짓 전파돼 천하가 동요해 반드시 비상한 변고가 있을까 두렵습니다. 대장군을 변경에 파견해 병사들을 점검하고 무장 상태를 단속하시면서 군의 태수 한 사람을 참형시켜 위엄을 세우심으로써 사방의 오랑캐들을 놀라 떨게 하신다면 변고를 가라앉혀 제대로 대응하실 수 있을 것입니다."

상은 그리하겠노라고 말하고 승상을 불러 물었다. 승상 가(嘉)가 다음과 같이 대답했다.

"신이 듣건대 백성을 움직이는 것은 행동으로 하는 것이지 말로 하는 것이 아니며, 하늘에 응답하는 것은 실질적인 것[實]으로 하는 것이지 꾸밈이나 겉치레[文]로 하는 것이 아닙니다. 아래 백성들도 미미하고 보잘것
        문
없지만 오히려 속일 수가 없는데 하물며 저 위 하늘에 있는 신명을 기망할 수 있겠습니까? 하늘이 재이를 보이는 것은 임금을 타이르고 경계시켜 스스로 깨달아 바로 돌려놓아 열렬함을 다해 좋은 일을 하기를 원해서입니다. 그것은 다름 아닌 백성들의 마음을 기쁘게 함으로써 하늘의 뜻을 얻는 것입니다.

말재주꾼[辯士-식부궁을 가리킨다]이 한 가닥 실마리만 보고서 혹 망령
        변사
되게 별자리의 변화에 꾸겨 맞춰 설명하면서 거짓으로 흉노와 오손(烏孫)

과 서강(西羌)의 환난이 있을 것이라고 지어내어 군사[干戈]를 움직이려는 간과
꾀를 내고 임시변통[權變]을 조작해내려는 것은 하늘의 도리에 제대로 응 권변
답하는 것이 아닙니다. 태수나 봉국의 재상에게 죄가 있다면 수레를 내달려 (붙잡아서) 대궐에 이르러 두 팔을 결박하고서 사형에 처함으로써 두려움에 떨게 하는 것이지 변설을 떠들어대는 사람이 안정된 기틀을 흔들어 위험하게 만들고 입으로는 변설로 (구차스럽게 임금의) 귀를 통쾌하게 해주려는 것은 실로 따를 수가 없습니다.

무릇 정치를 토의하는 자[議政者]는 아부나 아첨, 기울어지고 위험한 의정자
발상, 말로 은혜를 입으려는 것, 지나치게 각박하게 처리하는 것 등으로 인해 고통을 입는 법입니다. 옛날에 진(秦)나라 목공(穆公)은 백리해(百里奚)와 건숙(蹇叔)의 말을 따르지 않아 자신의 군사들을 패하게 만들었고, 그리하여 잘못을 뉘우치고 자책하며 자신을 오도했던 신하들을 미워하면서 노인네[黃髮]의 말을 생각하며 그의 이름을 후세에 드리워놓았습니다.[11] 황발
오로지 폐하께서는 옛날의 경계들을 잘 살피시고 반복해 참고하신다면 먼저 말한 자[12]의 계책을 위주로 하시지는 않으실 것입니다."

상은 (왕가의 말을) 듣지 않고 드디어 (원수(元壽) 원년 정월 초하루에) 조서를 내려 말했다.

---

11 진나라 목공은 정(鄭)나라를 치고자 했는데 백리해와 건숙이 반대하는 간언을 올렸다. 그러나 그 말을 듣지 않고 군대를 출동시켰다가 진(晉)나라 양공(襄公)의 군대를 만나 효산(殽山)에서 대패했다. 목공은 돌아와서 후회하며 '진서(秦誓)'를 지어 그 내용을 기록해 후세 사람들로 하여금 읽도록 했다.

12 식부궁을 가리킨다.

'최근 재이와 변고가 그치지를 않고 도적의 무리들이 수없이 많아 군사를 동원해야 하는 사태가 혹 자못 임박한 듯하다. 장군들이 싸우려는 뜻이 확고하니 병사들을 잘 훈련시키고 무기들을 제대로 손보도록 하라. 그리고 전쟁 물자들에 잘못이 없는지 제대로 감독하라! 천하가 비록 평안하지만 전쟁을 잊으면 반드시 위험이 찾아온다. 장군과 중(中) 2,000석 관리들은 병법을 밝게 익혀 큰 계책[大慮]이 있는 사람 각 1인과 장군 2인을 천거해 공거(公車)에 이르도록 하라.'

이어 공향후(孔鄕侯) 부안(傅晏-애제의 장인)을 대사마 및 위장군(衛將軍)으로 삼고, 양안후(陽安侯) 정명(丁明)[13]을 대사마 및 표기장군(票騎將軍)으로 삼았다. 이날 일식이 있었는데 동현(董賢)이 이를 계기로 삼아 식부궁과 부안의 계책을 저지했다. 며칠 후 부안의 위장군 인끈[印綬]을 거둬들이니 승상과 어사는 궁의 죄과를 담은 글을 아뢰었고 상은 이로 말미암아 궁 등을 미워했다. 조서를 내려 말했다.

'남양군(南陽郡) 태수 방양후(方陽侯) 총(寵)은 평소 청렴하다는 명망이 없고 가혹한 품성이 있어 백성들에게 해악을 끼쳤다. 좌조(左曹) 광록대부 의릉후(宜陵侯) 궁(躬)은 허망한 계책을 날조해 그것으로 조정을 크게 오

---

13 정관(丁寬)의 현손(玄孫)으로 누이가 정도공왕(定陶共王)의 희(姬)가 돼 애제(哀帝)를 낳았다. 애제가 즉위하자 황제의 숙부로 양안후(陽安侯)에 봉해졌다. 긴평(建平) 2년(기원전 5년) 대사마 위장군(大司馬衛將軍)이 됐다. 원수 원년(기원전 2년) 다시 대사마 표기대장군에 올랐다. 나중에 승상 왕가(王嘉)가 애제가 동현(董賢)에게 봉호를 더하려는 것을 막으려고 간하다 투옥돼 죽자 평소 그를 존중하고 아까워하다가 면직되고, 동현이 그 자리에 대신 올랐다. 왕망(王莽)이 정권을 잡은 뒤 왕망에게 피살당했다.

도하려 했다. 둘 다 귀척들과 교유하며 권문(權門)을 드나들어 명성을 좇았다. 이에 궁과 총의 관직을 빼앗고 향리로 돌아갈 것을 명한다.'

궁은 고국으로 돌아갔으나 제대로 된 집이 없어 빈 정자[丘亭=空亭]에 몸을 맡겼다. 어떤 간사한 자가 이곳은 후(侯)의 집이니 부유할 것으로 생각하고 늘 밤만 되면 와서 동태를 살폈다. 궁과 같은 읍 사람으로 하내군의 연(掾-아전)인 가혜(賈惠)가 지나가다가 궁을 방문해 도둑을 막는 방법을 가르쳐주었는데 뽕나무의 동남쪽을 향해 난 가지로 비수[匕]를 만들고 그 위에다 북두칠성을 그려두라고 했다. 궁은 어느 날 밤에 머리카락을 풀어헤치고 마당 가운데 서서 북두칠성을 바라보며 비수를 손에 쥐고 복을 빌고 화를 쫓아내 도둑이 들지 않기를 기원했다. 어떤 사람이 글을 올려 궁은 원한을 품고서 조정에 나아가지 못하는 것을 비난하며 별자리를 살펴 천자의 길흉을 알아내어 무당처럼 저주를 하고 있다고 말했다. 상은 시어사와 정위의 감(監)을 보내 궁을 체포하게 해 낙양(雒陽)의 조옥(詔獄)에 가두고서 매질을 하며 신문을 했고 궁은 하늘을 올려다보며 크게 소리치고 그때마다 바닥에 엎어졌다. 옥리가 취조할 때 목구멍은 막혔고 코와 귀에서는 피가 나왔다. 한 식경도 안 돼 숨을 거뒀다. 그와 당여(黨與)라 해 모의한 죄에 연루돼 감옥에 내려진 사람이 100여 명이었다. 궁의 어머니 성(聖)은 부뚜막신에게 기도를 올려 상을 저주했다 해 대역부도로 몰려 기시됐고, 아내 충한(充漢)과 가족들은 합포(合浦)로 유배됐다[徙]. 궁의 동족 친척들 중에 평소 그와 가까웠던 자들은 모두 면직돼 평생토록 벼슬길이 막혔다[廢錮]. 애제(哀帝)가 붕(崩)하자 유사에서 아뢰었다.

"방양후 총과 우사(右師) 담(譚) 등은 모두 간사한 모의를 빚어내 그 죄가 왕자의 골육에까지 미쳤으니 비록 사면령을 받았다 하더라도 마땅히 작위를 갖고서 조정에 머물러 있게 해서는 안 될 것입니다."

총 등의 작위를 모두 빼앗아 이들도 합포군으로 유배를 보냈다.

애초에 궁이 대조(待詔)할 때 여러 차례 위태위태한 말로 고상한 논(論)을 펼치다 보니 스스로 해침을 당할까 두려워해 절명사(絶命辭)를 지어두었는데 이러했다.

'먹구름[玄雲=黑雲] 끝도 없이 시커멓게 몰려드니[決鬱]
장차 어디로 돌아가리오!
송골매 하늘 가로질러 날고 난새[鸞]는 갈 곳 몰라 배회하는구나
짧은 화살[矰] 획 날아가니 움직임 날래기도 해라
둘러보니 온통 가시밭이라 어디 가서 머물리오
충성하느라 몸을 다 바쳤는데 몸은 어느새 중상모략의 망 속에 있구나
머리 굽히고 날개 꺾어 어디 가서 살 수 있으랴
줄줄 눈물만 흐르고 마음에는 한 맺히고 간은 상하는도다
무지개 화려하니[14] 해는 미미하고 간사한 기운에 밀려
해 활짝 뜨지 못하네
이 애통함 하늘에 올라 절규가 되고 간신이 임금을 꺾어
나와 단절됐으니 뉘와 이야기할꼬
저 하늘빛을 우러러 속내 다 털어놓고

---

14 무지개는 음의 기운을 상징한다.

상제(上帝)를 불러서 내 마음 다 보이고 싶어라

가을바람 나를 위해 속삭이고 뜬구름 나를 위해 은은히 떠가도다

아아! 이런 곳에 어찌 머물러 살아야 하는가

신룡(神龍)을 더듬어 그 수염이라도 잡아야지

저 멀리 훨훨 날아다니면 돌아올 기약 없고

수꿩은 머물 곳이 없어 내내 내 생각만 하리라〔○ 사고(師古)가 말했다. "수꿩은 임금을 뜻하고 머물 곳이란 존위(尊位)다. 상이 머물 곳을 잃었으니 마침내 나만을 생각할 뿐이라는 말이다."〕.'

여러 해가 지나고 나서야 죽었지만 과연 그 글대로였다.

찬(贊)하여 말했다.

"중니(仲尼)는 '말만 잘하는 입[利口]이 나라[邦家=國家]를 뒤집는 것을 미워한다'〔○ 사고(師古)가 말했다. "이는 『논어(論語)』 (「양화(陽貨)」편)에 나온다."〕라고 했는데, 괴통은 단 한 마디 말로 세 사람의 준걸[雋=儁=儁=俊]을 망쳐놓았지만 그들 가운데 팽형(烹刑)을 당하지 않은 사람이 있었다는 것은 (그나마) 다행스러운 일이다〔○ 응소(應劭)가 말했다. "역이기(酈食其)는 팽형에 처했고, 전횡(田橫)은 패퇴(해 자결)했으며, 한신(韓信)은 교만하게 굴다가 죽었다."〕. 오피(伍被, ?~기원전 122년)는 위태로운 나라를 안정시켰지만 몸소 모주(謀主)가 돼 (한나라에 대한) 충성을 끝까지 다하지 못하고 사술(詐術)을 써서 나라를 엎으려 했으니 주륙[誅夷=誅戮]되는 것은 진실로 마땅하지 아니한가? 『서경(書經)』에서 네 사람의 죄인을 내쫓

았고[放=放逐]〔○ 사고(師古)가 말했다. "이는 (순임금이) 공공(共工)을 유배하고[流], 환두(驩兜)를 추방하고[放], 삼묘(三苗)를 내쫓고[竄], 곤(鯀-우왕의 아버지)을 가두었다[殛]는 말이다. 『서경(書經)』「우서(虞書)」에 나온다."〕, 『시경(詩經)』에서는 쉬파리[靑蠅]를 노래했듯이〔○ 사고(師古)가 말했다. "「소아(小雅)」 '청승(靑蠅)'편의 시다. 그 첫 장이다. '앵앵거리는[營營] 쉬파리 떼/울타리에 앉았구나/점잖은[豈弟=愷悌] 군주께서는/참소하는 말을 믿지 마소서.' 대개 쉬파리라는 벌레는 아주 더러워서 흰 것과 검은 것도 바꿔놓을 수 있으니 이는 간사스러운 인간이 얼마든지 좋은 사람과 나쁜 사람을 바꿔서 어지럽게 할 수 있음을 비유한 것이다."〕 춘추시대 이래로 재앙과 패망[禍敗]이 많았다. 옛날에 자휘(子翬)는 (은공을 위해) 환공(桓公)을 죽이려고 도모했다가 노나라 은공(隱公)이 위태로워졌고〔○ 응소(應劭)가 말했다. "공자 휘(翬)가 은공에게 말하기를 "제가 장차 임금을 위해 환공을 죽일 테니 저를 태재(太宰)로 삼아주소서"라고 하자 공은 말하기를 "그가 아직 어려서 내가 지금은 맡고 있지만 지금은 장성했으니 그에게 물려줄 것이다"라고 했다. 이에 휘는 두려워하면서 도리어 은공을 참소해 죽였다."〕,[15] 난서(欒書)가 극지(郤至)에게 음모를 꾸미자 진(晉)나라 여공(厲公)은 (극씨를 죽이려 했다가 도리어) 난서에게 시해됐다〔○ 응소(應劭)가 말했다. "난서가 초나라 공자 무(茂)를 시켜 여공에게 가서 '언릉(鄢陵)의 싸움에서 극지는 반드시 패하게 될 것이니 손주(孫周)를 받들어 왕위를 대신하도록 할 것이다'라고 말하게 하니 여공은 이를 믿고서 삼극(三

---

15 응소의 말은 『춘추좌씨전(春秋左氏傳)』 노나라 은공(隱公) 11년(기원전 712년)에 나온다.

鄅)을 멸망시켰다. 난서는 이에 반란을 일으켜 여공을 시해했다."]. 수우(豎牛)는 자신의 형을 숙손표(叔孫豹, ?~기원전 538년)[16]에게 참언해 형이 도망치게 만들었고 숙손은 수우를 중용했다가 우에게 굶어죽었다[豎牛奔仲 叔孫卒].[○ 장안(張晏)이 말했다. "우(牛)는 숙손목자(叔孫穆子-숙손표)의 얼자(孼子)다. 형은 본부인의 아들이다."]. 후소백(郈昭伯, ?~기원전 517년)[17]이 계평자(季平子)를 (노나라 소공에게) 험담하자[毁] 소공(昭公)은 계평자를 내쫓았다. 비무기(費無忌, ?~기원전 515년)[18]가 여자를 바치자 초나라 건(建)은 (송나라로) 달아났다. 태재(太宰) 비(嚭)가 오자서(伍子胥, ?~기원전 484년)[19]를 참소하자 오(吳)나라 임금 부차(夫差)는 자서를 죽게 만들었

---

16 숙손목자(叔孫穆子) 또는 목숙(穆叔)이라고도 한다. 춘추시대 노(魯)나라 사람으로 대부(大夫)를 지냈다. 형 숙손교가 노나라 성공(成公)의 어머니 목강(穆姜)과 사통하자 이것이 장차 화를 불러올 줄 알고 제(齊)나라로 달아났다. 이때 외처(外妻)가 아들 수우(豎牛)를 낳았는데 자신은 국씨(國氏-본부인)와 혼인해 아들 맹병(孟丙)과 중임(仲壬)을 낳았다. 나중에 수우를 총애하니 맹병과 중임은 수우에게 살해당했다. 자신 또한 수우에게 갇혀 사흘 뒤에 굶어죽었다.

17 춘추시대 노(魯)나라 사람으로 이름은 악(惡)이다. 노나라 소공(昭公) 때 대부(大夫)를 지냈다. 일찍이 계평자(季平子)와 투계(鬪鷄)를 했는데 계씨의 닭이 지자 평자가 화가 나서 후씨(郈氏)의 집을 침범해 자신의 것으로 만들어버렸다. 나중에 소공을 따라 계씨를 공격하다가 맹씨(孟氏)에게 살해됐다. 시호는 소백(昭伯)이다.

18 이름을 무극(無極)이라고도 한다. 춘추시대 초(楚)나라 사람으로 대부(大夫)를 지냈다. 초(楚)나라 평왕(平王) 2년 왕명을 받들어 진(秦)나라에 가서 태자 건(建)을 위해 아내감을 구해 돌아왔는데 여자의 미모가 뛰어나자 평왕에게 아내로 삼을 것을 권했다. 여러 차례 참언을 해 평왕에게 건을 살해하게 하니 건이 송(宋)나라로 달아났다. 이에 평왕에게 태자의 스승 오사(伍奢)와 그의 아들 오상(伍尙)을 살해하게 했다.

19 춘추시대 초(楚)나라 사람인데 오(吳)나라에 망명해 살았다. 이름은 운(員)이고, 자는 자서(子胥)다. 오나라의 대부(大夫)를 지냈다. 초나라 평왕(平王)이 소인(小人)의 참소(讒訴)를 듣고 오

다. 이원(李園)은 여동생을 (초나라 춘신군에게) 내주었는데 춘신군(春申君, ?~기원전 238년)[20]은 이원에게 죽임을 당했다〔○ 장안(張晏)이 말했다. "이원은 춘신군의 사인(舍人-심부름꾼)이었는데 자신의 여동생을 춘신군에게 바쳤다. 춘신군이 그녀를 거두자 곧바로 이원은 여동생을 시켜 춘신군에게 이렇게 말하도록 시켰다. '초나라 임금에게는 자식이 없으니 100년 후에는[21] 장차 형제들이 들어설 것입니다. 군(君-춘신군)께서는 정사를 맡아온 지 오래됐으니 왕의 형제들에게 예를 잃은 경우들[失禮]이 많을 것입니다. 그런데 형제들이 정말로 왕위에 오르게 되면 장차 재앙이 군의 몸에 닥치게 될 것입니다. 지금 소첩이 아이를 가졌는데 사람들은 알지 못합니다. 만약에 소첩을 왕에게 바쳐 뒤에 아들을 낳는다면 군의 아들이 왕이 되는 것입니다.' 춘신군은 곧바로 왕에게 여인을 바치겠노라고 했고 왕은 그녀를 불러들여 마침내 아들을 낳으니 그를 세워 태자로 삼았다. 훗날 열왕(烈王)이 훙하자 이원은 춘신군을 배반하고 마침내 그를 죽였다."〕. (초나라의 대부)

자서의 아버지 오사(伍奢)와 형 오상(伍尙)을 죄 없이 죽이자 오나라로 망명해 장수가 돼 초나라를 쳤다. 이미 평왕이 죽은 다음이라 묘를 파내어 시체를 매질해 아버지와 형의 복수를 했다. 나중에 오나라로 하여금 패권을 잡게 했다. 그 뒤 오나라 왕 부차(夫差)가 서시(西施)의 미색에 빠져 정사를 게을리하고 오히려 간언하던 오자서에게 칼을 주어 자살하게 했다. 오자서는 자살하면서 자기의 눈을 오나라 성의 동문(東門)에 걸어서 자기의 말을 듣지 않고 자기를 죽이는 오나라가 멸망하는 것을 보도록 하라는 유언을 남겼다. 그로부터 9년 뒤 월나라가 오나라를 멸망시켰다.

20 전국시대 말기 초(楚)나라 사람으로 제(齊)나라의 맹상군(孟嘗君), 조(趙)나라의 평원군(平原君), 위(魏)나라의 신릉군(信陵君)과 함께 전국사군(戰國四君) 가운데 한 사람으로 불린다.

21 그냥 죽은 후를 이렇게 표현했다.

상관(上官)은 굴원[屈]을 회왕(懷王)에게 참소했는데 회왕은 진(秦)나라에 붙잡혔다. 조고(趙高)는 이사(李斯)를 (진나라) 2세황제에게 무고했지만 2세황제는 목 졸려 죽었다. (송나라의) 이려(伊戾)는 회맹을 한다면서 계략을 꾸며 태자 좌(痤)를 죽게 만들었다〔○ 이기(李奇)가 말했다. "이려는 태자의 사부가 됐지만 태자의 총애를 받지 못하자 태자를 패퇴시키고자 해 초나라와 동맹을 맺는 것처럼 말한 다음에 거짓으로 삽혈을 하고 맹세문을 가짜로 만들어 무고하자 공(-송나라 평공)은 태자를 죽여버렸다."〕. 강충(江充)은 무고(巫蠱) 사건을 지어내 태자를 죽게 만들었고, 식부(息夫)는 간사한 계략을 꾸며 동평(東平)을 주살케 만들었다. 이상의 것들은 하나같이 작은 데서 큰일을 빚어냈고 소원함을 이유로 혈친들을 함정에 빠뜨렸으니 두려워하지 않을 수 있겠는가? 두려워하지 않을 수 있겠는가?"

권
◆
46

만석군·위관· 직불의·주인· 장구전

萬石衛直周張傳

만석군(萬石君) 석분(石奮)은 그의 아버지가 조(趙)나라 사람이다. 조나라가 멸망하자 온(溫)〔○ 사고(師古)가 말했다. "하내(河內)의 현(縣)이다."〕으로 이주했다. 고조(高祖)가 동쪽으로 항적(項籍-항우)을 치면서 하내군(河內郡)을 지나갔는데 이때에 분(奮)의 나이는 15세로 하급 관리[小吏]가 돼 고조를 모셨다. 고조가 그와 이야기를 하던 중에 그의 공손하고 삼가는 태도[恭敬]를 좋아해 물었다.

"너희 집안에는 어떤 사람들이 있는가?"

대답했다.

"어머니가 계시는데 불행하게도 실명하셨습니다. 집안은 가난합니다. 누이가 있는데 거문고에 능합니다."

고조가 말했다.

"너는 능히 나를 따를 수 있겠느냐?"

"바라건대 있는 힘을 다하겠습니다."

이에 고조는 그의 누이를 불러 미인(美人-후궁)으로 삼았고 분(奮)을 중연(中涓-시종관)으로 삼아 문서를 전달하고 알현을 주선하는 일을 관장하게 했다. 그리고 그의 집을 장안성(長安城) 안의 척리(戚里)〔○ 사고(師古)가 말했다. "상의 인척들은 다 그곳에 거주하게 했기 때문에 이름을 척리라고 했다."〕로 옮기도록 했는데 이는 그의 누이가 미인이 됐기 때문이다.

분은 공로가 쌓여 효문(孝文) 때 그의 관직은 태중대부(太中大夫)에 이르렀다. 학문을 익히지는 못했지만 공손하고 신중함은 남들과 비교할 바가 아니었다. 동양후(東陽侯) 장상여(張相如)가 태자태부(太子太傅)가 됐다가 면직당했다. 태부가 될 만한 사람을 뽑으려 하자 모두 분을 태자태부로 추천했다. 효경(孝景)이 즉위하자 분은 구경(九卿)의 반열에 올랐다. 너무 공손하게 섬겨 경제는 그를 꺼렸다. 분을 옮겨서 제후의 상국으로 삼았다. 분의 장남은 건(建)이고 그 밑으로 갑(甲), 을(乙), 경(慶)이 있었는데, 모두 행실이 착하고 효성스러우며 삼가고 신중해 관직이 2,000석(二千石)의 지위에 이르렀다. 이에 경제가 말했다.

"석군(石君-석분)과 네 아들들이 모두 2,000석의 지위에 올랐으니 다른 사람의 신하 된 자로서 존귀와 총애가 마침내 그 가문에 다 모였구나."

그래서 분을 만석군(萬石君)〔○ 사고(師古)가 말했다. "다섯 명을 합치면 1만 석이다."〕이라고 불렀다.

경제 말년[季年=末年]에 만석군은 상대부(上大夫)의 봉록을 받았지만 늙음을 구실로 관직에서 물러나와 고향으로 돌아갔는데 세시(歲時) 때에는 대신(大臣)의 자격으로 참가했다. 궁궐 문을 지날 때에 만석군은 반드시 수레에서 내려 서둘러 걸어 들어갔는데, 대로에서 황제의 어가를 보게 되면 반드시 예를 갖추어 경의를 표했다.

자손들 중에 비록 하급 관리가 돼 집으로 돌아와 만석군에게 인사를 드릴 때면 만석군은 반드시 조복(朝服)을 입고 접견했으며, 함부로 그들의 이름을 부르지 않았다. 자손들 중에 과실이 있으면 직접 꾸짖지 않고 한쪽 방에 조용히 앉아 밥상을 대해도 음식을 먹지 않았다. 이렇게 한 후에 여러 아들들이 과실을 저지른 자를 서로 꾸짖고, 다시 가족 중에 연장자가 옷을 벗어 어깨를 드러내어 굳이 사죄하고 잘못을 고치면 비로소 용서하고 받아들였다. 이미 성년이 된 자손이 만석군의 주변에 있을 때에는 비록 편히 쉬고 있을지라도 반드시 의관을 갖추고, 단정하면서도 화순한 태도를 보였다. 하인들에게는 온화하고 즐거운 모습으로 대하면서도 각별히 신중하게 행동했다.

상이 때때로 음식을 그의 집에 내려주면 반드시 머리를 조아리며 몸을 굽혀서 먹었는데 그 공손한 태도가 마치 황제 면전에 있는 것과 같았다. 그가 장례식에서 상제 노릇을 할 때에는 매우 슬프게 애도했다. 자손들도 그의 가르침을 따라 역시 똑같이 했다. 만석군 일가는 효도하고 근신함[孝謹]으로 군국에 명성을 떨쳤다. 설령 제(齊)나라와 노(魯)나라[1]의 여러 유학자들도 만석군의 진중한 행실[質行=重行]에는 모두 스스로 미칠 수 없다고 여겼다.

건원(建元) 2년에 낭중령(郎中令) 왕장(王臧)은 문학(文學=유학) 때문에

---

1 공자의 유풍은 이 두 나라에 가장 많이 남아 있었다.

황태후(-두(竇)태후)에게 죄를 얻었다. 태후는 유학자들은 겉으로 드러낸 가식이 많고 속으로 본바탕의 질박함이 적다[文多質少]고 여겼는데, 지금 만석군의 일가는 말을 많이 하지 않고 실천에 능하다고 보아 마침내 분의 장남 건을 낭중령(郞中令)으로 삼고 막내아들 경을 내사(內史)로 삼았다.

건(建)이 늙어서 백발이 됐어도 만석군은 여전히 무탈하게 지냈다[無恙]. (건은 낭중령이 됐지만) 닷새마다 하루는 집으로 돌아와 목욕하고 부친의 안부를 살폈다〔○ 문영(文穎)이 말했다. "낭관(郞官)은 닷새에 하루는 쉬었다."〕. 직접 부친이 쉬고 있는 침실 곁의 작은 방으로 들어가 몰래 시자(侍者)에게 물어 부친의 속옷과 요강을 꺼내 몸소 깨끗하게 씻고 닦은 뒤에 다시 시자에게 건네주면서 감히 만석군이 알지 못하게 했으며 늘 이와 같이 했다. 건은 상 앞에 일을 아뢸 경우에 할 말이 있으면 남들을 물리치고 바로 하고 싶은 말을 다 했는데 매우 간절했다. (그러나) 조정에서 평소 알현할 때면 말을 못하는 사람처럼 행동했다. 이 때문에 상은 더욱 가까이 하면서 예로 대해주었다.

만석군은 능리(陵里)〔○ 사고(師古)가 말했다. "무릉읍(茂陵邑)에 있는 마을이다."〕로 거처를 옮겼다. 하루는 내사(內史) 경(慶)이 술에 취해 마을 외문(外門)을 들어와서도 수레에서 내리지 않았다. 만석군은 그 소식을 들은 후부터 식사를 하지 않았다. 경은 두려워 웃옷을 벗어 어깨를 드러낸 채 죄를 청했으나 여전히 용서하지 않았다. 그리하여 온 식구와 맏형인 건이 대신 옷을 벗고 어깨를 드러내어 죄를 청하니 그제야 비로소 만석군이 꾸짖어 말했다.

"내사는 존귀한 사람이니 마을로 들어오면 마을 안의 어른과 노인들도 모두 황급하게 달아나 숨는다. 그런데 내사가 수레 안에 앉아서 태연자약한 것이 참으로 마땅한 것인가!"

그리고 경에게 사죄를 마치게 하고서 돌려보냈다. (그후) 경과 다른 자식들은 마을 안으로 들어올 때면 (반드시 수레에서 내려) 빠른 걸음으로 집에 들어갔다.

만석군이 원삭(元朔) 5년에 졸(卒)하니 건은 통곡하면서 매우 애달프게 울었고 지팡이를 짚고서야 겨우 걸을 수 있었다. 1년 남짓 뒤에 건 또한 죽었다. 자손들은 모두 효성스러웠지만 그러나 건이 가장 효성이 깊었으며 심지어 만석군보다 더했다.

건이 낭중령으로 있을 때에 아뢰었던 일이 내려왔는데 건은 그것을 읽다가 두려움에 떨며 말했다.

"마(馬) 자(字)는 꼬리에 반드시 5획으로 썼어야 했는데 지금은 단지 4획만 있고 한 획이 부족하다. 폐하께서 이를 문제 삼아 견책하면 나는 죽어 마땅하다!"

그가 매사에 근신하는 것은 비록 다른 일에 있어서도 모두 이와 같았다.

경은 태복(太僕)으로 있었는데 황제의 수레를 몰고 나갈 때 상이 수레를 모는 말이 몇 마리냐고 물어보니 경은 말채찍으로 하나하나 다 헤아린 다음에 손을 들고 말했다.

"여섯 필입니다."

경은 형제들 중에서 가장 성격이 대범하고 시원시원했지만[簡易]〔간이〕 그런데도 이와 같았던 것이다. 외방으로 나가 제(齊)나라 상국이 됐는데 제나라 사람들은 모두 그의 집안의 행실을 흠모했기에 다스리지 않았는데도

[不治] 제나라는 크게 다스려졌으며[大治] 그를 위해 석상사(石相祠)를 세워주었다.

원수(元狩) 원년에 상은 태자를 세우고 나서 여러 신하들 중에서 태자의 사부가 될 만한 사람을 골랐는데, 경이 패군(沛郡)태수로 있다가 태자태부가 됐고 7년 후에 승진해 어사대부(御史大夫)가 됐다. 원정(元鼎) 5년 가을에 승상 조주(趙周)가 주금(酎金)으로 죄를 지어 파면되자 어사대부에게 다음과 같은 조서를 내렸다.

'선제께서는 만석군을 존중하셨고 그의 자손들도 모두 지극히 효성스럽다. 어사대부 경을 승상으로 삼고 목구후(牧丘侯)에 봉한다.'

이때 한나라는 마침 남쪽으로 남월(南越)과 동월(東越)을 토벌했고 동쪽으로 조선(朝鮮)을 쳤으며 북쪽으로 흉노(匈奴)를 내몰고 서쪽으로 대원(大宛)을 정벌하는 등 중국(中國)에 여러 가지 일들이 많았다. 천자는 전국 각지를 순수(巡狩)하면서 상고(上古)시대의 신사(神祠)들을 수리해 복원했고 봉선(封禪)을 행했으며 크게 예악(禮樂)을 일으켰다. 국가의 재정이 적어지자 상홍양(桑弘羊) 등으로 하여금 이익을 도모하게 하고 왕온서(王溫舒) 등의 무리로 하여금 법을 엄격히 집행하게 했으며 예관(兒寬) 등으로 하여금 유학을 진작시켜 그들의 관직이 모두 구경(九卿)에 이르게 했다. 그들은 교대로 정권을 장악했으며 조정의 일은 굳이 경의 결정을 거치지 않아도 됐기 때문에 경은 한결같이 온후하고 신중하게 처신할 뿐이었다. 9년 동안 승상으로 재직하는 중에 잘못된 시국을 바로잡을 만한 언행을 하지 않았다. 그는 일찍이 황상의 가까운 신하였던 소충(所忠)과 구경의 지위에 있었던 함선(咸宣)의 죄행을 올려 처벌할 것을 청했지만 그들의 죄를 입증하지 못하고 도리어 징계를 받아 속죄했다.

무제 원봉(元封) 4년에 관동(關東)의 유민 200만 명 중에 호적이 없는 사람이 40만 명이나 돼 공경들은 토의 끝에 유민들을 변경의 적당한 곳으로 이주시킬 것을 주청하기로 했다. 상은 경이 연로하고 신중하므로 이 토의에 참여할 수 없음을 알고 곧바로 휴가를 주어 집으로 돌아가도록 했다. 그리고 이 안건에 대해서는 어사대부 이하의 신하들이 토의에 참여해 주청한 것을 조사하도록 했다. 경은 스스로 직무를 다할 수 없음을 부끄럽게 여겨 글을 올려 말했다.

'신은 다행히 총애를 얻어 승상의 직책을 수행하고 있으나 쓸모없는 둔한 말처럼 재능이 부족해 폐하의 다스림을 제대로 보좌하지 못했습니다. 성곽 창고는 비었고 유랑하는 백성들이 많아졌으니 그 죄는 마땅히 엎드려 도끼와 그 모루를 가지고 처벌을 받아야 하지만 상께서는 차마 저를 법대로 처벌하지 않으셨습니다. 바라건대 승상(丞相)과 후의 인(印)을 돌려드리고 고향으로 돌아가기를 청하니 뛰어난 이[賢者]에게 길을 피해주고 싶습니다.'

상이 조서로 답했다.

'근래에 황하의 물이 육지로 넘쳐 범람한 곳이 10여 군이라 제방을 쌓느라 부지런히 노고를 다했지만 터진 곳을 제대로 다 막지 못해 짐은 깊이 근심하고 있다. 이 때문에 사방의 여러 주들[方州]을 순수해 높은 산에는 예를 올렸고 팔방의 신들에게 공경을 표해 마침내 선방(宣房)에서 황하의 터진 곳을 막을 수 있었다. 회수와 강수를 건너 산을 넘고 해안에 이르러 100세 된 백성에게 힘들고 고통스러운 것이 무엇인지를 물었다. 생각건대 관리들이 사욕을 너무 챙기고 백성들에게 요구해 징수하는 것이 끝이 없으니 향리를 떠난 백성들은 편안한 반면에 남아 있는 백성들은 더욱 동요하게 되니 그래서 유민법(流民法)² 때문에 과중한 세금을 금하고 있다. 최근에 태산(泰山)에서 봉선할 때 황천(皇天)께서 그것을 축하해 상을 내려주셨고 상서로운 조짐들이 나란히 나타났다. 짐은 바야흐로 몸을 닦아 상서로운 기운의 응험에 보답하려 했지만 아직 하늘의 뜻을 이어받지 못했으니 이 때문에 향리를 직접 순행하면서 백성들을 가까이에서 살펴보아 관리들이 간사한지 여부를 알고자 했다. 짐은 일을 유사에 위임했기 때문에 그들을 믿고 있었건만 관리들은 관직을 텅 비워 백성들을 근심하게 하고 도둑질이 공공연히 행해지게 하고 있다. 지난해 명당(明堂)에서 여러 신하들을 접견하고 사형의 죄를 받은 사람들을 사면해주었으며 금고(禁錮)를 풀어 모두 자유롭게 해주어 더불어 새롭게 시작했다[更始]. 그런데도 유민은 더욱 많아지고, 군에서 중앙 조정에 보고하는 문서를 꾸며대는 일은 조금도 고쳐지지 않았으며, 군(君)은 장리(長吏)를 챙기고 꾸짖지 않아 놓고 40만 명을 징발해 먼 곳으로 이주시키려 하니, 민심은 동요하고 고아나 10세도 안 된 아이들이 죄도 없이 유배나 마찬가지인 이주에 이끌려가야 한다니 짐은 참으로 실망하고 있다. (그런데) 지금 군은 글을 올려 양식 창고는 이미 텅 비었고, 백성은 곤궁해져서 정처 없이 유랑하고 있으며, 도적 떼가 들끓는다는 이유로 곡식을 바치고 물러나 서인(庶人)이 되기를 청했소. 무릇 백성들의 빈궁함을 알면서 부세를 늘릴 것을 청했고, 백성들

---

2 유민의 많고 적음으로 관리의 성적을 매기는 법이다.

을 동요시켜 위태롭게 만들어놓고서 자리에서 물러나겠다고 했으니, 누가 이 어려움의 책임을 질 것인가? 군은 고향 집으로 돌아가시오.'

경은 평소 성격이 순박한지라 조서에서 고향 집으로 돌아가라고 한 것을 보고서는 스스로 허락을 받아냈다고 여기고서 승상의 인끈[印綬]을 올리려 했다. 연사(掾史)가 볼 때는 상의 질책이 아주 심한 것이고 결국 집으로 돌아가라고 한 것도 거친 말로 거부한 것이었다. 어떤 사람이 경에게 마땅히 스스로 결정을 내려야 할 것이라고 권유하고 경도 심히 두려워하며 어찌해야 할 바를 모르다가 결국은 다시 돌아와 일을 보았다[視事].

경은 승상이 돼 법조문에 조예가 깊고 신중하게 일처리를 했지만 그밖의 원대한 책략은 없었다. 이로부터 3년 후에 훙(薨)하자 시호를 내려 염후(恬侯)라고 했다. 차남 덕(德)을 경은 아꼈다. 이에 상은 덕을 경의 후사로 삼았고 뒤에 태상(太常)이 됐으나 법에 연루돼 작위를 빼앗기고 봉국은 없어졌다. 경이 바야흐로 승상으로 있을 때 그의 여러 자손들이 하급 관리가 돼 (훗날) 2,000석 관리에 오른 자가 13명이었다. 그러나 경이 죽은 후에 자손들은 점차 각종 죄를 범해 관직에서 물러났고 효성스럽고 신중하던[孝謹] 가풍은 쇠퇴했다.

위관(衛綰)은 대(代)의 대릉(大陵) 사람이며 수레 위에서 곡예를 잘해 낭관(郞官)이 돼 문제(文帝)를 섬겼다. 공을 세워 차례로 승진해 중랑장(中郞將)이 됐고 성품이 순박하고 신중했지만[醇謹] 그밖의 특별난 점은 없었다. 효경(孝景)이 태자가 됐을 때 상의 주변 신하들을 불러 술자리를 베풀었는데 관(綰)은 병을 핑계로 가지 않았다. 문제가 장차 붕(崩)하면서 효경에게 부탁해[屬] 말했다.
 속

"관은 인품이 훌륭한 사람[長者]이니 잘 대우해주거라."
                        장자

경제(景帝)가 즉위해 한 해 남짓 동안 관에게는 아무것도 묻지 않았고 [不孰=不問] 관은 날이 갈수록 더욱 조심하며 일을 했다.
  불숙 불문

경제가 상림원(上林苑)에 행차하면서 중랑장에게 수레에 동승하길 명했고 돌아올 때 물었다.

"군(君)은 함께 타자고 했던 이유를 아는가?"

관이 말했다.

"신은 대(代)에 있을 때 수레 위에서 곡예를 부려 총애를 얻고 공로를 쌓아 순차적으로 중랑장으로 대죄(待罪-근무)했을 뿐인지라 알지 못합니다."

상이 물었다.

"내가 태자였을 때 군을 부르니 군은 기꺼이 오지 않았는데 무슨 사연이 있었던가?"

관이 대답했다.

"죽을죄를 지었습니다. 병이 났었습니다."

상이 그에게 검을 내려주자 관이 말했다.

"선제께서 신에게 내려주신 검이 모두 여섯 자루가 있는데 감히 또 (검을 받으라는) 조(詔)를 받들 수는 없습니다."

상이 말했다.

"검이야 다른 사람에게 선물할 수도 있고 서로 바꿀 수도 있는데 지금까지 남아 있는 검이 있소?"

관이 말했다.

"모두 있습니다."

상은 그 여섯 자루의 검을 가져오도록 하니 검은 완전한 상태로 칼집에 있었고 잘 보존돼 있었다. 부하 낭관들이 견책 받을 일이 생기면 항상 그들의 죄책을 자기의 잘못으로 돌렸고 다른 중랑장과 다툼을 벌이지 않았다. 또 공로가 있으면 항상 다른 장수에게 양보했다. 상은 그가 청렴하고 충실하며 다른 마음이 없다는 것을 알고 마침내 관을 제배해 하간왕(河間王)의 태부(太傅)로 삼았다. 오(吳)와 초(楚)나라가 반란을 일으켰을 때 조서로 관을 장군으로 삼아 하간왕(河間王)의 병사들을 이끌고 오와 초를 치게 해 관이 공로를 세우자 제배해 중위(中尉)로 삼았다. 3년 후에 그간의 군공으로 관을 제배해 건릉후(建陵侯)로 삼았다.

그 이듬해 상은 태자(太子)를 폐위시키고 (태자의 장인이었던) 율경(栗卿)의 무리를 주살했다. 상은 관이 다움이 있는 사람이라 이 사건을 차마 매정하게 처결하지 못할 것을 알고 곧바로 그에게 휴가를 주어 집에 가 있도록 한 다음 질도(郅都)의 율씨(栗氏) 일족을 모두 체포해 엄정하게 처리하게 했다. 얼마 후에 상은 교동왕(膠東王)-유철(劉徹-후일의 한무제)-을 태자로 세우고 관을 불러 태자태부로 삼았고 뒤에 어사대부로 승진했다. 5년 후에 관은 도후(桃侯) 유사(劉舍)를 대신해 승상이 됐는데 조정에서는 단지 자기 직분 내에서 처리할 수 있는 일만 보고했다. 그러나 그는 처음 관리가 돼 승상의 반열에 오를 때까지 이렇다 할 만한 건의를 하거나 중대한 잘못을 저지르지 않았다. 상은 그가 성품이 도타워 어린 군주를 잘 도와줄 수 있다고 여겨 특별하게 총애했으며 상으로 하사한 물건이 참으로 많았다.

위관이 승상이 된 지 3년 만에 경제가 붕하고 무제(武帝)가 섰다. 건원(建元) 연간에 승상은 (예전에) 경제가 병이 났을 때 여러 관서의 죄인들이 무고하게 연좌된 자가 많았기 때문에 직무를 감당할 수 없다고 해 면직됐다. 뒤에 훙(薨)하자 시호를 내려 애후(哀侯)라고 했다. 아들 신(信)이 이어받았는데 주금(酎金)에 연루돼 봉국이 없어졌다.

직불의(直不疑)는 남양(南陽) 사람이다. 낭(郞)이 돼 문제(文帝)를 섬겼다. 일찍이 한 방을 쓰던 사람이 휴가를 얻어 집으로 돌아갔는데 같은 방을 쓰던 다른 낭관의 금을 자기 것으로 착각하고 남의 황금을 가지고 갔다. 뒤이어 금 주인이 금이 분실된 것을 알아채고 엉뚱하게 불의(不疑)가 훔쳐간 것으로 의심했다. 그러자 불의는 분실한 금에 책임이 있다고 사과하고 금을 사서 보상해주었다. 그 후에 휴가를 얻어 집에 갔던 사람이 돌아와서 금을 가지고 뒤돌려주자 금 주인이었던 낭관은 크게 부끄러워했다. 이 일로 인해 불의는 장자(長者)로 일컬어졌다. 점차로 승진해 태중대부(太中大夫)에 이르렀다. 조회할 때 어떤 사람이 그를 헐뜯어 이렇게 비방했다.

"불의는 용모가 매우 훌륭하지만 그러나 유독 형수와 사통을 했으니 어떻게 처리해야 할지 모르겠다!"

이 말을 듣고서 불의는 이렇게 말했다.

"나에게는 형이 없다."

그러나 끝까지 스스로 변명하지 않았다.

오초의 반란이 일어났을 때 불의는 2,000석 관리로서 병사를 이끌고 반군을 쳤다. 경제(景帝) 후(後) 원년에 어사대부로 제배됐다. 천자는 오초의 반란을 평정한 공로를 표창할 때 불의를 봉해 새후(塞侯)로 삼았다. 무제(武帝)가 즉위해서 승상 관과 함께 과실로 면직당했다.

불의는 노자(老子)의 말을 배웠다. 그는 재임하는 곳에 갈 때마다 늘 예전과 같이 하게 했는데, 이는 오로지 남들이 자신이 관리로서 남긴 치적만을 알아줄까봐 두려워했다. 명성을 세우는 것을 좋아하지 않아 사람들은 그를 장자(長者)라고 칭송했다.

불의가 훙하자 시호를 내려 신후(信侯)라고 했다. 아들에게 전해졌다가 손자 팽조(彭祖)에 이르러 주금(酎金)에 연루돼 봉국이 없어졌다.

주인(周仁)은 그 선조가 임성(任城) 사람이다. 의술로 뛰어나 황제를 알현했다. 경제(景帝)가 태자였을 때 사인(舍人-가신)이 됐으며 차츰 공로를 쌓아 승진해 태중대부에 이르렀다. 경제 즉위 초기에 인(仁)을 제배해 낭중령으로 삼았다.

인(仁)은 사람됨이 세심하고 중후해[陰重] 남들의 말을 누설하지 않았다. 언제나 낡아서 기운 옷이나 때로 찌든 속옷을 입었는데 고의로 불결하게 처신했기 때문이다. 이로 인해 경제의 총애를 받아 내실을 지켰는데 경제가 침실에 들어가 후궁에게 은밀하게 희롱을 걸 때 인은 항상 그 곁을 지키고 있었지만 끝까지 아무 말도 하지 않았다. 상이 종종 다른 사람들에 관해 물으면 인은 이렇게 말했다.

"상께서 직접 살피십시오."

남을 헐뜯지 않는 것이 이와 같았다. 이 때문에 경제는 일찍이 두 번이나 친히 그의 집으로 행차했다. 뒤에 인은 양릉(陽陵)으로 집을 옮겼다.

　황제가 하사한 선물이 매우 많았으나 늘 사양하며 감히 받으려고 하지 않았다. 제후와 백관들이 뇌물을 주어도 끝까지 받지 않았다.

　무제는 세워진 후에 인이 선제의 대신임을 감안해 그를 각별하게 존중했다. 인이 병으로 인해 조정에서 물러나왔을 때 2,000석의 봉록으로 고향에 돌아가 노후를 지내게 해주었고 그의 자손들은 모두 대관(大官)에 이르렀다.

　장구(張歐)는 자(字)가 숙(叔)이고 고조의 공신 안구후(安丘侯) 장열(張說)의 서자(庶子)다. 효문(孝文) 때에 형명학(刑名學)을 배웠고 태자를 모셨다. 그러나 그의 인품은 (법가풍이라기보다는) 도리어 (유가의) 장자(長者)의 풍모를 지니고 있었다. 경제 때 존중을 받아 항상 구경(九卿)의 지위에 있었다. 무제 원삭(元朔) 연간에 이르러 한안국(韓安國)을 대신해 어사대부가 됐다. 구(歐)는 관리가 된 뒤로부터 함부로 남들을 징벌하려는 언행을 삼갔고 오로지 성실하게 장자(長者)다운 태도로서 벼슬살이를 했다.

　그의 부하 관리들도 그를 장자로 섬겼고 또한 감히 그를 크게 속이지 않았다. 상이 중대한 범죄 사건을 처결하라고 지시하면 다시 심리할 만한 것이 있으면 되돌려 보내고, 되돌려 보낼 수 없으면 어쩔 수 없이 처리했는데 이때에는 눈물을 흘리면서 그 사건의 문서를 바라보면서 친히 밀봉했다. 그가 남들을 아끼는 것이 이와 같았다.

　뒤에 나이가 많아지자 물러날 것을 청하니 천자 또한 그를 총애해 상대부(上大夫)의 봉록으로 집으로 돌아가 여생을 보내게 해주었다. 집은 양릉

(陽陵)에 있었고 자손들은 모두 대관(大官)에 이르렀다.

찬(贊)하여 말했다.

"중니(仲尼-공자)가 말했다. "군자(君子)는 말은 어눌하게 하려고 애써야 하고 일을 실행할 때는 민첩해야 한다."[3] 이는 아마도 만석군(萬石君), 건릉후(建陵侯), 새후(塞侯), 장숙(張叔)과 같은 이들을 가리키는 말일 것이다. 이 때문에 그들의 가르침은 엄숙하지 않아도 이루어졌고, 엄격하지 않아도 잘 다스려졌다. (그러나) 석건이 (아버지 몰래) 빨래를 빨고 주인이 때에 찌든 옷을 입은 것에 대해 군자는 기롱했다."[4]

---

3 『논어(論語)』 「이인(里仁)」 편에 나오는 말이다.

4 그런 점들에 대해서는 조금 지나쳤다고 보았다는 말이다.

권
◆
47

문삼왕전
文三王傳

효문황제(孝文皇帝)에게는 네 아들이 있었는데, 두(竇)황후가 효경제(孝景帝)와 양(梁)나라 효왕(孝王) 무(武)를 낳았고 여러 희(姬)〔○ 사고(師古)가 말했다. "성씨를 알 수가 없어 여러 희라고 했다."〕가 대(代)나라 효왕 참(參), 양(梁)나라 회왕(懷王) 읍(揖)[1]을 낳았다.

양 효왕 무는 효문(孝文) 2년에 태원왕(太原王) 참, 양왕 읍과 같은 날에 세워졌다. 무가 대왕(代王)이 됐다가 4년 뒤에 옮겨서 회양왕(淮陽王)이 됐고 12년 뒤에 양(梁)으로 옮겨졌는데, 처음부터 따져 이때까지 왕으로 있었던 총 햇수는 11년이다.

효왕 14년에 들어와 조회했다. 17년, 18년에 해마다 들어와 조회하고 (경사에) 머물렀다. 그 이듬해 마침내 자신의 봉국으로 갔다[之]. 21년에 들어

---

1 사마천의 『사기(史記)』에는 승(勝)이라고 돼 있다.

와 조회했다. 22년에 문제(文帝)가 붕(崩)했다. 24년에 들어와 조회했다. 25년에 다시 들어와 조회했다. 이때 상은 아직 태자를 두지 않았는데 효왕과 술자리를 함께하며 조용히 말했다.

"천추만세(千秋萬歲) 후[2]에 (이 천자의 자리를) 왕에게 전할 것이다."

왕은 사양하며 감사의 인사를 했다. 진심에서 나온 말[至言(지언)]이 아니라는 것을 알면서도 마음속으로는[心內(심내)] 기뻤다. (두)태후 또한 그렇게 생각했다.

그 해 봄에 오(吳), 초(楚), 제(齊), 조(趙)나라 등 7국이 반란을 일으켜 먼저 양(梁)나라의 극벽(棘壁)을 쳐서 수만 명을 죽였다. 양왕은 수양성(睢陽城)을 지키면서 한안국(韓安國)과 장우(張羽) 등을 장군으로 삼아 오와 초나라에 맞섰다[距(거)]. 오나라와 초나라는 양나라에 막혀 서쪽으로 넘어오지 못하고 태위 주아부(周亞夫) 등과 3개월 동안 서로 대치했다. 오나라와 초나라는 깨졌고 양나라가 죽이거나 포로로 잡은 자가 한나라 조정의 전공(戰功)과 비슷했다.

이듬해 한나라는 태자를 세웠다. 양나라는 (천자와) 가장 가까웠고 공로도 있었으며 나라 또한 커져 천하의 기름진 땅을 차지하게 됐다. 북쪽으로 태산에 이르고 서쪽으로 고양(高陽)[○ 소림(蘇林)이 말했다. "진류(陳留)의 북쪽에 있는 현(縣)이다."]에 이르렀는데 40여 개의 성들은 대부분 큰 현이었다.

효왕은 태후의 작은아들로 사랑을 받았고 하사받은 상은 이루 다 말

---

2 자신이 죽은 후라는 표현이다.

로 할[道=言] 수가 없었다. 이때에 효왕은 동원(東苑)을 지었는데 사방 300여 리였고 수양성을 70리나 넓혔다. 궁실을 크게 지어 복도(復道)를 만들어 연결했는데 궁궐에서 평대(平臺)까지 30리 넘게 이어졌다. 천자가 하사한 깃발을 앞세우고 궐 밖을 나서면 1,000대의 수레와 1만의 기병이 뒤를 따랐고, 나갈 때는 "경(警)!"이라고 소리치고 들어올 때는 "주필(走畢)!"이라고 외치는 것³이 천자에 버금갔다[儗=似]. 사방의 호걸들을 불러 모으니 산동으로부터 유세객들이 모두 몰려들었는데, 예를 들면 제(齊)나라 사람 양승(羊勝), 공손궤(公孫詭), 추양(鄒陽, 기원전 206~129년)⁴ 등의 무리들이었다. (이들 중에서) 공손궤는 괴이한 계책이 많아 왕을 처음 알현한 날에 왕은 1,000금을 내려주었고 관직이 중위(中尉)에 이르니 양나라에서는 그를 공손장군이라고 불렀다. 양나라에서는 쇠뇌, 활 등 병기 수십만 점을 만들었고, 창고에는 1억에 이르는 금전을 쌓아놓았으며, 주옥과 보배로운 기물 등이 경사(京師)보다 많았다.⁵

29년 10월에 효왕이 들어와 조회했다. 경제(景帝)는 사자를 보내 부절을 갖고 가서 네 마리 말이 이끄는 수레를 타고 함곡관 아래에서 양왕을 맞

---

3 이를 경필(警蹕)이라고 하는데 천자의 행차 때 길을 치우기 위해 외치는 소리다.
4 경제(景帝) 때 오왕(吳王) 유비(劉濞) 문하에서 활동하면서 오왕에게 한(漢)나라에 모반하지 말 것을 상소했지만 받아들여지지 않았다. 나중에 양(梁) 효왕(孝王)에게 투항해 문객이 됐다. 양승(羊勝) 등의 참소로 투옥됐는데 간곡한 상소문을 올려 석방됐다. 그 글이 바로 「옥중상양왕서(獄中上梁王書)」다. 양왕(梁王)의 상객(上客)이 됐다. 그밖에 「상오왕서(上吳王書)」와 부(賦) 몇 편이 전한다.
5 한나라 중앙 조정보다 많았다는 뜻이다.

이하게 했다. 조회를 마치자 소(疏)를 올리고 그것을 핑계로[因]⁶ 경사에 머물렀다. 태후가 아꼈기 때문에 왕이 입궁하면 경제와 같은 급의 수레로 모셨고 나갈 때도 같은 급의 수레를 타고 (천자 전용인) 상림원(上林苑)에서 새와 짐승을 사냥했다. 양나라의 시중(侍中), 낭(郞), 알자(謁者)는 다 이름을 등록해 모두 천자가 다니는 문으로 출입할 수 있었으니 한나라 환관들과 조금도 다를 것이 없었다.

11월에 상이 율태자(栗太子)를 폐위시키니 태후는 마음속으로 양왕을 후사로 삼고 싶어 했다. 대신들과 원앙(爰盎, ?~기원전 148년)⁷ 등이 제(帝)와 관련된 일[所關]을 말해 두태후의 의견은 저지됐고[格=閣=止], 양왕은 감히 태후에게 두 번 다시 후사의 문제를 이야기하지 못했다. 이 일은 비밀에 부쳐져 세상에서는 알지 못했고 (양왕은) 마침내 인사를 올리고 봉국으로 돌아갔다.

그 해 여름에 상이 교동왕(膠東王)을 세워 태자로 삼았다. 양왕은 원앙

---

6 은근히 태자로 세워지기를 바라는 마음을 반영한 표현이다.

7 원앙(袁盎)이라고도 한다. 원래 직간(直諫)을 잘해 이름이 조정에 알려졌다. 제상(齊相)과 오상(吳相)을 역임했다. 오왕이 특히 그를 후대했다. 평소 조조(鼂錯)와 사이가 좋지 않았다. 경제(景帝)가 즉위하자 조조가 어사대부(御史大夫)가 됐는데 관리를 시켜 그가 오왕의 뇌물을 받아먹었다고 엮어 넣도록 해 서인(庶人)이 됐다. 조조의 삭번(削藩) 정책으로 오초(吳楚)가 반란을 일으키자 황제에게 조조를 죽여 오나라에 사과하라는 건의를 했다. 오초가 격파된 뒤 초상(楚相)으로 있다가 등용되지 못하자 병을 핑계로 사직했다. 이때 양(梁) 효왕(孝王)을 황제의 후사로 결정하는 일을 중지하라고 간언을 올렸다가 훗날 안릉(安陵)의 곽문(郭門) 밖에서 양 효왕이 보낸 자객의 손에 죽임을 당했다.

과 이 일에 의견을 낸 신하[議臣]들을 원망해 마침내 양승, 공손궤 등의 무리와 모의해 몰래 자객을 보내 원앙과 이 일에 의견을 낸 신하 10여 명을 찔러 죽였다. 범인[賊]을 잡지 못하자 천자는 양왕을 의심했고[意=疑] 범인을 추적하니 과연 양왕이 시킨 것이었다. (조정에서는) 사자를 보냈는데 길에서 관과 수레 덮개가 서로를 마주 볼 정도였고,[8] 양왕의 일을 조사해 공손궤, 양승을 체포하려 했는데 둘 다 양왕의 후궁에 숨어 있었다. 사자가 (양의) 2,000석 관리(=상국)를 다급하게 문책하니 양나라 상국 헌구표(軒丘豹)와 내사(內史) 안국(安國=한안국) 두 사람이 울면서 양왕에게 간언했고, 왕은 마침내 승과 궤에게 자살을 하게 한 뒤에 그 시신을 내주었다. 상이 이 일로 말미암아 양왕에게 원망을 품었다. 양왕은 두려워서 이에 한안국을 시켜 장공주(長公主)를 통해 태후에게 사죄를 하고 나서야 (천자의 원망을) 풀 수 있었다.

상의 노기(怒氣)가 조금 풀리자 그것을 틈타 글을 올려 조회를 청했다. 이미 함곡관에 이르렀는데 모란(茅蘭)〔○ 복건(服虔)이 말했다. "효왕의 대부(大夫)다."〕이 양왕에게 설득하기를 베로 치장한 수레를 타고 두 명의 기병을 데리고 장공주의 정원에 숨어 있으라고 했다. 한나라 조정에서 사신을 보내 양왕을 맞이하려 했으나 왕은 이미 함곡관을 들어왔고 수레와 말은 모두 함곡관 밖에 있었기 때문에 왕이 있는 곳을 알 수가 없었다. 두 태후가 울면서 말했다.

"제(帝)가 내 아들을 죽였구나!"

---

8 그만큼 많은 사자가 오갔다는 뜻이다.

제는 걱정스럽고 두려웠다. 이때 양왕이 도끼와 모루[斧質=鈇鑕]를 지고 대궐 아래로 와서 사죄했다. 그런 다음에 태후와 제는 모두 크게 기뻐하며 서로 울면서 예전처럼 관계를 회복했다. 양왕의 시종관들을 모두 불러 함곡관을 들어오게 했다. 그러나 제는 점점 왕을 멀리해 같은 수레를 타지 않았다.

35년 겨울에 다시 들어와 조회했다. 소를 올려 (경사에) 머물기를 청했으나 상이 허락하지 않았다. 봉국으로 돌아갔으나 마음이 불안해 편치 않았다. 북쪽으로 가 양산(梁山)에서 사냥을 하는데 누군가가 소를 바쳤다. 그런데 다리가 위를 향하며 등 위쪽에 달려 있어〔○ 장안(張晏)이 말했다. "다리는 마땅히 아래에 있어 몸통을 지탱해주어야 한다. 그런데 등 위에 다리가 있다는 것은 효왕이 조정을 배반하고 위에 있으려 하는 것을 상징한다."〕효왕이 싫어했다. 6월 중에 열병을 앓다가 엿새 만에 훙(薨)했다.

효왕은 인자하고 효심이 깊어[慈孝] 태후가 아프다는 이야기를 듣기만 하면 매번 제대로 먹지도 못했고 그래서 늘 장안에 머물러 태후를 모시고자 했다. 태후 역시 그런 그를 사랑했다. 효왕이 죽었다는 소식에 태후는 한없는 슬픔으로 눈물을 흘리고 아무것도 먹지 않으면서 이렇게 말했다.

"제가 과연 내 아들을 죽였구나!"

제는 슬프고 두려워 어찌할 바를 몰라 장공주와 계책을 상의해 마침내 양나라를 다섯 개 나라로 나눠 효왕의 아들 다섯 전부를 세워 왕으로 삼고 딸 다섯에게도 전부 탕목읍(湯沐邑)을 주었다. 이를 태후에게 아뢰자 태후는 그때서야 기뻐하며 제를 위한다며 억지로 음식을 먹었다[飱=飡].

효왕이 살아 있는[未死] 동안에 재산은 거만(鉅萬)을 헤아려 이루 다 헤아릴 수가 없었다. 죽었을 때에도 장부(藏府-창고)에는 황금만 해도 40여만 근이었고 다른 재물들도 다 여기에 상응했다[稱].

대(代) 효왕(孝王) 참(參)이 처음에 세워져 태원왕(太原王)이 됐다. 4년 후에 대왕(代王) 무(武)를 옮겨 회양왕으로 삼으면서 참을 옮겨 대왕으로 삼았고 아들로 태원(太原)을 되찾았으며 예전대로[○ 사고(師古)가 말했다. "문제가 (황제에 오르기 전) 대(代)에 있던 대로 했다는 말이다."] 진양(晉陽)에 도읍했다. 5년에 한 번 조회했고 모두 세 차례 조회했으며 17년에 훙하니 아들 공왕(共王) 등(登)이 이어받았다. 29년에 훙하니 아들 의(義)가 이어받았다. 원정(元鼎) 연간에 한나라가 함곡관을 확대하면서 상산(常山)의 험난한 곳을 관의 일부로 삼았기 때문에 대왕을 청하(清河-청하왕)로 옮기니 그가 강왕(剛王)이다. 이전에 대왕으로 있었던 시기까지 포함해 모두 40년 동안 재위하다가 훙했고 아들 경왕(頃王) 탕(湯)이 이어받았다. 24년 만에 훙했고 아들 년(年)이 이어받았다.

지절(地節) 연간에 기주자사(冀州刺史) 림(林)이 글을 올려 년(年)이 태자로 있을 때 여동생 칙(則)과 사통했다고 아뢰었다. 년이 왕으로 세워진 뒤에 칙이 년의 아들을 임신했는데[懷=孕] 칙의 남편[婿=壻]이 그 아이를 거두지 못하게 했다[勿擧=不養]. 칙이 말했다.

"내가 그 아이를 죽일게요."

남편이 화를 내며 말했다.

"왕을 위해 자식을 낳았으니 직접 가서 왕실에서 아이를 키우라고 하시오."

칙은 아이를 경(頃)태후의 처소로 보냈다.

왕의 재상이 이를 듣고서 칙에게 궁궐로 들어오지 못하게 막으면서 출입금지령을 내렸다. 년은 막내 숙부[從季父]를 시켜 칙과 왕래하면서 보내고 맞이하게 했고 이는 여러 해 동안 계속 이어졌다. 유사(有司)에서 년의 음란함에 대해 아뢰자 년은 죄에 걸려들어 폐위당해 서인(庶人)이 됐고 방릉(房陵)으로 옮겨져 탕목읍(湯沐邑) 100호만 하사받았다. 세워진 지 3년 만에 봉국이 없어졌다.

원시(元始) 2년에 신도후(新都侯) 왕망(王莽)이 없어진 집안을 일으켜주고 끊어진 집안을 이어주고자[興滅繼絶] 태황태후에게 건의를 올려 년의 아들 여의(如意)를 세워 광종왕(廣宗王)으로 삼아 대(代)의 효왕(孝王)의 뒤를 받들게 했다. 망(莽)이 제위를 찬탈하자 나라는 끊어졌다.

양(梁)나라 회왕(懷王) 읍(邑)은 문제의 막내아들이다. 『시경(詩經)』과 『서경(書經)』[詩書]⁹을 좋아해 제(帝)는 그를 아꼈는데 다른 아들들을 사랑하는 것과 달랐다. 5년에 한 차례 조회했고 모두 두 번 들어와서 조회했다. 말에서 떨어져 죽었는데 세워진 지 10년 만에 훙한 것이다. 아들이 없어 나라가 없어졌다. 이듬해 양(梁) 효왕(孝王) 무(武)를 옮겨 양에서 왕 노릇을 하게 했다.

양(梁) 효왕(孝王)의 아들 5명은 (모두) 왕이 됐다. 태자 매(買)는 양나라

---

9 이는 단순히 이 책 두 권만을 좋아했다는 것이 아니라 유학(儒學) 전반을 가리킨다.

공왕(共王)이 됐고, 그다음 아들 명(明)은 제천왕(濟川王), 팽리(彭離)는 제동왕(濟東王), 정(定)은 산양왕(山陽王), 불식(不識)은 제음왕(濟陰王)이 됐는데 모두 효경(孝景) 중(中) 6년 같은 날에 세워졌다.

양나라 공왕 매(買)는 세워진 지 10년 만에 훙해 아들 평왕(平王) 양(襄)이 이어받았다.

제천왕 명(明)은 환읍후(桓邑侯)로 있다가 왕으로 세워졌다. 7년에 그 중위를 쏘아 죽인 죄에 연루되자 유사에서는 주살할 것을 청했는데 무제(武帝)는 차마 그렇게 하지 못하고 폐위시켜 서인으로 삼아 방릉(房陵)으로 옮기고 봉국은 없앴다.

제동왕 팽리(彭離)는 29년 동안 왕위에 있었다. 팽리는 교만하고 사나워[驕悍] 저녁이 되면 몰래 그 노복, 떠돌이 소년 수십 명과 함께 사람을 협박하거나 죽이고 재물을 빼앗는 짓을 오락으로 삼았다. 죽임을 당한 사람이 100명이 넘었다. 나라 사람들이 모두 이를 알았기에 감히 밤에 나다니질 못했다. 피살자의 아들이 글을 올려 이를 알리니 유사에서는 주살할 것을 청했는데 무제(武帝)는 차마 그렇게 하지 못하고 폐위시켜 서인으로 삼아 상용(上庸)으로 옮기고 봉국은 없앴는데 그곳은 대하군(大河郡)이 됐다.

산양왕(山陽王) 정(定)은 세워진 지 9년 만에 훙했다. 아들이 없어 봉국을 없앴다.

제음왕(濟陰王) 불식(不識)은 세워진 지 1년 만에 훙했다. 아들이 없어 봉국을 없앴다.

효왕의 서자[支子]지자 4명도 왕이 됐는데 모두 당대에서 끊어졌다.

양(梁)나라 평왕(平王) 양(襄)은 어머니를 진(陳)태후라 불렀다. 공왕(共王)은 어머니를 이(李)태후라 불렀다. 이태후는 평왕의 친할머니다. 그리고 평왕의 왕후는 임씨여서 임(任)왕후라고 불렀는데 임왕후는 양에게 깊은 총애를 받았다.

애초에 효왕이 살아 있을 때 1,000금이나 나가는 뇌준(罍樽)〔○ 사고(師古)가 말했다. "뇌(罍)는 뇌(靁)의 옛 글자다."〕이란 그릇이 있었는데 후손들에게 뇌준을 잘 보존해 남에게 주지 말라고 타일러 말했다. 임왕후가 이 일을 알고는 그것을 갖고 싶어 했다. 이에 이태후가 말했다.

"선왕께서 명하시길 뇌준을 남에게 주지 말라고 하셨습니다. 다른 물건들은 백 거만이 나가도 마음대로 하실 수 있습니다."

임왕후는 반드시[絶]질 그것을 갖고 싶어 했다. 왕 양은 곧장[直]직 사람을 시켜 창고를 열어 뇌준을 갖고 오게 해 임왕후에게 주었고, 또 왕과 어머니 진태후는 이태후를 섬김에 있어 고분고분하지 못한 일들이 많았다. 한나라에서 사신이 오자 이태후가 직접 이 일을 말하려 했으나 왕이 알자(謁者), 중랑 호(胡) 등을 시켜 이를 제지하려고 문을 잠그게 했다. 이태후

가 문을 열려고 안간힘을 쓰다가 손가락이 문에 끼어 울부짖었지만[啼謼]
제호
끝내 한나라 사신을 만날 수 없었다. 이태후는 또 몰래 식관장(食官長) 및
낭중(郎中) 윤패(尹霸) 등과 간통을 한 적이 있었기에 왕과 임왕후는 이것
을 가지고 사람을 시켜 넌지시[風=諷] 이태후를 제지했다. 이태후는 이미
풍 풍
포기했고 그 뒤에 병으로 훙했다. 병이 났을 때 임왕후는 문병[疾=問]을
질 문
청하지도 않았고 훙한 뒤에 상례도 갖추지 않았다.

 원삭(元朔) 연간에 수양(睢陽) 사람 중에 안반(犴反)이라는 자가 있었는
데 그 아버지에게 모욕을 준 적이 있는 자가 회양(淮陽)태수의 손님과 같
은 수레를 타고 나갔다. 태수의 손님이 수레에서 내리자 안반은 그의 원수
를 수레 위에서 죽이고는 도망쳤다. 회양태수는 화가 나 양나라의 2,000석
관리를 책망했다. 2,000석 이하의 관리들은 반(反)을 서둘러 찾다가 반의
친척들을 잡아들였다. 반은 양나라 안의 은밀한 일을 알고 있었기에 마침
내 조정에다 글을 올려 이 변고를 알렸는데 왕과 그 할머니가 뇌준을 두
고서 다툰 진상을 모두 털어놓았다. 당시 (양나라의) 상국 이하 관리들도
이 일을 알고 있었기 때문에 이를 통해 양나라의 고위 관리들에게 해를
끼치기 위해 그 글이 천자의 귀에 들어가게 한 것이다. 천자가 관리들에게
내려 조사하게 하니 그런 일이 있었다. 공경들이 일을 처리한 결과 불효에
해당된다고 아뢰고서 왕과 태후(-진태후)를 주살할 것을 청했다. 천자가
말했다.

 "나쁜 일의 수괴로서 도리를 잃은 것은 (왕과 태후가 아니라) 임후다.
짐이 재상과 관리를 두어 왕을 제대로 보좌하게 했어야 하는데 그러지를
못했기 때문에 불의에 빠진 것이니 차마 법대로 다 다스릴 수는 없다."

양왕의 5개 현을 깎아냈고 왕태후의 탕목읍인 성양읍(成陽邑)을 빼앗았으며 임왕후의 목을 베어 저잣거리에 내걸게 했다[梟首]. 양나라에는 아직 8개의 성이 남아 있었다. 양은 즉위 40년 만에 훙했고 아들 경왕(頃王) 무상(無傷)이 뒤를 이었다. 11년 만에 훙하니 아들 경왕(敬王) 정국(定國)이 뒤를 이었다. 40년 만에 훙하니 아들 이왕(夷王) 수(遂)가 뒤를 이었다. 6년 만에 훙하니 아들 황왕(荒王) 가(嘉)가 뒤를 이었다. 15년 만에 훙하니 아들 립(立)이 뒤를 이었다.

홍가(鴻嘉) 연간 중에 태부(太傅) 보(輔-허보)가 아뢰었다.

"립은 하루에 11번씩이나 죄를 범하니 그 때문에 신하들은 근심하고 고통을 받는데 누구도 감히 가까이할 수가 없어 간언해 그칠 수가 없습니다. 바라건대 왕에게 영을 내리시어 친경(親耕)이나 제사 때가 아니면 법가(法駕)가 궁중 밖으로 나가지 못하게 하고, 말을 타고 나가 외원(外苑)에다 두지 못하게 하며, 병장기를 개인 창고에 보관해주지 못하게 하고, 금전이나 재물을 다른 사람에게 빌려주거나 내려주는 일을 못하게 해야 할 것입니다."

일을 승상과 어사에게 내려보내니 두 사람 다 허락해줄 것을 청해 그것을 재가(裁可)했다. 그 후에도 여러 차례 낭(郞)을 두들겨 패서 상해를 입혔고 밤중에 몰래 궁궐 밖으로 나갔다. 태부와 재상이 연이어 아뢰자 왕은 죄에 연루돼 1,000호나 500호를 깎였는데 이런 일이 여러 차례였다.

황왕(荒王)의 여동생 원자(園子)가 립의 외삼촌 임보(任寶)의 아내였고 임보의 형의 딸 소(昭)가 립의 후가 됐다. 왕(-립)은 자주 보(寶)의 집에 들러 마시고 먹었는데 보에게 이렇게 말했다.

"내가 옹주를 좋아하니 차지하고 싶소."

보가 말했다.

"옹주는 고모입니다. 법으로 중죄에 해당합니다."

립이 말했다.

"어떻게든 할 수 있을 것이오〔○ 사고(師古)가 말했다. "죄가 그렇게 중하지 않을 수도 있다는 말이다."〕."

끝내 원자와 간음했다.

여러 해가 지나고 영시(永始) 연간 중에 (양나라) 재상 우(禹)가 글을 올려 립이 외가를 원망하는 말을 자주 한다고 아뢰었고 실제로 그런 악담이 있었다. 또 유사에서는 조사한 결과 립의 음란한 행위가 드러났고 립이 짐승 같은 짓을 했다고 아뢰면서 주살할 것을 청했다. (이에) 태중대부 곡영(谷永)이 소(疏)를 올려 말했다.

"신이 듣건대 예법에 따르면 '천자에게는 바깥 울타리[外屏]〔○ 사고(師古)가 말했다. "병(屛)은 담장[牆]이니 가리거나 막아주는 것이다."〕가 있으니 밖을 보려고 해서는 안 된다'[10]라고 했습니다. 이 때문에 제왕의 뜻은 다른 사람들의 규문(閨門) 안의 사사로운 일들을 엿보려 해서는 안 되고[不窺], 부부의 침실[中冓]에서 나눈 (은밀한) 말을 귀 기울여 들으려 해서도 안 됩니다. 『춘추(春秋)』에 이르기를 '혈육상 가까운 자[親者]를 위해서

---

10 이 말은 『예위(禮緯)』라는 책에 실려 있다. 유가(儒家)의 경전인 경서(經書)에 대칭되는 시위(詩緯)·역위(易緯)·서위(書緯)·예위(禮緯)·악위(樂緯)·춘추위(春秋緯)·효경위(孝經緯) 등 7위서(緯書)인데 모두 전한 말 후한 초에 도참사상의 영향을 받아 만들어진 책들이다. 위서(僞書)이기도 하다.

는 피한다[諱]'라고 했고, 『시경(詩經)』에 이르기를 '내 몸과 같은 형제들/멀리 않고 모두 다 가까이하리라[戚戚兄弟 莫遠具爾]'[○ 사고(師古)가 말했다. "소아(小雅)¹¹ '행위(行葦)' 편에 나오는 구절이다. 척척(戚戚)은 안으로 서로 친하다[內相親]는 말이다. 이(爾)는 가깝다[近]는 뜻이다. 족친을 향한 임금의 정은 떨어지거나 멀지 않고[疏遠] 모두 다 가깝다[昵近]는 말이다."]라고 했습니다.

(그런데) 지금 양왕(梁王)은 나이가 어리고 자못 제멋대로 하는 병통[狂病]이 있는데, 애초에는 그가 악담을 했다고 해서 조사를 받았지만 이미 그런 사실이 없고 규문 안에서 일어난 사사로운 일들을 들추어냈지만 이는 본래 장주(章奏)에서 지목했던 죄목이 아닙니다. 양왕의 말은 또 불복해 비루하고 강압적으로 유림을 탄핵하고 있지만 그 실상을 밝혀내기에는 어려운 사건에 해당하니, 다만 치우친 말로써 죄를 만들어 옥사를 결단하는 것은 제대로 다스리는 도리에 이로운 바가 없고 종실을 더럽히는 것입니다. 그런데도 안에서 일어난 음란한 악행을 천하에 까발려서 드러내는 것은 공족(公族)을 위해 허물을 덮어주는 것도 아니고 조정의 영화로움을 늘리는 것도 아니며 빼어난 다움의 교화를 밝혀주지도 못합니다. 어리석은 신이 보건대 (첫째) 양왕은 어리고 아버지의 자매는 어른이어서 나이가 맞지 않고[年齒不倫],¹² 또 (둘째) 양나라의 부유함이라면 얼마든지 많

---

11 「대아(大雅)」의 착오다.

12 간통의 상대가 고모라고 했기 때문에 이는 나이 차이가 있는 아버지와 자매관계이므로 간통했다는 것을 믿기 어렵다는 말이다.

은 돈으로 아름다운 여자들을 불러들일 수 있으며 요염한 여인을 초치할 수도 있습니다. (셋째) 아버지의 친자매였다는 것도 또한 부끄러운 마음을 갖게 했을 것으로 생각합니다. 그런데 일을 조사한 사람은 마침내 악담한 사실을 조사해 물었는데 어찌하여 더러운 이야기를 스스로 털어놓을 수 있었겠습니까?

 이런 세 가지로 사안을 헤아려볼 때 거의 사람의 실정[人情]과 맞지 않으니, 의심컨대 강압적이고 절박한 무언가가 있어 실수로 말을 했고 형리[文吏]는 이 점을 차곡차곡 밟아 실상을 되돌릴 수가 없었던 것입니다. 싹이 막 트려고 할 때 은혜를 베풀고 (법으로) 다스리지 않는 것이 상책입니다.

 이미 조사를 마쳤고 법률을 들먹이고 있지만 마땅히 양왕의 말을 보면 불복하고 있으니, 정위(廷尉)에게 조서를 내리시어 다움이 높고[上德] 이치에 통달한[通理] 관리를 뽑아 다시금 조사해 자세히 탐문케 하시고, 그렇지 않았던 실상이 드러나면 실수로 잘못한 법을 확정하시고 하급 관리에게 복명토록 해 (혈육상으로) 멀리 떨어진 공족에게도 친히 살피시는 다움을 널리 펴시고 종실을 위해 더럽고 난잡하다는 수치를 씻어내어 친족을 잘 다스리는 마땅함을 깊이 얻으셔야 할 것입니다."

 천자는 이로 말미암아 이 건을 묵혀두고서[寢] 처리하지 않았다[不治].

 여러 해가 지나고 원연(元延) 연간에 립은 다시 공적인 일로 인해 상연(相掾) 및 수양(睢陽)의 승(丞)을 원망해 노비를 시켜 죽인 다음에 그 노비를 죽여 입을 막았다[滅口]. 모두 3명을 죽이고 5명에게 부상을 입혔으며 낭리(郎吏) 20여 명을 손으로 구타했다. 또 글을 올릴 때 삼가지 않았고 사형수를 빼돌리려고 모의하기도 했다. 유사에서 주살할 것을 청했으나 상은 차마 그렇게 하지 못하고 립의 5개 현을 깎았다.

애제(哀帝) 건평(建平) 연간에 립이 다시 사람을 죽였다. 천자는 정위 상(賞)과 대홍려(大鴻臚) 유(由)를 보내 부절을 소지하고 가서 신문하게 했다. 이들이 도착해 태부, 재상, 중위에게 편지를 보내 말했다.

'왕은 책명의 경계함을 어기고 난폭함과 망령됨을 일삼아 여러 번 사형죄[大辟]를 범해 그 해악은 관리와 백성들에게 다 퍼졌다. 여러 차례 성은을 입어 거듭해서 주살될 뻔한 것을 벗어났으나 그럼에도 허물을 고칠 생각은 아니 하고 다시 참혹한 살인을 저질렀다. 다행히 성은을 입어 승상장사(丞相長史)와 대홍려 승(丞)이 현지에 이르러 실상을 묻게 됐다. 왕은 거짓으로 병이 났다며 조사를 받으려고 하지 않고 심지어 죄를 인정하지 않으면서 공초를 작성함에 있어 교만하기까지 했으니, 주모자이면서도 죄에 승복하지 않는 것은 모반과 아무런 차이가 없다. 승상과 어사는 왕의 옥새와 인장을 거두고 진류(陳留)의 옥으로 보낼 것을 청한다. 밝은 조서는 다시 왕에게 은혜를 베풀어 거듭 정위와 대홍려를 보내 공동으로 심문하도록[雜問=雜治] 했다. 지금 왕은 마땅히 조서를 받들어 공초를 작성해야 할 터인데 혹시라도 다시 수괴로서 진실을 털어놓지 않을까 두렵다. 『서경(書經)』에 이르기를 '(죄수를 결단함에) 재심에 이르고 삼심에 이르니 너희가 나의 목숨을 내려줌을 따르지 않으면 내 크게 형벌해 죽일 것이다'[13]

---

13 「주서(周書)」 '다방(多方)' 편에 나오는 말이다. "내 크게 형벌해 죽일 것이다"라는 부분은 원문에는 없는데 여기까지 포함돼야 문맥이 순조로워 추가했다.

라고 했다. 부(傅)와 재상, 중위는 모두 바르게 보필하는 것[輔正]을 직책으로 하는데 "호랑이와 외뿔 들소가 우리에서 뛰어나오고 고귀한 거북 등딱지과 옥이 궤 속에서 훼손되는 것, 이것이 누구의 잘못이겠는가?"[14] 글이 도착하면 왕을 마땅함으로 일깨워 밝은 도리로 가르쳐야 할 것이다. 감히 또다시 속이려는 마음을 품는다면 죄와 허물은 더욱 심해질 것이다. 부와 재상 이하가 왕을 제대로 보도(輔導)하지 못할 경우 또 다른 바른 법이 있다.'

립은 두려워하며 관을 벗고서 이렇게 말했다.

"립(立)은 어려서 부모를 잃고, 외롭고 약해 깊은 궁중에 있으면서 홀로 환관과 비첩들 사이에서 지내며 점차 소국의 속됨에 물들었고 거기에다 성질이 어리석어 잘못에서 벗어날 수 없었습니다. 지난날 부(傅)와 재상도 어짊과 마땅함으로 이 립을 보필함에 순수하지 못했고 대신들은 항상 각박하고 가혹하게 법을 적용했며 작고 은밀한 것까지 알렸습니다. 참소하는 신하가 그 가운데 있고 좌우에서는 농간하며 위아래에 불화를 쌓게 하며 거듭 보며 염탐해 궁전의 깊은 속 털끝만 한 과실이라도 드러나고 알려지지 않은 것이 없었습니다. 마땅히 거듭 주살돼 해내에 보여져야 할 것입니다만 여러 차례 성은을 입어 간신히 죄를 면할 수 있었습니다. 지금 립은 중랑조장(中郎曹將)을 죽인 사실을 잘 알고 있으며, 다만 겨울이 다가오기 때문에 살기를 탐하고 죽음을 두려워해 땅에 엎어져 거짓으로 병이 났

---

14 『논어(論語)』 「계씨(季氏)」 편에서 공자가 제자인 자로와 염유가 가신으로서 제대로 주군을 모시지 못한 것을 비판하는 내용이다.

다고 해 요행으로 겨울이 지나고 나면 죄가 조금이라도 덜어질까 여겼던 것입니다. 삼가 진실을 다 털어놓아[實對] 엎드려 주벌을 기다리겠습니다."
실대

그때 겨울이 끝나고 봄이 되자 크게 사면을 하면서 왕의 죄도 다스리지 않았다.

원시(元始) 연간에 립(立)이 평제(平帝)의 외가인 중산(中山) 위씨(衛氏)와 서로 왕래한 죄에 연루돼 신도후 왕망이 아뢰어 립을 폐해 서인으로 삼았고 한중(漢中)으로 옮겼다. 립은 자살했다. 재위 27년이었고 봉국은 없어졌다. 2년 후에 망은 태황태후에게 사뢰어[白] 효왕의 현손의 증손인 패군(沛郡)의 졸사(卒史) 음(音)을 세워 양왕(梁王)으로 삼아 효왕의 뒤를 받들게 했다. 망이 찬탈하자 봉국은 끊어졌다.

찬(贊)하여 말했다.

"양(梁) 효왕(孝王)은 (상 및 태후의) 아껴줌과 내 몸처럼 여겨줌[愛親]
애친
[○ 사고(師古)가 말했다. "태후가 자식을 아껴주고[愛] 제는 혈친[親]이었
애 친
기 때문에 애친(愛親)이라고 한 것이다."] 덕분에 기름진 땅[膏腴之地]에서
고유 지 지
왕 노릇을 했지만, 그때는 마침 한나라 왕실이 융성하고 백성들이 넉넉했기 때문에 재물을 모으고 궁실을 늘려 화려한 수레를 타고 좋은 옷을 입을 수 있었다. 그러나 그 또한 분수에 넘치는 것[僭=僭濫]이었다. (태후가)
참 참람
믿어주고 아껴준 것이 끝이 없었고 소의 이변[牛禍]은 벌(罰)을 암시했는
우화
데 결국은 근심 속에 죽었으니[憂死] 슬플 뿐이다!"
우사

권
◆
48

가의전
賈誼傳

가의(賈誼)는 낙양(雒陽) 사람으로 나이 18세 때 『시경(詩經)』과 『서경(書經)』을 다 외고 글을 잘 지어[屬文=能爲文] 군(郡) 내에서 명성이 자자했다. 하남(河南)태수 오공(吳公)이 그가 수재라는 소문을 듣고는 불러서 문하에 두고 매우 아꼈다.

문제(文帝)가 즉위한 초기에 하남태수 오공이 지방을 다스리는 것이 천하제일이고 또 공(公)이 이사(李斯)와 같은 읍 출신인 데다가 일찍이 사(斯)를 섬기며 배웠다는 말을 듣고서 공을 불러 정위(廷尉)로 삼았다. 정위가 이에 의(誼)가 나이는 어리지만 자못 제자백가의 글에 정통하다고 말하자 문제는 의를 불러 박사(博士)로 삼았다.

이때 의의 나이 20세 남짓으로 박사 중 최연소자였다. (하지만) 매번 불려가 천자의 물음에 의견을 낼 때면 나이 많은 선생들도 제대로 대답하지 못하는 것을 의는 남김없이 다 대답했는데 그것도 사람들이 각자 마음속으로 생각은 떠오르지만 말로 표현하기 어려운 것까지도 다 명확하게 답했다. 여러 선생들은 자신들의 재능이 의에 미치지 못한다고 여기게 됐다. 문제는 이를 흡족히 여겨 등급을 뛰어넘어[超遷] 1년 안에 태중대부(太中大夫)에 이르게 했다.

의가 볼 때 한나라가 일어나 (효문제에 이르기까지) 20여 년 동안 천하가 태평하니[和洽] 마땅히[宜當] 역법(曆法)을 고치고 복색(服色)과 제도를 바꾸며 관직 이름을 정하고 예악(禮樂)을 일으켜야 한다고 생각했다. 이에 의례와 법률의 초안을 만들었는데[草=創造] 색깔은 황색을 높이고 숫자는 5를 기준으로 삼으며 관직 이름은 모두 새롭게 만들어 위에 아뢰었다. (그러나) 문제는 겸손한 데다가 그럴 겨를[皇=暇]이 없었다[○ 사고(師古)가 말했다. "(즉위 초라) 자신이 그럴 만한 자격이 없다고 생각했다."]. 그렇지만 여러 법령들을 개정하고 또 열후들을 각자의 봉국으로 나아가도록 한 것 등은 모두 의가 발의한 것들이다. 이에 천자는 신하들과 상의해 의에게 공경(公卿)의 자리를 맡기려고 했다. 그러자 강후(絳侯), 관영(灌嬰), 동양후(東陽侯-장상여(張相如)), (어사대부) 풍경(馮敬) 등의 무리는 모두 의를 싫어해 마침내 이렇게 의를 헐뜯었다.

"그 낙양 사람은 나이도 어리고 학문도 미숙한데 제멋대로 권력을 휘둘러 모든 일을 어지럽히려 하고 있습니다."

이에 천자는 뒤에 마찬가지로 그를 멀리하면서 그의 의견을 쓰지 않았고 의를 장사왕(長沙王)의 태부로 삼았다.[1]

---

1 지방으로 내보냈다는 말이다.

의는 이미 길을 나서 떠나가는데 마음이 울적했고 마침 상수(湘水)를 건널 때 굴원(屈原)을 조문하며 부(賦)를 지었다. 굴원은 초(楚)나라의 뛰어난 신하(臣下)로 참소를 당해 쫓겨나 유배를 가면서 '이소(離騷)〔○ 사고(師古)가 말했다. "이(離)는 만나다[遭]라는 뜻이다. 우환[騷=憂患]을 당했다는 말이다."〕'라는 부를 지었다. 그 마지막 장에서 이렇게 노래했다.

'끝났도다! 나라에 사람이 없어 아무도 나를 알아주지 않는구나.'

그러고는 강에 몸을 던져 죽었다. 의는 그를 마음 아프게 추억하며 자신에게 빗대어 부를 지었던 것이다. 그 가사는 이렇다.

'공손하게 천자의 명 받들어 장사에서 벼슬하게 됐네[俟罪=待罪]
어렴풋이 굴원에 대해 들으니 스스로 먹라수에 몸 던졌다는구나
흘러가는 상수에 부쳐 선생께 조의 표하노라
무도한 세상을 만나 그 몸을 던졌도다
아아, 슬프구나, 좋지 못한 때를 만남이여!
봉황은 엎드려 숨고 올빼미만 날아다니는구나
몹쓸 사람은 귀한 몸이 되고 모함하고 아첨하는 자들 뜻을 얻었네
현인과 성인 도리어 끌어내려지고 반듯한 사람 거꾸로 놓였네
세상은 백이(伯夷)를 탐욕스럽다 하고
도척(盜跖-노나라의 큰 도둑)을 청렴하다 말하며
막야(莫邪)의 보검 무디다 하고 납으로 만든 칼 날카롭다고 하네
아아, 할 말이 없도다. 선생은 억울하게 이 화를 당하셨도다
주 왕실의 보물인 세발솥을 버리고 질그릇 단지를 보배라고 하며

비쩍 마른 소 잔등에다 멍에를 지우고

절름발이 나귀더러 수레를 끌라 하니

준마는 두 귀 늘어뜨린 채 소금 수레나 끄는구나

좋은 갓을 신발로 삼으니 오래갈 수 없게 됐네

아아, 선생이여! 홀로 이 화를 당하셨도다.'

고하여[誶=諫] 노래했다.
  수 간

'그만이로다

나라가 나를 알아주지 않으니 홀로 답답한 마음 그 누구에게 말하랴

봉황은 훨훨 멀리 가버렸네

스스로 날갯짓하며 멀리멀리 가버렸네

깊디깊은 못을 덮친 신룡(神龍)

깊이깊이 잠겨 스스로 제 몸을 소중히 간직하는구나

밝은 빛 멀리하고 숨어 지낼 뿐

어찌 개미, 거머리, 지렁이들과 어울리랴

소중히 여길 것은 성인의 신령스러운 덕

탁한 세상 멀리 떠나 스스로 숨어버리네

준마를 붙잡아 매어둔다면 개나 양과 무엇이 다르리?

어지러운 세상에서 머뭇거리다 이런 화에 걸려들었으니

이 또한 선생의 허물이로다

천하를 두루 둘러보고 그중에 어진 임금을 섬겨 도울 것이지

어찌 꼭 이 나라만을 고집했는가

봉황은 천 길 높은 하늘을 날다가

밝은 덕 환히 보이면 거기에 내리지만

보잘것없는 덕에서 환란의 징조 보이면

날개를 크게 쳐서 그곳을 떠난다네

저 평범한 작은 못이나 도랑이

배를 삼킬 만한 물고기를 받아들이겠는가

강과 호수를 가로지르는 큰 물고기라도

일단 작은 못이나 도랑에 갇히면

땅강아지, 개미 따위에 제압당하네.'

의(誼)가 장사왕의 태부가 된 지 3년이 되던 어느 날 부엉이가 의의 집에 날아 들어와 방구석에 앉았다. 초나라 사람들은 부엉이를 '복(鵩)'이라고 불렀는데 상서롭지 못한 새다. 의는 장사로 쫓겨와서 살고 있는데 장사의 지대가 낮고 습기가 많아 스스로 수명이 길지 않을 것이라는 생각에 늘 상심하고 있었기에 이에 부(賦)를 지어 스스로를 위로했다[自廣=自慰]. 그 내용은 이랬다.

'정묘년 4월 초여름 경자일(庚子日) 저물어갈 무렵

부엉이가 나의 집에 날아들어 방구석에 앉았는데

그 모습 무척이나 한가롭구나

이상한 것이 날아드니 난 그 까닭이 괴이하도다

점복서를 꺼내 그 길흉을 예측해보네
'들새가 방으로 들어와 앉으니 주인이 장차 떠날 것이로다'
부엉이에게 묻노라
'나는 어디로 가는가
길하면 내게 알려주고 흉하면 어떤 재앙인지 말해다오
땅에 묻힐 나이를 미리 헤아려 그 시기를 내게 일러다오'
부엉이가 이에 탄식하더니 머리를 들고 날갯짓하네
입으로 말을 할 수 없으니 날갯짓으로 대신하는구나

만물은 변화하며 본래 쉼이 없도다
돌고 흘러서 옮겨가고 갔다 왔다 하는구나
유형과 무형이 서로 바뀌니 끊임없이 변화하는 것 매미와 같다네
이 심오하고 무궁한 이치 어찌 말로 다 표현하리오
화(禍)란 복(福)이 기대는 곳이요, 복은 화가 숨어 있는 곳이로다
근심과 기쁨은 한데 모이고 길흉도 한곳에 있다네
저 오나라 강대했거늘 부차(夫差)는 패망했고
월(越)나라 회계(會稽)만을 갖고도 구천(句踐)은 세상을 제패했도다
이사(李斯)는 유세에 성공했으나 다섯 가지 형벌을 받아 끝났고
부열(傅說)은 노예였지만 무정(武丁)의 재상이 됐도다
화건 복이건 늘 함께 얽혀 있구나
운명이란 말로 할 수 없으니 누가 그 끝을 알겠는가
물은 부딪치면 사나워지고 화살은 힘 받으면 멀리 가네

만물은 돌고 돌아 서로 부딪치고 서로 진동하며 바뀌는구나

구름이 피어올라 비를 내리니 복잡하게 얽혔다가도 서로 흐트러진다

하늘이 만물을 추동하니 넓고 커서 끝을 볼 수 없다네

천하의 이치 예측할 수 없고 도리[道]는 미리 꾸밀 수 없도다

수명은 길고 짧음이 있다 하나 어찌 그때를 알 수 있으리오

저 천지가 화로(火爐)라면 조물주는 장인이로다

음양이 숯이라면 만물은 동(銅)이라네

합치고 흩어지고 사라지고 멈추는 것 어찌 정해진 법칙이 있겠는가

천변만화하니 본래 끝이 없다네

우연히 인간이 됐거늘 무엇이 진귀하리

귀신으로 바뀐다 해도 또 무엇을 슬퍼하리

어리석은 지혜로 까부는 자 남은 천시하고 자신은 높이는구나

통달한 자는 널리 보니 만물이 같지 않은 것이 없도다

탐욕스러운 자는 재물 때문에 죽고 열사는 명예를 위해서 죽는다네

권세를 떠벌리는 자 권세에 죽고 평범한 사람은 그냥 살 뿐이라네

이익을 좇는 자들 가난에 쫓기는 자들 동분서주한다네

성인은 외물에 구애되지 않아 억만 번 변해도 똑같다네

어리석은 자는 세속에 얽매이니 우리 속에 갇힌 죄수 신세구나

지극한 자는 모든 걸 내려놓으니 오로지 도리와 함께 간다네

뭇사람들 미혹에 빠져 좋아하고 미워하는 것 가슴에 담지만

진실한 자 담담하고 적막해 오로지 도리와 더불어 살아간다네

지혜와 형체를 버리고 초연히 자아를 잊으니

고요하고 광활하고 황홀한 세계에서

큰 도리와 함께 훨훨 난다네

물결 따라 흘러가다가 모래벌판 만나면 머무르지

몸은 운명에 맡기고 내 것으로 여기지 말지니

살아 있으면 물에 떠가는 듯 죽으면 오랜 휴식이라

심연의 고요함처럼 담담하게 매이지 않은 배처럼 떠다닐 일이다

삶에 목숨 걸지 말고 텅 빈 마음 기를지니

다움이 있는 자 얽매임이 없고 천명을 아는 자 걱정이 없도다

하찮은 일 따위야 무슨 걱정이겠는가.'

여러 해가 흐른 후에 문제가 의를 생각하고서 불러들이니 도읍에 들어와 상을 알현했다. 그때 문제는 복을 받기 위해 선실(宣室)[2]에 앉아 있었다.

마침 황제가 귀신(鬼神)의 일에 감응해서 귀신의 근본[本]에 관해 묻자 의는 그 연유에 대해 도리를 잘 갖추어 말씀을 올렸다. 밤이 깊어지자 문제는 의로 하여금 바로 앞자리[前席]에 와서 앉게 했다.[3] 자리가 파하고 의가 나가자 문제는 이렇게 말했다.

"내가 오랫동안 가생(賈生-가의)을 보지 못해 스스로 생각하기를 가생보다 (학문이) 낫다고 생각했는데 오늘 보니 그에 미치지 못하는구나."

---

2 임금이 제사를 앞두고 재계를 하는 공간이다.

3 옛날에는 임금과 신하가 서로 마주 보고 앉았기 때문에 앞자리에 앉은 것이다.

이에 의를 양회왕(梁懷王)의 태부로 삼았다. 회왕은 상의 막내아들로 특별히 아꼈으며 책 읽기를 좋아했다. 그래서 의로 하여금 그를 가르치게 했으니 여러 차례 자문해 일의 득실을 익혔다. 이때 흉노가 강성해지자 한나라의 변경을 침략했다. 이때는 천하가 평정된 초창기라 제도들이 미비했고 엉성했다. 제후왕들이 참칭하고 서로 의심해 차지한 땅들이 옛 제도를 초과했고 회남왕(淮南王)과 제북왕(濟北王)은 둘 다 역모를 꾸미다가 주살됐다. 이에 의는 여러 차례 상소를 올려 정사에 관해 진술했는데 대부분 나라를 바로 세우려는[匡建] 마음에서 나온 것들이다. 그 대략은 아래와 같다.

'신이 가만히 일의 형세를 생각해보니, 통곡할 만한 것이 하나이고, 눈물을 줄줄 흘려야 할 일이 둘이며, 길고 크게 탄식해야 할 것이 여섯입니다. 그밖에 사람들이 이치를 어기고 도리를 상하게 하는 것까지 포함한다면 조목조목 열거해 두루 다 소(疏)를 들어 올리기 힘들 정도입니다. 말씀을 올리는 사람들은 하나같이 다 "천하는 이미 편안해 잘 다스려지고 있다"라고들 말하는데 신은 홀로 아직은 아니라고 봅니다. 이미 편안해 잘 다스려지고 있다고 말하는 것은 어리석은 때문이 아니라면 아첨하는 것이고 하나같이 사실상 다스림과 어지러움의 본체[治亂之體]를 알지 못한 데서 나온 것입니다.

무릇 땔감을 쌓아놓고서 그 밑에 불씨를 놓고 그 위에 자면서 불이 아직 타오르지 않았다 해 이를 편안하다고 말하는 것이니 이것이 지금의 형세와 무슨 차이가 있겠습니까? 줄기와 곁가지가 뒤집어지고 앞뒤가 어긋나 나라의 제도가 어지러이 허물어지고[搶攘] 기강은 없어졌는데 어찌 잘 다스려지고 있다고 하겠습니까? 폐하께서는 어찌하여 신으로 하여금 한 번이라도 폐하 앞에서 이를 깊이 헤아리게 하시고[熟數] 이어 (나라를 잘) 다스리고 안정시킬 계책[治安之策]을 진술케 해 그것을 잘 점검한 다음 선택하려 하시지 않으십니까?

무릇 사냥의 즐거움과 안위(安危)의 기틀 중에서 어느 것이 더 시급합니까?[4] (나라를) 잘 다스리시려면 지혜와 원려(遠慮)에 힘써야 하고[勞智慮], 몸을 수고롭게 하며, 음악[鐘鼓]을 즐기는 것을 줄이고 하지 말아야 합니다. 즐기는 바를 지금처럼 백성들과 더불어 하시며 제후들이 도리를 따르도록 하신다면 군사를 동원하지 않아도 백성들은 수령을 지켜줄 것이고, 흉노들은 사신을 보내 조공을 바칠 것이며[賓服], 사방의 먼 곳까지 풍속이 바로잡힐 것이며, 백성들은 질박해져서[質樸=質朴] 범죄나 소송[獄訟]은 줄어들어 그치게 되고, 백성 대부분이 이미 생활의 안정을 찾게 돼 천하는 순조롭게 다스려지며, 나라 안[海內]의 기운은 맑고 조화로워 이치가 널리 미칠 것이니[咸理], 살아 계실 때는 밝은 황제[明帝]요 훙하시면 밝은 신령[明神]이 되시어[5] 명예의 아름다움은 끝없이 드리워질 것입니다. 『예기(禮記)』에 이르기를 조(祖)는 공업[功]이 있는 것이고 종(宗)은 다

---

4 진덕수(眞德秀)가 말했다. "가만히 살펴보니 문제는 공손하고 검소한[恭儉] 임금이다. 그러나 활사냥[射獵]에 빠져들었기 때문에 가산(賈山)이 이를 말했던 것이고 가의도 또한 그것을 말하고 있다."

5 진덕수(眞德秀)가 말했다. "가만히 살펴보니 한나라는 고대와 시간적 거리가 멀지 않았기 때문에 신하들이 일에 관해 말을 할 때 꺼리거나 피하지 않는 바[所忌諱]가 이와 같았던 것이다." 진덕수의 이 말은 특히 훙하시면[沒]이라는 표현과 관련된 것이다.

움[德]이 있는 것이라 했습니다. 고성(顧成)의 사당[廟]⁶을 태종(太宗)으로 칭하게 하고 위로는 태조(太祖)를 배향해 한나라와 더불어 끝이 없도록 이어가게 하셔야 합니다.⁷ 오래도록 편안할 수 있는 형세[久安之勢]를 세우시고 오랫동안 잘 다스려질 수 있는 업적[長治之業]을 이루시어 조묘(祖廟-한고조)를 이으셨고 육친(六親)⁸을 잘 받들었으며 효도를 다하셨습니다[至孝]. 또 천하에 은택을 베풀고[幸=布德] 만백성을 기르시어 어짊을 다하셨습니다[至仁]. 큰 원칙을 세우고 기강을 널리 베푸셨으며[立經陳紀],⁹ 가벼운 것은 가벼운 대로 무거운 것은 무거운 대로 다 챙기셨으니[輕重同得] 후대에 만세를 이어가는 법도[法程]가 될 것이고, (이리하여) 비록 어리석고 어려서 똑똑지 못한 후사(後嗣)가 나온다 하더라도 오히려 (폐하의) 업적에 힘입어[蒙業] 편안할 수 있게 해 밝음을 다하셨습니다[至明].¹⁰ (그 결과) 폐하의 밝음과 통달함[明達]으로 인해 (설사 어리석은 군주가 나온다 해도) 조금이라도 다스리는 요체[治體]를 아는 사람으로 하여금 아래의 풍조를 보좌하게 한다면 (폐하와 같은) 이런 경지에 이르는 것은 어렵지 않을 것입니다. (이를 위해) 폐하 앞에서 남김없이 다 갖춰 진술해

---

6 미리 세워놓은 문제의 사당을 가리킨다. 섬서성 장안현 동쪽에 있다. 사실상 문제를 가리킨다. 한나라 때에는 황제의 무덤도 살아 있을 때 만들었고 사당도 살아 있을 때 만들었다.

7 진덕수(眞德秀)가 말했다. "가만히 살펴보니 이 또한 한나라는 고대와 시간적 거리가 멀지 않았기 때문에 신하들이 일에 관해 말을 할 때 꺼리거나 피하지 않은 것이다."

8 부모, 형제, 처자를 뜻한다.

9 『서경(書經)』「주서(周書)」 '대고(大誥)' 편에 나오는 표현이다.

10 이 또한 신하로서는 하기 힘든 말이다.

드릴 것이니 바라건대 이를 소홀히 하지 않으신다면 다행이겠습니다. 신은 삼가 그것을 하늘과 땅에 비추어 상고하고 지난 과거에 비추어 징험하며 지금 당장의 일에 적용해 살펴보면서 밤낮없이 이를 생각해 이에 정통할 수가 있었습니다. 설사 우왕이나 순임금이 되살아나 폐하를 위한 계책을 낸다 할지라도 이를 바꿀 수는 없을 것입니다.

무릇 나라를 세워주어[樹國][11] 그것이 튼튼해지면 반드시 서로 의심하는 형세가 만들어집니다〔○ 정씨(鄭氏)가 말했다. "이때 나라를 세워주어 그 나라가 커지면 그 형세가 반드시 튼튼해져 서로를 의심한다는 말이다."〕. 이는 아래로는 자주 그 재앙을 입게 만들고 위로는 자주 그 근심거리를 빚어내니 위를 편안하게 하고 아래를 온전하게 해주는 바가 결코 아닙니다. 지금 혹 친동생은 도모해 동제(東帝)가 되려 하고,[12] 친형님의 아들은 서쪽을 향해 쳤는데〔○ 여순(如淳)이 말했다. "이는 제북왕(濟北王) 유흥거(劉興居)로 제나라 도혜왕(悼惠王)의 아들이다. 반란을 일으켜 형양을 차지하려 했다."〕, 최근에는 오왕(吳王-유비(劉濞))[13]에 대한 고변이 있었습

---

11 이는 혈육의 제후들에게 나라를 봉해주는 것을 가리킨다.

12 회남왕(淮南王) 유장(劉長-고조 유방(劉邦)의 막내아들)은 자기 나라 안에 머물면서 교만하고 방자해 스스로 법제를 만들며 황제처럼 행동했다. 문제 6년(기원전 174년) 역모를 일으켰다가 폐위되고 촉(蜀)으로 유배를 가던 도중에 사망했다.

13 유방의 형 유중(劉仲)의 아들이다. 고조 12년(기원전 195년) 오왕(吳王)에 봉해졌다. 봉국(封國)에 있으면서 망명객들을 모으고 주전(鑄錢)과 제염(製鹽)을 대대적으로 시행하면서 세금을 내리는 등 위민책으로 세력을 불려나갔다. 문제(文帝) 때 황태자가 실수로 오태자(吳太子)를 죽였는데, 이에 앙심을 품어 병을 핑계로 조회에도 나아가지 않았다. 경제(景帝) 때 조조(晁錯)의 건의로 봉국을 빼앗기자 조조를 주륙(誅戮)한다는 명분으로 초(楚)와 조(趙), 교서(膠西), 교동

니다. 천자께서는 춘추가 바야흐로[鼎=方] 왕성하시고 의로움을 행함에 있어 허물이 없으시며 다움과 은택[德澤]을 베푸시는데도 (상황은) 오히려 이와 같은데, 하물며 큰 제후국의 권세와 힘은 이들 제후국보다 10배나 넘지 않습니까?

그런데도 천하가 조금이나마 평안한 것은 어째서이겠습니까? 큰 제후국의 임금은 어리고 약하며 아직 장성하지 않아 한나라에서 배치한 태부와 승상들이 바야흐로 그 나라의 일을 장악하고 있기 때문입니다. 몇 년 후면 제후왕들이 대체로 성인이 돼[冠] 혈기가 바야흐로 강성해지는 데 반해 한나라에서 배치한 태부와 승상들은 병이 들었다 해 파직시키고 저들이 스스로 승(丞)과 위(衛)[丞衛]¹⁴ 이상의 자리에 자기 사람들을 두루 포진시킬 것입니다. 이리한다면 회남왕이나 제북왕과 다름이 있겠습니까? 이때가 되면 (폐하께서) 잘 다스리고 편안하게 하고자 하셔도 요순(堯舜)이 나온들 다스릴 수가 없을 것입니다.

황제(黃帝)¹⁵가 말하기를 "해가 중천에 오르면 반드시 햇볕을 쬐고 칼을

(膠東) 등 제후국들이 반란을 일으켰는데 이른바 오초7국(吳楚七國)의 난이었다. 한나라가 주아부(周亞夫)를 보내 격퇴시켰다. 동월(東越)로 달아났다가 그곳에서 살해됐다.

14 승은 정사를 책임지고 위는 군사를 책임진다.

15 중국의 국가 형성과 관련된 신화에 나타나는 삼황오제(三皇五帝) 가운데 하나이다. 삼황오제와 관련된 전설은 여러 계통이 있으며 민간전승이나 문헌에 따라 다양한 해석이 있다. 하지만 신농(神農), 복희(伏羲), 여와(女媧)를 삼황(三皇)으로, 황제(黃帝), 전욱(顓頊), 제곡(帝嚳), 요(堯), 순(舜)을 오제(五帝)로 보는 것이 일반적이다.『한서(漢書)』에는 "옛날에 황제(黃帝)가 있었다. 배와 수레를 만들어 백성에게 천하를 돌아다닐 수 있게 했다"라고 기록돼 있다. 그리고 "황제(黃帝) 헌원(軒轅)이 중국의 모든 나라를 건설했고 이에 따라 천하가 평화로워졌다"라며 황제(黃

쥐었으면 반드시 베라[日中必熭 操刀必割][○ 태공(太公)이 말했다. "해가 중천에 올랐는데 햇볕을 쬐지 않는 것은 때를 잃는 것[失時]이고, 칼을 쥐고서도 베지 않는 것은 이로움을 잃는 것[失利]이니, (일을 할 때는) 마땅히 때에 맞춰야 한다는 것이다." 사고(師古)가 말했다. "이 말은 『육도(六韜)』에 나온다."]라고 했습니다. 지금 이 도리를 따라 행하면 모든 것을 편안케 하는 것이 아주 쉬울 텐데 부득불 서둘러 하려고 하지 않으시어 이미 마침내 골육의 친족들을 무너뜨려 목이 베이게 됐으니 어찌 진(秦)나라의 말세[季世]와 다름이 있겠습니까?

무릇 천자의 지위로 이때를 올라타 하늘의 도움을 받아야 하는데 오히려 위태로움을 편안하게 하고 어지러움을 다스리는 일을 꺼리고 계십니다. 만약에 폐하께서 제(齊)나라 환공의 입장이시라면 장차 제후들을 규합해 천하를 바로잡지 않으시겠습니까? 신은 게다가 폐하께서는 이렇게 하실 수 없다는 것을 알고 있습니다.

帝)를 칭송하고 있다. 이처럼 황제(黃帝)는 중국을 통일해 국가를 세운 최초의 군주(君主)이자 문자, 의복, 수레, 거울, 60갑자 등의 문물을 만들어 중국 문명을 창시한 인물로 숭배를 받아왔다. 그리고 이상적인 제왕의 모습으로 여겨져 전국시대(戰國時代)에는 황제(黃帝)의 정치에 관한 황학(黃學)이 학문으로 등장하기도 했다.

16 한나라 초기 회음(淮陰) 사람이다. 진나라 2세황제 2년(기원전 208년) 항량(項梁)과 항우(項羽)를 따라 낭중(郎中)이 됐지만 중용되지 못했다. 한왕(漢王) 유방(劉邦)에게 망명해 연오(連敖)와 치속도위(治粟都尉)에 임명됐다. 소하(蕭何)에게 인정을 받아 그의 추천으로 대장군(大將軍)에 올랐다. 유방에게 동쪽으로 향해 천하를 도모할 것을 건의하고, 군대를 이끌고 위(魏)와 대(代)를 격파한 뒤 연(燕)을 함락시키고 제(齊)를 취했다. 한나라 4년(기원전 203년) 상국(相國)에 임명되고 다음 해 제왕(齊王)이 됐다. 이어 유방과 함께 해하(垓下)에서 항우를 포위해 죽였다. 한나라가 성립되자 초왕(楚王)이 되고 하비(下邳)에 도읍을 정했다. 그러나 한제국(漢帝國)

천하가 예전[異時]과 같다고 가정해보겠습니다. 회음후(淮陰侯-한신(韓信, ?~기원전 196년))[16]가 초(楚)나라 왕이고, 경포(黥布)[17]가 회남(淮南)의

의 권력이 확립되자 차차 밀려나 누군가 그가 모반을 꾀한다고 고발하니 한고조(漢高祖-유방(劉邦))가 운몽(雲夢)으로 외유(外遊)를 나온 것처럼 꾸며 체포하고 고조 6년(기원전 201년) 회음후(淮陰侯)로 강등됐다. 고조 10년(기원전 197년) 진희(陳豨)가 반란을 일으키자 몰래 내통해 호응하려고 했는데 사인(舍人)이 그가 병사를 일으켜 여후(呂后)와 태자(太子)를 습격하려 한다고 고발해버렸다. 여후와 상국 소하의 계략에 걸려 장락궁(長樂宮)으로 유인당한 뒤 살해당했다.

17 원래 이름은 영포(英布)다. 법을 어겨 경형(黥刑-묵형)을 당해 경포로 불렸다. 유방(劉邦)을 도와 한나라를 세운 장군이다. 진(秦)나라 말 무리를 이끌고 파군(番君)에 붙었다가 나중에 항량(項梁)에게 의탁했다. 항량이 죽자 항우(項羽)에게 속했다. 전투 때마다 항상 적은 병력으로 많은 적군을 물리쳤다. 항우를 따라 입관(入關)한 뒤 구강왕(九江王)에 봉해졌다. 일찍이 항우의 명령에 따라 형산왕(衡山王) 오예(吳芮)와 함께 의제(義帝)를 죽였다. 초한(楚漢) 전쟁 중에 한나라가 수하(隨何)를 보내 그를 설득하자 한나라로 귀순했다. 회남왕(淮南王)에 봉해졌고, 유방을 따라 해하(垓下) 전투에서 항우를 격파했다. 한나라가 세워진 뒤 한신(韓信)과 팽월(彭越) 등 개국공신들이 하나하나 피살되자 반란을 일으켰다가 실패하고 강남(江南)으로 달아났다가 장사왕(長沙王)에게 유인돼 주살(誅殺)당했다.

18 한나라 초기 산양(山陽) 창읍(昌邑) 사람으로 거야(鉅野)의 연못에서 고기를 잡으며 살았다. 진(秦)나라 말에 진승(陳勝)과 항우(項羽)가 병사를 일으키자 산동 지역 거야에서 거병했다. 초한(楚漢) 전쟁 때 병사 3만여 명을 이끌고 한나라에 귀순해 유방(劉邦)을 도왔다. 위상국(魏相國)이 돼 양(梁) 땅을 공략 평정했다. 한나라를 도와 초나라를 공격해 여러 차례 초나라의 식량 보급로를 끊었다. 병사를 인솔해 해하(垓下)에서 항우를 격멸하고 양왕(梁王)에 봉해졌다. 진희(陳豨)가 반란을 일으키자 고조(高祖)가 직접 정벌에 나섰는데 한단(邯鄲)에 이르러 양나라 병사를 징발하니 그가 병을 이유로 장령(將領)을 대신 한단으로 보냈다. 양나라 장수 호첩(扈輒)이 반란을 권유했지만 따르지 않았다. 양태복(梁太僕)이 고발하자 고조가 사람을 보내 체포하고 서인(庶人)으로 강등시켰다. 촉(蜀)으로 옮겨졌다가 여후(呂后)의 말을 들은 고조가 삼족(三族)을 멸해버렸다. 유방이 어려운 경우를 당해서도 변심하지 않았지만, 항우가 죽고 천하가 평정된 다음에 모반을 꾀했다가 발각돼 죽임을 당하고 말았다.

왕이고, 팽월(彭越)¹⁸이 양(梁)나라 왕이고, 한(韓)나라 신(信)¹⁹이 한(韓)나라 왕이고, 장오(張敖, ?~기원전 181년)²⁰가 조(趙)나라 왕이고, 관고(貫高)²¹는 (조나라의) 재상이 됐고, 노관(盧綰)²²은 연(燕)나라 왕이고, 진희(陳豨, ?~기원전 196년)²³는 대(代)나라 왕이었는데, 이들 예닐곱의 공(公)들이 다 그대로 건재했다면 이런 때를 당해 폐하께서 천자의 자리에 오르셨을 때 능히 스스로 편안할 수 있었겠습니까? 신은 폐하께서 편안하실 수 없었으

19 한왕(韓王) 신(信, ?~기원전 196년)은 진나라 말부터 한나라 초기에 걸친 무장, 정치가이다. 한(韓) 나라의 군주로 봉해져서 한왕(韓王)이 된다. 회음후 한신과 이름이 같아 구별하기 위해 한왕 신으로 일컫는다.

20 고제의 사위로 본래 전한의 제후국 조나라의 왕이었으나 부하의 황제 암살 혐의로 인해 왕위를 잃고 고제의 공신 제3위로 격하됐다. 혜제의 장인이다.

21 본래 한나라 조왕 장이(張耳)의 빈객으로, 장이가 죽은 후 그의 아들 장오를 섬겼다.

22 유방(劉邦)과 같은 동네에서 같은 날 태어났다. 유방을 따라 병사를 일으켜 한나라가 들어서자 장군(將軍)이 됐다. 동쪽으로 항우(項羽)를 공격할 때 태위(太尉)가 되고 장안후(長安侯)에 봉해졌다. 나중에 유가(劉賈)와 함께 임강왕(臨江王) 공위(共尉)를 공격해 멸망시켰고 또 유방을 따라 연왕(燕王) 장도(臧荼)를 격파하는 데 공을 세워 연왕에 봉해졌다. 고조 12년(기원전 195년) 진희(陳豨)가 반란을 일으키자 사람을 보내 연합을 제의하고 흉노(匈奴)와도 결탁했지만 일이 실패하자 흉노로 망명했다. 흉노가 동호노왕(東胡盧王)을 삼았는데, 이 여파로 위만(衛滿)이 고조선(古朝鮮)으로 망명했다. 그 해 말에 흉노에서 죽었다.

23 고제 7년(기원전 200년) 고제가 흉노를 막기 위해 흉노와의 접경 지대에 배치한 한왕 신이 모반을 일으키고 흉노에 투항했다. 고제는 한신을 공격하다 백등산 포위전에서 흉노의 포위를 뚫고 나온 후에 진희를 조나라의 상국으로 삼아 조나라와 대나라 변경의 군대를 지휘하게 했다. 진희는 신릉군을 평소에 존경했었고 많은 빈객을 모아 섬겼는데, 진희가 조나라를 들르자 이를 본 조나라 상국 주창이 진희가 수상하다고 고제에게 말했다. 고제가 조사해보니 과연 여러 가지 불법 사항이 진희와 관련이 돼 있었다. 진희는 이 때문에 두려움을 품었다. 고제 10년(기원전 197년) 고제의 아버지 태상황이 죽자 고제는 진희를 불러들였으나 진희는 가지 않고 도리어 대나라와 조나라를 들어 반란을 일으켰다.

리라는 것을 알고 있습니다.

천하가 크게 어지러워지자[骰亂=淆亂] 고황제께서는 여러 공(公)들과 다투게 됐는데 이때 여러 공들이 측실의 권세를 갖고 큰 자리에 끼어든 사례는 없었습니다. 여러 공들 가운데 행운이 따른 자는 마침내 중연(中涓-관직명)[24]이 되고 그다음은 겨우 사인(舍人)이라는 자리를 얻었고 재능이 미치지 못한 자는 관직으로부터 아주 멀었습니다. 고황제께서는 밝음과 빼어남과 위엄과 강건함[明聖威武]으로 천자의 자리에 오르시어 기름진 땅을 떼어내 여러 공들을 왕으로 봉해주셨는데 많은 곳은 성이 100여 개나 됐고 작은 곳도 마침내 30~40현(縣)은 됐으니 베푸신 은덕이 지극히 두터웠습니다[至渥=至厚]. 그런데도 그후 10년 동안 반란이 아홉 번이나 일어났습니다. (반면에) 폐하께서 여러 공들을 대하시는 것을 보면 여러 공들과 몸소 능력을 다툰 후에 그들을 신하로 삼으신 것도 아니고 또 그들을 직접 왕으로 봉해준 것도 아닙니다. 고황제 스스로께서도 단 한 해도 편안할 수가 없었던 것이니 그래서 신은 폐하께서 (제후들을 제압해) 편안하실 수 없었으리라는 것을 알고 있다고 한 것입니다.

그러나 폐하께서는 오히려 핑계를 대어 '(황제와의) 소원함[疏]'이 반란의 원인이라고 말씀하시니, 청컨대 신은 시험 삼아 '가까움[親]'에 대해 말씀드려볼까 합니다〔○ 채모(蔡謨)가 말했다. "가의가 말씀드리려는 것은 혈육들에게 맡겨도 그들이 강해지면 그걸 믿고서 난을 일으키게 된다는 말이다."〕. 가령 도혜왕(悼惠王)을 제(齊)나라 왕으로, 원왕(元王)을 초나라 왕

---

24 천자의 좌우에서 가까운 사람으로, 여기서는 주발(周勃)을 가리킨다.

으로, 중자(中子)²⁵를 조나라 왕으로, 유왕(幽王)을 회양(淮陽)의 왕으로, 공왕(共王)을 양나라 왕으로, 영왕(靈王)을 연나라 왕으로, 여왕(厲王)을 회남의 왕으로 삼았다고 했을 때, 이들 예닐곱의 귀인(貴人)들이 다 그대로 건재할 경우 이런 때를 당해 폐하께서 천자의 자리에 계신다면 능히 다스릴 수 있겠습니까? 신은 또한 폐하께서 다스리실 수 없었으리라는 것을 알고 있습니다.²⁶

이렇게 되면 이 여러 왕들은 이름은 신하이지만 실은 다들 형제라는 마음을 품고서 황제의 제도와 같이 하려 하지 않는 것이 없고, 천자인 듯이 행동하면서 멋대로 사람들에게 벼슬을 내리고 죽을죄를 용서해주고, 심지어는 황옥(黃屋-황제의 수레)을 타는 자도 있을 것입니다. (이리하여) 한나라의 법령은 시행되지 못하고 (주나라의) 여왕(厲王)처럼 도리에 어긋나는 짓을 행하며 명령을 내려도 들으려 하지 않을 것이니 (폐하께서) 그들을 부른다고 해서 어찌 오겠습니까? 다행히 온다고 한들 법을 어찌 그들에게 집행할 수 있겠습니까? 단 한 사람이라도 천자의 친척이 움직인다면 천하가 다 그것을 보고서 (깜짝 놀라 조정을 향해) 일어날 것입니다. (이리되면) 폐하의 신하들 중에 설사 풍경(馮敬)〔○ 여순(如淳)이 말했다. "풍경은 풍무택(馮無擇)의 아들인데, 충성스럽고 곧다[忠直]는 평판을 얻어 어사대부가 됐으나 회남의 여왕(厲王-유장)이 그를 주살했다."〕과 같은

---

25 한고조의 둘째 아들이다.

26 진덕수(眞德秀)가 말했다. "가만히 살펴보니 가의는 네 번에 걸쳐 곧바로 황제는 할 수 없을 것이라고 말하고 있다. 효문제의 넉넉한 황제다움[盛德]이 아니라면 누가 그것을 받아줄 수 있겠는가?"

강골[悍=勇]이 있다 한들 그 입을 여는 순간[適] 비수가 이미 그의 가슴에 꽂힐 것이니, 폐하께서 아무리 뛰어나다 하시더라도 누가 폐하를 위해 나서겠습니까? 따라서 혈육이 아닌 자는 반드시 (나라를) 위험에 빠뜨리고[危] 혈육은 반드시 어지럽게 한다는 것은 과거의 일들이 보여주는 가르침[已然之效]입니다. 이미[其] 타성[異姓]이 힘에 기대어 (반란이) 일어난 적이 있었고 한나라는 겨우 승리를 거두었는데, 그럼에도 그런 일이 일어나는 근본적인 상황은 바뀌지 않은 채 같은 성[同姓]이 이 자취를 그대로 밟아 (반란을) 일으키는 것도 이미 증명됐으니, 이는 그 형세가 다하고 나서 또 그런 일이 일어나는 것입니다. 재앙의 화가 일어나는 그 원인을 고칠 줄 모른다면 설사 (폐하처럼) 밝은 황제가 이런 지경에 처하더라도 (천하를) 편안하게 할 수가 없는데 후세의 (훨씬 못한) 황제들은 장차 어떻게 하겠습니까?

　(옛날에) 소를 잡던 탄(坦)이라는 사람은 하루아침에 12마리를 잡고서도 날카로운 칼날[芒刃=鋩刃]이 무뎌지지 않았다고 합니다. 이는 치고 베고 벗기고 자르는 것이 다 소의 사지와 뼈마디를 그에 맞도록 해체했기 때문이며 엉덩이와 넓적다리의 경계 부분[髖髀]에 이르러서는 도끼로 잘랐습니다. 무릇 어짊과 의로움과 은혜로움과 두터움[仁義恩厚]은 임금의 날카로운 칼날이고 권세와 법제는 임금의 도끼입니다. 지금 제후왕들은 다 엉덩이와 넓적다리의 경계 부분이니 도끼를 사용해야 날카로운 칼날을 휘두르고자 한다면 신이 생각할 때 그 칼은 귀퉁이가 이지러지지 않으면 부러질 것입니다. 어째서 회남왕이나 제북왕에게 도끼를 사용하지 않으십니까? 형세상으로 그렇게 할 수 없기 때문일 것입니다.

신이 몰래 예전의 일들을 짚어보니 대체로 강성한 자들이 먼저 반기를 들었습니다. 회음후 한신은 초나라 왕이 돼 가장 강하다는 것을 믿고 가장 먼저 반기를 들었고, 한왕 신은 오랑캐에 기대어 반기를 들었고, 관고는 조나라를 배경으로 또 반기를 들었고, 진희는 정예군을 믿고 반기를 들었고, 팽월은 양나라 왕이 되자 또 반기를 들었고, 경포는 회남의 왕이 되자 또 반기를 들었고, 노관은 가장 약해 마지막으로 반기를 들었습니다.

장사왕(長沙王) 오예(吳芮)[27]는 그저 2만 5,000호를 가졌을 뿐이고 공로가 적은데도 잘 보전했고 세력은 미미했지만[28] 가장 충성스러웠습니다. 이는 그의 본성이 남들과 달라서 그런 것뿐만이 아니라 형세상으로도 그럴 수밖에 없었기 때문입니다.

---

27 진말한초(秦末漢初)의 관리이자 제후(諸侯)이고, 영포(英布)의 장인이다. 기원전 209년 7월에 진승(陳勝), 오광(吳廣)이 봉기를 일으키자 8월에 파양령(番陽令)이었던 오예가 호응해 진(秦)나라에 반기를 들었다. 뒤에 항우(項羽)를 지지해 그를 따라 함양을 함락시킨 후에 형산왕(衡山王)으로 봉해졌다. 또 장량(張良)의 소개로 유방(劉邦)을 만나 초(楚)나라를 멸하는 데 큰 공을 세워 장사왕(長沙王)으로 봉해졌다.

28 황제와의 혈친 관계로 보자면 아주 멀었다는 뜻이다. 한나라 초에 왕에 봉해진 공신들 가운데 오예만이 나라를 문제 때까지 이어왔다.

29 젊어서는 도살업으로 생활했다. 유방(劉邦)을 섬겨 병사를 일으켜 진(秦)나라를 공격했는데 여러 차례 전공을 올렸다. 함양(咸陽)에 들어갔을 때 홍문(鴻門)의 잔치에서 유방을 위기에서 구해 탈출하게 했다. 낭중(郎中)이 되고, 임무후(臨武侯)에 봉해졌다. 기장(騎將)과 장군(將軍)을 역임했다. 유방이 즉위한 뒤 장도(臧荼)와 진희(陳豨), 한신(韓信)을 공격했고 좌승상(左丞相)과 상국(相國)이 됐다. 그 뒤 여러 반란을 평정해 무양후(舞陽侯)에 봉해졌다. 항우(項羽)가 유방을 홍문(鴻門)에서 맞아 잔치할 때 범증(范增)이 유방을 모살(謀殺)하고자 하니 번쾌가 노해 머리카락이 뻗어 위로 올라가고 눈자위가 다 찢어질 듯 부릅뜨며 항우를 노려보았다고 한다. 이 일로 유방은 위기에서 벗어날 수 있었다.

예전에 만일 번쾌(樊噲, ?~기원전 189년),[29] 역이기(酈食其), 강후(絳侯),[30] 관영(灌嬰, ?~기원전 176년)[31]으로 하여금 수십 개의 성을 근거지로 삼아 왕 노릇을 하게 했더라면 지금은 이미 망했을 것이며, 한신과 팽월의 무리를 철후(徹侯)[32]로 삼아 (장안에) 살게 했다면 지금은 생존해 있었을 것입니다. 그렇다면 천하의 큰 계책은 얼마든지 알 수가 있는 것입니다. 여러 왕들이 모두 충성스럽게 따르도록 하시려면 장사왕처럼 만드는 것이 가장 낫고, 신하를 절여 죽이지 않으시려면 번쾌나 역이기 등처럼 만드는 것이 가장 나으며, 천하가 잘 다스려지고 편안케 하고자 하신다면 제후를 많이

---

30 주발(周勃, ?~기원전 169년)을 가리킨다. 진(秦)나라 때 박곡(薄曲-양잠할 때 쓰는 도구)으로 옷감을 짜면서 생계를 꾸렸다. 또 항상 퉁소를 불어 남의 장례(葬禮)를 도와주었다. 나중에 중연(中涓)으로 유방(劉邦)을 좇아 패에서 일어나 여러 차례 진나라 군대를 격파했다. 항우(項羽)를 공격하는 데 따라가 천하를 평정했다. 고조 6년(기원전 201년) 강후(絳侯)에 봉해졌다. 한나라 초기 유방을 따라 한신(韓信)과 진희(陳豨) 및 노관(盧綰)의 반란을 진압했다. 사람됨이 질박하면서도 강직했고, 돈후(敦厚)해 고조가 큰일을 많이 맡겼다. 혜제(惠帝) 때 태위(太尉)에 임명됐다. 여후(呂后)가 죽은 뒤 여씨들이 유씨(劉氏)들을 위협할 때 진평(陳平)과 함께 여씨들을 주살(誅殺)하고 한나라 왕실을 안정시켰다. 문제(文帝)를 옹립한 뒤 우승상(右丞相)에 올랐다. 공이 높으면 재앙을 초래한다고 여겨 차츰 정치를 등한히 하다가 병을 핑계로 사직했다. 진평이 죽자 다시 재상이 됐지만 곧 그만두었다.

31 젊었을 때는 비단이나 명주를 파는 일로 업을 삼았다. 진(秦)나라 말 전쟁 중에 중연(中涓)으로 유방(劉邦)을 따라 탕(碭)에서 일어나 입관(入關)한 뒤 집규(執珪)란 작위가 내려지고 창문후(昌文侯)로 불렸다. 낭중(郎中)과 중알자(中謁者), 중대부(中大夫) 등을 역임했다. 장군으로 제(齊)를 평정하고 항적(項籍)을 죽였으며 고조 6년(기원전 201년) 영음후(潁陰侯)에 봉해졌다. 여후(呂后)가 죽은 뒤 주발(周勃), 진평(陳平) 등과 함께 여씨 일족을 주살했다. 문제(文帝)를 옹립한 뒤 태위(太尉)가 됐다가 얼마 후 주발을 대신해 승상(丞相)에 올랐다.

32 20단계의 작위 중에서 가장 높은 벼슬이다. 한무제의 이름이 철(徹)이었기 때문에 그때부터는 피휘해 열후(列侯)로 명칭이 바뀌었다.

세워 그 힘을 약하게 만드는 것이 가장 낫습니다. 힘이 약해지면 의로움으로 부리기가 쉬워지고 나라가 작으면 간사한 마음이 없어집니다. 만약 나라 안의 세력을 몸이 팔을 부리고 팔이 손가락을 부리듯이 한다면 법도를 따르지 않을 수 없을 것이며, 제후국의 임금들은 감히 다른 마음을 품지 못하고 바퀴살이 바퀴통에 모이듯이 나란히 나아와 천자에게 운명을 내맡길 것이며, 일반 백성들이라 하더라도 그 편안함을 알게 될 것이니 따라서 천하는 모두 다 폐하의 밝으심[明]을 알게 될 것입니다.

땅을 떼내어 제도를 정해 제나라, 조나라, 초나라로 하여금 각각 몇 개의 나라를 만들도록 하며 도혜왕, 유왕, 원왕의 자손들은 모두 차례에 맞게 각각 조상이 나눈 땅을 물려받게 하고 땅이 다 없어지면 (봉작을) 그치게 합니다. 연나라나 양나라 등 다른 나라들도 다 이렇게 하면 됩니다. 나눠준 땅은 많은데 자손이 적을 경우 나라를 세워주되 잠시 임금 자리를 비운 채로 뒀다가 모름지기 자손들이 태어나고 나면 그들을 들어서 임금으로 삼으십시오. 제후의 땅이 삭감돼 자못 한나라에 귀속된 경우에는 (그 자리에) 열후를 옮기시고 그 자손들을 봉해 자식 숫자대로 보상해 모두 그들에게 주십시오. 원래 제후왕에게 속했던 한 뼘의 토지와 한 사람의 백성에 대해서도 천자께서 자신의 이익으로 삼지 않는 것이야말로 진실로 다스림이 이루어지느냐 그렇지 않느냐를 결정하는 것이므로 천하는 모두 다 폐하의 청렴함[廉]을 알게 될 것입니다.

토지제도가 일단 정해지면 황실의 자손들은 임금이 될 수 없다고 생각지 아니할 것이니, 아랫사람들은 그들을 배반하려는 마음을 갖지 않을 것이고 위에서는 그들을 주벌하려는 뜻을 품지 않을 것이므로, 천하는 모두 다 폐하의 어짊[仁]을 알게 될 것입니다.

 법이 세워지면 어기지 않고 명령이 행해지면 거스르지 않아 관고나 이기(利幾-유방에게 투항했다가 다시 모반을 일으켜 격퇴된 인물)의 모반은 생겨나지 않을 것이며, 시기(柴奇)나 개장(開章)[33]의 계략도 싹틀 수 없게 돼, 일반 백성들은 좋은 쪽으로 향하게 되고 대신들은 고분고분함을 다할 것이므로, 천하는 모두 다 폐하의 의로움[義]을 알게 될 것입니다.

 이렇게 되면 갓난아이가 천하의 윗자리에 누워 있더라도 편안할 것이며 유복자를 제위에 올리거나 선제의 갖옷만 가져다두어도[34] 천하는 어지럽지 않을 것이니, 당대에는 천하가 크게 잘 다스려지고 후대에는 빼어나다[聖]는 칭송을 듣게 될 것입니다. 한 번만 움직이시면 이렇게 다섯 가지 대업이 따라오는데 폐하께서는 어찌 꺼리시며 오랫동안 이렇게 하지 않으시는 것입니까?[35]

 천하의 형세는 바야흐로 병이 들어 퉁퉁 부어 있습니다. 정강이 하나의 크기가 거의 허리둘레와 비슷하고 손가락 하나의 크기가 거의 넓적다리

---

33 두 사람 다 회남왕과 함께 모반을 했던 자들이다.

34 이는 통치에 관해 아는 바가 전혀 없다는 말이다.

35 진덕수(眞德秀)가 말했다. "가만히 살펴보니 이것은 천하의 좋은 계모[善謀]다. 만약에 문제가 일찍 이 계책을 썼더라면 어찌 7국(七國)의 변이 있었을 것이며, 또 진실로 이렇게 대처했다면 가의가 말한 도끼를 쓸 일 또한 없었을 것이다. 무제(武帝) 때에 이르러 비로소 주보언(主父偃)의 계책을 써서 제후들에게 명령을 내려 은혜를 넓힌다며 자제들에게 고루 봉지를 나눠주어 후가 될 수 있도록 하니 이후에 제후왕들로 인한 재앙이 끝났다. 그러나 그 폐단은 제후왕들이 땅을 너무 삭감당해 약해지는 것이어서 외척의 변을 제어하지 못하는 데 있었다. 이는 굽은 것을 펴려다가 지나치게 곧게 만든 잘못이니 그것은 가의의 계책이 저지른 잘못은 아니다."

만 해서 평소 생활할 때 팔다리를 펼[信=伸] 수가 없으며, 손가락 한두 개를 펼 때마다 아프고 몸뚱이는 근심으로 인해 아무런 즐거움도 느끼지 못합니다. 지금의 때를 놓쳐 제대로 치료하지 않을 경우 반드시 고질병이 될 것이고 뒤에 가서는 편작(扁鵲)이 온다 해도 그때는 치료할 수가 없습니다. 병이 들어 그저 붓기만 하는 것이 아니고 또 아프기까지 합니다. 원왕(元王)의 아들은 황제의 사촌동생[從弟]이고 지금의 왕은 그 사촌동생의 아들입니다. 혜왕(惠王)은 친형님의 아들이고 지금의 왕은 형님의 아들의 아들입니다. 가까운 혈육[親]에게는 혹 땅을 나눠주지 않아도 천하를 편안케 할 수 있지만 먼 혈육들은 혹 그들의 큰 권력을 제어하려 할 경우 천자를 핍박할 것이니, 신은 그래서 "병이 들어 그저 붓기만 하는 것이 아니고 또 아프기까지 합니다"라고 말씀드렸던 것입니다. 통곡할 만한 일이란 바로 이 병을 두고 드린 말씀입니다.

천하의 형세는 바야흐로 거꾸로 매달려 있는 것[倒縣=倒懸]과 같습니다. 무릇 천자를 천하의 머리[首]라고 하는데 어째서이겠습니까? 제일 위[上]에 있기 때문입니다. 오랑캐[蠻夷]를 천하의 발[足]이라고 하는데 어째서이겠습니까? 제일 아래[下]에 있기 때문입니다. 지금 흉노가 오만하게도 우리를 깔보고서 침략해 약탈을 일삼아 불경스러움이 극에 이르러 천하의 우환이 돼 그치지를 않고 있는데도 한나라는 해마다 황금과 솜, 채색한 비단을 주어 그들을 받들고 있습니다. 오랑캐가 공물을 거두고 정령을 내리고 있는데 이는 (원래) 천자 된 자가 위에서 해야 하는 일이고, 천자가 공손히 해 공물을 바치고 있는데 이는 (원래) 신하 된 자가 아래에서 해야 하는 일입니다. 발이 도리어 위에 있고 머리는 오히려 아래에 있어 거꾸로 매달려 있는 것이 이와 같은데도 능히 해결을 하지 못하니 어찌 나라에 사람이 있다고 하겠습니까?

거꾸로 매달려 있는 것에 그치지 않고 나아가 걷지 못하는 발병과 풍병까지 있습니다. 무릇 발병은 일면의 병이요 풍병은 일방의 아픔입니다. 지금 서북쪽 변경의 군에서는 높은 벼슬을 가지고 있는 사람도 부역을 면제받기 쉽지 않고, 5척 이상의 어린아이까지 (전투에 동원돼) 제대로 쉴 수가 없으며, 척후병은 봉수대를 지켜보아야 하므로 침상에 누울 수가 없고, 장수와 군의 관리들은 갑옷과 투구를 걸친 채 잠들어야 합니다. 신은 이런 까닭에 일방의 병이라고 말씀드리는 것입니다. 의원(-가의 자신)이 능히 병을 치료할 수 있는데도 상께서 이 사람을 제대로 쓰지 못하시니 눈물을 줄줄 흘려야 할 일은 (첫째로) 이것입니다.

폐하께서는 어찌하여 제(帝)나 황(皇)의 칭호를 가지고도 오랑캐[戎人]에게 제후 노릇을 하고 있는 것을 참고 계십니까? 형세는 이미 비굴하고 욕되며 재앙은 그치지 않고 있는데 이를 길게 가져가신다면 이는 궁극적으로 어찌되겠습니까? 계책을 올리는 자가 솔선해서 자신의 계책이 옳다고 여기는 것은 도저히 이해할 수 없으며 그 계책이란 것도 제대로 갖추지 못해 빠뜨린 것이 너무도 심합니다. 신이 가만히 헤아려보건대 흉노의 무리라는 것은 (그 숫자가) 한나라의 일개 큰 현에 지나지 않습니다. 결국 천하의 큰 나라가 일개 현의 무리에게 곤욕을 치르고 있으니 일을 맡고 있는 사람으로서 부끄럽기가 참으로 심합니다. 폐하께서는 어찌하여 신을 속국의 관리로 삼아 흉노를 주관케 하려고 시도도 않으십니까?[36] 신의 계책을 실행하신다면 반드시 흉노 선우(單于)의 목을 매어 그의 목숨을 끊고 중항렬(中行說)을 반드시 무릎 꿇게 만들어 배신 행위에 대해 태형을 가할 것이니, 이리되면 모든 흉노의 무리가 오로지 상의 명령만을 들으려 할 것입니다. (그런데) 지금 사나운 적을 사냥하지 않고 밭 돼지나 사냥하며 모반한 도적 떼를 잡으려 하지 않고 사육한 토끼나 잡으며 자질구레한 즐거움에 기뻐하고 큰 근심에 대해서는 도모하지 않으시니 이는 편안함을 이루는 바가 아닙니다. 다움은 멀리 베풀 수 있고 위엄은 멀리 가해야 하는데, 단지 몇백 리 밖까지만 위엄과 명령이 뻗지를[信] 못하니 눈물을 줄줄 흘려야 할 일은 (둘째로) 이것입니다.[37]

지금 백성들 사이에서 노비를 파는 자가 노비에게 수놓은 옷을 입히고 비단실로 가장자리를 꾸민 신을 신겨서 노비를 사고파는 우리[閑] 속에 집어넣습니다. 이는 옛날 천자의 후(后)가 입던 복식으로 사당에 들어

---

36 (가의가 쓴) 『신서(新書)』를 보면 이 문장 다음에 삼표오이(三表五餌-흉노에 대한 계책)가 나오는데, 사서(-『한서(漢書)』를 가리킨다)에서는 삼표의 설은 생략했고, 오이는 일부만 『한서(漢書)』 「흉노전」에 실려 있다.

37 (가의가 쓴) 『신서(新書)』에는 이 문장에 바로 이어 다음 한 절이 나온다. "천자를 돕는 재상을 승상이라고 하는데 제후를 돕는 재상도 승상이라 합니다. 천자의 여러 경들의 작질이 2,000석인데 제후의 여러 경들의 작질은 1,000석입니다. 천자의 부인을 태후라고 하는데 제후도 역시 태후라 하고, 천자의 비를 후(后)라 하는데 제후의 비도 후라 합니다. 천자의 고문(高門-대궐 정문)을 일러 사마(司馬)라 하는데 제후의 궁문도 사마이고, 천자의 수레를 승여(乘輿)라 하는데 제후의 수레도 승여라 합니다. 이는 신하와 임금이 서로 대할 때의 분수가 없는 것이고 높고 낮음의 원칙이 없는 것입니다. (중략) 길고 크게 탄식해야 할 것이 (첫째로) 이것입니다." 이것이 크게 탄식해야 할 첫 번째 것인데 『한서(漢書)』는 이를 삭제했다.

갈 때만 입고 잔치에서도 입지 못하던 것인데 여러 백성들이 이를 구해 비첩들에게 입히고 있습니다. 하얀 겉감, 얇고 흰 비단 안감, 꿰매어 만든 장식용 끈, 아름답게 수놓은 무늬 등은 옛날 천자의 복식이었는데 부호와 큰 상인들이 성대한 잔치를 열어 손님들을 부를 때 그것들로 담장을 장식하고 있습니다. 옛날에는 한 분의 황제와 한 분의 황후만을 절도에 맞게 받들었는데, 지금은 서민들의 담장에 황제의 복장들이 내걸리며 광대나 미천한 자들조차 황후의 장식을 사용하고 있으니 천하에 재산을 다 탕진하지 않은 자가 거의 남아 있지 않습니다. 또 황제의 몸임에도 불구하고 (사치를 줄이기 위해) 몸소 검고 두꺼운 비단옷을 입는데 부자들은 무늬를 수놓은 비단으로 담장과 집을 장식하고 있으며, 천자의 황후가 무늬를 수놓은 비단으로 옷깃 가장자리나 꾸미고 있는데 일반 백성들이나 천첩들은 신발을 장식하고 있으니, 이것이 신이 말씀드렸던 도리의 어그러짐[舛=乖]입니다. 무릇 100명이 (옷을) 지어도 한 사람을 입히지 못하는데 천하에 추위에 떠는 사람을 없게 하려는 것이 어찌 가능할 수 있겠습니까? 한 사람이 농사를 지으면 10명이 모여들어 그것을 먹어대는데 천하에 굶주리는 사람을 없게 하려는 것은 불가능할 것입니다. 굶주림과 추위는 백성들의 피부에 절실하게 와닿는 것인데 천하에 간사함을 없게 하려는 것은 불가능할 것입니다. 나라가 이미 꺾이면 도적들이 곧바로 일어날 따름인데도 계책을 바치는 자는 "동요해서는 안 됩니다"라고 크게 떠들 뿐입니다. 무릇 풍속이 지극히 불경스럽고 상하의 등급이 없으며 윗사람을 모독하고 있는데도 계책을 올리는 자는 "가만 계십시오"라고 하니 길고 크게 탄식해야 할 것이 (셋째로) 이것입니다.

상군(商君-상앙)이 예와 의로움을 버리고 어짊과 은혜로움을 내팽개치고 나아가 (이익을) 얻으려는 것[進取]에만 마음을 쏟아 변법을 시행한 지 2년 만에 진나라의 풍속은 나날이 무너져갔습니다. 그래서 진나라 사람들은 부자의 아들은 성인이 되면 분가시켜 내보내고 가난한 집의 아들은 성인이 되면 데릴사위[贅]로 내보냈습니다. 아들은 아버지에게 농기구를 빌려주고서 은덕을 베풀었다며 자랑스러운 낯빛을 하고, 시어머니가 쓰레받기와 빗자루를 들면 며느리는 선 채로 욕설[誶=罵]을 해댔습니다. 제 아들은 안아서 젖을 먹이면서도 시아버지에게는 조금도 양보하지 않으며, 며느리와 시어머니가 서로 좋아하지 않고 입술을 내밀며 서로 이해타산이나 따졌습니다. 자기 자식만 사랑하고 이익만 좋아하니 짐승들과 다를 바가 거의 없었다고 하겠습니다. 그런데도 마음을 함께 해[並心] 때를 타고서 오히려 "여섯 나라를 쳐서 천하를 취한다"라고 말했습니다. 공이 이루어지고 구하려는 바는 얻었지만 끝내 염치와 부끄러움[廉愧]의 절의와, 어짊과 의로움[仁義]의 두터움으로 돌아올 줄을 몰랐습니다. 집어삼킴[兼并]의 법칙만을 믿고 나아가 얻으려는 것의 과업을 달성하니, 천하는 크게 패해 다수는 소수를 억누르고 지혜로운 자는 어리석은 자를 속이며 용감한 자는 소심한 자를 위협하고 젊은이는 노쇠한 이를 능멸해 그 어지러움이 극에 달했습니다. 이러한 까닭에 크게 뛰어나신 분[大賢-유방]이 일어나자 그 위세는 온 나라에 떨쳤고 그 다움으로 말미암아 천하는 따랐던 것입니다. 그 결과 예전에는 진나라의 천하였는데 지금은 바뀌어 한나라의 천하가 됐습니다. 그렇지만 그들이 남겨놓은 풍속들은 아직도 고쳐지지 않고 있습니다.

오늘날 세상에서는 지나치게 사치함을 다투며 윗사람이 법도가 없어 예의를 내팽개치고 염치를 버리는 일이 날로 심해져 달마다 다르고 해마다 같지 않다고 말할 수 있습니다. 이익을 좇는 데서 그치면 그나마 다행스럽겠지만 그들이 행위를 돌아보지 않는 것을 걱정하는 까닭은 요즘 심한 경우에는 아버지와 형까지도 죽이기 때문입니다. 도적놈은 (황제의) 침전 입구에 있는 발[簾]도 잘라내고 고조 사당과 혜제 사당에 있는 제기(祭器)를 빼돌리며 대낮인데도 큰 도시에서는 관리를 위협해 황금을 빼앗는 일까지 있습니다. 잘못을 바로잡아야 할 관리들은 문서를 위조해 창고의 곡식 수십만 석을 빼내고 600만 전을 세금으로 바치게 하며 (공식 행차가 아닌) 거짓으로 수레를 타고서 군국을 돌아다니니 이는 의롭지 않은 행동이 아주 심한 경우입니다. 게다가 대신들은 그냥 장부로 보고하면 될 일을 갖고서 보고하지 않다가 적기를 놓쳐 큰 사고를 일으킵니다. 풍속이 허물어지면서 세상이 무너지고 부서져 편안함만을 믿고 괴이함을 알지 못하며 귀와 눈을 거의 움직이지 않고서도 사리에 맞다고 여깁니다. 무릇 풍속을 바꾸는 일이란 천하로 하여금 마음을 돌려 도리로 향하게 하는 것이어서 속된 관리들이 해낼 수 있는 일이 아닙니다. 속된 관리들이 맡은 일이란 도필(刀筆-목판에 글을 쓰는 서기)의 광주리[筐篋]에 있으니 이들은 (통치의) 큰 도리를 알지 못합니다. 그런데도 폐하께서는 스스로 이 점을 근심하지 않으시니 (신은) 남몰래 폐하를 위해 안타깝게 여기고 있습니다.

무릇 임금과 신하를 세우고 위아래의 차등을 정해 아버지와 아들 사이에는 예가 있게 하고 육친(六親) 사이에는 기강이 있게 하니 이는 하늘이 행하는 것이 아니라 사람이 베푼 것입니다. 무릇 사람이 베푼 것이란 행하지 않으면 서지가 않고 제대로 심지 않으면 쓰러지고 닦지 않으면 무너집니다. 관중이 말하기를 "예와 의로움과 염치와 부끄러움[禮義廉恥]은 네 가지 원칙[四維]이라 하는데 사유가 제대로 펴지지 않으면 나라는 곧장 망한다"라고 했습니다. 관중이 어리석은 자라면 그의 말은 헛소리일 테니 이 네 가지 원칙이 없더라도 상관이 없지만 관중이 다스림의 요체[治體]를 조금이라도 아는 사람이었다고 한다면 이런 한심한 지경을 어찌 그냥 둘 수 있겠습니까?

진나라는 이 사유(四維)를 없애버려 널리 펴지 않았기 때문에 임금과 신하의 도리가 어그러지고 어지러웠고[乖亂=壞亂] 육친끼리 서로 해치고 죽였으며 간사한 사람들이 한꺼번에 일어나자 만백성이 다 마음이 떠나버려 총 15년 만에 사직은 폐허가 돼버렸습니다. (그런데 진나라가 망하고 한나라가 들어선) 지금도 사유는 아직 갖춰져 있지 않아 간사한 사람들은 대부분 온갖 요행을 바라고 있으며 많은 사람들의 마음에는 의혹이 가득 차 있습니다. 이런 때에 불변의 제도를 정해 임금은 임금답도록, 신하는 신하답도록 하고 위아래의 차등을 두어 부자와 육친이 각각 그 화목함을 얻고 간사한 사람들이 요행을 바라지 못하도록 하신다면 모든 신하들이 다 함께 충성스러움과 신의를 행할 것이니 마침내 상께서는 어찌 의혹을 품으시겠습니까? 이 과업이 일단 정해지면 대대로 언제나 편안할 것이고 이후에도 잘 유지돼 순조롭게 시행될 것입니다. (그러나) 만약에 법제가 정해지지 않을 경우 이는 배를 타고 장강과 황하를 건너면서 닻과 노가 없는 것과 같아 중류에서 풍파라도 만난다면 배는 반드시 뒤집어질 것입니다. 길고 크게 탄식해야 할 것이 (넷째로) 이것입니다.

하나라에서는 10여 세(世)가 천자 노릇을 했는데 은나라가 그것을 이어받았고, 은나라에서는 20여 세가 천자 노릇을 했는데 주나라가 그것을 이어받았습니다. 주나라에서는 30여 세가 천자 노릇을 했고 진나라가 그것을 이어받았는데, 진나라는 천자가 된 지 2세 만에 멸망했습니다. 사람이 타고난 본성은 서로 크게 다르지 않은데 어찌해서 삼대(三代)의 임금들은 그처럼 오래도록 도리를 지켜갈 수 있었는데 진나라는 그렇게도 빨리 도리를 잃어버린 것이겠습니까? 그 까닭은 얼마든지 알 수 있는 것입니다.

옛날의 제왕들은 태자가 태어나면 반드시 예로써 태자를 기르고 인품과 학식이 빼어난 사람으로 하여금 그를 책임지게 하고[負] 담당 관리는 목욕재계하고 의복을 단정히 입고서 그를 수도의 남쪽 근교에 데려가 하늘을 알현토록 했습니다. 대궐 문을 지날 때는 수레에서 내리고 종묘를 지날 때는 종종걸음으로 지나야 했던 것은 효자라면 반드시 행해야 할 도리였기 때문입니다. 그러므로 갓난아이 때부터 가르침은 이미 제대로 행해졌던 것입니다.

옛날 주나라 성왕이 포대기에 쌓인 아기였을 때 소공(昭公)이 태보(太保)가 되고 주공(周公)이 태부(太傅)가 되고 태공(太公)이 태사(太師)가 됐습니다. 보(保)는 태자의 몸을 평안하게 지키는 것이고[保], 부(傅)는 태자의 다움과 의로움[德義]을 펴는 것이고[傅], 사(師)는 가르치고 일깨워서 태자를 잘 인도하는 것[導]이니, 이것은 삼공(三公)의 맡은 바 일이었습니다. 이에 태자를 위해 삼소(三少)를 두었는데 모두 상(上)대부들로서 소보, 소부, 소사라고 부르며, 이들은 항상 태자와 함께 지내야 했습니다. 이랬기 때문에 태자는 어렸을 때 이미 식견이 생겨났습니다. 삼공과 삼소는 반드시 효와 인과 예와 의를 밝혀줌으로써 태자가 그것을 잘 익힐 수 있도록 인도하며 간사한 사람은 쫓아버리고 나쁜 행동은 아예 볼 수 없도록 했습니다. 그리고 천하의 반듯한 선비[端士]와 효심이 깊고 우애가 있으며 식견이 넓고 도리를 갖춘 사람을 골라 그들로 하여금 태자를 지키고 돕게 하며 함께 거처하면서 드나들게 했습니다. 그래서 태자는 나면서부터 바른 일을 보고 바른 말을 듣고 바른 도리를 행했으니, 전후좌우에 있는 사람들이 모두 바른 사람들[正人]이었습니다.

대체로 바른 사람들과 함께 지내는 것이 익숙해지면 자신도 당연히 바르지 않을 수 없으니, 이는 마치 제나라에서 태어나 자란 사람이 제나라 말을 하지 않을 수 없는 것과도 같습니다. 그러나 바르지 못한 사람들과 함께 지내는 것이 익숙해지면 자신도 바르지 못한 행실이 없을 수 없으니, 이는 마치 초나라에서 태어나 자란 사람이 초나라 말을 하지 않을 수 없는 것과도 같습니다. 따라서 태자가 좋아하는 것을 고를 때는 반드시 먼저 가르침을 받은 다음에라야 그것을 얻을 수 있도록 하고, 그가 즐겨 하는 일을 고를 때는 먼저 익숙해진 다음에라야 할 수 있게 했습니다. 공자는 말하기를 '어려서 형성된 행실은 타고난 천성과 같으며 익숙해진 습관은 본래 그러했던 것[自然]과 같다'[38]라고 했습니다.

그리고 태자가 점점 자라서 여색을 좋아하게 되는 때가 되면 학교[學]에 들어갔습니다. 학(學)이란 배움이 이뤄지는 관사(官舍)를 가리킵니다. 「학례(學禮)」에서는 이렇게 말합니다.

---

38 이와 거의 비슷한 말이 『공자가어(孔子家語)』 「제자해(弟子解)」에 실려 있다.

"제(帝)가 동학(東學)에 들어가 어버이를 받들고[上親] 어짊을 귀하게 여기니[貴仁] 가깝고 멂에는 차례가 있었고 서로에게 은혜가 미쳤다. 제가 남학(南學)에 들어가 나이 든 이를 높이고[上齒] 믿음을 귀하게 여기니[貴信] 나이 많은 사람과 어린 사람 사이에 차이가 있었고 백성들이 서로 속이지 않았다. 제가 서학(西學)에 들어가 뛰어난 이를 높이고[上賢] 다움을 귀하게 여기니[貴德] 빼어난 지혜를 가진 사람이 제자리에 있을 수 있었고 공훈도 잃지 않았다. 제가 북학(北學)에 들어가 (작위가) 귀한 사람을 높이고[上貴] 벼슬을 받드니[尊爵] 귀하고 천한 것에 등급이 있어 아랫사람이 법도를 뛰어넘지 않았다. 제가 태학(太學)에 들어가 스승을 따라 도리를 묻고 물러 나와서는 배운 것을 익혀 태부에게 시험을 받았다. 이에 태부는 제대로 본받지[則=法] 못한 것은 벌하고 미치지 못한 것이 있으면 바로잡아주었다. 이렇게 하면 다움과 지혜[德智]가 자라나고 나라를 다스리는 도리[理道=治道]를 터득하게 된다. 이 다섯 가지 배움[五學]이 이미 위에서 이루어지면 백성과 여민(黎民)들이 교화돼 그 아래에 모여들었다."

태자가 관례(冠禮)를 치르고 어른이 돼 보부(保傅)들의 엄격한 관리 통제에서 벗어나게 되면 (그때부터는) 태자의 잘잘못을 낱낱이 기록하는 사관[史]을 두고 또 음식을 줄이는 것을 담당하는 관리[宰]를 두었습니다. 이에 좋은 행동[善]을 권하는 의견을 올리는 깃발[旌]이 설치되고 비판하는 글을 적는 나무를 세우며 감히 북을 두드리며 간언을 올리게 됩니다.

이때 맹인 악사[瞽史]는 시(詩-『시경(詩經)』에 나오는 시)를 낭송하고 악공(樂工)은 경구[箴諫]를 읊조리며 대부는 계책을 아뢰고 선비들은 백성들의 여론[民語]을 전달합니다. 이렇게 하는 가운데 습관과 지혜가 늘어가서 절실해짐에 따라 부끄럽지 않게 되고 교화가 마음속에서 이루어지니 마치 타고난 본성처럼 도리에 들어맞게[中道] 됩니다. 삼대의 예법에 따르면 천자는 봄날 아침에 (처음 돋는) 해를 맞이하고 가을 저녁에 (처음 나오는) 달을 맞이했으니, 이는 삼가야 할 대상[敬]이 있다는 것을 밝힌 것입니다. 봄가을 태학에 나아가 나라의 원로들을 모시고 손수 음식을 들어 대접했으니 이는 효도해야 할 대상[孝]이 있다는 것을 밝힌 것입니다. 행차할 때에는 난화(鸞和-제왕의 수레에 다는 방울) 소리에 맞추고, 걸을 때에는 채제(采齊-옛 음악)의 박자에 맞추고, 잰걸음을 걸을 때는 사하(肆夏-옛 음악)의 박자에 맞추었으니, 이는 법도[度]가 있다는 것을 밝힌 것입니다. 새나 짐승이라도 살아 있는 것을 보고는 차마 죽이지 않으며 그 소리를 듣고서는 차마 그 고기를 먹지 않았습니다. 그런 까닭에 주방을 멀리했으니 이는 은덕을 기르고 또한 어짊이 있다[有仁]는 것을 밝힌 것입니다.

무릇 삼대가 장구하게 이어질 수 있었던 까닭은 태자를 돕고 기르는 데 있어 이와 같은 방법이 잘 갖춰져 있었기 때문입니다. (하지만) 진나라에 이르러서는 그렇지 못했습니다. 진나라의 풍속은 진실로 사양하는 다움을 귀하게 여기지 않았고 윗사람이 남의 잘못을 고발하는 것을 숭상했습니다. 또 진실로 예의(禮義)를 귀하게 여기지 않았고 윗사람은 형벌을 숭상했습니다. 조고(趙高)로 하여금 호해(胡亥)의 태부가 돼 그에게 벌주는 방법만 가르쳤으니, 그가 배운 것이라고는 사람의 목을 베거나 코를 자르는 일이 아니면 사람들의 삼족을 멸하는 것밖에 없었습니다. 그래서 호해는 오늘 즉위하자 내일부터 당장 사람을 쏘아 죽였던 것입니다. 충성스러운 간언[忠諫]을 비방한다고 하고 사려 깊은 계책을 요망한 말이라고 했으며 사람 죽이기를 마치 풀베기 정도로 간주했습니다. 그렇다고 어찌 호해의 본성이 악해서였겠습니까? 그를 그렇게 인도한 조고의 가르침이 제대로 된 이치가 아니었기 때문입니다.

속담[鄙諺]에 "관리 노릇을 어떻게 해야 할지 모르겠거든 지난 일을 돌아보라"라는 말이 있습니다. 또 "앞서 가던 수레가 뒤집히면 뒤에 오는 수레는 (절로) 조심한다"라고 했습니다. 무릇 삼대가 장구하게 이어질 수 있었던 까닭은 지난 일들을 보면 알 수 있습니다. 그런데도 이를 따르지 못하는 이유는 빼어난 이들의 지혜[聖智]를 본받지 않기 때문입니다. 진나라가 그렇게 빨리 멸망한 까닭도 그 지나온 자취를 보면 알 수 있습니다. 그런데도 이를 피하지 않는다면 뒤에 오는 수레도 뒤집히게 됩니다.

무릇 (나라의) 존망의 엇갈림과 치란의 관건은 바로 여기에 달려 있습니다. 천하의 명운은 태자에게 달려 있고 태자가 훌륭하게 되는 것은 어려서부터의 교육과 좌우에서 보필할 인재를 잘 뽑는 데 달려 있습니다. 무릇 마음이 아직 어지러워지기 전에 먼저 타이르고 가르친다면 교화는 쉽게 이뤄질 것입니다. 도리에 관한 학술[道術]을 열어 밝혀주고 의로움과 이치[義理]의 뜻을 알게 해주는 것은 모두 가르침의 힘입니다. 계속 익혀서 습관으로 만드는 것은 좌우에서 태자와 함께 지내는 사람들의 역할입니다.

북방과 남방의 오랑캐는 원래 태어날 때는 울음소리가 똑같고 좋아하는 바도 다르지 않습니다. 그러나 그들이 자라면서 서로 다른 습속을 이루고 나면 여러 차례의 통역을 거치고서도 의사소통이 불가능하게 돼 비록 길바닥에 죽은 사람이 있어도 도와줄 수 없는 것은 (다) 가르침과 익힘이 그렇기 때문입니다. 그래서 신은 "좌우에서 보좌할 사람을 잘 선택하고 일찍부터 깨우쳐 가르치는 것이 가장 시급하다"라고 아뢰고 싶습니다. 제대로 교육하고 좌우에 있는 보좌가 바르게 되면 태자는 바르게 될 것이요, 태자가 바르게 되면 천하가 안정될 것입니다. 『서경(書經)』에 이르기를 '한 사람(-천자)에게 경사가 있으면 온 백성들이 거기에 의지한다'[39]라고 했으니 이는 당대의 시급한 일[時務]입니다.

대개 사람의 지혜는 이미 지나간 것[已然]은 잘 볼 수 있지만 앞으로 일어날 것[將然]은 잘 볼 수가 없습니다. 무릇 예(禮)라는 것은 앞으로 일어날 것을 사전에 금지하는 것이며, 법(法)이라는 것은 이미 지나간 것을 사후에 금지하는 것입니다. 이런 이유로 인해 법이 쓰이는 바는 쉽게 볼 수 있지만 예가 행해지는 바는 알기가 어렵습니다. 무릇 칭찬하며 상을 주어 좋은 일을 권면하고 형벌을 주어 나쁜 일을 징계한다면 옛날의 뛰어난 임금들[先王]이 지킨 이러한 정치는 견고하기가 쇠나 돌과 같고, 그런 명령은 (백성들이) 믿는 바가 사계절과 같고,[40] 근거로 삼는 그런 공평한 마음[公]은 하늘과 땅과 같아서 아무런 사사로움이 없을 것이니 어찌 돌아보아 (그런 정치를) 쓰려 하지 않으십니까?

그런데 "예에 따르면…", "예에 따르면…"이라고 하는 것은 아직 싹이 트기 전에 나쁜 것을 끊어버리는 것을 중요하게 여기며 또 아직 (일이 자라나지 않아) 작고 미미할 때 가르침을 행하는 것을 중요하게 여기기 때문입니다. 또 이렇게 해서 하루하루 백성들로 하여금 좋은 쪽으로 나아가게 하

---

39 「주서(周書)」 '여형(呂刑)' 편에 나오는 말이다.

40 사계절이 변함없이 찾아오듯이 그 명령을 조금도 의심하지 않고 믿고 따랐다는 말이다.

고 죄로부터 멀어지게 만들지만 정작 백성들은 스스로 알지 못함을 중요하게 여기기 때문입니다. (『논어(論語)』 「안연(顏淵)」 편에서) 공자는 말했습니다. "송사를 듣고서 결단을 내리는 일은 내 자신이 한다 해도 다른 사람들과 크게 다르지 않겠지만, 정작 내 자신의 관심은 송사 처결을 잘하는 것보다는 반드시 송사를 처음부터 하지 않도록 하는 것이다."

임금을 위해 계책을 내는 자에게 사전에 버릴 것과 취할 것을 가장 먼저 살피는 것만큼 중요한 일은 없습니다. 버리고 취하는 것이 안에서 알맞게 정해지면 안위(安危)의 싹이 밖에 응해서 그대로 나타날 것입니다. 편안함[安]은 하루 만에 편안해지는 것이 아니고, 위태로움[危]도 하루 만에 위태로워지는 것이 아닙니다. 편안함이나 위태로움은 둘 다 점점 이뤄지는 것[漸]이 쌓여 그렇게 되는 것이니 세심하게 살피지 않으면 안 됩니다.

임금이 쌓아가는 것은 그가 취하고 버리는 것에 달려 있는 것이니 예의(禮義)로써 백성을 다스리면 예의를 쌓는 것이고 형벌(刑罰)로써 백성을 다스리면 형벌을 쌓는 것입니다. 형벌이 쌓이면 백성들은 원망해 배신하고 예의가 쌓이면 백성들은 화합해 서로를 내 몸과 같이 여기게 됩니다. 그래서 세상의 임금들이 백성들이 선하게 되기를 바라는 것은 다 같겠지만 백성들을 선하게 만드는 것은 혹시 다를 수도 있습니다. 어떤 임금은 다움을 기르는 가르침[德敎]으로 백성을 이끌고 어떤 임금은 법률과 명령[法令]으로 백성을 몰아갑니다. 덕교(德敎)로 이끌 때는 다움과 가르침이 넉넉해서 백성들의 기품[民氣]이 즐거우며 법령(法令)으로 몰아갈 때는 법률과 명령이 각박해서 백성들의 풍속이 서글픕니다. 서글프고 즐거운 감정은 그대로 화복(禍福)에 응하게 됩니다.

진나라 임금(-진시황)이 자신의 종묘를 높이고 자손을 편안케 하려는 마음은 탕왕이나 무왕과 같았을 것입니다. 그러나 탕왕과 무왕은 자신들의 다움과 행실[德行]을 넓히고 크게 해서 600~700년 동안 왕통을 잃지 않았지만, 진나라 임금은 천하를 다스린 지 10여 년 만에 크게 실패했습니다. 이것은 다른 이유 때문이 아닙니다. 탕왕과 무왕은 취할 것과 버릴 것을 정함에 있어 미리 깊이 살폈지만, 진나라 임금은 취할 것과 버릴 것을 정함에 있어 깊이 살피지 않았기 때문입니다.

무릇 천하는 큰 그릇입니다. 그래서 그릇을 둘 때 안전한 곳에 두면 안전하고 위태로운 곳에 두면 위태롭습니다. 천하의 정세[情]는 그릇과 다를 바가 없기 때문에 천자가 그것을 어디에 두느냐에 달려 있습니다. 탕왕과 무왕은 천하를 인의(仁義)와 예악(禮樂)에 두어 다움의 혜택[德澤]이 넉넉했고 금수와 초목이 널리 풍족했으며 다움이 만맥(蠻貊)과 사이(四夷)에 미쳤고 여러 자손이 수십 대에 걸쳐 이어졌으니, 이는 천하가 모두 함께 들어서 아는 바입니다. (반면) 진나라 임금은 천하를 법령(法令)과 형벌(刑罰)에 두어 다움의 혜택이 하나도 없었고 원망과 미움이 세상에 가득 차 아랫사람이 진나라 임금을 원수 대하듯 증오했고 재앙이 점차 그 몸에 미쳐 자손이 족살돼 끊어졌으니, 이는 천하가 모두 함께 봐서 아는 바입니다. 이것이 바로 명백한 효험이자 큰 증거가 아니겠습니까?

사람들이 하는 말 중에 "말을 듣는 법은 반드시 그 일에 비추어보아야 하고, 말하는 자는 감히 없는 말[妄言]을 해서는 안 된다"라는 게 있습니다. 이제 예의가 법령만 못하고 교화가 형벌만 못하다고 말하는데 폐하께서는 어찌 은나라와 주나라, 그리고 진나라의 일에 비추어보지 않으십니까?[41] 임금의 존귀함을 큰 집[堂]에 비유할 때 여러 신하들은 (당으로 오르는) 섬돌[陛]과 같고 여러 백성들은 땅바닥이라 할 수 있습니다. 그래서 섬돌의 아홉 단계 위는 땅바닥에서는 멀고 큰 집은 여전히 높아 섬돌에 등급이 없을 경우 곧바로 땅바닥은 가깝고 큰 집도 낮아집니다.

높은 곳은 오르기가 어렵고 낮은 곳은 쉽게 짓밟히는 것은 이치와 형세상으로 그러할 수밖에 없습니다. 그래서 옛날 성왕이 마련하신 제도를 보면 등급을 두어 늘어놓았으니, 안으로는 공(公)·경(卿)·대부(大夫)·사(士)가 있고, 밖으로는 공(公)·후(侯)·백(伯)·자(子)·남(男)이 있고, 그런 연후에 관사(官師-해당 관청의 우두머리)와 낮은 관리[小吏]가 있고, 이어서 일반 백성들에게까지 미치니, 등급은 분명하며 천자는 그보다 더 위에 있게 돼 그 존귀한 바에 미칠 수가 없게 되는 것입니다.

속담에 "쥐를 잡으려 하면서 그릇이 깨질까 봐 걱정한다"라는 말이 있는데 이는 훌륭한 비유입니다. 쥐가 그릇 가까이에 있으니 오히려 꺼려서 돌을 던지지 못하는 것은 그 그릇이 깨질까 걱정하는 것인데 하물며 귀한 신하가 임금 가까이에 있는 것에서야 어떻겠습니까? 염치와 예절로 군자를 다스려야 하는 것이니 따라서 죽음을 내릴지언정 육욕(戮辱)을 당하는 일은 없도록 해야 할 것입니다.

이리하여 경(黥-문신을 새기는 형벌)과 의(劓-코를 베는 형벌)에 해당하는 죄는 대부에게는 해당시켜서는 안 될 것입니다. 왜냐하면 그들은 주상으로부터 떨어진 것이 멀지 않아서입니다. 『예기(禮記)』에 "임금의 노마

---

41 이것이 마땅히 크게 탄식해야 할 다섯 번째다.

(路馬)에 대해서는 감히 치아를 검사하지 아니하며 그 꼴을 밟는 사람도 벌을 받는다"라고 했고, "임금의 궤장을 보면 일어나고 임금의 수레와 마주치면 내리고 대궐에 들어와서는 총총걸음을 하고 임금의 총애를 받는 신하는 허물이 있더라도 형륙이 그 몸에 미치지 않는다"라고 했는데 이는 다 임금을 존귀하게 여긴 때문입니다. 이는 다 주상을 위해서 미리 불경스러움을 저지르지 않도록 하기 위함이었으니 그래서 대신의 체면을 존중해 주고 대신의 절의를 권면하는 것입니다.

지금은 왕(王)·후(侯)·삼공(三公)의 귀한 사람들까지 다 천자께서 용안을 바꾸시는 바에 따라 예가 좌우됩니다. 옛날에는 천자가 바로 그들을 백부(伯父)나 백구(伯舅)라 했건만 지금은 서민들이나 다름없이 경·비·곤(髡-머리를 깎는 형벌)·월(刖-발꿈치를 베는 형벌)·태(笞-매질하는 형벌)·마(罵-욕하는 형벌)·기시(棄市-목을 잘라 저자에 내버리는 형벌)의 법에 똑같이 걸리니 이렇다면 이 큰 집에는 섬돌이 없는 것이 아니겠습니까?

염치가 행해지지 않으면 대신은 비록 중한 권력과 큰 관직을 맡고 있다 하더라도 노비들처럼 수치심을 모르는 것이 아니겠습니까? 무릇 망이궁(望夷宮)의 일[42]에서 진나라의 2세황제가 무거운 법에 의해 처결되는 것을 보니, 이는 쥐를 잡을 때 그릇이 깨짐을 꺼려하지 않는 습속이라 하겠습니다.

신이 듣건대 신발이 아무리 깨끗하다 해도 베개 위에 올려놓지는 않으

---

42 조고는 2세황제를 이 망이궁에서 살해했다.

며 갓이 아무리 해졌다 할지라도 신발 밑에 깔지는 않는다고 했습니다. 무릇 일찍이 이미 귀하고 총애받는 자리에 있는 자들은 천자께서 용모를 바꿔가며 그들을 예우해 체면을 세워주셨고 관리와 백성들은 일찍이 그들을 향해 구부리고 엎드려 삼가고 두려움을 표시했습니다. 그런데 지금 그에게 잘못이 있을 경우 황제께서는 그만두게 하실 수도 있고 물러나게 하실 수도 있으며 자살을 명하실 수도 있으며 죽여버릴 수도 있습니다. 만약에 그를 묶고 긴 밧줄로 엮어 사구(司寇)에 보내 벼슬을 깎은 다음 사구와 소리(小吏)로 하여금 꾸짖고 욕하게 하고 매질하는 행위는 뭇 서민들로 하여금 구경하게 해서는 안 되는 일입니다. 무릇 비천한 자로 하여금 존귀한 자가 하루아침에 형을 받게 되는 일도 있으며, 또 자기 자신이 그들보다 나을 수 있다는 것을 알게 된다면 이는 천하에 즐겨 행할 일이 아니며, 높은 이를 높이게 하고 귀한 이를 귀하게 여기게 하는 교화가 아닙니다. 무릇 천자가 일찍이 공경했던 사람이고 뭇 서민들이 일찍이 높이 보았던 인물이 죽어나가는 것인데, 그렇다고 해 천한 사람들이 어찌 이와 같이 해 갑자기 그들을 욕보일 수 있겠습니까?

예양(豫讓)[43]이 중항(中行)을 임금으로 섬겼는데 지백(智伯)이 중항을 쳐

---

43 춘추시대 진(晉)나라 대부(大夫)다. 처음에 범씨(范氏)와 중항씨(中行氏)를 섬겼지만 알아주지 않자 그 둘을 멸망시킨 지백(智伯)을 섬겼다. 지백이 조양자(趙襄子)를 죽이려고 하자 조양자는 한씨(韓氏)와 위씨(魏氏)를 설득해 오히려 지백을 쳐서 죽이고 각자 나라를 세웠다. 기원전 453년 지백의 원수(怨讐)를 갚기 위해 몸에 옻칠을 하고 숯을 먹어 문둥이와 벙어리처럼 꾸민 뒤에 밥을 얻어먹으며 다녔는데 그러한 예양을 친구는 알아보았지만 아내는 몰라보았다. 조양자를 죽이려다 여러 차례 실패하고 붙잡히자 자살(自殺)했다. 죽을 때 조양자(趙襄子)의 의복(衣服)을 구해 칼로 찢어 주인을 위한 복수를 대신했다고 한다.

서 멸망시키자 옮겨서 지백을 섬겼습니다. 그리고 조나라가 지백을 멸망시키자 예양은 얼굴에 분칠을 하고 숯을 삼켜 목소리를 바꾼 다음 조나라 양자(襄子)에게 반드시 보복을 하겠다며 다섯 번이나 떨쳐 일어났지만 뜻을 이루지 못했습니다. 사람들이 예양에게 (그 까닭을) 묻자 예양이 이렇게 말했습니다.

"중항은 나를 평범한 사람으로 대해주었기에 나도 평범한 사람으로서 그렇게 한 것이고, 지백은 나를 나라의 선비[國士]로 대우해주었기에 나도 나라의 선비로서 보답했다."

같은 인물인 예양이 임금을 배반하고 원수를 섬긴 행위는 마치 개나 돼지와 같았을 뿐이지만 중항에 대한 절의를 꺾고 지백에게 충성을 다 바친 행위가 뭇 선비들보다 나을 수 있었던 것은 임금이 바로 그렇게 만든 것입니다.

따라서 주상께서 자신의 대신들을 대우하기를 마치 개나 말처럼 하게 되면 그들은 장차 스스로를 개나 말로 여기게 될 것이며, 만일 관리 나부랭이 정도로 대우한다면 그들은 장차 스스로를 관리 나부랭이라고 여기게 될 것입니다. 이리되면 그들은 완악스러워지고 수치심을 내던진 채 아무런 뜻이나 명분도 가지려 하지 않으며 절의를 내팽개치게 될 것이니, 염치는 설 수가 없고 자중하는 바 또한 없어질 것이니 과연 어떻게 되겠습니까?

그러니 이익을 보면 바로 꺾일 것이고 좋다 싶은 것이 있으면 빼앗으려 들며, 주상이 어려움에 처하면 그 즉시 혼자 몸을 뺄 것이요, 주상에게 근심이 있어도 나만 괜찮다 해 멍하니 서서 지켜볼 뿐이요, 나에게 좋은 것이 있다면 어떻게 해서든 그것을 구하려 할 것이니 (이런 신하들을 데리고) 임금은 장차 어떻게 제대로 정치를 할 수 있겠습니까?

게다가 신하들은 그 수가 많고 임금은 아주 적을 수밖에 없기 때문에 맡고 있는 재산이나 관직상의 업무에 관한 권력은 오롯이 신하들에게 있습니다. 더불어 부끄러움이 없고 더불어 구차스럽게 편히 지내는 것은 임금들의 가장 안 좋은 병통입니다. 그래서 옛날에 "예는 서민들에게까지 미치지 않고 형벌은 대부에까지 이르지 않는다"라고 한 것은 총신들에게 절개를 권면하기 위함이었습니다. 옛날에는 대신들이 부정한 짓[不廉]을 하다가 걸려서 그만두더라도 청렴하지 않다고 하지 않고 보궤불식(簠簋不飾)⁴⁴이라 했고, 음란해 남녀를 가리지 않고 음행을 저지른 자에 대해서는 더럽다[汚穢]고 하지 않고 유박불수(帷薄不修)⁴⁵라 했으며, 무능하고 나약해서 주어진 책임을 감당하지 못하는 자에게도 한심하다[罷軟]고 하지 않고 하관부직(下官不職)⁴⁶이라 했습니다.

그러니 존귀한 대신들이 그 지은 죄가 확정됐다고 하더라도 오히려 아직은 그것을 혐의만 두고서 바로 그 죄명을 부르지 않고 말을 바꾸어서 다른 표현을 썼던 것이니, 대신들을 대우함에 있어 예가 있었다고 하겠습니다.

그래서 큰 꾸지람과 나무람을 당해야 할 처지에 놓인 자는 꾸지람과

---

44 '제기가 깨끗하게 닦이지 않았구나'라는 뜻이다.

45 '침실의 장막을 깨끗이 하지 않았구나'라는 뜻이다.

46 '낮은 직책을 맡겨도 감당을 못하는구나'라는 뜻이다.

나무람을 들을 때 상복을 입고 털 끈을 맨 관을 쓰고 물 담은 쟁반에 칼을 얹고서 죄를 청하는 방에 이르러 죄를 청했으며 임금은 그를 묶어서 끌게 하지 않았습니다. 중죄(中罪)를 지은 자는 명령을 들으면 스스로 사직하고서 자결을 했으니 상은 (사람을 시켜) 그 목을 비틀게 해 몸소 형벌을 가하지 않았으며, 대죄(大罪)를 지은 자는 명령을 들으면 북쪽을 향해 두 번 절하고서 꿇어앉아 스스로 목숨을 끊었으니 임금은 (사람을 시켜) 머리카락을 움켜쥐게 해 처형하지 않았습니다. 그래서 임금은 "그대 대부 자신에게 허물이 있을 뿐이다. 나는 그대를 예를 갖고서 대우하노라"라고 말했습니다.

이렇게 하니 여러 신하들이 스스로 기뻐하고 염치까지 더해주니 사람들은 오히려 절의 있는 행실을 보이게 됩니다. 임금이 염치와 예의를 베풀고 길러 그 신하들을 대우하는데 만일 신하들이 절의 있는 행실로 상께 보답하지 않는다면 그것은 사람의 무리라고 할 수 없을 것입니다. 따라서 교화가 이루어지고 풍속이 안정되면, 신하 된 자들은 오로지 임금에게 귀 기울이느라 자신을 잊을 것이고, 나라에 귀 기울이느라 가족을 잊을 것이며, 공(公)에 귀 기울이느라 사(私)를 잊을 것이며, 이익은 돌아보지도 않고 해롭다 해 내쳐서 오직 의리가 있는 곳에만 마음을 다할 것이니, 임금의 교화가 마침내 이루어지는 것입니다. 이리하여 아버지나 형제 같은 신하들은 종묘를 위해 죽을 것이고, 법도를 갖춘 신하는 진실로 사직을 위해 죽을 것이며, 황제를 보필해 돕는 신하는 진실로 폐하를 위해 죽을 것이며, 감옥과 변경을 지키는 신하는 진실로 감옥과 영토를 위해 죽을 것입니다. 그래서 "빼어난 임금은 완전무결한 성[金城]을 갖고 있다"라는 말이 바로 그런 뜻입니다.

 신하가 임금을 위해 죽을 수 있다는 것은 고로 임금이 신하와 더불어 온전히 살 수 있다는 것이고, 신하가 임금을 위해 망할 수 있다는 것은 고로 임금이 신하와 더불어 온전히 존속될 수 있다는 것입니다. 따라서 임금이 그와 더불어 모든 것을 안정시켜주면 신하는 자신의 행동을 돌아보고 자신의 이익을 잊고 절의를 지키며 의리를 따를 것이니, 이리 된다면 임금의 손이 다 닿지 않는 권력을 믿고 맡길 수 있으며 (훗날) 6척 고아(孤兒-어린 나이에 즉위하는 황제나 임금)도 부탁할 수 있으니,[47] 바로 그런 이유들 때문에 염치를 격려하고 예의를 행하기를 지극히 해야 하는 것입니다.

 상께서는 무엇을 잃으시겠습니까? 이렇게 하지 않고 오히려 오래도록 저렇게 하고 계시니 그 때문에 앞서 말씀드린 대로 길고 크게 탄식해야 할 것이 (여섯째로) 이것입니다.'

 이 무렵 승상 강후(絳侯) 주발(周勃)이 (봉작을 받은) 나라로 나아가지 않고 있을 때 어떤 사람이 주발이 모반을 꾀했다고 고변해 체포돼 장안의 감옥에 갇혔는데 결국 아무 일도 없었던 것으로 드러났다. 그래서 의(誼)가 이 일로 상에게 조언을 하자 상은 그 말을 깊이 받아들이고 신하들을 기름에 있어 절도를 갖게 됐다. 그때 이후로는 대신들이 죄를 짓게 되면

---

47 『논어(論語)』「태백(泰伯)」 편에서 증자가 한 말을 가져온 것이다. "육척의 어린 임금을 부탁할 만하고, 100리 되는 제후국의 흥망을 맡길 만하며, 국가의 위기상황에 임해서는 (그 절개를) 빼앗을 수 없다면 이는 군자다운 사람입니다."

다 자살을 했고 (잔인한) 형벌을 당하지 않았다. 무제(武帝) 때 이르러 다시 투옥(과 형벌)이 시작돼 영성(甯成)이 처음으로 머리가 깎이고 목에 쇠줄을 찼다.

애초에 문제(文帝)가 대왕(代王)으로 있다가 들어와 황위에 오르자 뒤에 대(代)나라를 나눠 황자 무(武)를 대왕(代王)으로 삼고 삼(參)을 태원왕(太原王)으로 삼고 소자(小子) 승(勝)을 양왕(梁王)으로 삼았다. 뒤에 다시 대왕 무를 옮겨 회양왕(淮陽王)으로 삼고 태원왕 삼을 대왕으로 삼으니 옛 땅[故地]을 다 얻었다. 여러 해가 지나서 양왕 승이 죽었는데 자식이 없었다. 의가 거듭 소를 올려 다음과 같이 말했다.

'폐하께서 즉시 제도를 정하지 않으시고 만약에 지금의 형세대로 간다면, (황위는) 한두 번 전해지는 데 지나지 않을 것이고, 제후들은 오히려 또 사람들이 방자해지는데도 통제를 하지 못하게 되고 호걸들을 심어 크게 강해져서 한나라 (황실의) 법이 제대로 시행될 수 없을 것입니다. 폐하께서 (황실의) 울타리를 막아주고[扞] 황태자가 믿고 의지할 만하다고 여기는 사람은 회양왕과 대왕의 두 나라뿐입니다.[48] 대나라는 북쪽으로 흉노와 경계를 삼고 강한 적들과 이웃하고 있지만 능히 스스로 온전할 수 있습니다. 그러나 회양은 다른 큰 제후국들에 비하면 기껏해야[僅] 넓은 얼굴에 붙어 있는 점[黑子]과 같아서 큰 나라의 먹잇감이 되는 데 있어서는 충분하지만 막아내고 방어하는 데 있어서는 부족합니다. 바야흐로 지

---

48 두 사람 다 문제의 아들이며 뒤에 경제가 되는 황태자 유계(劉啓)의 아우들이다. 두 사람이 울타리가 돼주어야 훗날 황위에 오르게 될 황태자가 든든하게 믿고 의지할 수 있다는 말이다.

금 이들을 제어하는 것은 폐하께 달려 있습니다. 그런데도 나라들을 제어하기는 하되 이들로 하여금 곧장 먹이가 되게 하기에 충분하게 만들어버렸으니 어찌 정교한 계책[工]이라 하겠습니까?

임금이 행하는 바는 벼슬하지 않은 선비[布衣=匹夫]와 다릅니다. 그런 선비는 소소한 행실[小行]로 꾸미고 자그마한 청렴[小廉]으로 다툼으로써 스스로 마을[鄕黨]에서 인정받으려[託=托] 하지만 임금은 오직 천하를 안정시키고 사직을 굳건히 하는 것 말고는 다른 게 없습니다. 고황제께서는 왕과 공신들에게 천하를 오이 쪼개듯 나눠주시는[瓜分] 바람에 반란이 마치 고슴도치 털처럼 한꺼번에[蝟毛] 일어났으니 그렇게 해서는 안 되는 것이었습니다. 그 때문에 의롭지 못한 제후들〔○ 여순(如淳)이 말했다. "의롭지 못한 제후들이란 팽월(彭越), 경포(黥布) 등을 말한다."〕을 베어내고[斬=乂] 제거해 그 나라를 비워버렸습니다. 좋은 날을 택하시어 여러 아들들을 낙양(雒陽)의 상동문(上東門)〔○ 사고(師古)가 말했다. "제후의 나라들은 모두 관(關)의 동쪽에 있었기 때문에 동문 밖에 서게 한 것이다. 그리고 이 문은 동서로 볼 때 가장 북쪽에 있었기 때문에 상동문이라고 했다."〕 밖에 세우시고 모두 왕으로 삼으시어 천하를 편안케 하소서. 그렇기 때문에 대인(大人) 된 자[49]는 소소한 행실에 구애되지 않음으로써 큰 공업[大功]을 이루었던 것입니다.

지금 회남(淮南) 땅은 가장 먼 곳은 혹 수천 리에 이르고 두 제후(의 나라)〔○ 사고(師古)가 말했다. "두 제후란 양왕(梁王)과 회양왕(淮陽王)을 가

---

49 이는 앞서 말한 포의(布衣)와 대비되는 것으로 큰 인격자나 임금을 가리킨다.

리킨다.")를 뛰어넘어 있는데도 현(縣)으로 한나라에 속해 있습니다. 그곳의 관리와 백성들 중에서 요역(繇役-부역)을 위해 장안을 오가야 하는 사람들은 자기 집의 재산을 쏟아부어야 하고 오가는 도중에 옷은 다 낡아 빠지게 되며 제반 비용도 그에 비례해 늘어나다 보니 한나라에 속해 있는 것이 고통스러워 한나라가 여기에 왕(王)을 세워줄 것을 간절하게 바라고 있고 벌써 도망쳐서 제후에게 몸을 맡긴 자들이 적지 않습니다. 이런 상황이 오래가서는 안 될 것입니다. 신의 어리석은 계책으로는 바라건대 회남 땅을 들어내어 모두 회양(淮陽)에 붙이시고, 양왕을 위해서는 후사를 세워주시고 회양의 북쪽에 있는 두세 개의 열성(列城-여러 현(縣)들)과 동군(東郡)을 양나라에 덧붙여주십시오. 이렇게 하실 수 없으시다면 대왕(代王)을 옮겨서 수양(睢陽-하남성 상구현)을 도읍으로 삼게 하실 수 있습니다. 양나라는 신처(新郪)〔○ 사고(師古)가 말했다. "이는 영천현(潁川縣)이다."〕에서 시작해 북으로 황하에 닿고, 회양은 진(陳-하남성 회양현)을 포함하고 남쪽으로 장강에 경계를 만들어준다면[揵=接=立封界], 강대한 제후들 중에서 딴마음을 품고 있는 자라도 그 간담을 깨뜨리게 되니 감히 모의하지 못할 것입니다.

(이렇게 되면) 양나라는 제(齊)나라와 조(趙)나라를 충분히 막을[扞] 수 있으며, 회양은 오(吳)나라와 초(楚)나라를 충분히 지켜낼 수 있게 돼, 폐하께서는 베개를 높이 하시고 마침내 산동(山東)의 근심거리를 없애버리게 되시니, 이는 두 세대〔사고(師古)가 말했다. "황제와 황태자를 말한다."〕에 걸친 이로움입니다. 지금 당장 마음이 편안하신 것[恬然]은 다름 아니라 제후들이 다 어려서이기 때문인데 몇 년이 지나고 나면 폐하께서는 또

이를 다 보시게 될 것입니다.

　무릇 진(秦)나라는 낮밤으로 고심하고 힘을 다해 6국의 재앙을 제거했는데, 만일 지금 폐하께서 천하를 힘껏 제어하신다면 (훗날) 턱짓만 하셔도[頤指] 뜻대로 되겠지만 고고한 척 팔짱만 끼고[高拱] 계시다가는 6국의 재앙을 당하게 되실 것이니 이리 된다면 결코 지혜로운 처사라고 할 수 없을 것입니다. 진실로 몸소 하셔야 할 일을 내버려두시고 어지러움이 쌓이고 재앙이 묵혀지면 눈에 익어 제대로 알 수가 없게 됩니다. 이렇게 돼 만년 후가 되면[50] 그것을 늙으신 어머니와 어린 자식에게 전하게 돼 장차 안녕할 수가 없을 터이니 이를 어진 처사[仁]라고는 할 수 없을 것입니다.

　신이 듣건대 빼어난 군주[聖主]는 신하에게 말하고 물어볼 뿐이지 직접 일을 처리하지는 않는다고 했습니다. 그러니 다른 신하들을 시켜 이 어리석은 자의 충성스러운 마음을 잘 행하도록 해주십시오. 폐하께서 재가해주시기를[財幸=裁可] 바랍니다.'

　문제는 이에 가의의 계책을 좇아서 마침내 회양왕 무(武)를 옮겨 양왕으로 삼고 북쪽으로는 태산(泰山)을 경계로 삼고 서쪽으로는 고양(高陽-산동성 고밀현)에까지 이르게 해 큰 현 40여 성(城)을 얻었다. 또 성양왕(城陽王) 희(喜-유장(劉章)의 아들)를 옮겨 회남왕으로 삼아 그 백성들을 어루만져주었다. (그리고) 이때 또 회남여왕(淮南厲王)의 네 아들을 모두 열후(列侯)에 책봉했다. 가의는 상이 반드시 장차 그들을 다시 왕으로 삼을 것이라는 것을 알고서 소를 올려 간언했다.

50　이는 황제의 사후를 직접 표현할 수 없어 이렇게 에둘러 말한 것이다.

'제가 남몰래 두려워하는 것은 폐하께서는 얼마 안 가서 회남왕의 여러 아들들을 (다시) 왕으로 삼을 텐데 일찍이 신(臣)과 같은 자와 이 문제를 깊이 토의해보지 않았다는 점입니다. 회남왕이 도리에 어그러지고 도리를 거슬러 무도(無道)하니 천하의 그 누가 그 죄를 모르겠습니까? 폐하께서는 그들을 아끼셔서[幸] 사면하고 옮겨주었지만 스스로 병이 들어 죽었으니 천하의 그 누가 회남왕의 죽음을 부당하다고 여기겠습니까? (그런데) 지금 죄인의 아들들을 받들어 높이시니 곧바로 천하에서 비방을 당하더라도 충분하다고 하겠습니다. 이 사람들이 조금씩 자라면 어찌 그 아비를 잊을 수 있겠습니까? 백공승(白公勝, ?~기원전 497년)[51]이 아버지를 위해 원수를 갚아야 할 사람은 할아버지[大父]와 큰아버지[伯父]와 작은아버지[叔父]였습니다. 백공이 난을 일으킨 것은 나라를 빼앗아서 임금을 대신하려 한 것이 아니고 분한 마음을 드러내어 마음을 통쾌하게 하려고 날카로운 손으로 원수의 가슴을 찔러서 진실로 함께 망해버리자고 했을 뿐입니다. 회남(淮南-도읍은 안휘성 수현)은 비록 작지만 경포(黥布)가 일찍이 이곳을 이용했는데[52] 한나라가 아직도 존재한다는 것은 특별히 다행스러울 뿐입니다. 무릇 원수들[53]을 제멋대로 하도록 내버려두는 것은 한나라

---

51 춘추시대 초나라 사람으로 초나라 평공(平公)의 손자이고 태자 미건(羋建)의 아들이다. 평왕이 미건을 죽이려 한 후에 미건의 아들인 백공승이 오자서(伍子胥)를 좇아서 오(吳)나라로 도망쳤다. 기원전 506년에 초나라로 돌아와서 평왕의 시체에 매질을 하고 그의 큰아버지와 작은아버지인 자서와 자기를 죽였다.

52 이 일은 고제 11년(기원전 196년)에 일어났다.

53 회양왕 유장의 네 아들을 말한다.

를 위태롭게 하기에 충분한 밑천이 되니 계책이라는 면에서는 좋다고 할 수가 없습니다. 비록 그것을 나누어 넷으로 했다고는 하지만 네 아들은 한마음입니다. (그런데다가) 그들에게 많은 재물을 내리시니 이는 오자서나 백공이 공도(廣都)에서 보복한 일이 없었다고 해도 곧장 전제(剸諸)와 형가(荊軻)가 두 개의 기둥 사이에서 일어났던 것이 있을까 의심이 되니, 이것이 이른바 도적에게 무기를 빌려주는 것이고 호랑이에게 날개를 달아주는 것입니다. 바라건대 폐하께서는 이 계책을 조금이라도 유보해주십시오.'

양나라 유승(劉勝)이 말에서 떨어져 죽자 가의는 스스로 유승의 스승이었다는 이유로 아무런 책임도 없이 늘 곡하며 울다가 1년여 후에 역시 세상을 떠났다. 가생(賈生)이 죽었을 때 그의 나이 33세였다.

4년 후에 제(齊)나라 문왕(文王)이 세상을 떠났는데 자식이 없었다. 문제는 가생이 했던 말을 생각하고서 마침내 제나라를 나눠 6개의 나라로 만들어 도혜왕(悼惠王)의 아들 6명을 모두 왕으로 삼았다. 또 회남왕 희(喜)를 성양국(城陽國)으로 옮기고 회남을 나눠 3개의 나라로 만들어 여왕(厲王)의 세 아들을 모두 왕으로 삼았다. 10년 후에 문제가 붕어하자 경제가 섰고 3년에는 오(吳), 초(楚), 조(趙)나라와 4명의 제(齊)나라 왕이 합종(合從)해 병사를 일으켜 서쪽으로 경사를 향해 나아갔지만 양왕이 그것을 막고서 결국 7개 나라를 깨뜨렸다. 무제 때에 이르러 회남 여왕의 아들 2명이 왕이 됐는데 이들 두 나라도 반란을 일으켰다가 주멸됐다.

찬(贊)하여 말했다.

"유향(劉向)은 칭송하기를 '가의는 삼대(三代)와 진(秦)나라의 다스려짐과 어지러움[治亂]에 담긴 뜻을 말했는데, 그가 논한 바는 지극히 뛰어나고 나라의 큰 골격[國體]에 통달했기 때문에 옛날의 이윤(伊尹)이나 관중(管仲)이라 할지라도 그를 뛰어넘을 수 없다. 만약에 때를 얻어 중용됐다면 그의 공로와 교화는 반드시 성대했을 것이다. (그러나) 용렬한 신하[庸臣]들에게 모해를 당했으니 참으로 슬프고 가슴 아프다'라고 했다. 효문제(孝文帝)가 겉으로 드러내지 않고서[玄默] 몸소 실천을 통해[躬行] 〔○ 사고(師古)가 말했다. "몸소 실천했다는 것은 검약(儉約)했다는 말이다."〕 풍속을 바꾼 것을 되살펴보니 그것은 의(誼)가 제안했던 것들이 시행된 결과였다. (예를 들면) 제도를 고쳐 바로잡으려 했기에 한(漢)나라는 토(土)를 황제의 다움으로 삼았고 색은 황색을 숭상했으며 수는 오(五)를 썼다. 그러나 속국 관원으로 하여금 흉노를 관리하려 한 것과, 오이삼표(五餌三表-다섯 가지 미끼와 세 가지 준칙) 〔○ 사고(師古)가 말했다. "가의가 자신의 글에서 이렇게 썼다. '다른 사람의 모습을 사랑하고 다른 사람의 재주를 좋아하는 것은 어진 도리[仁道]이며, 믿음을 큰 신조로 삼는 것은 제왕의 의리[帝義]입니다. 사랑하고 좋아함에 실질적인 내용이 있고 이미 응낙하신 일을 약속대로 지키신다면 열은 죽고 하나만 살게 된다고 해도 그들은 반드시 찾아오게 될 것입니다. 이를 삼표(三表)라고 합니다.' 또 이렇게 썼다. '성대한 옷과 화려한 수레를 하사해 그들의 눈[木]을 사로잡는 것, 산해진미를 하사해 그들의 입[口]을 사로잡는 것, 음악과 여인을 하사해 그들의 귀[耳]를 사로잡는 것, 높은 집과 넓은 뜰, 창고와 노비를 하사해 그들의 배[腹]를 사로잡는 것, 와서 항복한 자를 상(上)께서 친히 불러 함께 즐기고 몸소 술을 따라주시고 손수 음식을 먹여주어 그들의 마음[心]을 사로잡는 것, 이를 오이(五餌)라고 합니다.'")를 시행해서 선우(單于)를 붙잡아두려 한 꾀는 원래 그가 올린 소(疏)에 담겨 있었다. 의는 또한 타고난 수명[天年=天壽]으로 인해 일찍 세상을 떠나는 바람에 비록 공경의 지위에는 오르지 못했지만 그렇다고 불우(不遇)했다고는 할 수 없다.[54] 그가 저술한 것은 모두 58편인데 세상사[世事]에 절실한 것들을 가려 모아[掇=拾] 전기에 기록해두었다."

---

54 사마천(司馬遷)은 가의를 초나라 충신 굴원과 함께 하나의 전(傳)으로 엮어 그를 불우했다고 보았지만 반고(班固)는 가의가 불우하지는 않았다고 말한다. 이는 아마도 그를 일찍 알아본 스승과 또 그의 능력을 인정해준 문제가 있었다는 점을 염두에 둔 것으로 보인다.

권

49

원앙·조조전

爰盎晁錯傳

원앙(爰盎)은 자(字)가 사(絲)다. 그의 아버지는 초(楚)나라 사람으로 예전에 도적 떼의 일원이었는데 안릉(安陵)으로 옮겼다. 고후(高后) 때 앙(盎)은 여록(呂祿)의 사인(舍人-가신)이었다. 효문(孝文)이 즉위하자 앙의 형 쾌(噲)가 앙을 추천해 중랑(中郎)이 됐다.

강후(絳侯-주발)가 승상(丞相)이 돼 조회를 마치고 성큼성큼[趨] 물러나오는데 자신감이 넘쳤다. 상은 예로 대하며 그를 공경했고 항상 그를 눈으로[目]¹ 전송했다. 앙이 나아가 말했다.

"승상은 어떤 사람입니까?"

상이 말했다.

"사직(社稷)의 신하다."

---

1 시야에서 사라질 때까지 줄곧 눈으로 지켜보았다는 뜻이다.

앙이 말했다.

"강후는 이른바 공신(功臣)이지 사직의 신하는 아닙니다. 사직의 신하란 군주가 살아 있을 때는 같이 살고 군주가 죽을 때는 같이 죽어야 합니다 [○ 여순(如淳)이 말했다. "임금이 살아 있을 때는 함께 당대의 정사를 다스리고 임금이 죽은 후에도 그의 법도를 그대로 따르며 마땅히 그것을 받들어 행하는 것이다. (예를 들면) 고조(高祖)는 유씨(劉氏)가 아니면 왕이 돼서는 안 된다고 맹세했는데 주발 등은 여러 여씨(呂氏)들을 왕으로 삼으려는 의견을 따랐으니, 이는 살아 있는 임금의 뜻에 맞추려 한 것으로 죽은 임금과는 함께하지 않은 것이다."]. 바야흐로 여후(呂后) 시절 여러 여씨(呂氏)들이 정사를 좌우하면서 제멋대로 서로 왕이 되자 유씨(劉氏)는 띠처럼 겨우 끊어지지 않을 정도였습니다[不絕][○ 사고(師古)가 말했다. "미미했다는 말이다."]. 이때 강후는 태위(太尉)가 돼 병권의 핵심을 잡고 있으면서도[本] 이를 제대로 바로잡지 못했습니다. 여후가 붕(崩)하자 대신들이 서로 도와 힘을 합쳐 여러 여씨들을 공동으로 주살할 때 태위는 마침 병권을 주관하고 있었기 때문에 때마침 성공할 기회를 만난 것이니, 이른바 공신이기는 해도 사직의 신하는 아닌 것입니다. (그런데도) 승상은 마치 교만함이 임금의 얼굴색과 같은데 폐하께서는 겸양하시니 신하와 군주가 서로 예를 잃은 것이므로 가만히 생각건대 폐하께서는 그리해서는 안 될 것입니다."

그후 조회 때에는 상은 점점 더 위엄을 갖췄고[莊] 승상은 점점 더 두려워했다. 얼마 지나[已而] 강후는 앙을 원망하며[望=責怨] 말했다.

"내가 너[汝]의 형과 친한 사이인데 지금 너 따위 애송이[兒]가 나를 비방하다니!"

앙은 끝내 사과하지 않았다.

강후가 자신의 봉국(封國)으로 나아갔는데 그곳 사람이 글을 올려 강후가 반란을 꾀하고 있다고 아뢰어 그를 불러올려 감옥[請室=獄]에 가뒀다. 여러 공들 중에 어느 누구도 감히 강후를 위해 말을 하는 사람이 없었으나 오직 앙만이 강후는 죄가 없다고 밝혔다[明]. 강후가 풀려날 수 있게 된 데는 앙이 자못 힘을 썼기 때문이다. 강후는 마침내 앙과 크게 친교를 맺었다.

회남여왕(淮南厲王-유장)이 (경사에 들어와) 조회했을 때 벽양후(辟陽侯-심이기)를 살해하는 등 행동거지가 대단히 교만했다. 앙이 간언해 말했다.

"제후가 지나치게 교만하면 반드시 우환이 생기니 적당히 봉지를 깎아내는 것이 좋겠습니다."

상은 허락하지 않았다. 회남여왕은 더욱 기고만장해졌다[橫]. 어떤 반란 사건이 발각돼[2] (그 사건을 추적 조사하다 보니 회남왕도 연루가 돼) 상은 회남왕을 불러 그를 촉(蜀) 지방으로 옮기기로 하고 죄수를 호송하는 마차[檻車]에 실어 보내도록 했다. 앙은 이때 중랑장(中郎將)으로 있으면서 간언해 말했다.

"폐하께서는 평소 회남왕이 교만해도 조금도 금하지 않으셨기에 이 지경에까지 이르렀는데 지금은 또 갑자기 그를 꺾어버리려[摧折] 하십니다.

2　극포후(棘蒲侯) 시무(柴武)의 태자(太子) 시기(柴奇)가 주도한 반란 사건을 말한다.

회남왕은 사람됨이 굳세어[剛] 가는 도중에 서리와 이슬을 만나 죽기라도 한다면 폐하께서는 결국 천하를 차지하고 있으면서도 아우를 포용하지 못해 죽였다는 오명을 쓰게 되실 텐데 어찌 하시겠습니까?"

상은 듣지 않고 결국 회남왕을 보냈다.

회남왕은 옹(雍)에 이르러 병사했는데 그 소식이 보고되자 상은 음식을 들지 않고[輟食] 통곡하면서 매우 슬퍼했다. 앙이 들어가 머리를 조아리며 죄를 청했다〔○ 사고(師古)가 말했다. "더 강하게 간언하지 못한 것을 자책한 것이다."〕. 상이 말했다.

"공의 말을 쓰지 않았다가[不用=不聽] 이 지경에 이르렀다."

앙이 말했다.

"상께서는 스스로 마음을 너그럽게 가지십시오[自寬]. 이번 일은 지나간 일이니 후회하신들 어쩌겠습니까? 그리고 폐하께서는 세상에서 뛰어난 세 가지 행적이 계시니 이번 일로 명예에 손상을 당하지는 않을 것입니다."

상이 말했다.

"내가 세상에서 뛰어난 세 가지 행적이란 무엇인가?"

앙이 말했다.

"(첫째) 폐하께서 대(代)나라에 계실 때 태후께서 일찍이 3년 동안 병을 앓으셨는데 폐하께서는 제대로 눈도 붙이지[交睫] 않으시고 옷도 벗지 않으셨으며[3] 탕약도 폐하께서 친히 입으로 맛본 것이 아니면 올리지 않으셨

---

3 늘 대기하고 있었다는 말이다.

습니다. 무릇 증삼(曾參)[4]은 평민의 신분[布衣]이면서도 오히려 이런 일을 하는 것을 어렵게 여겼는데 지금의 폐하께서는 친히 임금 된 몸으로도 행하셨으니 증삼을 훨씬 뛰어넘는 것이었습니다.

(둘째) 폐하께서는 여러 여씨들이 정권을 장악하고 대신들이 제 마음대로 정치를 통제하고 있는데도 대나라에서 여섯 대의 수레를 타고 득달같이 달려와 깊이를 알 수 없는 연못(-위험한 장안)으로 과감하게 뛰어드셨으니, 설사 맹분(孟賁)과 하육(夏育)〔○ 맹강(孟康)이 말했다. "두 사람 다 옛날의 용사(勇士)다."〕의 용맹함이라 해도 폐하에게는 미치지 못할 것입니다.

(셋째) 폐하께서는 (경사에 있는) 대왕(代王)의 객관(客館)[代邸]에 이르시어 서쪽을 향해 천자(天子)를 사양하신 것이 세 번이었고 남쪽을 향해 천자의 자리를 사양하신 것이 두 번이었습니다. 저 허유(許由)〔○ 사고(師古)가 말했다. "옛날의 고결한 선비다. 요(堯)임금이 허유에게 천하를 넘겨주려 했으나 받지 않았다."〕도 한 번 사양했을[一讓] 뿐인데 폐하께서는 다섯 번이나 천하를 사양했으니 유(由)보다 네 번이나 더 많습니다.

게다가 폐하께서 회남왕을 옮겨 살게 한 것은 그가 마음속의 고통을 견뎌내고서 스스로의 잘못을 고치게 하려고 하셨던 것인데 유사에서 그를 조심스럽게 숙위(宿衛)하지 못해 병이 들어 죽은 것입니다."

이에 상은 마침내 마음이 풀어졌다[解].[5] 앙은 이 일로 말미암아 조정

---

4 효행이 깊었던 공자의 제자다. 증자(曾子)라고도 한다.

5 스스로를 용서했다는 뜻이다.

에서 이름이 더 무거워졌다[重].

앙은 늘 큰 도리[大體]를 끌어들여 세속의 잘못을 개탄했다. 환자(宦者) 조담(趙談)은 점술[數=術數]로 총애를 얻었는데 항상 앙을 해치려 하니 앙은 그것을 근심했다. 앙의 형의 아들 종(種)은 상시기(常侍騎)로 있었는데 앙에게 간언해 말했다.

"숙부께서 그를 많은 사람들 앞에서 모욕을 주면 뒤에 설사 숙부에 대한 악담을 하더라도 상께서는 더 이상 그 말을 믿지 않으실 겁니다."

이에 (어느 날) 상이 동궁(東宮)[6]에 조알을 갈 때 조담이 (천자의) 수레에 함께 오르니[驂乘] 앙이 수레 앞에 엎드려 말했다.

"신이 듣건대 천자의 폭 6척짜리 수레에 함께 태우고 가는 사람은 모두 천하의 호걸과 영웅이라고 했습니다. (그런데) 지금 아무리 한나라에 인재가 모자란다[乏人=乏材]고 해도 폐하께서는 홀로 어찌하여 거세한 나부랭이[刀鋸之餘]를 함께 수레에 태우시는지요!"

이에 상은 웃으면서 조담을 내리게 했다. 담(談)은 눈물을 떨구며 내렸다.

상이 패릉(霸陵) 위에서부터 서쪽의 가파른 산비탈[峻阪]을 마차로 치달려 내려가려고 하니 앙은 (황제의) 말고삐[轡]를 잡아당겼다. 상이 말했다.

"장군은 겁나는가?"

앙이 말했다.

---

6 이때는 동궁이 태자궁이 아니라 황태후가 거처하는 장춘궁(長春宮)을 가리킨다.

"신이 듣건대 천금을 가진 (부잣집) 아들은 (혹시 기왓장이 떨어져 다칠지도 모르니) 마루 끝에 앉지 않고 백금을 가진 아들은 난간에 기대지 않으며 빼어난 군주는 위험을 무릅쓰지 않고 요행을 바라지 않는다고 했습니다. (그런데) 지금 폐하께서 여섯 마리 준마가 끄는 수레를 빨리 몰아[六飛] 험준한 산비탈을 치달려 내려가려고 하시는데 만일 말이 놀라 수레가 넘어지기라도 하면 폐하께서 자신을 가벼이 여긴 것[自輕]은 그렇다 하더라도[縱] 고조(高祖)의 사당과 태후(太后)는 어찌 하시겠습니까?"

상은 이에 그만두게 했다.

상이 상림원(上林苑)에 행차할 때 두황후(竇皇后)와 신부인(愼夫人)도 따라갔다. 그들은 궁중에 있을 때에 늘 같은 자리에 앉았다〔○ 사고(師古)가 말했다. "같은 자리에 앉았다는 것은 곧 앉는 자리에 높고 낮음이 없었다는 것으로 아무런 차등이 없었다는 뜻이다."〕. 한번은 자리를 준비하면서 낭서장(郎署長)이 나란히 자리를 만들자 앙이 신부인의 자리를 끌어당겨 뒤로 밀쳐놓았다. 신부인이 화를 내며 기꺼이 앉으려 하지 않았다. 상도 화를 내며 일어났다. 앙은 이에 앞으로 나아가 말했다.

"신이 듣건대 높고 낮음[尊卑]에 차례가 있으면 위와 아래가 화목해진다고 했는데 지금 폐하께서는 이미 후(后)를 세우셨고 신부인은 곧 첩일 뿐인데 첩과 본부인[妾主]이 어찌 같은 자리에 앉을 수 있겠습니까! 만일 폐하께서 신부인을 정녕 총애하신다면 상을 두텁게 내리십시오. 폐하께서 방금 신부인을 위해 하신 행동은 다름 아니라[適] 신부인에게 화를 초래

할 수 있습니다. 폐하 홀로 인체(人彘-사람 돼지)[7]를 모르십니까?"

이에 상은 마침내 기뻐하며 안으로 들어가 신부인에게 그 이야기를 해주었다. 신부인은 앙에게 금 50근을 내려주었다.

그러나 앙은 또 자주 곧은 간언[直諫]을 했기 때문에 오랫동안 조정에 머물 수 없었다. 뽑혀서[調=選] 농서도위(隴西都尉)가 됐다.[8] 그는 사졸을 어질게 대하며 아껴주었기[仁愛] 때문에 사졸들은 모두 (그를 위해서라면) 다투어 목숨을 바쳤다. (임지에서 돌아오자) 승진해 제(齊)나라 상국이 됐고 옮겨서 오(吳)나라 상국이 됐다. 작별 인사를 하고 오나라로 떠나려 할 때 종(種)이 앙에게 말했다.

"오왕(吳王)은 교만에 빠진 지 오래됐고 그 나라에는 간사한 자들이 많은데 지금 만일 사(絲)〔○ 여순(如淳)이 말했다. "종은 숙부의 자(字)를 불러 사(絲)라고 했다."〕께서 그들을 각박하게 다스리시려[刻治] 할 경우 그들은 글을 올려 숙부를 탄핵하거나 아니면 날카로운 칼로 숙부를 찌를 것입니다. 남방은 지대가 낮고 습한 곳이니 사께서는 그냥 날마다 술이나 드시고 그밖의 다른 일들은 언급도 하지 마시고[無何] 왕에게 반란을 일으키지 말라는 권고만 하십시오. 이와 같이 한다면 다행히 화는 면하실

---

7 척부인(戚夫人)을 가리킨다. 고조(高祖)의 총희(寵姬)로 조왕(趙王) 여의(如意)를 낳았다. 고조가 태자를 폐하고 조왕을 세워 태자로 삼으려고 했다. 여후(呂后)가 장량(張良)의 계책을 써서 상산사호(商山四皓)를 불러 태자의 빈객으로 삼으니 결국 태자를 바꾸지 않게 됐다. 고조가 죽자 여후가 조왕을 짐살(鴆殺)하고 척부인을 투옥한 뒤 수족(手足)을 모두 자르고 눈알을 뽑고 귀에 뜨거운 김을 불어넣었으며, 벙어리 약을 먹여 화장실에 던져두었다. 그런 뒤 인체(人彘)라 불렀다.

8 좌천돼 지방으로 쫓겨갔다는 뜻이다.

것입니다.”

앙은 종의 계책을 썼고 (이에) 오왕은 앙을 두텁게 대우했다.

앙이 휴가를 얻어[告] 고향으로 돌아올 때 길에서 승상 신도가(申屠嘉)와 마주치자 수레에서 내려[下車] 절을 올렸는데 승상은 수레에서 답례했다. 앙이 집으로 돌아와 생각하니 (제대로 답례를 받지 못한 것이) 부하 관리들에게 부끄러웠다. 이에 승상의 관사로 가서 자신의 이름을 대고 [上謁=通名] 승상을 뵙기를 청했다. 승상은 한참 지나서야 그를 만나주었다. 이에 무릎을 꿇고 말했다.

"가까이에서[間=間隙] 말씀드리고 싶습니다."

승상이 말했다.

"그대[君]가 하고자 하는 말이 공적인 일이거든 관청[曹]에 가서 장사(長史)나 아전들과 상의하고 그 내용을 보아 내가 황제께 아뢰겠소. 그러나 사적인 일이라면 나는 사사로운 이야기는 듣지 않겠소."

앙은 곧장 일어서며 말했다.

"그대[君]께서는 승상으로 계시면서 스스로 헤아려볼 때 진평(陳平), 강후(絳侯)와 견주면 누가 낫습니까?"

승상이 말했다.

"나는 그들만 못하오."

앙이 말했다.

"좋습니다. 그대께서는 스스로 그들보다 못하다고 말씀하셨습니다. 저 진평과 강후는 고제(高帝)를 도와[輔翼] 천하를 평정했고 장상(將相)이 돼 여러 여씨를 주벌해 유씨(劉氏)를 보존했습니다. 그런데 그대는 재관(材官

-특수부대원)으로 쇠뇌를 잘 쏘아 대수(隊帥)〔○ 여순(如淳)이 말했다. "군대 내의 소관(小官-낮은 계급)이다."〕로 승진하셨고, 공로를 쌓아 회양(淮陽)의 태수가 되시기는 했지만, 기이한 계책으로 성을 공략해 야전에서 전공을 세운 것이 아닙니다.

또 폐하께서는 대(代)에서 오신 이래로 매번 조회를 할 때마다 낭관(郞官-오늘날 의원)들이 글이나 소(疏)를 올리면 일찍이 타시던 가마[輦]를 멈추게 하시고 그것들을 받지 않으신 적이 없었습니다. 그 말들 중에서 쓸 만한 것이 아니면 그냥 내버려두고 쓸 만한 것이면 일찍이 '좋다'라고 칭찬을 하지 않으신 적이 없습니다. 어째서이겠습니까? 천하의 뛰어나고 영명한 선비들을 불러들이기 위함이셨습니다. 이렇게 날마다 그간 듣지 못했던 것(혹은 새로운 것)들을 들으심으로써 더욱 빼어나게 되셨습니다[益聖]. 그런데 그대께서는 스스로를 닫아버려 천하 사람들의 입을 다물게 해 날로 더욱 우매해지고 있습니다[益愚]. 무릇 빼어난 임금[聖君]이 어리석은 재상[愚相]을 문책하시게 되면 그대가 화를 받게 될 때가 멀지 않았습니다."

승상은 이에 두 번 절하고서 말했다.

"가(嘉)는 비루한 사람이라 마침내 그것을 알지 못했는데 장군께서 다행히 가르쳐주셨습니다."

데리고 함께 들어가 자리를 마련하고서 상객(上客)으로 삼았다.

앙은 평소에 조조(晁錯)를 좋아하지 않아 조(錯)가 있는 자리에서는 앙이 곧장[輒] 자리를 피했고 앙이 있는 자리에서는 조 역시 피했다. 두 사람은 일찍이 한 번도 같은 자리에서[同堂] 이야기를 나눈 적이 없었다. (문제가 붕하고) 효경(孝景)이 즉위하자 조조는 어사대부(御史大夫)가 돼 수하의 관리를 보내 앙이 오왕(吳王) 유비(劉濞)의 재물을 수납한 일을 조사해 죄에 걸려들었는데, (천자는) 조서를 내려 죄를 사면하고 서인(庶人)으로 삼았다. 오(吳)와 초(楚)나라의 반란 소식이 전해지자 조는 부하인 승(丞)과 사(史)에게 말했다.

"원앙은 오왕에게 많은 금전을 받고 제멋대로 오왕의 죄를 숨겨주어 반란을 꾀하지 않을 것이라고 말했었다. (그러나) 지금 과연 반란을 일으켰으니 앙을 다스릴 것을 청하고자 한다. 마땅히 그는 사전에 계모를 알고 있었을 것이다."

승과 사가 말했다.

"일이 아직 터지지 않았을 때 그를 다스렸다면 음모를 중단시킬 수 있었을 것입니다. 그러나 지금은 반란군이 서쪽을 향해 오고 있는데 그를 다스린들 무슨 보탬이 되겠습니까? 또 앙은 마땅히 그런 음모에 가담하지 않았을 것입니다."

조는 망설이며 결단을 내리지 못했다. 어떤 사람이 이를 앙에게 알려주니 앙은 두려워 밤에 두영(竇嬰-두(竇)태후의 조카)을 찾아가 그에게 오나라가 반란을 하게 된 까닭을 말하고 천자의 면전에서 친히 대질해 진상을 아뢰고 싶다고 했다. 영(嬰)이 들어가 말씀을 올리자 상은 마침내 앙을 불렀다. 앙이 들어가 알현하고서 끝내 오나라가 반란을 하게 된 까닭을 말한 다음 오직 서둘러 조의 목을 베어 오나라에 사과한다면 오나라는 군대를 해산하게 될 것이라고 이야기했다. (뒤에 앙의 건의를 받아들여 오초의 난을 진압하고 나자) 상은 앙을 제배해 태상(泰常)으로 삼고 두영을 대장군으로 삼았다. 두 사람은 평소에 사이가 좋았다. 이때 장안 근처의 벼슬하지 않은 장자(長子)들과 장안에 있는 뛰어난 대부들이 다투어 두 사람에게 붙으려고 다가와 그 사람들이 타고온 수레만 해도 수백 대나 됐다.

조조가 이미 주살된 후에 앙은 태상의 신분으로 사신이 돼 오나라에 갔다. 오왕은 앙을 장군으로 삼고 싶어 했으나 받아들이지 않았다. (그래서) 그를 죽이려고 한 도위(都尉)에게 500명을 거느리고 군중에서 앙을 겹겹이 감시하게 했다. 애초에 앙이 오나라 상국이었을 때 그의 종사(從史-부하 관리) 한 사람이 앙의 시녀와 몰래 정을 통했는데[盜私] 앙은 이를 알고서도 누설하지 않고 그를 전과 같이 대했다. 어떤 사람이 그 종사에게 "재상께서는 당신과 시녀가 정을 통한 사실을 알고 있다"라고 말해주자 마침내 그는 도망쳤다. 앙은 말을 몰고 직접 그를 쫓아가 드디어 시녀를 그에게 내려주고 다시 종사로 일하게 했다. 앙이 오나라에 사신으로 나왔다가 붙잡혀 감시를 당하게 됐을 때 그 종사였던 자가 마침[適] 앙을 감시하는 교위사마(校尉司馬)였고, 이에 그는 (원앙을 구원하기 위해서) 휴대하고 있던 재물을 모두 팔아 독한 술 두 섬(20말)을 구입했다. 그때 날씨가 몹시 추웠고 (앙을 감시하던) 병사들은 굶주림과 갈증에 시달리고 있었기에 교위사마가 술을 주자 모두 취했는데 그중에서도 서남쪽 구석을 지키는 병사들은 모두 만취해 쓰러졌다.

그 사마는 밤에 앙을 이끌어 일으키며 말했다.

"군(君)께서는 달아나셔야 합니다. 오왕이 날이 밝으면 공을 베어 죽일 것입니다."

앙은 믿을 수가 없어 물었다.

"당신은 누구요?"

사마가 말했다.

"신은 예전에 군의 종사로 군의 시녀와 몰래 사통했던 사람입니다."

앙은 마침내 놀라며 사양하면서 말했다.

"그대는 다행히 부모님이 생존해 계시니 나 때문에 당신까지 연루될[縈=累] 필요는 없소."
루

사마가 말했다.

"군께서 일단[弟=但] 도피하시면 저도 장차 달아나 부모님을 피신시킬
제 단
것이니 군께서는 걱정마십시오."

그리고 곧바로 칼로 군대의 장막을 갈라서 만취해 쓰러져 있는 병사들 사이로 앙을 인도해 곧장 탈출시켰다. 사마는 앙과 반대 방향으로 달아났다. 앙은 절모(節毛-임금이 사신에게 주는 표식)를 풀어 품속에 감추고 그 나무를 지팡이로 삼아 70리를 걸어가니 날이 밝았다. 이때 양(梁)나라 기병을 만나 그들의 말을 얻어 타고 드디어 도성으로 돌아와 (그간의 사정을) 보고했다.

오나라와 초나라가 이미 격파되자 상은 다시 초원왕(楚元王)의 아들 평륙후(平陸侯) 례(禮-유례)를 초왕(楚王)으로 삼고 앙을 초나라 상국으로 삼았다. (상국으로서 원앙은) 일찍이 글을 올렸으나 (초왕은) 쓰지 않았다[不用]. 앙은 병을 핑계로 벼슬에서 물러나 집에서 한가하게 지냈는데 고
불용
을 사람들[閭里=鄕里]과 잘 어울려 지내며 서로 따라다니면서 닭싸움이나
여리   향리
개 달리기를 즐겼다. 낙양(洛陽)의 극맹(劇孟-노름꾼)이 일찍이 앙을 방문했는데 앙이 그를 잘 대접했다. 안릉(安陵)의 어떤 부자가 앙에게 일러 말

했다.

"나는 극맹이 노름꾼이라고 들었는데 장군께서는 어찌 그런 사람과 왕래하십니까?"

앙이 말했다.

"극맹은 비록 노름꾼이긴 하지만 그의 어머니가 죽었을 때에 장례식에 온 손님의 수레가 1,000여 대가 넘었다 하니 이는 참으로 그가 평범한 사람을 뛰어넘는 면이 있기 때문이오. 또 급하고 어려운 사정은 사람마다 생기게 마련이오. 만약 어떤 사람이 급한 일을 당해서 문을 두드리면 부모를 핑계 삼아 양해를 구하거나 집에 있으면서도 없다고 핑계를 대지 않으니 천하 사람들이 존경하는 사람은 오직 계심(季心-계포(季布)의 동생)과 극맹뿐이오. 지금 당신은 겉으로는 몇 명의 말 탄 시종을 거느리고 다니지만 일단 위급한 일이 생기면 정녕 그들을 믿고 의지할 수 있겠소?"

드디어 그 부자를 욕하고서 다시는 그와 왕래하지 않았다. 여러 공(公)들이 그 소식을 듣고 모두 앙을 존중했다[多=重].

앙은 비록 집에서 한가롭게 지냈지만 경제(景帝)는 종종[時時] 사람을 보내어 국가전략[籌策]을 묻곤 했다. 양왕(梁王-경제의 동생)은 (두태후의 후원을 업고 경제에게) 억지로 구해서 후사가 되고 싶어 했는데 앙이 나아가 설득한 뒤에 그런 시도는 막혀버렸다. 양왕은 이 때문에 앙에게 원한을 품고 있다가 자객을 보내 앙을 죽이려 했다. 자객[刺者]이 관중(關中)에 와서 앙에 대해 물어보니 사람들이 앙에 대해 칭송만 할 뿐 다른 말은 하지 않았다. 이에 그 자객은 앙을 찾아와 말했다.

"신은 양왕의 돈을 받고 당신을 암살하려고 왔는데 하지만 당신은 장자(長者)인지라 차마 당신을 찌를 수가 없습니다. 그러나 앞으로 당신을 암살하려는 10여 무리[曹=輩]가 있으니 잘 대비하십시오."

앙은 마음이 편치 못했고 집안에 이상한 일들이 많이 발생해 곧바로 배생(棓生)〔○ 문영(文穎)이 말했다. "棓는 (발음이 부가 아니라) 배(陪)다."〕을 찾아가 점을 보았다. 돌아오는 길에 양왕이 보낸 자객들이 과연 안릉의 성문 밖에서 앙을 가로막더니 살해했다.

조조(晁錯)는 영천(穎川) 사람이다. 지현(軹縣)의 장회(張恢) 선생에게 신불해(申不害)와 상앙(商鞅)의 형명학설(刑名學說)을 배웠고, 낙양의 송맹(宋孟), 유례(劉禮)와 더불어 같은 스승을 섬겼다. 그는 문학(文學-유학)에 뛰어나 태상(太常)의 장고(掌故-고사를 맡은 600석 관리)가 됐다.

조(錯)는 사람됨이 준엄하고 곧으며 각박함[峭直刻]이 심했다. 효문(孝文) 때에 천하에 『상서(尙書)』를 제대로 연구한 사람이 드물었는데 오직 제남(濟南)에 복생(伏生)이란 사람이 있어 진(秦)나라의 박사(博士) 출신으로 『상서(尙書)』에 조예가 깊었으나 나이가 90여 세로 너무 연로해 조정에 부를 수가 없었다. 이에 태상에게 조서를 내려 사람을 보내 복생에게 그의 학문을 전수받도록 했다. 태상은 조를 보내 복생이 있는 곳에 가서 『상서(尙書)』를 전수받게 했다. 마치고 돌아와 글을 올려 스승을 칭송하고 그 배운 바를 설명했다[稱說]. 조서를 내려 그를 태자의 사인(舍人)으로 삼았다가 문대부(門大夫)로 옮겼고 박사로 승진시켰다. 또 글을 올려 말했다.

'임금이 공명(功名)을 드러내게 되고 만세의 뒤까지 찬사를 받게 되는 까닭은 술수(術數)를 잘 알아서입니다. 그래서 임금이 신하들을 잘 눌러서

[制] 그 무리들을 다스리는 이치를 안다면 여러 신하들은 두려워하고 복종할 것[畏從]이고, 말을 제대로 듣고 정확히 일을 내려주는 이치를 안다면 (신하들은) 숨기거나 덮으려 하지 않을 것이고, 만민을 편안하고 이롭게 하는 이치를 안다면 온 나라는 복종할 것이고, 충효로써 윗사람을 섬기는 이치를 안다면 신하들의 행실은 다 갖춰질 것이니 이 네 가지를 신은 남몰래 황태자를 위해 서둘러 행하고자 합니다.

신하들이 토의할 때 보면 어떤 사람은 황태자께서는 굳이 세세하게 일을 알 필요가 없다고 말합니다. 신의 어리석음으로 볼 때는 결코 그렇지 않습니다. 남몰래 옛날 임금들을 상고해보면 종묘를 제대로 받들 수 없었고 신하들에게 협박당해 시해된 임금들은 하나같이 술수를 몰랐기 때문입니다. 황태자께서는 책을 많이 읽으시지만 술수를 깊이 알지 못하시는 이유는 그 책에 담긴 핵심 술수에 관해 관심을 쏟지 않으시기 때문입니다. 무릇 많이 읽고서도 그 술수를 알지 못한다면 그것은 고생만 하고 공을 이루지 못하는 것과 똑같습니다. 신이 감히 남몰래 황태자의 자질과 지혜를 살펴보면 탁월하고 뛰어나며 특히 말 부리는 기술은 누구도 따라갈 수 없지만 술수에 있어서는 아직 이렇다 할 수준에 이르지 못하고 있는데 그 이유는 폐하께서 그런 데에 마음을 두지 않으시기 때문입니다. 남몰래 바라건대 폐하께서 다행히 성인의 술수를 잘 고르시어 지금 이 시대에 쓰심으로써 황태자께 모범을 보이시고 또 때때로 황태자로 하여금 황상 앞에서 그에 관한 생각을 밝게 진술토록 하시고 폐하께서는 살펴시기만 하면 황태자께서는 날로 좋아지실 것입니다. 오직 폐하께서 잘 살펴주십시오.'

상은 이를 좋게 여겨 이에 조를 제배해 태자 가령(家令-800석 관리)으로 삼았다. 이 같은 언변으로 태자의 총애를 얻었으며 태자 궁 사람들은 그를 '지혜 주머니[智囊]'라고 불렀다.

이때에는 흉노가 강성할 때여서 자주 변경을 침략하니 상이 군사를 발동해 흉노를 막으려 했다. 조가 말씀을 올려 군사의 일을 말했다.

'신이 듣건대 한나라가 일어선 이래 오랑캐[胡虜]가 수차례 변경 지역에 침입했는데 작은 세력으로 들어오면 작은 이익을 얻고 큰 세력으로 들어오면 큰 이익을 얻었습니다.[9] (이들은) 고후(高后) 때 다시 농서군(隴西郡)에 침입해서 성을 공격하고 마을을 도륙했으며 가축과 농산물들을 빼앗아갔습니다. 그 후에 또 농서군에 쳐들어와 관리와 병사들을 죽이고 대규모로 도적질을 했습니다. 남몰래 듣건대 전쟁에서 승리하는 위세는 백성들의 기운을 100배 돋우고 패전한 병졸들은 죽을 때까지[沒世] 좌절감에서 벗어나지 못한다고 합니다. 고후 이래로 농서군은 3차례나 흉노로 인해 고통을 겪었고 백성들의 기운은 크게 상처를 입어 이기려는 의지를 잃어버렸습니다. 금년에 농서군의 관리는 사직의 신령에 힘입어 폐하의 밝은 조서를 받들고서 사졸들을 한데 모아 그 충절을 갈고닦아 크게 상처 입은 백성들을 일으켜 승리의 기운에 올라탄 흉노에 맞서 적은 병력을 써서 다수의 적을 쳐 왕 한 명을 죽이고 대부분을 패배시켜 큰 승리를 얻어냈습니다. 이는 농서군 백성들이 용감하냐 겁쟁이냐[勇怯]의 문제가 아니라 오히려 장수와 관리들이 제어하는 것이 정교하냐 서투르냐[巧拙]의 문제

---

9 오랑캐들이 마음대로 유린했다는 뜻이다.

였습니다. 그래서 병법에 이르기를 '필승하는 장수는 있어도 필승하는 백성은 없다'라고 했습니다. 이로써 살펴보건대 변경을 안정시키고 공명을 세우는 것은 훌륭한 장군[良將]에게 달려 있으니 장수를 잘 고르지 않으면 안 될 것입니다.

신이 또 듣건대 군대를 써서 전투에 임해 칼날이 부딪힐 때 긴요한 것은 세 가지이니 첫째가 지형(의 유리함)을 확보하는 것이요, 둘째가 병졸들이 명령에 복종하는 데 익숙하게 하는 것이요, 셋째가 무기와 각종 도구들을 예리하게 해두는 것이라 했습니다. 병법에 이르기를 1장(丈) 5척(尺)의 해자[溝], 높은 수레를 다 적실 정도의 물, 산림이나 돌무지 지역, 항상 물이 흐르는 내와 언덕, 풀과 나무가 있는 곳, 이것들은 보병에게 맞는 땅이어서 두 개의 거기(車騎)로도 한 명의 보병을 당해낼 수 없습니다. 흙산과 구릉이 완만하게 서로 이어져 있는 곳이나 평원 혹은 드넓은 벌판, 이것들은 거기(車騎)에 맞는 땅이어서 10명의 보병이 한 개의 거기를 당해낼 수 없습니다. 평탄한 언덕이 서로 멀리 떨어져 있는데 냇물이나 계곡이 그 사이에 있거나 고지를 올려다보는 저지대, 이것들은 활이나 쇠뇌에 맞는 땅이어서 100명의 단병(短兵-접근전을 하는 병사)이라도 한 명의 궁수나 쇠뇌병을 당해낼 수 없습니다. 양쪽 진영이 서로 가까이에 있고 평지에 풀이 얕게 자라나 있어 전진과 후퇴를 자유자재로 할 수 있는 곳, 이것들은 긴 창에 맞는 땅이어서 칼과 창을 가진 3명의 병사라도 한 명의 긴 창을 가진 병사를 당해낼 수 없습니다. 모시풀, 갈대, 대나무, 대쑥 등이 자라난 곳이나 초목이 우거진 곳, 가지와 잎이 무성하게 자란 곳, 이것들은 자루가 긴 창과 작은 창에 맞는 땅이어서 끝이 갈라진 긴 창[長戟]

을 가진 병사 두 명이 자루가 긴 창과 작은 창을 가진 한 명의 병사를 당해낼 수 없습니다. 구불구불한 길이 서로 굽이쳐 엎드려 있는 곳과 길이 좁고 위태위태한 곳, 이것들은 칼과 방패의 땅에 맞는 땅이어서 궁수나 쇠뇌병 3명이 칼과 방패를 가진 한 명의 병사를 당해낼 수 없습니다.

초급 장교[士]를 잘 가려서 훈련시키지 않고 병사들에게 복종에 익숙해지도록 하지 않으며 평소 생활에 열의를 다하지 않고 움직이고 머무는 것[動靜]이 일정하지 못하며 이익이라면 어떻게든 쫓으려 하고 어려움을 피하려는 데 끝이 없으며 앞에서는 공격하다가도 뒤에서는 나태해지며 징과 북[金鼓] 소리에 제대로 따라서 하지 않는 것, 이것들은 병사들을 부지런히 훈련시키지 못한 잘못이며 이런 병사들로는 100명으로도 (적군) 10명을 당해낼 수 없습니다. 무기가 완벽하게 예리하지 못하면 빈손이나 마찬가지이고, 갑옷이 견고하고 치밀하지 못하면 웃통을 벗어젖힌 것[袒裼]과 같습니다. 그리고 쇠뇌가 멀리까지 다다를 수 없다면 단병(短兵)이나 마찬가지이고, 활을 쏘아도 적중할 수 없으면 화살을 잃어버린 것과 같으며, 또 목표물에 적중한다 해도 뚫을 수가 없다면 화살촉이 없는 것과 같습니다. 이것들은 장수가 병사들을 제대로 살피지 못한 잘못이며 이런 병사들로는 5명으로도 (적군) 한 명을 당해낼 수 없습니다. 그래서 병법에 이르기를 '무기가 예리하지 않으면 이는 병사들을 적에게 넘겨주는 것이고, 병사들을 제대로 쓰지 못하게 하면 이는 장수를 적에게 넘겨주는 것이며, 장수가 병사들을 알지 못하면 이는 그의 주군을 적에게 넘겨주는 것이고, 임금이 장수를 제대로 고르지 못하면 이는 나라를 적에게 넘겨주는 것이다.

이 네 가지가 군사[兵]¹⁰의 지극한 요체다'라고 했습니다.

신이 또 듣건대 작고 큰 것[小大]은 모양[形]이 다른 것이고 강하고 약한 것[强弱]은 세력[勢]이 다른 것이고 위험하고 평탄한 것[險易]은 대비태세[備]가 다른 것이라고 했습니다. 무릇 몸을 낮춰 강한 나라를 섬기는 것이 작은 나라의 모양이고 작은 나라들이 힘을 합쳐 큰 나라를 치는 것이 적국의 모양이며 오랑캐로써 오랑캐를 치는 것이 중국의 모양입니다. 지금 흉노는 땅의 모양이나 기예가 중국과는 다릅니다. 산비탈을 오르내리고 계곡과 시냇물을 들고 나기 때문에 중국의 말[馬]은 흉노의 말에 미칠 수가 없고, 험한 길에 경사까지 급해 내달리다가 쏘고 쏘다가 내달려야 하기 때문에 중국의 기마병은 흉노의 기마병에 미칠 수가 없으며, 비바람에 시달리고 굶주림과 목마름에도 힘들어 하지 않아 중국 사람들은 흉노 사람들에 미칠 수가 없으니 이것들은 흉노의 장기입니다.

(그렇지만) 만약에 평원이나 평탄한 땅에서 가벼운 전차와 돌격기병[突騎]으로 붙는다면 흉노의 무리들은 어지러움에 빠질 것이고, 강한 쇠뇌와 긴 창으로 거리를 두고 멀리서 공격하면 흉노의 활은 (우리를) 제대로 맞힐 수가 없을 것이며, 견고한 갑옷과 예리한 칼로 원거리 전투나 근거리 전투를 서로 섞어 쓰면서 유격전을 펼치는 쇠뇌부대가 오가게 해 10오(伍)를 한꺼번에 전진하게 한다면 흉노의 병사들은 당해낼 수가 없을 것이고, 힘이 좋아 활을 잘 쏘는 병사[材官]가 재빨리 활을 쏘고 화살이 날아가

---

10 원문에는 국(國)으로 돼 있는데 다른 판본에는 병(兵)으로 돼 있다. 문맥상 병(兵)의 오기로 보인다.

표적을 똑같이 맞히면 흉노의 가죽 갑옷[革笥]이건 나무 방패[木薦=木楯]건 다 이를 막아낼 수 없을 것이며, 말에서 내려 땅 위에서 싸우며 칼끝을 서로 부딪치고 일진일퇴의 접근전을 벌이면 흉노의 발은 중국 사람들에 미칠 수가 없을 것이니 이것들은 중국의 장기입니다.

이로 말미암아 보건대 흉노의 장기는 셋이고 중국의 장기는 다섯입니다. 폐하께서 또 수십만 명의 병력으로 수만 명의 흉노를 치신다면 이는 많은 수로 적은 수를 치는 계책[衆寡之計]이 되니 하나로 열을 치는 전술이 될 것입니다.

그럼에도 불구하고 군대[兵]란 흉기이며 전쟁이란 위태로운 일[危事]입니다. 큰 나라가 작은 나라를 치고 강한 나라가 약한 나라를 친다 해도 이는 내려다보느냐 올려다보느냐의 차이[俯仰之間] 정도일 뿐입니다. 무릇 사람이 목숨을 걸고 싸워 이기려고 했다가 차질을 빚어 (위력을) 떨치지 못할 경우 후회는 끝이 없을 것입니다. 제왕의 도리는 만전의 계책을 갖고서 나아가는 것입니다. (그런데) 지금 항복한 호(胡)와 의거(義渠) 등의 오랑캐 족속들이 찾아와 의로움에 귀의하겠다는 것은 그 무리가 수천 명에 이르며 음식이나 장비들이 흉노와 똑같기 때문에 그들에게 견고한 갑옷과 솜옷[絮衣], 강한 활과 예리한 화살을 내리시고 그에 더해 변경의 군(郡)들에 훌륭한 기마를 늘이십시오. 그리고 그들의 습속을 잘 알아서 그들의 마음을 잘 모을 수 있는 밝은 장군에게 군대를 이끌도록 폐하의 눈 밝으심[明]으로 명하십시오. 만약에 위험한 일이 있더라도 이런 군대로 맞서게 하시고 평지나 길이 사방으로 뚫린 곳을 만나면 가벼운 전차와 힘이 좋아 쇠뇌와 활을 잘 쏘는 병사[材官]들로 그들을 제압하면 됩니다. 이런 두 가지 모습의 군대는 서로 겉과 속이 돼 각자 그 장기를 발휘할 것이고 여기에 많은 병력을 더해준다면 이는 만전을 기하는 전술이 될 것입니다.

옛글에 이르기를 '사리분별을 못하는 사내[狂夫]의 말이라도 밝은 군주[明主]는 잘 가려서 고른다'라고 했습니다. 신 조(錯)는 어리석고 비루해 죽을 각오를 하고서 광망한 소리를 올리오니 부디 폐하께서 잘 가려 고르시옵소서.'

문제는 이를 아름답게 여겨 곧바로 조에게 새서(璽書)를 내려 총애가 담긴 답[寵答]을 주었다.

'황제는 태자 가령에게 묻는다. 글을 올려 군사의 요체 세 가지를 말했는데 잘 들었다. 그리고 말하기를 '사리분별을 못하는 사내[狂夫]의 말이라도 밝은 군주는 잘 가려서 고른다'라고 했다. 그런데 지금은 그렇지가 못하다. 말을 하는 자가 거침없이 말을 하지 않다 보니[不狂] 가려서 고르는 자는 밝지가 못해[不明],[11] 나라의 큰 근심은 바로 여기에 있다. 저 밝지 못한 자[不明]를 시켜 거침없이 하지 못하는 말[不狂]을 모르게 하니 1만 번을 듣는다 한들 1만 번 다 마땅하지 못한 것이다.'

조는 다시 변경을 지키고 요새를 방비하는 일과 농업을 권면해 근본에 힘쓰게 하는 당대의 두 가지 급선무에 관해 글을 올려 말했다.

'신이 듣건대 진(秦)나라 시절 북쪽으로 호(胡)와 맥(貉)족을 쳐서 황하 주변에 요새를 쌓고 남쪽으로 양주(楊州)의 남월(南粵-광동성 남부)을 쳐

---

11 문제는 조조의 말 중에서 광(狂)과 명(明)을 받아서 전혀 다른 문맥으로 사용하고 있다. 그래서 문맥에 따라 광(狂)을 각기 달리 옮겼다.

서 수자리 서는 병사들을 두었다고 합니다. 진나라가 군대를 일으켜 호족과 남월을 친 것은 변경의 땅을 지켜 백성들을 죽음으로부터 구원하기 위해서가 아니라 그릇된 욕심을 부려 영토를 크게 넓히려고 한 때문입니다. 그래서 이렇다 할 성과도 거두지 못한 채 천하는 어지러워졌던 것입니다. 또 무릇 군대를 일으켜놓고서도 그 형세를 알지 못하면 싸워서는 적에게 포로가 되고 주둔해서는 병사들이 병으로 죽어 쌓이게 됩니다.

저 호족과 맥족의 땅은 음의 기운이 쌓인 (추운) 곳이어서 나무껍질의 두께가 3촌(寸)이나 되고 얼음이 얼면 그 두께가 6척(尺)이며 고기를 먹고 소나 양의 젖을 마시고 사람은 살갗이 촘촘하고 새와 짐승들은 가죽과 털이 세밀해 그 본성상 추위를 참아낼 수 있습니다. 양주의 남월 땅은 음의 기운이 적고 양의 기운이 많아 사람은 살갗이 성기고 새와 짐승들은 털이 듬성듬성해 그 본성상 더위를 참아낼 수 있습니다. 진나라의 수자리 서는 병사들은 그 물과 땅을 견뎌내지 못해 변경에서 죽고 군수물자를 운반하던 병사는 길에서 엎어져 죽었습니다. 진나라 백성들에게 그 행군은 마치 기시(棄市)당하러 가는 자들처럼 보였을 것입니다. 그래서 잘못으로 인해 징발당하게 되면 그 이름을 "귀양 수자리[謫戍]"라고 불렀습니다. 우선은 관리들 중에서 잘못이 있는 자나 데릴사위[贅婿], 상인들을 징발했고, 그다음으로 일찍이 시장에 적이 있는 자를 징발했으며, 그다음에는 조부모나 부모 중에서 일찍이 시장에 적이 있는 자를 징발했고,[12] 그다음에는

---

12 데릴사위란 가난한 사람을 뜻하고, 시장에 적이 있다는 것은 시장에서 장사를 할 수 있다는 말이다.

동네 문[閭=里門]에 들어와 그 왼쪽에 거주하는 자를 징발했습니다.[13] 그 징발이 순리에 맞지 않으면 행군에 나서야 하는 사람들은 깊은 원망을 하게 돼 배반하려는 마음을 품게 됩니다. 대체로 백성들 중에서 적을 막아 싸우면서[守戰] 죽을 때까지 항복하지 않는 자는 (나름의) 이해타산에 따라서 그렇게 하는 것입니다. 그래서 싸움에 이기거나 방어를 잘해내면 작위를 제배받는 상이라도 있고, 성을 공격해 마을을 도륙하면 그 재물을 얻게 돼 자기 집안을 부유하게 할 수 있습니다. 그래야 많은 화살과 돌이 날아오더라도 뜨거운 물과 불 같은 위험을 피하지 않고 뛰어들 듯이 죽는 것을 사는 것처럼 여겨[視死如生] 두려워하지 않을 것입니다. 지금에 와서 진나라가 병졸들을 징발한 것을 보면 1만 명 중에서 한 명도 살기 어려운 위험은 있지만 한 수(銖) 한 양(兩)의 보답도 없었고 죽고 나서도 120전[一算]의 면제도 얻지 못했으니, 온 천하 사람들이 다 재앙의 맹렬함이 바로 자기 자신에게 닥쳤음을 훤히 알았던 것입니다. (이런 때에) 진승은 수자리를 나가다가 대택(大澤-안휘성 숙현 남쪽)에 이르러 천하를 향해 가장 먼저 부르짖자[先倡] 천하 사람들이 그를 따르는 바가 마치 흐르는 물과 같았습니다. 그런데 진나라는 위협과 겁박[威劫]으로 그에 맞서려는 폐단을 드러냈습니다.

호(胡) 사람들이 입고 먹는 일은 땅에서 이루어지지[著=成] 않기 때문에[14] 그 세력은 쉽게 변경을 어지럽히고 어렵게 만듭니다. 무엇으로 그것

---

13 진나라 때에는 동네 문의 오른쪽에 부자들이, 왼쪽에 가난한 사람들이 살았다.

14 농경지대인 중국에서는 농사를 지어 먹고 땅에서 자라는 식물을 통해 옷을 만들어 입는데, 오

을 설명할 수 있겠습니까? 호 사람들은 고기를 먹고 동물들의 젖을 마시며 털가죽을 입고 성곽이나 전택(田宅)처럼 돌아갈 곳이 없기 때문에 넓은 초원을 나는 새처럼, 내달리는 야수처럼 떠돌다가 좋은 풀이나 물을 만나면 머무르고 풀이 다 떨어지거나 샘이 마르면 다시 다른 곳으로 옮겨 갑니다. 이로 말미암아 보건대 이곳저곳을 오가고 돌아다니며 때로는 찾아오고 때로는 떠나가니 이것이 호 사람들의 생업이며 또한 중국 사람들이 남쪽 변경의 경작지를 버리게 되는 까닭입니다. (그런데) 지금 호 사람들이 자주 요새 아래에서 목축을 하거나 수렵을 할 경우 혹은 연(燕)나라나 대(代)나라와 마주하게 되고 혹은 상군(上郡), 북지(北地), 농서(隴西)의 여러 군(郡)들과 마주하게 돼 요새를 지키는 병졸들을 염탐한 다음 병졸들이 적으면 침입합니다. 폐하께서 (서둘러) 구제해주지 않으신다면 변경의 백성들은 희망을 잃고서 적들에게 항복할 마음[降敵之心]을 갖게 될 것입니다. 그리고 구제하시더라도 적은 수를 발동할 경우 부족할 것이고 많은 수를 발동할 경우에는 먼 곳의 현들에 도착하자마자 호족도 이미 떠나버렸을 것입니다. 병졸들을 모집한 다음 해산하지 않으면 그 비용은 참으로 클 것이고 해산하면 호족은 다시 침입할 것입니다. 이런 상태가 여러 해 이어지다 보면 중국은 가난해지고 고통스러울 것이며 백성들은 안정을 찾지 못할 것입니다.

폐하께서는 다행스럽게 변경을 근심하시어 장수와 관리를 보내 병졸들을 징발함으로써 요새를 잘 다스리시니 참으로 큰 은혜[大惠]입니다. 그러

랑캐들은 짐승의 고기를 먹고 짐승의 가죽으로 옷을 만들어 입는다는 말이다.

나 먼 곳의 병졸들이 요새를 지키고 있는데 1년에 한 번씩 교체토록 명하셨으니 그들은 호족의 능력을 잘 몰라 오히려 그곳에 상주하는 사람들을 골라 집 짓고 농사짓게 하면서 동시에 호족들에 대비토록 하는 것만 못합니다. 이들의 편리함을 위해 성을 높이고 참호를 깊게 하며 인석(藺石)을 갖추고 거답(渠答)을 부설하며 또 하나의 성을 그 안에 세워 성벽과의 간격을 150보로 해야 합니다. 요해처[要害]나 냇물이 통하는 길을 참작해 적당한 곳에 성읍을 세우고 1,000가구 이하로 내려가지 못하게 하고 그 안에는 호랑이 함정[虎落]을 빙 둘러 만들어놓아야 합니다. 우선 가옥을 세우고 농기구들을 갖추고서 죄수나 남은 형을 면제받고서 노역에 동원 중인 자들을 모집해 그곳에 살도록 하고, 그것으로 모자랄 경우 성년이 된 노비로서 죄를 지었다가 보석을 받았거나 노비들 중에서 벼슬을 받고 싶어 하는 자들을 모집하고, 그것으로도 모자랄 경우 최종적으로는 백성들 중에서 자발적으로 가고 싶어 하는 자들을 모집하십시오. 이들에게는 모두 다 높은 벼슬을 내리시고 그 집안을 되살려주십시오. 겨울과 여름의 피복을 주시고 식량을 내어주시되 자급자족을 할 수 있게 되거든 지원을 멈추셔야 합니다. 군현의 백성들에게는 벼슬을 살 수 있도록 해 그것을 높여가면서 경(卿)에까지 이를 수 있게 해주십시오. 남편 또는 아내를 잃은 자에 대해서는 현의 관리가 배우자를 사서 주게 하십시오. 인정상으로 보더라도 배우자가 없으면 생활이 오랫동안 안정될 수 없습니다.

　요새 아래의 백성들은 녹봉의 이익이 두텁지 않을 경우 위험하고 험난한 곳에서 오랫동안 살게 할 수가 없습니다. 호 사람들이 들어와서 (백성들의 가축들을) 휘몰아칠 때 그 휘몰아치는 것을 그치게 할 수 있는 자에게는 그 반을 상으로 주고 현의 관리는 백성들에게 대속(代贖)하게 해야 합니다. 이와 같이 한다면 읍과 리는 서로를 구원하면서 호인들에게 나아가더라도 죽음을 피하지 않을 것입니다. 이는 폐하의 다움[德]을 세워주기 위함이 아니라 친족들을 온전히 지킴으로써 그의 재물을 이롭게 하려는 것이고 이는 동방의 수자리 병졸들이 땅의 형세를 제대로 익히지 못하고 마음으로는 호인들을 두려워하는 것에 비한다면 그 공로는 1만 배에 이를 것입니다.

폐하의 시대에 백성들을 옮겨 변방을 꽉 채워서 먼 곳의 사람들로 하여금 둔전을 지키게 하는 일을 없애고, 요새 아래에 사는 백성들은 아버지와 아들이 서로 보호하고 오랑캐에 대한 근심을 없애며 이익을 후세에 남기어 빼어나고 밝으셨다[聖明]는 칭송을 받으신다면 이는 진나라가 백성들에게 원망을 받게끔 실시한 것과는 전혀 거리가 먼 것이라 하겠습니다.'

상은 이 말을 따라서 백성들을 모집해 요새 아래로 옮기게 했다. 조가 또 말씀을 올렸다.

'폐하께서는 다행스럽게도 백성들을 모집해 옮겨가도록 함으로써 요새 아래를 꽉 채워주셨고, 둔수(屯守)의 일을 더욱 줄여주셨으며, 군수물자 수송[輸將=輸送=輸資]에 들어가는 비용을 더욱 감축해주셨으니 참으로 큰 은혜라 하겠습니다. 하급 관리들이 진실로 두터운 은혜를 칭송할 수 있게 돼 밝은 법을 받들고서 이주시킨 노약자들을 가엾게 여기고 그 장정들을 잘 대해주며 그 마음을 화합해 모으고 각박하게 침탈하지 않아서 먼저 도착한 사람들로 하여금 편안하게 즐기면서 고향 생각이 나지 않게 한다면 가난한 백성들은 서로 모집에 응해 그곳으로 가자고 권유할 것입니다.

　신이 들건대 옛날에 백성들을 먼 곳으로 이주시켜 광활한 빈 땅[廣虛] 광허 을 채울 때는 (먼저) 그 음과 양의 조화로움을 살피고서 그 물이나 샘물의 맛을 보고 그 땅의 적절함[宜]을 점검하며 그 나무들의 풍요로움을 관 의 찰한 다음에 마을을 조성하고 성을 세우며 리(里)를 만들고 집터를 구획해 농로를 뚫고 논밭의 경계를 바로 하며, 우선 집을 지어 각 호구마다 한 채에 방 둘[一堂二內]을 갖도록 하고 문에는 잠금장치를 하며 각종 기물 일당 이내 들을 설치해두어 백성들이 도착하면 살 곳이 있고 일을 하려면 쓸 것들이 있었으니 이는 백성들이 쉽게 고향을 떠나서 새로운 읍으로 갈 수 있도록 유도하기 위함이었습니다. 또 의원이나 무당을 두어 질병을 구제케 하고 제사를 지낼 수 있게 하며 남녀가 혼인을 할 수 있게 하고 살아서건 죽어서건 서로 구휼할 수 있게 하며 묘소에는 서로 따라서 가주고 나무를 심고 가축을 길러 집은 온전함을 갖추고 편안케 됐으니 이는 백성들로 하여금 그 사는 곳에서 즐기며 오랫동안 거주하고픈 마음이 생겨나게 하기 위함이었습니다.

　신이 또 들건대 변방의 현(縣)들은 외적을 방비하는 것이어서 다섯 집을 오(伍)로 하고 오에는 장(長)을 두었으며, 10장이 하나의 리(里)가 되고 리에는 가사(假士)를 두었으며, 네 리가 하나의 연(連)이 되고 연에는 가오백(假伍百)을 두었으며, 10연이 하나의 읍(邑)이 되고 읍에는 가후(假侯)를 두었는데 모두 다 그 읍의 뛰어난 인재들 가운데 (마을을) 보호할 능력이 있고 (주변) 지형에 익숙하며 백성들의 마음을 잘 아는 사람을 고른 것이며, 이들은 평소에는 백성들에게 활 쏘는 법을 가르치고 출정할 때에는 적에 맞설 수 있도록 백성들을 가르칩니다. 그래서 병졸의 오(伍)는 안에서 이루어지고[成] 군정(軍政)은 밖에서 정해지는[定] 것입니다. 복종하고 익혀서 이루어지면 다른 곳으로 옮겨가지 못하게 하니〔○ 사고(師古)가 말했다. "각자가 자신의 직업을 지킨다는 말이다."〕 어릴 때는 같이 놀고 자라서는 함께 일하게 됩니다. (그리하여) 밤에 싸우게 될 경우에 목소리를 서로 알고 있기 때문에 충분히 서로를 구원해줄 수 있고, 낮에 싸우게 될 경우에는 눈으로 서로 보기만 해도 상대가 원하는 것을 충분히 알 수 있습니다. 서로 기뻐하고 아껴주는 마음이 있으니 서로 죽음도 같이할 수 있습니다. 이와 같이 하면서 또 두터운 상으로 권고하고 무거운 벌로 위엄을 보인다면 앞사람이 죽더라도 발걸음을 돌리지 않을 것입니다. 이주시킨 백성들 가운데 씩씩하고 재주와 힘을 가진 사람이 아니면 그저 의복과 식량만 낭비할 것이니 쓸 수가 없고, 비록 재주와 힘을 가졌다 하더라도 훌륭한 관리를 만나지 못하면 오히려 아무런 공로도 세우지 못할 것입니다.

폐하께서는 흉노를 끊으시고 그들과 화친을 맺지 않으시는데 신이 남몰래 생각건대 그들은 겨울이 되면 남쪽으로 내려올 것이 예상되니 한번 크게 다스려놓으시면 죽을 때까지 징계가 될 것입니다[創=懲]. 위엄을 세우고 싶은 자는 절교(折膠)〔○ 소림(蘇林)이 말했다. "가을의 기운이 찾아오면 아교도 꺾을 수 있고 쇠뇌를 사용할 수 있으니 흉노는 늘 엿보다가 군대를 출동시킨다."〕에서 시작하니 일단 쳐들어왔는데 그들을 곤혹스럽게 하지 못해 그들이 기세를 얻어 돌아가게 둔다면 뒤에 가서는 쉽게 항복시킬 수가 없습니다. 어리석은 신은 식견이 없으니 부디 폐하께서 잘 살펴주시옵소서.'

그 뒤에 유사에 조(詔)해 현량(賢良)과 문학(文學)의 선비들을 천거하게 하니 조(錯)가 그 안에 있었다. 상이 친히 책문을 내려 조하여 말했다.

'유(惟) 15년 9월 임자일(壬子日)에 황제는 말하노라. 옛날에 대우(大禹-우왕)는 뛰어난 선비[賢士]를 부지런히 구해 나라 밖[方外=異域]에까지 이르렀으며 사방의 극지(極地) 안에서 배와 수레가 다닐 수 있는 곳과 사람의 발길이 이를 수 있는 곳까지 뛰어난 선비를 구하라는 명을 듣지 않은 자가 없었고 그렇게 해 스스로 미치지 못하는 바[不逮=不及]를 보완했다. 가까이에 있는 자는 자신의 눈 밝음[明]을 바쳤고 멀리에 있는 자는 자신의 귀 밝음[聰]을 전달해[15] 좋은 도리로써 잘 화합해[比=和] 죽을 힘을 다해 천자를 도왔다[翼]. 이 때문에 대우는 능히 다움을 잃는 바[失德]가 없어 하나라는 그 덕에 오래 번영했던[懋=盛大] 것이다. 고황제(高皇帝)께서는 몸소 천하의 큰 해악을 없애고 어지러운 자취들을 제거하고서 나란히 호걸과 영웅들을 세워 각자 하나의 관(官)의 장(長)으로 삼아 간쟁하게 해 천자가 모자라는 것을 돕고[輔] 한나라의 종실[漢宗]을 도와서 받들게[翼戴] 했다. 하늘의 신령과 종묘의 복록에 힘입어 바야흐로 나라 안이 평안해지고 은택은 사방의 오랑캐[四夷]에까지 미쳤다. 지금 짐은 천자의 정통[正]을 얻어 잡아쥐어[獲執][16] 종묘의 제사를 계승했지만 짐은 이미 천자답지 못하고[不德] 또한 (일에) 치밀하지 못해 나의 밝음은 세상을 제대로 밝힐 수가 없고 나의 지혜로는 세상을 제대로 다스릴 수가 없으

---

15 가깝고 먼 곳에서 임금의 귀 밝음과 눈 밝음[聰明]을 도왔다는 뜻이다.
16 정상적으로 이어받지[承] 못했음을 인정하는 표현이다.

니 이는 대부들도 잘 들어서 알고 있을 것이다. 그래서 유사(有司), 제후 및 왕, 삼공(三公), 구경(九卿) 및 군수[主群吏]에게 조(詔)하여 각자 자신의 뜻에 따라[帥] 현량(賢良)들 중에서 국가의 대략[大體=大略]에 밝고 사람의 일[人事]의 끝과 시작[終始]에 정통하며 또 능히 직언(直言)하고 극간(極諫)할 수 있는 인물을 골라 각기 내놓아 장차 짐의 못 미치는 바를 바로잡아줘야[匡=匡正] 할 것이다. 여러 대부들의 행실은 이 세 가지 도리[三道]〔○ 장안(張晏)이 말했다. "세 가지 도리란 대략, 사람의 일, 직언이다."〕에 해당하기 때문에 짐은 심히 아름답게 여겨 그래서 대부를 조정에 오르게 해 친히 짐의 뜻을 알려주는[諭=告] 것이다. 대부들이여! 이 세 가지 도리의 요체를 글로 써서 올리되 특히 짐의 천자답지 못함, 관리의 공평하지 못함, 정사의 제대로 펴지지 못함[不宣], 백성의 안녕치 못함 이 네 가지 잘못을 깊이 생각해 남김없이 그 뜻을 진술하고 숨기는 바가 없어야 할 것이다. 위로는 그것을 선제(先帝)의 종묘에 바칠 것이고, 아래로는 가련한 백성의 평안과 복리를 일으키기 위해 그것을 죽간[篇=竹簡]에 기록해 짐이 직접 읽어볼 것이고, 그것을 갖고서 대부들이 짐을 제대로 보좌함에 있어 지극한지 그렇지 못한지를 점검할 것이다. 그러니 그 내용을 글로 쓰고 주도면밀하게 갖추고 거듭 쓰고 또 고쳐 쓰도록 하라. 짐이 스스로 모범을 보일 터이니 대부들이여, 정론(正論)을 펴야지 일을 집행하는 사람[執事=有司]을 의식해 논지를 굽혀서는[枉=曲] 안 될 것이다. 아아! 이 점을 경계해야 할 것이다! 여러 대부들이여, 각자의 뜻에 따라 쓰는 데 있어 조금도 거리낌이 있어서는 안 될 것이다.'

 조(錯)가 답글을 올려 말했다.

'평양후(平陽侯) 신(臣) 줄(窋)〔○ 맹강(孟康)이 말했다. "조줄(曹窋)로 조참(曹參)의 아들이다."〕, 여음후(汝陰侯) 신 조(灶)〔○ 여순(如淳)이 말했다. "하후영(夏侯嬰)의 아들이다."〕,[17] 영음후(潁陰侯) 신 하(何)〔○ 문영(文穎)이 말했다. "관영(灌嬰)의 아들이다."〕, 정위 신 의창(宜昌), 농서(隴西) 태수(太守) 신 곤야(昆邪)〔○ 복건(服虔)이 말했다. "공손곤야(公孫昆邪)다."〕가 현량(賢良)으로 뽑아준〔○ 사고(師古)가 말했다. "열후와 구경과 군수들에게 현량을 천거하라고 조하여 이에 조가 줄 등에게 천거를 받은 것이다."〕 태자가령 신 조(錯) 죽음을 무릅쓰고 두 번 절해 말씀드립니다. 신이 가만히 듣건대 옛날의 뛰어난 군주들 중에는 뛰어난 인재를 구해 자신을 보익(輔翼)하도록 하지 않는 군주가 없습니다. 그래서 황제(黃帝)는 역목(力牧)을 얻어 오제(五帝)의 첫 자리를 차지했고, 대우(大禹)는 고요(咎繇, 皋陶)를 얻어 삼왕(三王)의 첫 자리를 차지했으며, 제나라 환공[齊桓]은 관자(管子-관중)를 얻어 오패(五伯, 五覇)의 장(長)이 됐습니다. 지금 폐하께서는 대우와 고황제께서 호걸과 영웅을 세워준 일을 언급하시면서 스스로 물러나 자신의 밝지 못함[不明]에 기대어 현량(賢良)을 구하려 하시니 겸양이 지극하십니다. 신이 가만히 저 옛날[上世=上古]의 역사 기록[傳=史傳]을 살펴보건대 고황제께서 공업(功業)을 세우신 것이나 폐하의 (천자)다움이 두터워 뛰어난 보좌를 얻을 수 있었던 것과 같은 일들은 다 유사가 잘 살핀 데서 나온 것으로 옥판(玉板)에 새기고 금궤(金匱)에 잘 보관해 이를 춘추(春秋)에 기록하고 그것을 체계적으로 잘 정리해[紀] 후세에 전해 황제된

---

17 조(灶)는 조(竈)의 속자(俗字)다.

자의 조종(祖宗)으로 삼아 하늘과 땅과 더불어 함께 잘 마치도록[相終] 해야 할 것입니다. 지금 신 졸 등이 이에 신 조(錯)를 천거하는 인원에 포함시켜준 것[充賦=備數]은 참으로 밝은 조서를 내려 뛰어난 이를 구하시려는 (천자의) 뜻에 어울리지 않는 것이라 하겠습니다. 신 조는 초야[中茅=草茅]의 신하로서 아는 것도 없지만 죽을 각오로 어리석은 대책이나마 올려보겠습니다.

조책(詔策)에 이르기를 "국가의 대략[大體=大略]에 밝고"라고 하셨는데 어리석은 신이 옛날의 오제(五帝)를 끌어와 그것을 밝혀보겠습니다. 신이 듣건대 오제(五帝)는 신령스럽고 빼어나[神聖] 그 신하들이 그들에게 미칠 수가 없었기 때문에 친히 정사를 돌보았고 법궁(法宮)의 한가운데, 명당(明堂)의 한가운데 있으면서 움직일 때나 가만히 있을 때나[動靜] 모든 것이 위로는 하늘과 짝했고 아래로는 땅에 고분고분했으며 가운데로는 사람을 얻었습니다[得人]. 그래서 온갖 동물류[衆生之類]를 다 덮어주지[覆] 않음이 없었고 온갖 식물류[根著之徒]를 실어주지[載] 않음이 없었습니다. 광명으로 비춰주시니 어느 한쪽으로 쏠리는 바도 없었습니다. 그들의 다움은 위로는 날아가는 새에 이르고 아래로는 물 속 벌레와 초목 등 온갖 미물들에 이르러 모두가 그 은택을 입었습니다. 그런 연후에야 음양이 조화를 이루고, 봄·여름·가을·겨울이 절도에 맞았으며, 해와 달이 제대로 빛나고, 바람과 비가 제때에 불고 내렸으며, 감로[膏路=甘露]가 내리고, 오곡이 무르익었으며, 요상스러운 악기(惡氣)가 사라졌고, 재앙을 부르는 기운[賊氣]이 그쳤으며, 백성들은 질병의 고통을 받지 않게 되니 황하에서 그림이 나오고, 낙수(洛水)에서 책이 나왔으며, 신룡(神龍)이 나타나고, 봉조

(鳳鳥)가 날아 다움과 은택[德澤]이 천하에 가득하고 신령스러운 빛이 사해를 비추었습니다. 이것을 일러 하늘에 짝한다[配天]고 하는 것이고 나라의 대략을 다스린 공업입니다.

조책(詔策)에 이르기를 "사람의 일[人事]의 끝과 시작[終始]에 정통하며"라고 하셨는데 어리석은 신이 옛날의 삼왕(三王)을 끌어와 그것을 밝혀 보겠습니다. 신이 듣건대 삼왕(三王) 때에는 신하와 임금 모두 뛰어났습니다. 그래서 함께 계책을 세우고 서로 도우니 천하를 안정시킴에 있어 (추진하는 일마다) 백성들의 마음[人情]에 뿌리를 두지 않는 것이 없었습니다. 그리하여 백성들의 마음이란 오래 살고[壽] 싶지 않은 바가 없으나 삼왕이 나고서야 해를 당하지 않을 수 있었습니다. 또 백성들의 마음이란 부유하게 되고 싶지 않은 바가 없으나 삼왕이 두텁게 해주고 나서야 가난으로 인한 곤란을 겪지 않을 수 있었습니다. 그리고 백성들의 마음이란 평안하고 싶지 않은 바가 없으나 삼왕이 부축해주고 나서야 위태로워지지 않을 수 있었습니다. 그리고 또 백성들의 마음이란 게으르고 싶지 않은 바가 없으나 삼왕이 그 힘을 아낄 수 있게 해주고 나서야 힘을 다 소진하지 않을 수 있었습니다.

그리고 삼왕이 법령을 만들 때에는 백성들의 마음과 맞아떨어진 후에야 그것을 시행했고, 백성들을 동원해 부릴 때에는 사람의 일[人事]에 바탕을 둔 후에야 시행을 했습니다. 늘 남들에게 시킬 때는 내 입장에서 바꿔 생각하고 시행했습니다. 사람의 정으로 볼 때 자신이 싫은 것을 남들에게도 강제로 시키지 않았고, 사람의 정으로 볼 때 자신이 원하는 것을 남들에게도 강제로 금하지 않았습니다. (삼왕은) 이렇게 다스렸기 때문에 천하의 사람들은 그 정사를 즐거워했고, 그 (백성)다움[德]으로 돌아가 임금 보기를 마치 부모처럼 했고 임금을 따르기를 마치 흐르는 물처럼 한 것입니다. 그 결과 백성들은 서로 화친했고 국가는 안녕했으며 (관직의) 이름과 자리는 서로를 잃지 않아 그 혜택이 후세에 이르게 된 것입니다. 이것은 사람의 정의 끝과 시작에 정통했기 때문에 이룰 수 있는 공업이었습니다.

조책(詔策)에 이르기를 "능히 직언(直言)하고 극간(極諫)할 수 있는"이라고 하셨는데 어리석은 신이 옛날의 오패(五伯)를 끌어와 그것을 밝혀보겠습니다. 신이 듣건대 오패는 그 신하들에 미치지 못했기 때문에 나라의 일을 그들에게 맡겼습니다. 오패를 보좌한 그 신하들을 보면 각자 다 자신의 몸가짐을 잘 살피며[察身] 감히 위를 넘보지 않았고, 법령을 받들면서 조금의 사사로운 마음도 개입시키지 않았으며, 마음의 힘을 다 쏟아 감히 스스로를 내세우려[矜=自伐] 하지 않았고, 환난에 처해도 죽음을 피하려고 하지 않았으며, 뛰어난 이를 보면 자신이 그 위에 있지 않았고, 복록을 받을 때에도 그 한도를 넘지 않아 무능한 몸으로 높고 드러나는[尊顯] 자리에 있지 않았습니다. 스스로 실천하기를 이와 같이 했으니 이들이 이른바 반듯하고 바른[方正] 선비라 할 것입니다. (오패가) 법을 세운 것[立法]을 보면 백성을 고통스럽게 하고 대중을 상하게 해 그들을 함정에 빠뜨리려는 것이 아니라, 법을 통해 이익을 일으키고 해악을 제거해 주(主-주나라 왕)를 높이고 백성을 편안하게 해 폭란으로부터 백성을 건지려는 것이었습니다. (오패가) 상을 시행한 것을 보면 백성들의 재산을 헛되이[虛] 빼앗아 다른 사람에게 함부로[妄] 주는 것이 아니라, 천하의 충성스러운 자와 효성스러운 자를 권면해 그 공로를 명확하게 하려는 것입니다. 그래서 공로가 많은 사람은 상이 두터웠고 공로가 적은 사람은 상이 엷었습니다. 이처럼 백성들의 재산을 거두어 그 공로를 잘 따져 그에 맞게 주는데도 백성들이 한스러워하지 않았던 것은 재산을 주더라도 그것이 자신을 편안하게 해주는 것임을 알았기 때문입니다. (오패가) 벌을 시행한 것을 보면 분노로 마구 주벌하거나 사나운 마음이 시키는 대로 하지 않고, 벌을 통해 천하의 불충한 자와 불효하는 자 그리고 나라를 해치는 자를 막아주었습니다. 그래서 죄가 큰 자는 벌이 무거웠고 죄가 작은 자는 벌이 가벼웠습니다. 이처럼 백성들이 죄에 엎드려 죽음에 이르면서도 원망을 하지 않았던 것은 죄와 벌이 지극히 공정해 자신이 그것을 초래했다는 것을 알았기 때문입니다. 법을 세우는 것이 이와 같았으니 이들이 이른바 공평하고 바른[平正] 관리라 할 것입니다. 법률 중에서 도리를 거스르는 것이 있으면 (즉각) 청해서 고쳐 백성을 다치지 않게 했습니다. (주나라) 왕의 행동 중에 난폭한 것이 있을 경우에는 그 뜻을 거슬러서라도 시행하지 않아 나라를 다치게 하지 않았습니다. 왕의 잘못을 바로잡고 왕의 허물을 도우며 왕의 아름다움을 끌어올리고 왕의 공로를 밝혀 왕으로 하여금 안으로는 간사하고 편벽된[邪辟] 행동을 못하게 하고 밖으로는 그로 인해 오명을 덮어쓰지 않게 했습니다. 임금을 섬기는 것이 이와 같았으니 이들이 이른바 직언하고 극간하는 선비라 할 것입니다. 이것이 바로 오패가 다움[德]으로써 천하를 바로잡고 위엄[威]으로써 제후들을 바르게 했으니 그들의 공업은 너무나도 아름답고 그들의 명성은 훤하게 밝은 것입니다. 천하의 뛰어난 임금들을 들자면 오패는 그중에 들어가지만 이 몸은 그 신하에도 못 미치기 때문에 직언하고 극간할 수 있는 신하를 얻게 하는 것이 (그나마) 그 미치지 못함[不逮]을 보좌하는 공로가 될 것입니다. 지금 폐하께서는 인민이 많고 위세와 무력이 막강하며 다움과 은혜가 두터우며 명령을 시행하고 금지시킬 수 있는 형세로 보자면 오패보다 억만 배이시면서 어리석은 신에게 조책을 내려 "짐의 못 미치는 바들을 바로잡아줘야 한다[匡]"라고 하셨으니, 어리석은 신이 어찌 폐하의 높고 밝으심[高明]을 알아서 그 말씀을 받들기에 충분한 자이겠습니까?

조책(詔策)에 이르기를 "관리의 공평하지 못함, 정사의 제대로 펴지지 못함[不宣], 백성의 안녕치 못함"이라고 하셨는데 어리석은 신이 가만히 진(秦)나라의 일을 끌어와 그것을 밝혀보겠습니다. 신이 듣건대 진나라가 처음에 천하를 병탄했을 때 그 주(主-진시황)는 삼왕(三王-우왕, 탕왕, 문왕과 무왕)에 미치지 못했고 신하들은 삼왕을 보좌했던 신하들에 미치지 못했는데도 공력(功力)이 지지부진하지 않았던 것은 어째서이겠습니까? 지형이 편리했고 산천이 유리했으며 재용이 풍족했고 백성들이 싸움에 잘 단련돼 있었기 때문입니다. 진나라와 나란히 하며 대립했던 것이 여섯 나라인데 그 여섯 나라는 신하와 임금[臣主] 모두 불초(不肖)했고 계책이 제대로 화합하지 않았으며 백성들을 제대로 쓰지 않았으니, 그랬기 때문에 이런 때를 맞아 진나라는 가장 부유하고 강할 수 있었습니다. 무릇 자기 나라가 부강한데 이웃 나라들이 어지럽다면 이는 제왕의 큰 자산이니 그 때문에 진나라는 능히 여섯 나라를 집어삼키고 스스로를 세워 천자가 될 수 있었던 것입니다. 이런 때를 당하면 삼왕의 공력으로도 진나라 앞에 살아남을 수 없습니다. 그러나 그 말로에 쇠퇴하게 되자 불초한 자들을 임용하고 참소를 일삼는 간사한 자[讒賊]를 믿고 궁실의 사치함이 도를 넘고 욕심과 욕망에 끝이 없어 백성들의 힘은 피로해 다 소진되고 세금을 거두는 데 절도가 없었습니다. 서로 다투어 자신이 잘났다고 뽐내고 여러 신하들은 두려워 아첨이나 하며 교만이 도를 넘쳐 방자함이 극에 이르러 환난이나 재앙을 돌아보지도 않았습니다. 헛되이 상을 내려 자신을 따르게 하고, 마구잡이로 주벌해 분노한 마음을 달랬으며, 법령은 번잡해 아래 사람들에게 고통을 주었고, 형벌은 사납고 가혹했으며, 사람의 생명을 가벼이 여겨 손으로 직접 사람을 쏘아죽이기도 했습니다. 천하가 두려움에 떨다 보니 어느 곳도 안심할 수 있는 곳이 없었습니다. 간사한 관리들은 이런 혼란스러운 법을 올라타고서 자신의 폭압적인 위엄을 과시했고, 옥관(獄官)은 단죄를 주관하면서 살리고 죽이는 것을 자기 마음대로[自恣] 했습니다. 위도 아래도 다 허물어지니 각자 자신의 길은 자기가 찾아야 했습니다. 진나라가 처음 혼란해지던 때 관리들이 가장 먼저 침해한 것은 가난한 사람과 천민들이었습니다. 조금 지나 중간쯤 됐을 때 침해를 당한 것은 부자와 관리들의 집안이었습니다. 말기에 이르러서 침해를 당한 것은 종실(宗室)과 대신들이었습니다. 이 때문에 가깝거나 멀거나 모두 위태로웠고 안팎이 모두 원한을 품었으며, 뿔뿔이 흩어지고 도망쳐 사람들은 모두 달아나고픈 마음뿐이었습니다. (이렇게 되니) 진승(陳勝)이 가장 먼저 외치자 천하는 크게 무너졌으며, (진나라의) 제사는 끊어지고 후사(後嗣)는 없어졌으며, 다른 성(姓)-유씨(劉氏)-에게는 복이 됐습니다. 이것이 관리의 공평하지 못함, 정사의 제대로 펴지지 못함[不宣], 백성의 안녕치 못함이 가져온 화(禍)입니다.

(그런데) 지금 폐하께서는 하늘과 짝하고 땅을 본뜨시어[配天象地] 만 백성에게 은덕을 베푸시고 진나라의 (그릇된) 족적을 끊어 그 어지러웠던 법률을 없애셨습니다. 몸소 농사를 지으시고 지엽말단의 일들을 제거하셨습니다. 가혹한 정사를 없애고 번거로운 정사를 해소하시어 관대하게 백성을 아껴주셨습니다. 육형(肉刑)을 쓰지 않고 죄인에게 연좌의 법[帑=收帑]을 씌우지 않으셨습니다. 비방의 죄를 처벌하지 않고 돈을 사사로이 주조하는 것을 금지한 법을 없애셨습니다. 관문을 자유로이 통행하게 하고 요새를 없애 제후들을 서자 취급하지 않았습니다[不擘]〔○ 응소(應劭)가 말했다. "제후들을 예로써 대했다는 말이다."〕. 장로들을 예우하고 어린아이나 고아를 아끼고 불쌍히 여기셨습니다. 죄인에게는 일정한 기한을 두어 풀어주셨고 후궁들을 출가시켰습니다. 효자와 공순한 자[孝悌]는 높여서 상을 내려주었고 농민에게는 사역을 시켰을 경우 세금을 면제해주셨습니다. 군의 장수[18]에게는 명확한 조서[明詔]를 내렸으며 사대부를 아껴주셨습니다. 반듯하고 바른 사람[方正]을 찾아내 벼슬길에 나아오게 했고 간사한 자들을 끊어내고 물리쳤습니다. 음형(陰刑-궁형)을 없앴고 백성을 해치는 자들을 주살하셨습니다. 백성들을 힘들게 하는 일들에 대해 근심하셨고 열후들을 각자 자신의 봉국으로 나아가게 하셨습니다. 몸소 농사를 짓고 재용을 아껴 백성들에게 사치해서는 안 된다는 것을 보여주셨습니다. 천하를 위한 이익은 일으키고 해악은 없앴으며 법을 고치고 (나쁜) 관습을 바꿔 나라 안을 편안하게 한 큰 공로[大功]는 수십 가지이니, 이것들은

---

18 원문은 군사(軍師)로 돼 있는데 문맥상으로 보면 군수(軍帥)가 맞다.

모두 고대의 (뛰어난) 임금들도 이르기 힘든 것들인데 폐하께서 다 행하신 것은 (다스림의) 도리가 순수하고 (천자)다움이 두터웠기 때문이니 백성들은 행운이라 할 것입니다.

조책(詔策)에 이르기를 "짐의 천자답지 못함"이라고 하셨는데 어리석은 신은 이를 감당하기에는 적절치 않습니다.

조책(詔策)에 이르기를 "남김없이 그 뜻을 진술하고 숨기는 바가 없어야 할 것이다"라고 하셨는데 어리석은 신이 가만히 오제(五帝)의 뛰어났던 신하들을 끌어와 그것을 밝혀보겠습니다. 신이 듣건대 오제는 그 신하들이 임금의 뛰어남에 미칠 수가 없었기 때문에 스스로 친히 정사를 행했고, 삼왕의 경우에는 신하와 임금이 모두 뛰어났기 때문에 함께 나랏일을 걱정했고, 오패의 경우에는 신하에 미치지 못했기 때문에 그들에게 일을 맡겼습니다. 이는 곧 신령스럽고 밝은 다움을 버리지 않고 빼어나고 뛰어난 명성을 폐기하지 않았기 때문입니다. 그래서 각각은 자신들의 세상을 맞아 공로와 다움을 세웠던 것입니다. 전(傳)에 이르기를 '이미 지나간 것은 미칠 수가 없고 아직 오지 않은 것은 오히려 기다릴 수 있으니〔○사고(師古)가 말했다. "각자 자신의 시대에 맞는 일이 있어 그에 어울리는 공로를 세운다는 말이다."〕 능히 그 세상을 밝힐 수 있는 자를 일러 천자라고 한다'라고 한 것은 바로 이를 이르는 것입니다. 가만히 듣건대 전쟁에 나가 이기진 못한 자는 땅을 바꾸고 백성들 중에 빈궁한 자는 그 생업을 바꾼다고 했습니다. 지금 폐하께서는 신령스럽고 밝은 다움이 두터우시고 자질과 재주는 오제보다 못하지 않아 천하에 임해 다스리신 지 지금에 이르기까지 16년인데 백성들은 더 부유해지지 못했고 도적 떼는 사그러들지 않았으며 변경은 아직도 평안하지 못하니, 일이 이렇게 된 까닭[所以然]은 생각해볼 때 폐하께서 스스로 행하시지 않으시고 여러 신하들을 기다리기만 했기 때문입니다. 지금 일을 맡고 있는[執事] 신하들은 모두 천하에서 뽑아 올린 사람들이건만 어느 누구도 폐하께서 기대하는 바에 미치지 못하고 있으니 이를 비유하자면 오제의 신하들이라 하겠습니다. 폐하께서는 스스로 행하시지 않으시고 기대할 수도 없는 신하들만 쳐다보고 기다리시니 신은 남몰래 폐하의 신령스러움과 밝음이 없어질까 두렵습니다. 하루에 하루를 덜어내고 1년에 1년을 잃어버려 세월이 헛되이 저물어가니 왕성한 다움이 천하에 이르지 못하고 이대로 만세에 전해지게 되는 것을 어리석은 신은 몸소 헤아릴 길은 없지만 남몰래 폐하를 위해 애석하게 여깁니다. 죽을 각오를 하고 제 마음대로인 데다가 사리 분별력도 없는 초야의 어리석은 말로 신이 말씀을 올렸지만 신은 오직 폐하께서 잘 가려서 들어주시기만을 바랄 뿐입니다.'

이때 가의는 이미 죽었고 대책을 올린 사람은 100여 명이었는데 오직 조(錯)만이 최고의 성적으로 합격해 이로 말미암아 중대부(中大夫)로 승진했다[遷].

조는 또 제후들(의 봉지)을 마땅히 깎아야 한다는 것과 법령 중에서 개정해야 할 것들에 관해 말을 올렸는데 책으로 모두 30편이었다. 효문(孝文)은 비록 그의 말을 다 들어주지는 않았지만 그 재주는 기이하다고 여겼다. 이런 때를 맞아 태자는 조의 계책을 좋다고 여겼는데 원앙과 여러 큰 공신들은 대부분 조를 좋아하지 않았다.

경제(景帝)가 즉위하자 조를 내사(內史)로 삼았다. 조는 자주 주변 사람을 물리치고 단독으로 경제와 더불어 정사에 관해 담론했는데, 경제는 그때마다 그것을 들어주니 그에 대한 총애는 구경(九卿)을 넘어섰고 그에 의해서 개정된 법령들이 많았다. 승상 신도가(申屠嘉)는 마음속으로 언짢게 여겼으나 그를 꺾을 만한 힘이 없었다. 내사부(內史府)는 태상황(太上皇)의 사당 안쪽 담과 바깥담 사이의 공터에 있었는데 문이 동쪽으로 나 있어서 불편했다. 조는 이에 남쪽으로 드나들 수 있는 두 개의 문을 만들었는데 이에 태상황 사당의 바깥담을 뚫었다.

승상은 이 소식을 듣고서 크게 노해 이번 일을 계기로 조의 과실을 위에 아뢰어 그를 주살할 것을 청하려고 했다. 조는 그 소식을 듣자마자 단독으로 상을 찾아뵙고 그 사건의 전말에 대해서 말했다. 승상은 일을 아뢰면서 기회를 틈타 조가 제멋대로 태상황 사당의 담을 뚫어 문을 냈으니 정위(廷尉)에 내려 주살해야 한다고 청했다. 상이 말했다.

"이는 사당의 담이 아니고 공터의 담이니 법에 저촉되지 않는다."

승상은 사죄했다〔○ 사고(師古)가 말했다. "아뢴 바가 천자의 뜻에 맞지 않았기 때문에 사죄한 것이다."〕. 조회가 끝난 후에 승상은 화가 나서 장사(長史)에게 말했다.

"나는 마땅히 먼저 조를 참수한 후에 보고해야 했다. 그런데 먼저 조를 처형할 것을 주청했으니 진실로 내 잘못이다."

승상은 결국 병이 나서 죽었고 조는 이로 인해 더욱 존귀해졌다.

(조는) 승진해 어사대부가 되자 제후들 중에 죄나 허물이 있는 자는 그 봉국에 있는 군(郡)을 깎아내자고 주청했다. 상주문이 올라가자 상은 공경(公卿), 열후(列侯), 종실들로 하여금 모여서 의견을 내게 하니 감히 누구도

반대하지 못했고 오직 두영(竇嬰)만이 조와 다투었는데 이로 인해 영은 조와 틈이 생겨났다. 조가 고친 법령은 30장(章)에 달했는데 제후들은 모두 반대하며 마구 지껄여댔다. 조의 아버지가 이 소식을 듣고 영천(潁川)에서 올라와 조에게 일러 말했다.

"상께서 즉위하신 초기에 그대[公]가 정권을 장악해 제후들(의 봉지)을 깎아내고 남들의 혈육 관계를 소원하게 만들어 사람들이 들끓듯이 원망하는데 그대는 어째서 그리하느냐?"

조가 말했다.

"정말 그렇게 했습니다. 이렇게 하지 않으면 천자는 존귀해질 수 없고 종묘는 불안하게 됩니다."

조의 아버지가 말했다.

"유씨는 편안해지지만 조씨는 위태로워질 것이니 나는 그대를 떠나 돌아가야겠다!"

드디어 약을 먹고 죽으면서 말했다.

"나는 차마 재앙이 내 몸에까지 미치는 것을 볼 수가 없도다."

(조조의 아버지가 자살한 지) 10여 일 후에 오초(吳楚)7국이 함께 반란을 일으키면서 조조의 주살을 명분으로 삼았다. 상은 조와 군사를 내보내는 문제를 토의했는데 조는 상으로 하여금 몸소 군대를 이끌고 가게 [將兵] 하면서 자신은 뒤에 남으려고 했다. 때마침 두영이 원앙과 이야기를 나누고서 조서에 의해 불려와 들어와서 알현을 했는데 그때 상은 마침 조와 함께 군량미 문제를 토의 중이었다. 상이 앙에게 물었다.

"그대는 일찍이 오나라 상국이었으니 오나라 신하 전록백(田祿伯)의 사람됨을 알겠구나? 지금 오나라와 초나라가 반란을 일으켰는데 공이 볼 때는 어떻게 될 것 같은가?"

대답했다.

"걱정할 일이 아닙니다. 지금 당장 깨뜨려야 합니다."

상이 말했다.

"오왕은 산에서 동전을 주조하고 바닷물을 구워 소금을 만들어 천하의 호걸들을 유인하고 백발의 나이에 거사를 일으켰으니 이는 그 계책이 만반의 준비를 갖춘 것이 아니라면 어찌 실행에 옮길 수 있었겠는가? 무슨 근거로 저들을 무능하다고 보는 것인가?"

앙이 대답해 말했다.

"오나라가 동과 소금으로 이익을 보았다지만 어찌 그것으로 호걸들을 불러 모았다 할 수 있겠습니까? 진실로 오나라가 호걸을 얻었다고 하면 역시 장차 왕을 잘 보좌해 의로움을 행하지 반란을 일으키지는 않을 것입니다. 오나라가 불러 모은 것은 모두 무뢰배들로 도망 다니며 사전(私錢)이나 주조하는 간사한 무리일 뿐이기 때문에 그래서 서로 이끌어 반란을 일으킨 것입니다."

조가 말했다.

"앙의 계책이 좋습니다."

상이 말했다.

"무슨 대책이 있겠는가?"

앙이 대답해 말했다.

"바라건대 좌우의 사람들을 물리쳐주십시오[屛]."

상이 사람들을 내보내고 조만 홀로 남아 있게 했다.

앙이 말했다.

"신이 드릴 말씀은 남의 신하 된 자[人臣]가 알아서는 안 되는 것입니다."
　　　　　　　　　　　　　　　　　　인신

이에 조도 물러가게 했다. 조는 빠른 걸음으로 동상(東廂)을 빠져나오면서 몹시 원망했다. 상이 마침내[卒=遂] 앙에게 물으니 이렇게 대답했다.
　　　　　　　　　　　　　　　　　졸 수

"오와 초가 서로 보낸 글에 '고제(高帝)께서 자제들을 왕으로 삼아 각각 땅을 나누어주셨는데 지금 적신(賊臣) 조조가 제멋대로 제후들을 견책해 [適=謫] 그 땅을 깎아내거나 빼앗고 있다'라고 쓰여 있습니다. 즉, 이를 반
 적 적
란의 명분으로 삼아 서쪽으로 진군해 공동으로 조를 베어 죽이고 자신들의 옛 땅을 회복하면 거사는 끝마치게 되는 것입니다. 바야흐로 지금의 대책으로는 오로지 조 한 사람의 목을 베고 사신을 보내 오초7국을 용서해 옛 땅을 회복시켜주면 병사들은 칼날에 피를 물들이는 일 없이 모두 해산할 것입니다."

이에 상은 아무 말이 없었고 한참 지나서야 이렇게 말했다.

"참으로 어떻게 해야 하는가? 내가 한 사람을 아끼지 말고 천하에 사죄해야 한다는 말인가?"

앙이 말했다.

"신의 생각으로 이것이 가장 나으니 오로지 상께서 심사숙고하시길 바랍니다."

마침내 상은 앙을 제배해 태상(太常)으로 삼고 비밀리에 사자로 삼아 가서 계책대로 하도록 했다.

10여 일 후에 승상 청적(靑翟), 중위 가(嘉), 정위 구(歐)가 아뢰어 조를

탄핵해 말했다.

"오왕의 반역은 무도해 종묘를 위태롭게 하려 했으니 천하가 마땅히 공동으로 주벌해야 합니다. (그런데) 지금 어사대부 조가 의견을 내어[議] 말하기를 '병사 수백만을 단지 여러 신하들에게 맡기는 것은 믿을 수가 없으니 폐하께서 몸소 출진해 군대를 거느리시고 저로 하여금 후방을 지키게 해주십시오. 서(徐)와 동(僮)〔○ 등전(鄧展)이 말했다. "서와 동은 임회(臨淮)의 두 현(縣)이다."〕의 주변에 있어 오나라가 아직 떨어뜨리지 못한 곳들은 오나라에 주어도 될 것입니다'라고 했습니다. 조는 폐하의 은혜와 믿음에 값하지 못한 채[不稱] 여러 신하들과 백성을 떼어놓으려 했고, 또 (천자의) 성읍들을 오나라에 내주려 했으니 이는 신하 된 자의 예가 전혀 없는 대역무도(大逆無道)입니다. 조는 마땅히 허리를 베는 요참(要斬)에 해당하고 부조와 처자와 형제[同產]는 연령에 상관없이 모두 기시해야 합니다. 신들은 법대로 논죄할 것을 청합니다."

제(制)하여 말했다.

"그리하라."

조만이 홀로 이를 알지 못했다. 마침내 중위를 시켜 조를 불러 수레에 태워 시중을 돌아보게 했다. 조는 조의(朝衣-조복)를 입은 채로 동시(東市)에서 참수됐다.

조가 죽고 나서 알자복야(謁者僕射) 등공(鄧公)이 교위(校尉)가 돼 오초를 쳐서 장군이 됐다. 등공이 돌아와 글을 올려 군사에 관해 말하고 상을 알현했다. 상이 그에게 물었다.

"현지에서 돌아올 때 오초의 반란군들은 조조가 죽었다는 소식을 들고 싸움을 그만두지 않던가?"

등공이 말했다.

"오나라 왕은 반란을 위해 수십 년간 준비를 한 것이고 봉지가 깎인 것에 분노가 폭발해 조를 주벌하자는 것을 명분으로 내세웠을 뿐이지 그들의 본뜻은 조에게 있었던 것이 아닙니다. 또 신은 천하의 선비들이 입을 다물고[拑口=箝口=緘口] 감히 더 이상 폐하께 의견을 (솔직하게) 말하지
겸구 겸구 함구
않을까 두렵습니다."

상이 말했다.

"무슨 소리인가?"

등공이 말했다.

"무릇 조조는 제후들이 강대해지면 제어할 수 없을까 봐 걱정했기 때문에 그들의 봉지를 깎아내기를 청해 조정의 존엄을 높이고 만세(萬世)에 이익이 되고자 했던 것입니다. (그런데) 이런 계책이 막 시행되려 할 때 갑자기 극형[大戮]을 받았으니 이는 안으로는 충신의 입을 막고[杜=拑] 밖으
대륙 두 겸
로는 도리어 제후들을 위해 원수를 갚아준 꼴입니다. 신은 남몰래 폐하를 위해 생각건대 (앙의 계책은) 취해서는 안 되는 것이었습니다."

이에 경제는 길게 탄식을 하고서 말했다.

"공의 말이 옳소. 나도 한스럽소이다."

그러고 나서 등공을 제배해 성양(城陽) 중위로 삼았다.

등공은 성고(成固)〔○ 사고(師古)가 말했다. "한중(漢中)의 현이다."〕사람으로 기묘한 계책이 많았다. 건원(建元) 연간에 상이 현량(賢良)을 초빙할 때 공경들이 등을 맨 먼저 추천했다〔○ 사고(師古)가 말했다. "(원문에 등

선(鄧先)이라고 돼 있는데) 이는 등선생일 수도 있고 등을 1등으로 추천했다는 뜻일 수도 있다."]. 등은 그에 앞서 벼슬에서 물러나 있다가 다시 기용돼 구경(九卿)에 올랐다. 1년 뒤에 그는 다시 병을 핑계로 벼슬에서 물러나 집으로 돌아갔다. 그의 아들 장(章)은 황제(黃帝)와 노자(老子)의 학문[黃老]을 닦아서 대신들 사이에서 이름이 높았다.

찬(贊)하여 말했다.

"원앙(袁盎)은 비록 배움을 좋아하지는 않았으나 견강부회[傅會]에 능했다. 어진 마음을 바탕[質]으로 삼고 의로움에 끌려 비분강개할 줄 알았다. 효문(孝文)이 처음 들어선 때를 만나 그는 자신의 재능을 발휘할 시대를 맞이했다. 시대는 이미 바뀌어〔○ 장안(張晏)이 말했다. "경제(景帝) 때가 된 것이다."〕 오가 반란을 일으켰을 때 한번은 (천자를) 설득해 과연 그의 말이 채택됐으나(-조조의 죽음) 자신의 몸을 끝까지 영예롭게 지키지는 못했다.

조조(晁錯)는 나라를 위한 원려(遠慮)에는 예리했으나 정작 자신의 몸에 닥쳐올 위해는 보지 못했다. 그의 아버지는 그것을 보고서 도랑에 뒹굴렀지만[經於溝瀆]〔○ 사고(師古)가 말했다. "『논어(論語)』에 나오는 공자의 말을 인용한 것이다. '관중이 환공을 도와 제후의 패자가 되게 해 한 번 천하를 바로잡아 백성들이 지금까지 그 혜택을 받고 있으니, 관중이 없었다면 나(우리)는 머리를 헤쳐 풀고 옷깃을 왼편으로 하는 오랑캐가 됐을 것이다. 어찌 필부필부들이 작은 신의를 지키기 위해 스스로 목매 죽어서 시신이 도랑에 뒹굴어도[自經於溝瀆] 사람들이 알아주는 이가 없는 것과 같이 하겠는가?'"〕 아들의 패망을 구제하지는 못했으니 조괄(趙括)의 어머니가 아들 괄의 단점을 지적해 그 집안을 보존한 것만도 못하다〔○ 장안(張晏)이 말했다. "조사(趙奢)가 죽자 조나라는 (조사의 아들) 조괄을 장군으로 삼았다. 이에 그의 어머니가 조왕에게 말하기를 '바라건대 왕께서는 괄을 다른 장군으로 바꿔주십시오'라고 했다. 왕은 허락하지 않았다. 그러자 어머니는 왕에게 '그렇다면 괄이 앞으로 죄가 있더라도 벌하지 말아주십시오'라고 하니 왕이 이를 허락했다. 뒤에 괄이 과연 장평(長平) 전투에서 패하자 어머니와 전에 했던 약속 때문에 결국 괄은 처벌을 면할 수 있었다."〕. 슬프도다! 조는 비록 제 명에 죽지 못했지만 세상은 그의 충성스러움을 슬퍼한다. 그래서 그가 시행하려 했던 말들을 논해 하나의 편으로 엮었다."

권

50

장석지·풍당·
급암·정당시전

張馮汲鄭傳

장석지(張釋之)는 자(字)가 계(季)이고 남양(南陽) 자양(堵陽)〔○ 사고(師古)가 말했다. "堵의 발음은 (도가 아니라) 자(者)다."〕 사람이다. 형 중(仲)과 함께 살았고 돈을 내고서[貲] 기랑(騎郞)이 돼〔○ 여순(如淳)이 말했다. "한나라에서는 500만 전을 내면 상시랑(常侍郞)이 될 수 있었다."〕 문제(文帝)를 섬겼다. 10여 년 동안 뽑히지[調=選] 못해 그를 알아주는 이가 아무도 없으니 석지가 말했다.

"오랜 벼슬살이로 형님[仲]의 재산만 축내고 뜻은 이루지 못했네."

벼슬을 그만두고 고향으로 돌아가려고 했다. 중랑장(中郞將) 원앙(爰盎)은 그의 뛰어남을 알고 있었기에 그가 떠나는 것을 안타깝게 여겨 마침내 상에게 청해 석지(釋之)를 알자(謁者)에 보임했다[補]. 석지는 들어가 조회를 마치자 그 기회에 나라와 백성을 편리하게 하는 일[便宜事]에 대해 말하고자 하니 문제가 말했다.

"쉽게 말해야지[卑之] 너무 심한 고담준론[高論]을 말하지 말라〔○ 사고(師古)가 말했다. "당시의 현안에 기반을 두고서 말을 하라는 뜻이다."〕! 그래야 지금 당장 시행할 수가 있다."

이에 석지는 진나라와 한나라 사이의 일, 즉 진나라가 나라를 잃게 된 까닭과 한나라가 일어나게 된 까닭에 대해 말했다. 문제는 좋다고 칭찬하고 석지를 제배해 알자복야(謁者僕射)로 삼았다.

행차를 따라갔는데 상이 호권(虎圈-범 등을 방사한 동물원)에 올라 상림위(上林尉-상림원 호위 책임자)에게 금수의 명단에 대해 10여 가지를 물으니 위는 좌우를 쳐다보았지만 어느 누구도 대답을 못했다. 호권을 돌보는 색부(嗇夫-잡역부)가 곁에서 위를 대신해 상이 질문한 명부에 대해 남김없이 모두 대답했는데 그는 이를 계기로 자신의 말솜씨가 마치 메아리처럼 무궁하게 반응할 수 있음을 과시하려고 했다. 문제가 말했다.

"관리란 마땅히 저 색부와 같아야 되지 않겠는가? 위는 신뢰할 수가 없다."

석지를 불러 그 색부를 제배해 상림령(上林令)으로 삼으라고 했다. 석지가 앞으로 나와 말했다.

"폐하께서는 강후(絳侯) 주발(周勃)을 어떤 인물이라고 여기십니까?"

상이 답했다.

"장자(長者-인격자)다."

또 다시 물었다.

"동양후(東陽侯) 장상여(張相如)는 어떤 사람입니까?"

상은 다시 말했다.

"장자(長者)다."

석지가 말했다.

"저 강후나 동양후를 장자라고 하셨는데 이 두 사람은 일에 관해 말할 때 일찍이 제대로 자기 생각을 표현하지 못하는데 어찌 색부의 수다스러운 말재주를 본받으라고 하시는지요! 그리고 진나라는 도필리(刀筆吏)를 임용했기 때문에 아전들이 다투면서 서둘러 일을 처리하고 사소한 것을 자질구레하게 따지는 것을 갖고서 서로 뛰어나다고 뽐내곤 했습니다. 그러나 그와 같은 행동으로 인해 일을 형식적으로 처리할 뿐 백성들을 가엾게 여기는 실상이 없는 폐단이 생겨났습니다. 그리하여 (진나라 황제는) 자신의 허물을 들을 수 없었고 나라는 쇠퇴해 2세(二世)에 이르러 천하는 흙더미가 무너지듯 허물어지고 말았습니다. (그런데) 지금 폐하께서는 색부의 말솜씨가 좋다고 여기시어 파격적으로 승진시키려고 하시는데 신은 천하의 사람들이 모두 풀이 바람에 흔들려 쓰러지듯 서로 말솜씨에만 지나치게 힘써 다투고 실제적인 것을 추구하지 않을까 두렵습니다. 또 아랫사람이 윗사람을 본받는 것은 그림자가 형체를 따르거나 메아리가 소리에 답하는 것보다 신속하니 폐하께서는 모든 언행[擧措]을 잘 살피지 않으면 안 됩니다."

문제는 말했다.

"좋다."

마침내 그만두고 색부를 제배하지 않았다.

(문제는) 수레에 올라 석지를 불러 곁에 타도록 하고 천천히 가면서 석지에게 진나라의 폐단을 물었다. 석지는 갖추어 사실대로[質=誠] 말했다.

궁궐에 도착하자 상은 석지를 제배해 공거령(公車令-궁중의 사마문을 경비하는 관리)으로 삼았다. 얼마 후에 태자(太子)와 양왕(梁王-문제의 동생)이 함께 수레를 타고 입조하면서 사마문(司馬門)을 지날 때 수레에서 내리지 않자 이에 석지가 따라가 저지하면서 태자와 양왕이 궁전문으로 들어가지 못하게 했다. 드디어 그들이 공문(公門-사마문)에서 내리지 않아 불경죄(不敬罪)를 범했다고 탄핵하는 글을 올렸다. 박태후(薄太后)가 이 일을 듣게 되자 문제는 관을 벗고 사죄해 말했다.

"자식을 근엄하게 가르치지 못한 때문입니다!"

박태후가 사자에게 조서를 받들고 가서 태자와 양왕을 용서하도록 한 다음에야 들어갈 수 있었다. 문제는 이로 말미암아 석지를 뛰어난 인물로 여겨 그를 제배해 중대부(中大夫)로 삼았다.

얼마 후에 중랑장에 올랐다. 행차를 따라가 패릉(霸陵)에 이르렀을 때 상은 패릉의 북쪽 언덕 끝에 서서 먼 곳을 바라보았다. 이때 신부인(愼夫人)이 따라갔는데 상은 신풍현(新豊縣)으로 가는 도로를 가리키면서 말했다.

"이쪽이 (그대의 고향인) 한단(邯鄲)으로 가는 길이오."

신부인에게 비파를 타게 하고 상은 직접 비파 곡조에 맞춰 노래를 불렀는데 몹시 처량하고 슬퍼서 고개를 돌려 여러 신하들에게 말했다.

"아아! 북산(北山)의 돌로 외관(外棺)을 만들고 모시와 솜을 잘라서 그 사이에 채워 넣으며 또다시 옻칠을 한다면 어찌 파낼 수 있겠는가?"

좌우에 있던 신하들이 모두 말했다.

"좋습니다."

석지가 앞으로 나와 말했다.

"그 안에 사람들이 갖고 싶은 것을 넣으면 비록 이 남산(南山)을 땜질한다[錮] 해도 오히려 틈이 있을 것이고, 그 안에 사람들이 갖고 싶은 것을 넣지 않는다면 비록 돌로 된 곽이 없다 해도 또 무슨 걱정이 있겠습니까?"

문제는 좋다고 칭찬했다. 그 후에 석지를 제배해 정위(廷尉)로 삼았다.

얼마 후에 상이 중위교(中渭橋-위수 중류에 있는 다리)에 행차를 했는데 어떤 사람이 다리 아래에서 튀어나와 승여(乘輿)를 끄는 말이 깜짝 놀랐다. 이에 기병을 시켜 그를 붙잡아 정위에 맡겼다[屬=委]. 석지가 다스려 물으니[治問] 이에 그가 말했다.

"현(縣-장안현)에서 온 사람인데 길을 치우라[蹕=警蹕]는 소리를 듣고서 다리 밑으로 몸을 숨겼습니다. 한참 돼 어가가 이미 지나가셨을 것이라 여기고 나왔더니 아직 수레와 기병이 있는 것을 보고 즉시 달아났을 뿐입니다."

석지는 그가 마땅히 받아야 할 처벌에 대해 아뢰었다.

"이 사람은 경필(警蹕)을 범했으니 벌금형에 해당합니다."

상이 노해 말했다.

"이자는 직접 내 말을 놀라게 했다. 내 말이 유순했기에 망정이지 다른 말 같았으면 나는 떨어져서 다쳤을 것이다. 그런데도 정위는 겨우 벌금형에 해당한다고 보는가?"

석지가 말했다.

"법이란 천자가 천하 사람들과 함께 공적으로 지켜야 하는 것입니다. 지금 법에는 이와 같이 돼 있는데 다시 무겁게 해서 처벌하고자 한다면 이런 법은 백성들에게 믿음을 줄 수가 없습니다. 또 바로 그때에 상께서 그 자리에서 즉각 그를 주살하라 하셨다면 그만이었겠지만 지금은 이미 그를 정위에게 내리셨는데 정위는 천하의 법을 공평하게 집행하는 사람입니다. 그런데 한쪽으로 기울게 되면 천하에서 법을 쓰는 자들[用法]이 모두 임의로 가볍게도 하고 무겁게도 할 터이니 그러면 백성들은 어디에다가 손발을 두겠습니까? 오직 폐하께서는 이 점을 잘 살피셔야 합니다."

상은 한참 뒤에 말했다.

"정위의 판결이 옳다."

그 뒤에 어떤 사람이 고조(高祖-유방) 사당 안의 신주 앞에 있는 옥가락지를 훔쳤다가 붙잡혔다. 문제가 노해 정위에 내려 죄를 다스리게 했다. 석지는 종묘(宗廟) 안의 옷과 물건을 훔친 자에 관한 법률에 따르면 기시(棄市)에 해당한다고 판결했다. 상은 크게 노해[大怒] 말했다.

"그 사람은 무도하게도 선제의 사당 안에 있는 기물을 훔쳤다! 내가 정위에게 이 일을 맡긴 것은 그 집안을 주살하기 위함이었는데 그대는 그저 법조문에 따라서만 처벌할 것을 아뢰니 이는 짐이 종묘를 공손히 받들고자 하는 나의 뜻이 아니다."

석지는 관모를 벗고 머리를 조아리면서 사죄해 말했다.

"법에 따르면 이런 처벌만으로 이미 충분합니다. 게다가 죄가 같더라도 무겁고 가벼운 정도에 따라 차이가 있습니다. 지금 그가 종묘의 기물을 훔쳤다고 해 그 일족을 주멸한다면 만의 하나 어리석은 백성이 장릉(長陵-유방의 무덤)에서 한 움큼의 흙을 훔쳤을 때 폐하께서는 장차 어떤 형벌을 내리시겠습니까?"

문제는 태후와 이 일에 대해 이야기했고 마침내 정위의 판결이 타당하다고 허락했다. 이때 중위(中尉) 조후(條侯) 주아부(周亞夫)와 양(梁)나라 재상인 산도후(山都侯) 왕염계(王恬啓)는 석지가 의견을 내는 데 있어 공평함을 유지하는 것을 보고서 이에 교결을 맺어 친한 벗이 됐다. 장정위(張廷尉)는 이로 말미암아 천하 사람들에게 칭송을 들었다.

문제가 붕(崩)하고 경제(景帝)가 자리에 나아가자 석지는 두려워해〔○ 사고(師古)가 말했다. "일찍이 경제를 탄핵해 사마문을 통과하지 못하게 했었다."〕 병을 핑계댔다. 사직하고 떠나려 했으나 더 큰 형벌을 초래할까 겁이 났다. 입조해 만나뵐까 생각했지만 어찌해야 할지를 몰랐다. 왕생(王生-왕염계)의 계책을 써서 마침내 만나뵙고 사죄하니 경제는 허물을 탓하지 않았다[不過].
불과

왕생은 황로학설(黃老學說)에 능한 처사(處士)였다. 일찍이 그가 조정의 부름을 받고 입조했는데 그때 삼공(三公), 구경(九卿)들이 모두 그 자리에 모여 서 있었다. 왕생은 노인이었는데 "나의 신발 끈이 풀어졌소!"라고 하고서는 석지를 돌아보며 "나를 위해 매어주실 수 있겠소?"라고 하니 석지는 무릎을 꿇어 신발 끈을 매어주었다. 그 일이 있은 얼마 후에 어떤 사람이 왕생에게 물었다.

"어찌하여 조정에서 장정위에게 신발 끈을 매게 하는 모욕을 주었습니까?"

왕생이 말했다.

"나는 늙고 천한 사람이라 스스로 장정위에게 도움을 줄 것이 없다고 생각했소. 정위는 바야흐로 천하의 명신(名臣)이 됐기 때문에 내가 짐짓 그로 하여금 내 신발 끈을 매게 하는 굴욕을 주어 그가 장자(長者)를 섬긴다는 명성을 듣게 하고자 한 것이오."

여러 공(公)들은 그것을 듣고서 왕생을 뛰어나다 여기고 석지를 더욱 존중했다.

석지는 경제를 1년 남짓 섬기다가 회남왕(淮南王)의 상국으로 옮겼는데 이는 지난날에 경제에게 허물을 지었기 때문이다. 나이가 들고 병들어 졸(卒)했다. 그의 아들 지(摯)는 자(字)가 장공(長公)이었는데 관직은 대부(大夫)까지 올랐으나 면직당했다. 그는 권문세가의 뜻에 순종하지 않았기 때문에 그후에 종신토록 벼슬길에 나서지 않았다.

풍당(馮唐)은 할아버지가 조(趙)나라 사람으로 아버지 때 대(代)나라로 옮겨 살았다. 한나라가 일어나자 안릉(安陵)으로 옮겼다. 당(唐)은 효자로 이름이 나서 (효렴으로 천거를 받아) 낭중서장(郎中署長-상림원을 지키는 낭중)이 됐는데 문제(文帝)를 섬겼다. (하루는) 황제가 수레를 타고 지나가다가 풍당에게 물었다.

"노인네[父老]는 어찌하여 그 나이에 낭관(郎官) 자리에 있는가? 집은 어디인가?"

내력을 갖춰 있는 대로 말하자 문제가 물었다.

"내가 대(代)나라에 있을 때 내 (식사를 담당하는) 상식감(尚食監) 고거(高袪)가 조(趙)나라 장군 이제(李齊)의 뛰어남에 관해 여러 차례 이야기를 들려주었는데 특히 거록(鉅鹿) 지역에서의 싸움 이야기는 아직도 기억

이 난다. 그래서 나는 (지금도) 매번 음식을 먹을 때마다 내 마음이 일찍이 거록에 가닿지 않은 적이 없었다. 혹시 노인네는 이제를 아는가?"

당이 대답했다.

"제(齊)는 염파(廉頗)와 이목(李牧)의 장수다움[爲將]만 못합니다."
<small>위장</small>

상이 물었다.

"어째서인가?"

당이 말했다.

"저의 조부가 조나라 장수를 지냈는데 이목과 아주 절친했습니다. 또한 저의 부친이 대나라에서 벼슬을 지낼 때 조나라 장군 이제와 가까운 사이였기에 그 사람됨을 잘 알고 있습니다."

상은 이미 염파와 이목의 사람됨에 관해 듣고서 아주 기뻐하며 마침내 손으로 자신의 다리를 치면서 말했다.

"아, 애석하도다! 나만이 염파와 이목 같은 이를 장수로 얻을 수 없다니. (그들만 있었다면) 저 흉노(匈奴)를 어찌 근심하겠는가?"

당이 말했다.

"황송하오나[主臣]<small>주신</small>[1] 폐하께서는 염파나 이목 같은 이가 있다고 해도 쓰실 수 없을 것입니다."

상은 화를 내며 일어나서 궁궐로 돌아갔다. 그리고 얼마 지나서 당을 불러 꾸짖어[讓]<small>양</small> 말했다.

"그대는 여러 신하들 앞에서 나를 모욕했다. 오직 아무도 없는 곳에서

---

1 황제가 신하들을 주관한다는 말인데 황공하다, 황송하다는 뜻으로 쓰였다.

말해야 하지 않겠는가?"

당은 용서를 빌며[謝] 말했다.
사

"이 미천한 놈이 꺼리거나 피해야 할 말[忌諱]을 몰랐습니다."
기휘

이 무렵에 흉노가 조나(朝那) 지역을 새로이 대거 침입해 북쪽 변방을 지키는 도위(都尉) 손앙(孫卬)을 살했다. 그래서 상은 흉노의 침입을 걱정하고 있었다. 다시 당에게 물었다.

"그대는 무엇을 근거로 내가 염파와 이목 같은 이를 임용할 수 없다고 말한 것인가?"

이에 당이 다음과 같이 대답했다.

"신이 듣건대 상고시대에는 임금다운 임금[王者]이라면 장군을 (전장터에) 보낼 때에는 친히 무릎을 꿇고 수레를 밀며[跪而推輂] 말하기를 '궁궐 왕자
궤 이 추연
안의 일은 과인이 알아서 할 터이니 궁궐 밖의 일은 장군이 알아서 해주시오'라고 했다고 합니다. 그리고 전장에서의 공적[軍功]에 따른 벼슬과 포상은 다 궁궐 밖에서 결정하고 돌아와서 그것을 보고만 하게 했습니다.
군공

이는 빈말이 아닙니다. 신의 조부께서 말씀하시기를 이목이 조나라 장수가 돼 변경을 지킬 때에는 군시(軍市)에서 걷은 조세는 모두 스스로 병사들을 먹이는 데 썼으며 상을 내리는 것도 궁궐 밖에서 결정하고 조정에서는 일체 관여하지 않았다고 했습니다. (조정에서는) 모든 것을 그에게 맡겨[委任] 책임을 갖고서 공을 이루도록 했습니다. 그랬기에 이목은 마침내
위임
자신의 지략과 능력을 남김없이 발휘할 수 있었습니다. 그리하여 골라 뽑은 전차 1,300량, 활 잘 쏘는 기병(騎兵) 1만 3,000명과, 싸우면 100금을 싱으로 받을 만한 정예병사[百金之士] 10만 명을 보냈고, 이렇게 해 북쪽으로
백금 지 사

는 선우(單于)를 내쫓고 동쪽의 오랑캐를 물리치고 담림(澹林)을 멸망시켰습니다. 또 서쪽으로는 강한 진(秦)나라를 눌렀고 남쪽의 한(韓)나라와 위(魏)나라에 대항했습니다. 이런 때를 맞아 조나라는 거의 천하의 패자가 됐던 것입니다. (그러나) 그후에 천(遷)이 조나라 임금에 즉위했는데 그의 어머니는 거리에서 노래를 부르던 여인이었습니다. 천은 즉위해서 곽개(郭開)의 참소를 받아들여 이목 장군을 죽이고 그 자리에 안취(顏聚)를 대신 앉혔습니다. 이렇게 되자 군대는 패배하고 병사들은 도주해 결국 조나라 왕은 진나라의 포로가 돼 나라는 망했습니다.

지금 신이 남몰래 듣건대 위상(魏尙)이 운중(雲中) 태수로 있을 때 그는 군시에서 걷은 조세로 병졸들을 남김없이 다 잘 먹이고 자신에게 지급되는 수당까지도 내놓아 닷새마다 한 번씩 소를 잡아 빈객과 군리들과 심부름하는 사람들을 대접했습니다. 이 때문에 흉노는 멀리에 피해 있으면서 운중의 요새에 접근조차 하지 못했습니다.

오랑캐(-흉노)가 일찍이 한 차례 침입한 적이 있는데 위상이 거기부대를 이끌고 가서 그들을 쳐 많은 적들을 죽였습니다. 무릇 위상의 병사들은 모두 평민 출신으로 밭에서 일을 하다가 종군하게 됐는데 어찌 척적(尺籍)이나 오부(伍符)(와 같은 군법 조항들)를 알겠습니까? 하루 종일 힘껏 싸워 적의 머리를 베고 포로를 잡아 막부에 보고를 했는데 한 마디라도 서로 맞지 않으면 (오히려) 사법관[文吏]이 법으로 옭아 넣었습니다. 그리하여 군공을 세운 사람에 대한 상이 제대로 시행되지 않았고 관리들이 받드는 법만 반드시 사용됐습니다.

신의 어리석음으로 볼 때 폐하의 법은 지나치게 엄하시어[太明=太嚴]

상은 너무나도 가볍고[太輕] 형벌은 너무나도 무겁습니다[太重]. 또 운중 태수 위상이 위에 전공을 보고할 때 적군의 목을 벤 숫자가 여섯의 차이가 난다고 해 폐하께서는 그를 형리에게 내려 작위를 박탈하고 감옥에 가두셨습니다. 이로 말미암아 말씀드리건대 폐하께서는 설령 염파나 이목을 얻는다 하더라도 능히 쓰실 수가 없을 것입니다. 신은 참으로 어리석어 (폐하께서) 꺼리시고 피하시는 바를 건드렸으니 죽을죄를 지었습니다."

문제는 이 말을 듣고 기뻐하면서 그날로 당(唐)으로 하여금 지절을 갖고 가도록 해서 위상을 사면해주어 다시 운중 태수로 삼았다. 아울러 당을 거기도위(車騎都尉)로 삼아 중위(中尉)와 각 군국(郡國)의 전차부대를 관장토록 했다.

10년이 지나 경제(景帝)가 세워지자 당을 초나라 상국으로 삼았다. 무제(武帝)가 자리에 나아가자 현량(賢良)을 구해 당을 들어 썼다. 당은 이때 나이가 90여 세로 관직을 맡을 수가 없어 이에 아들 수(遂)를 낭(郎)으로 삼았다. 수의 자(字)는 왕손(王孫)으로 그 또한 기이한 선비였다. 위상(魏尙)은 괴리(槐里) 사람이다.

급암(汲黯)은 자가 장유(長孺)이고 복양(濮陽) 사람이다. 그의 선조는 옛날 위(衛)나라 군주의 총애를 받았다. 암(黯)에 이르는 10세(世)는 대대로 경대부(卿大夫)를 지냈다. 아버지가 보증해 효경(孝景) 때 태자 세마(洗馬)가 됐는데 워낙 엄격해 사람들이 그를 꺼렸다.

무제(武帝)가 자리에 나아가자 암은 알자(謁者)가 됐다. 동월(東越)의 여러 나라들이 서로 싸움을 벌이자 상은 암을 사자로 보내 실상을 알아오게 했다. (동월에는 가지 않고) 오나라까지만 갔다가 돌아와 보고했다.

"월나라 사람들이 서로 싸우는 것은 본래 그들의 습속이니 천자의 사자가 수고할 만한 일이 아닙니다."

하내(河內)에 불이 나 1,000여 채가 불에 타버리니 상은 암을 사자로 보내 실상을 알아오게 했다. 돌아와 보고했다.

"마을 사람들이 잘못해서 불을 내는 바람에 연이어 있는 집들이 줄줄이 불에 탄 것이니 크게 걱정하실 일은 아닙니다. 신이 하남(河南)을 지나는데 그곳의 가난한 자들 중에서 1만여 가구가 수해와 가뭄으로 피해를 당해 어떤 경우에는 부모와 자식이 서로 잡아먹기도 해 신이 삼가 그 상황에 맞춰 (황제의 허락도 없이) 부절을 가지고 하내의 곡식 창고를 열어 빈민들을 구제했습니다. 청컨대 부절을 반납하고 성지(聖旨)를 멋대로 바꾼[矯制]〔○ 사고(師古)가 말했다. "교(矯)는 칭탁하는 것[託]이니 제조(制詔)를 받든다고 칭탁해 일을 행하는 것이다."〕 죄를 엎드려 빕니다."

상은 그가 뛰어나게 잘했다고 여겨 그를 풀어주고 옮겨서 형양(滎陽)의 현령(縣令)으로 삼았다. 암은 현령으로 나가게 된 것을 부끄럽게 여겨 병을 핑계로 고향[田里]으로 돌아갔다. 상은 이를 듣고 즉시 불러 중대부(中大夫)로 삼았다. 자주[數] 간절하게 간언을 했기 때문에 내직에 오래 머물지 못하고 옮겨서 동해(東海) 태수(太守)가 됐다. 암은 황로(黃老)의 학술을 공부했기에 관리와 백성들을 다스림에 있어 맑고 조용한 것[淸靜]을 좋아해 승(丞)과 사(史)를 잘 고른 다음에 그들에게 모든 일을 맡겼다. 큰일에만 지침을 내렸을 뿐 작은 일에 시시콜콜 관여하지 않았다. 암은 병치레가 잦아 내실에 누워 있어 나가지를 않았다. (그럼에도) 1년여가 지나자 동해는 크게 잘 다스려져 칭송을 받았다. 상은 이를 듣고 불러 주작도위(主爵都尉)로 삼아 구경의 반열에 올렸다. 그의 다스림은 무위(無爲)에 힘써 큰 틀만 챙겼고 세세한 법률 문구[文法]에 얽매이지 않았다.

(급암은) 사람됨이 천성적으로 거만하고[倨=簡午] 예를 소홀히 해 면전에서 사람을 꺾고[面折=面駁] 다른 사람의 허물을 관대하게 받아들이지 않았다. 자기 뜻에 맞는 자는 잘 대해주고 맞지 않는 자는 그냥 두고 보지 않았기에 선비들 역시 그를 따르지 않았다. 그러나 유협(游俠)을 좋아하고 기개와 절의를 중시했으며 행실을 잘 닦아 깨끗하게 처신했다. 그의 간언은 주군의 안색을 범할 정도였다[犯主之顔色].[2] 평소에 늘 부백(傅柏)〔○ 응소(應劭)가 말했다. "부백은 양(梁)나라 사람으로 효왕(孝王)의 장수였으며 평소 강직했다."〕과 원앙(袁盎)의 사람됨을 흠모했다. 관부(灌夫), 정당시(鄭當時) 및 종정(宗正) 유기질(劉棄疾)과 사이가 좋았다. 그들 또한 자주 곧은 간언[直諫]을 올렸기 때문에 중앙의 좋은 자리에 오래 있지 못했다.

이때 태후의 동생 무안후(武安侯) 전분(田蚡)이 승상이었는데 중(中) 2,000석 관리가 배알해도 분(蚡)은 (답례의) 예를 행하지 않았다. (그런데) 암은 분을 만나면 일찍이 절을 올리지 않고 읍(揖)만 했다. 상은 바야흐로 문학(文學-유학)을 하는 유자들을 불러놓고 말하기를 나는 이러저러하고자[云云]〔○ 장안(張晏)이 말했다. "말한 바는 어짊과 의로움[仁義]을 베풀고 싶다는 것이다." 사고(師古)가 말했다. "운운(云云)이라 한 것은 여차여

---

2   임금의 안색이 바뀔 만큼 곧게 간언을 했다[直諫]는 뜻이다. 『논어(論語)』 「헌문(憲問)」 편에서 자로가 임금을 올바르게 섬기는 길에 대해 묻자 공자는 말했다. "속이지 말고 안색을 범하더라도 간쟁하는 것이다[犯之]."

차(如此如此)하다는 말인데 사가(史家)가 그 말을 생략했을 뿐이다."] 한다고 했다. 암이 대답해 말했다.

"폐하께서는 속으로는 욕심이 많으시면서 겉으로는 어짊과 의리를 베푸시겠다고 하십니다. 그렇게 해서야 어찌 요임금과 순임금의 다스림을 본받을 수 있겠습니까?"

상은 화가 나서 낯빛까지 바뀌더니 조회를 끝내버렸다. 공경(公卿)들은 모두 암을 걱정했다. 상은 조정을 나서면서 다른 사람들에게 이렇게 말했다.

"너무도 심하구나, 암의 꽉 막힌 우매함[戇]이여!"

여러 신하들이 암을 꾸짖자[數=責] 암이 말했다.

"천자께서는 삼공(三公)과 구경(九卿)을 두어 보필하는 신하로 삼으셨는데 어찌 아첨해 천자의 뜻만 따라 하면서 폐하를 옳지 못한 곳에 빠지게 하겠소? 또 그런 지위에 있는 이상 자기 몸을 희생시키더라도 조정을 욕되게 해서야 되겠습니까?"

암은 병이 많았는데 한번은 석 달 동안이나 병을 앓자 상은 여러 차례 휴가를 내려주었으나 끝내 병이 낫지 않았다. 마지막으로 엄조(嚴助)가 급암에게 휴가를 내려줄 것을 청했다. 이에 상이 말했다.

"급암은 어떤 사람인가?"

"암에게 어떤 책임이나 자리[任職]를 맡기더라도 다른 사람보다 더 나을 것은 없을지 모릅니다. 그러나 나이 어린 군주[少主][3]를 보필할 경우 수

---

3 무제는 즉위 당시 16세였다.

성(守成)해낼 것이며, 옛날의 맹분(孟賁)이나 하육(夏育)〔○ 사고(師古)가 말했다. "맹분과 하육 둘 다 옛날의 힘센 자였다."〕 같은 자라도 그의 마음을 빼앗을 수는 없을 것입니다."

상이 말했다.

"그렇다. 옛날에 사직을 지켜내는 신하[社稷之臣]들이 있었는데 급암이 바로 그에 가까울 것이다."

대장군 청(靑-위청)이 시종할 때 상은 (침상) 곁에 걸터앉아 그를 대했고, 승상 홍(弘-공손홍)이 편안하게 뵐 때도 상은 간혹 종종 관을 쓰지 않은 채 만나보았다. (그러나) 암을 만나볼 때는 관을 쓰지 않고 만나는 법이 없었다. 상이 일찍이 무장(武帳)에 앉아 있는데 암이 앞으로 다가와 어떤 일을 아뢰려고 하자 상은 관을 쓰고 있지 않다가 멀리서 다가오는 암을 보고서 무장 안으로 몸을 피한 후에 사람을 시켜 아뢸 일이 무엇이냐고 묻게 했다. 그가 상에게 공경의 예를 받는 것이 이와 같았다.

장탕(張湯)이 율령을 바꾼 공로로 정위가 되자 암은 상의 면전에서 탕(湯)을 질책하며 말했다.

"공은 정경이 돼 위로는 선제의 공업을 기리지 못하고 아래로는 천하의 간사한 마음을 억누르지 못해 나라를 평안케 해 백성들을 넉넉하게 하는 일과 감옥을 텅 비게 하는 두 가지 일 중 하나도 이루지 못했소이다. 그러고서 어찌 고제(高帝)의 간약(簡約)한 법을 자기 멋대로 어지럽게 바꾸는 일을 하는 것이오? 그러니 그대는 이 일로써 멸족될 것이오[無種]!"

암이 이때 탕과 논의할 때마다 탕은 늘 법리를 논해 심각하고 징지하게 설명한 반면 암은 화를 내며 꾸짖었다.

"천하에 '도필리(刀筆吏)를 공경으로 삼아서는 안 된다'라고 하더니 과연 그렇구나! 팅이 득세하면 반드시 천하의 백성들은 발을 포개어 한쪽 다리로 서서 곁눈질을 하면서 눈치를 보게 되리라!"

이때 한나라는 바야흐로 흉노를 정벌하고 사방의 오랑캐를 불러서 품어 안으니 암은 일을 줄이는 데 힘을 쏟았고, 상이 한가한 틈을 타서 늘 오랑캐와 화친하고 군사를 일으켜서는 안 된다고 말했다. 상이 바야흐로 유학에 관심을 쏟아[鄕=嚮] 공손홍을 높이니 나라의 일은 점점 많아지고 관리와 백성들은 법을 교묘하게 꾸몄다. 상은 법령을 세밀하게 나누어 다스리려 하니 탕 등은 자주 새로운 법령들을 만들어 상의 총애를 받았다. 그런데 암은 늘 유학을 깎아내리고 홍(弘-공손홍) 등은 단지 거짓되고 가식적인 지식만을 가지고서 임금에게 아부해 용납을 받는다고 면전에서 꾸짖었고, 또 (장탕 같은) 도필리는 단지 법령을 깊게 하고 교묘하게 법에 저촉되게 해 사람을 죄에 빠뜨려 진상을 밝힐 수 없게 만들고 백성들을 억누르는 일을 자신의 공로로 삼는다고 꾸짖었다. (그럴수록) 상은 홍과 탕을 더욱 아꼈고 홍과 탕은 마음속 깊이 암을 미워하니 상 또한 그를 좋아하지 않아 일을 빌미로 그를 주살하려고 했다. 홍은 승상이 되자 마침내 상에게 말했다.

"우내사(右內史)의 지역 안에는 종실과 고관대작이 많이 살고 있어 다스리기가 매우 어려우니 평소 중신(重臣)이 아니고서는 이 일을 맡길 수가 없습니다. 청컨대 암을 옮겨 우내사로 삼으시옵소서."

(암이 우내사가 돼) 여러 해가 지나도 관청에는 아무 일도 일어나지 않았다.

대장군 청은 이미 더욱 존귀한 신분이 됐고 그의 누이가 황후였음에도 그러나 암은 늘 그에 대해 같은 예로 대했다. 어떤 사람이 암을 설득해 말했다.

　"천자께서는 여러 신하들이 대장군을 떠받들기를 바라고 계시기 때문에 대장군은 더욱 존귀하게 됐습니다. 그러니 그대도 (대장군에게) 절을 올려 높이지 않으면 안 됩니다."

　암이 말했다.

　"무릇 대장군에게 (절을 올리지 않고) 읍만 올리는 빈객이 있다면 도리어 대장군을 중하게 여기는 것이 아니겠는가?"

　대장군은 이를 듣고서 암을 더욱더 뛰어나다고 여겨 자주 국가 조정에서 확신을 갖지 못하는 일들을 물어보며 암을 대우하기를 평소보다 훨씬 더 잘했다. 회남왕이 반란을 모의할 때 암을 꺼려해 말했다.

　"암은 곧게 간언하기를 좋아하고 절개를 지켜 의로움을 위해 죽고자 한다. 그러나 공손홍 등을 설득하는 것은 마치 덮여 있는 뚜껑을 여는 것처럼 쉬운 일일 뿐이다."

　상은 이미 흉노를 여러 차례 정벌해 공로를 세운 후였기 때문에 암의 말을 더 이상 쓰지 않았다.

　처음에 암이 구경의 반열에 올랐을 때 공손홍과 장탕은 하급 관리[小吏=衙前]였다. 홍과 탕이 점점 높아져 암과 동급이 되자 암은 다시 홍과 탕을 비난했다. 얼마 후에 홍은 승상에 이르러 후(侯)에 봉해지고 탕은 어사대부가 되자 암으로서는 한때 자기 밑에서 승(丞)과 사(史)로 근무했던 부하들이 동열에 서거나 혹은 자기보다 더 귀하게 되니 암은 편협한 마음에 약간의 원망[望=怨]이 없을 수 없어 상을 뵙고서 말했다.

"폐하께서 여러 신하를 쓰는 방법은 마치 쌓아놓은 장작을 꺼내어 쓰는 것과 같을 뿐이라 나중에 온 자가 윗자리를 차지하게 됩니다."

상이 말했다.

"사람은 과연 배우지 않으면 안 되겠구나! 급암의 말을 잘 살펴보니 날이 갈수록 심해지는구나!"

그후 얼마 되지 않아 흉노의 혼야왕(渾邪王)이 무리를 이끌고 항복해오자 한나라는 (그들을 싣고 오기 위해) 수레 2만 승을 징발했다. 그런데 현관(縣官-국고)에 돈이 없어 백성들로부터 말을 빌리려고 했다. 백성들은 혹 말을 숨겼기에 말의 숫자를 다 채우지 못했다. 상이 노해 장안령(長安令)의 목을 베려 하니 암이 말했다.

"장안령은 죄가 없습니다. 오직 신 암의 목만 베신다면 백성들은 마침내 기꺼이 말을 내놓을 것입니다. 게다가[且] 흉노는 자신의 군주를 배반하고서 한나라에 항복한 것이니 천천히 현에서 현으로 옮겨 실어오면 되는데 어찌 천하를 떠들썩하게 만들고 중국을 피폐하게 하면서까지 오랑캐 사람들의 비위에 맞추려는[甘心] 것입니까?"

상은 아무 말이 없었다[默然]. 뒤에 혼야왕이 도착하자 상인들 중에서 그들과 교역하다가 사죄(死罪)에 걸려든 자가 500여 명이었다. 암이 들어가 알현할 시간을 청해 고문(高門)〔○ 진작(晉灼)이 말했다. "『삼보황도(三輔黃圖)』에 따르면 미앙궁(未央宮) 안에 고문전(高門殿)이 있다."〕에서 뵙고 말했다.

"저 흉노가 통로에 있는 요새를 공격해 화친을 끊었기 때문에 중국이 군사를 일으켜 저들을 주벌했지만 죽거나 다친 자가 이루 헤아릴 수 없었고 그 비용 또한 수백억에 달했습니다. 어리석은 신이 생각건대 폐하께서는 생포한 오랑캐를 모두 노비로 만들어 종군하다 죽은 자들의 집에 나누어주고 노획한 재물 역시 그들에게 주어 천하를 위로하고 백성들의 (텅 빈) 마음을 채워줄[塞=滿] 줄 알았습니다. (그런데) 지금 비록 그렇게는 못하더라도 혼야왕이 수만 명의 무리를 끌고 와서 항복하자 나라의 창고[府庫]를 텅 비우면서까지 상을 내려주고 양민을 징발해 그들을 모시고 봉양하는 일이 마치 망나니 자식[驕子]을 받드는 것과 같다고 할 수 있습니다. 어리석은 백성들은 장안의 저잣거리에서 물건을 사고파는 일이 법관들의 판결처럼 재물을 함부로 변방의 관문에서 밖으로 빼돌리는 행위와 같은 것임을 어찌 알겠습니까? (그럼에도) 폐하께서는 흉노의 재물을 가지고 천하를 위로해주시기는커녕 또다시 미세하고 각박하게 적용한 법조문[微文]을 써서 무지한 백성 500명을 죽이려 하시니 이는 신이 남몰래 폐하를 위해 생각해보건대 그리해서는 안 될 일입니다."

상은 허락지 아니하고 이렇게 말했다.

"짐이 오랫동안 급암의 말을 듣지 못했는데 지금 또다시 망령되이 말을 하는구나."

몇 달 뒤에 암은 사소한 법률에 연루돼 마침 사면을 받기는 했지만 벼슬에서는 쫓겨났다. 이에 암은 전원으로 돌아가 여러 해 동안 숨어지냈다.

마침 다시 오수전(五銖錢)(을 사용하는 제도)을 세웠는데 백성들 중에 몰래 동전을 만드는 자들이 많았고 초(楚) 땅이 더욱 심했다. 상은 회양(淮陽-군)을 초 땅의 요충지[郊]라고 여기고 암을 불러들여 제배해 회양 태수로 삼았다. 암은 엎드려 사절하며 태수의 인끈을 받지 않았으나 여러 차례 조서를 내려 강제적으로 주자 할 수 없이 조서를 따랐다. 불려가 궁전에 올라 암은 울면서 말했다.

"신은 스스로 생각하기에 죽어서 시신이 산골짜기에 내버려질 때까지 다시는 폐하를 못 뵈올 줄 알았고 또 폐하께서 신을 다시 거두어주시리라고는 생각지도 못했습니다. 신은 항상 견마지로를 다하려는 마음을 갖고 있지만 지금은 병이 심해[力=甚] 한 군(郡)의 일을 맡을 수가 없습니다. 신이 바라건대 중랑(中郞)으로 삼으시면 궁궐을 출입하며 폐하의 허물을 집고 흘리신 것을 줍고 싶습니다. 이것이 신의 바람입니다."

상이 말했다.

"그대[君]는 회양 태수 직을 얕잡아보는가? 나는 곧바로 그대를 불러들일 것이다. 생각건대[顧=思念] 회양의 관리와 백성들이 서로 화합하지 못하니[不得=不和] 나는 다만 공의 위엄[重=威重]을 빌려 병상에 누워서라도 다스리게 하려는 것이다."

암은 하직 인사를 하고서 (임지로 가던 중에) 대행(大行) 이식(李息)을 만나 말했다.

"나는 버림을 받아 군(郡)으로 쫓겨가니 조정의 일을 토의하는 데는 참여할 수 없게 됐소. 그런데 어사대부 장탕(張湯)은 잔꾀로 간언을 가로막고 속임수로 자신의 잘못을 꾸며댈 수가 있소. 그는 교묘한 말과 변론에도 능하지만 오직 군주의 뜻에만 아부하려고 하고 있소. 군주께서 하고 싶어 하시지 않는 바이면 그것을 틈타 (다른 사람을) 헐뜯고 군주께서 하고 싶어 하시는 바이면 그것을 틈타 칭송만 합니다. (장탕은) 일을 일으키기[興事]를 좋아하고, 법조문을 맘대로 휘둘러 만지작거리면서 조정 안에서는 거짓된 마음을 품고 군주의 마음을 조종하고, 조정 밖에서는 잔학한 관리들을 끼고서 자기의 위세를 무겁게 하고 있습니다. 공께서 지금 구경의 반열에 있으면서 조속히 (군주에게) 뭔가를 말하지 않는다면 공은 그와 더불어 주륙을 당할 것이오."

식(息)은 탕을 두려워해 끝내 감히 아뢰지 못했다. 암은 군의 일을 보면서 예전에 했던 대로 다스리자 회양의 정사는 맑아졌다. 뒤에 장탕이 실각하자 상은 암이 했다는 말을 듣고서 식을 처벌했다. 암에게는 제후의 상국(혹은 재상)에 상응하는 봉록을 주어〔○ 여순(如淳)이 말했다. "제후나 왕의 상국은 군수의 위에 있고 작질은 진(眞) 2,000석이다. 율에 따르면 진 2,000석은 월 150곡(斛-10말)으로 1년에 모두 1,800석을 받았다. (군수의 작질인) 2,000석 관리는 월 120곡을 받아 1년에 모두 1,440석을 받았다."〕회양에 남아 있게 했다. 회양에 머문 지 10년 만에 졸(卒)했다.

암이 졸한 후에 상은 암의 지난 일을 참작해 그의 동생 인(仁)에게 관직을 주어 구경의 반열에 오르게 했고 아들 언(偃)도 제후국의 상국에 이르렀다. 암의 고모의 아들인 사마안(司馬安) 또한 어려서 암과 더불어 태자 세마(洗馬)가 됐다. 안(安)은 법조문에 능했고 관직 생활을 잘해 네 차례나 구경(九卿)에 올랐고 하남의 태수로 있으면서 졸했다. 그의 형제들은 안의 후광에 힘입어 같은 시기에 2,000석 관리가 된 자가 10명이었다.

복양(濮陽) 사람 단굉(段宏)은 처음에 개후(蓋侯-혹은 갑후) 신(信-왕신)〔○ 복건(服虔)이 말했다. "경제(景帝)의 왕(王)왕후의 오빠다."〕을 섬겼는데 신이 굉을 보증하고 천거해[任=保擧] 그 또한 두 차례나 구경에 올랐다. 그러나 위(衛) 땅 출신의 관리들은 모두 암을 두려워하고 꺼려했기에 그의 아래에 있으려 하지 않았다.

정당시(鄭當時)는 자(字)가 장(莊)이고 진현(陳縣) 사람이다. 그의 조상인 정군(鄭君)은 일찍이 항적(項籍-항우)을 섬겼는데 적(籍)이 죽자 한나라에 귀순했다[屬=歸]. 고조(高祖)가 (한번은) 과거에 항적의 신하였던 자들에게 적의 이름을 부르게 했는데 정군은 홀로 그 명을 따르지 않았다. 조서를 내려 항적의 이름을 직접 부른 자들을 제배해 모두 대부로 삼았고 정군은 내쫓았다. 정군은 효문(孝文) 때 죽었다.

당시(當時)는 임협(任俠)으로 자처하기를 좋아했는데 (양나라 효왕의 장수) 장우(張羽)를 재난에서 구해주어 그 명성이 초(楚)와 양(梁) 지방에 알려졌다. 효경(孝景) 때에 태자 사인(舍人)이 됐다. 닷새마다 쉬는 날이 되면 항상 장안 사방의 교외에다 역마(驛馬)를 두고서 손님들을 초대해 밤을 샐 정도로 극진히 대접했는데 언제나 소홀한 점이 없는지를 걱정했다. 당시는 황로(黃老)의 학설을 좋아했고 (덕이 높은) 장자(長者)를 흠모해 행여나 그들의 뜻에 자신이 못 미칠까[不稱] 두려워했다. 그는 나이가 젊고 관직도 낮았지만 그가 교유하며 알고 지내는 사람들은 모두 할아버지뻘이었고 천하에 이름이 있는 선비들이었다.

무제(武帝)가 즉위하자 당시는 점점 승진해[稍遷] 노(魯)나라 중위(中尉), 제남(濟南) 태수, 강도(江都)의 재상 등을 거쳐 구경(九卿)에 올라 우내사(右內史)가 됐다. 무안후(武安侯) 전분(田蚡)과 위기후(魏其侯) 두영(竇嬰)의 일에 대해 이야기했다가 좌천당해[貶秩] 첨사(詹事)가 됐다가 다시 승진해 대사농(大司農)이 됐다.

당시는 고위 관리[大官=高官]가 돼 아랫사람들에게 타일렀다.

"손님이 찾아오면 귀천을 가리지 말고 문 앞에서 기다리게 하는 일이 없게 하라."

그는 주인이 삼가 손님을 맞이하는 예를 갖추고 자신의 귀한 신분을 내세우지 않으며 손님을 맞이했다. 그는 천성이 결백하고 또 자기 재산을 불리는 데 신경 쓰지 않았으며 봉록이나 하사품을 받으면 여러 공들에게 골고루 나누어주었다. 그러나 그가 귀한 사람들에게 선물하는 것은 단지 대나무 그릇에 담은 음식물 정도에 지나지 않았다. 매번 조회 때마다 당시는 상에게 직접 아뢸 기회가 있으면 반드시 좋은 사람들을 천거하다 보니 천하에 덕성과 명망이 높은 인재를 놓친 적이 없었다. 그가 선비나 승(丞), 사(史) 등의 부하 관리들을 천거할 때에는 진실로 정성을 다해 소개했다. 그리고 언제나 그들이 자기보다 뛰어난 점을 들었다. 일찍이 관원들의 이름을 함부로 직접 부르지 않았고 부하 관원들과 이야기할 때에도 혹시 상대방의 마음이 상할까 조심했다. 남들의 좋은 의견을 들으면 곧바로 상에게 아뢰고 혹시라도 늦을까 봐 두려워했다. 이 때문에 산동(山東) 지방의 선비들과 장자들은 한결같이 당시의 사람됨을 칭찬했다.

황하의 둑이 터진 실태를 시찰하라는 명을 받고서 그는 닷새 동안 여장을 준비하는 기간을 달라고 청했다. 상이 말했다.

"내가 듣건대 정장(鄭莊)은 출장 갈 때에 천리 길이라도 식량을 지니지 않는다라고 하던데 왜 여장을 준비하는 기간이 필요한가?"

그러나 당시는 조정에 있을 때에는 항상 상의 뜻에 복종했고 감히 일의 시비를 따지지 않았다. 한나라가 흉노를 정벌하고 사방의 오랑캐를 불러 천하를 복종시키기 위한 비용이 증대해 재정이 더욱 악화됐다. 당시는 그때 대사농으로서 그가 보증한 사람과 빈객들을 고용해 (이익을 독점하기는 했지만) 그들이 채납한 부채가 너무 많았다. 사마안이 회양 태수로 있으면서 이 사건을 들추어내 당시는 이 일로 죄에 걸려들어 속죄금을 내고 서인이 됐다. 얼마 후에 승상의 장사(長史)가 됐다. 승진해 여남(汝南) 태수가 됐고 몇 년 뒤에 임지에서 졸했다. 그의 형제들 중에 당시 덕분에 2,000석 관리에 이른 자가 6, 7명이었다.

당시는 애초에 암과 함께 구경의 반열에 올랐는데 품행이 반듯했다. 두 사람 다 도중에 관직에서 쫓겨났고 그 빈객들은 점점 떨어져 나갔다. 당시가 죽었을 때 집 안에 아무런 재산도 남아 있지 않았다.

이에 앞서 하규(下邽)의 적공(翟公)은 정위가 되자 빈객들이 그 문 앞을 가득 채웠지만 막상 쫓겨나자 문밖에는 참새 잡는 그물[雀羅]을 쳐도 될 만큼 한산했다. 뒤에 다시 정위가 되자 빈객들이 다시 모여들려고 했지만 적공은 자기 집 문에 이렇게 크게 써놓았다.

'한 번 죽고 한 번 사는데 사람 사귀는 정을 알아야 하고
한 번 가난하고 한 번 부유해지는데 사귀는 모습[交態]을 알아야 하며
한 번 귀했다가 한 번 천해지는데 사람 사귀는 실상이 있어야 한다.'

찬(贊)하여 말했다.
"장석지는 법을 지켰고[守法], 풍당은 장군을 논했으며, 급암은 바르며

곧았고, 정당시는 선비를 제대로 추천했으니 만일 그들이 이렇게 하지 않았더라면 진실로 어찌 이름을 이룰 수 있었겠는가? 양자(揚子-양웅)는 효문(孝文)이 황제라는 존귀한 몸을 굽혀 아부(亞夫)의 군대를 더욱 믿었는데 어찌 염파(廉頗)와 이목(李牧)을 쓰지 않을 수 있었겠는가라고 쓰고 있다.[4] 그는 장차 격동시키려 했을 뿐이라고 했다〔○사고(師古)가 말했다. "풍당은 위상을 쓰게 하고 싶었기 때문에 그래서 염파와 이목을 끌어와 문제를 격동시켰다."〕."

---

4 양웅은 성제(成帝) 때 사람이다. 그의 책 『법언(法言)』「중려(重黎)」편에 이 이야기가 나온다.

권
◆
51

가산·추양·
매승·노온서전

賈鄒枚路傳

가산(賈山)은 영천(潁川) 사람이다. 할아버지 거(袪)는 옛날 (6국 시대의) 위왕(魏王) 때 박사제자(博士弟子)였다. 산(山)은 거로부터 배움을 받아 이른바 각종 서적과 기록을 두루 섭렵(涉獵)[○ 사고(師古)가 말했다. "물을 건너고 짐승을 사냥하듯이 두루두루 역대의 전적들을 읽어 정통하지 않은 바가 없다는 말이다."]했으나 순수한 유자[醇儒=純儒][1]였다고는 할 수 없다. 일찍이 영음후(潁陰侯-관영(灌嬰)이다)의 급사(給事)로 말을 타고 시종했다.

효문(孝文) 때 다스려짐과 어지러워짐의 도리[治亂之道]를 말했고 진(秦)나라를 끌어와서 일깨웠는데 이름해 '지극한 말[至言]'이라고 했다. 그 말의 내용은 아래와 같다.

---

1 정통 유학자를 가리킨다.

"신이 듣건대 남의 신하 된 자는 충심을 다하고 어리석음까지 다 써서 [盡忠竭愚] 주군에게 곧게 간언해[直諫] 죽음의 형벌이 떨어지더라도 피하지 않는 것이라 했으니 신 산(山)이 바로 그렇습니다. 신은 감히 오랜 옛날이나 먼 곳의 사례를 쓰지 않고 (바로 직전 왕조인) 진(秦)나라(의 사례)를 빌려와 일깨움[諭]을 드리고자 하니 폐하께서는 조금만 유념해주시기 바랍니다.

무릇 벼슬하지 않은 비천한 선비[布衣韋帶之士][2]는 안으로는 몸을 닦고 밖으로는 이름을 이루어 후세에도 그것이 끊어지지 않도록 하는 것인데 진나라에 이르러서는 그렇지가 않았습니다. 존귀함이 천자에 이르고 부유함이 천하를 소유했는데도 부렴(賦斂)은 거듭되고 백성들은 노역에 시달려[任=役事] 파김치가 되니[罷=疲] 길거리의 절반은 범죄자들[赭衣]로 가득하고 온 산은 도적 떼들이 차지했습니다. 이리하여 온 천하의 사람들은 늘 멀리만 바라보면서 이상한 뜻만 품고 엄청난 재앙이 터지기만을 즐겨 기다리고 있었습니다.[3] 일개 사내대장부[一夫][4]가 크게 외치자[譁=呼=叫] 천하가 호응했다는 것은 바로 진승(陳勝, ?~기원전 208년)[5]을 두고 한 말입니다.

---

2   포의(布衣)는 무명옷이며, 위대(韋帶)는 아무런 장식도 하지 않은 밋밋한 가죽띠다.
3   이 문장은 사고(師古)의 주석을 그대로 따라 옮겼다.
4   아무런 벼슬도 없는 평범한 사내라는 뜻이다.
5   중국 진(秦) 말기의 농민 반란 지도자로서 기원전 209년 '진승과 오광의 난'을 일으켜 '장초(張楚)'를 건국했다.

진나라는 비단 여기에 그치지 않고 함양에서 서쪽으로 옹(雍)에 이르기까지 별궁[離宮]이 300곳이었고 거기에는 종과 북, 그리고 (황제를 상징하는) 휘장이 빠짐없이 다 갖춰져 있었습니다. 더욱이 아방궁[阿房之殿]을 지었는데 그 궁의 높이가 수십 길[仞](-8척이 한 길이다)이고 (규모는) 동서로 5리, 남북으로 1,000걸음이나 돼 네 마리 말이 끄는 화려한 장식의 마차가 내달려도 가서 부딪힐 일이 없었습니다. 궁실의 화려함이 이처럼 지극했기 때문에 후세에도 그와 같은 규모나 아름다움을 갖춘 궁궐을 지을 수가 없을 정도였습니다.

　또 천하에 마찻길[馳道]을 만들어 동쪽 끝으로는 연(燕)나라와 제(齊)나라에 이르고 남쪽 끝으로는 오(吳)나라와 초(楚)나라에까지 닿았으며 온갖 강과 호수 변을 지나고 모든 해안가[瀕海]에 다다를 수 있었습니다. 도로는 폭이 50보였고 세 길마다[三丈] 가로수가 심어져 있었는데 그 테두리에는 담을 쌓고 철심[鐵椎]으로 튼튼하게 한 다음 푸른 소나무를 심었습니다. 마찻길의 화려함이 이처럼 지극했기 때문에 후세에도 그와 같은 멋진 도로를 조성할 수가 없을 정도였습니다.

　죽어서는 여산(麗山)에 묻혔는데 (능 조성을 위한) 감독관만 수십만 명이고 10년 동안 백성들은 생업을 할 수가 없었습니다. 아래로는 삼천(三川)을 파내려갔고,[6] 전체는 금석(金石)으로 뒤덮었으며, 그 내부는 구리로 장식하고, 그 외부는 옻칠을 했고, 주옥을 입히고, 비취로 꾸몄으며, 가운데는 둘러볼 수 있는 시설을 만들고, 위에는 산처럼 숲을 조성했습니다. 무

6　삼중의 샘을 팠다는 말로 그만큼 깊었다는 뜻이다.

덤의 사치함이 이처럼 지극했기 때문에 후세에도 그와 같은 정교하게 꾸민 무덤은 찾아볼 수도 없고 조성할 수도 없을 정도였습니다.

진나라는 큰 곰과 같은 힘과 호랑이나 이리와 같은 (간교한) 마음으로 제후들을 잠식하고 온 나라[海內]를 집어삼키면서도 예와 의로움이 두텁지[篤=厚] 않았으니 하늘의 재앙이 이미 내려오게 된 것입니다.

신이 목숨을 걸고서[昧死] 말씀드리오니 폐하께서는 조금이라도 (제 말씀에) 뜻을 두시어 그중에서 잘 고르시기를 바랍니다. 신이 듣건대 충성스러운 신하가 임금을 섬길 때 그 말이 절절하고 곧으면[切直] 그 말은 쓰이지도 않은 채 몸이 위험에 빠지고 그 말이 절절하지 못하고 곧지 않으면 도리를 밝힐 수가 없었기 때문에 절절하고 곧은 말을 밝은 임금[明主]이라면 서둘러 듣고자 했던 것이고, 충성스러운 신하라면 죽음을 무릅쓰고서라도 자신이 아는 바를 남김없이 다 알리려 했던 것입니다. 땅이 메마르고 험하면[墝=垟=瘠薄] 아무리 좋은 종자를 심어도 잘 자랄 수가 없고 강 주위의 늪지[江皐]나 강가[河瀕]에는 아무리 안 좋은 종자를 심어도 크게 잘 자라지[猥大=盛大] 않을 수가 없습니다. 옛날에 하(夏)나라와 상(商)나라의 말세[季世]에는 관룡봉(關龍逢-하나라 걸왕의 충신)이나 기자(箕子)나 비간(比干-상나라 주왕에게 간언하자 주왕이 그를 죽였다)처럼 뛰어난 신하들도 죽임을 당하고 도리는 쓰여지지 않았습니다. (주나라) 문왕(文王)이 다스릴 때는 호걸과 준재[豪俊]들이 모두 그 아는 바를 남김없이 다 아뢸 수가 있었고 꼴을 베고 땔감을 준비하거나 나무하던[芻蕘採薪] 자들까지도 다 자신의 힘을 다했으니 이것이 바로 주나라가 흥할 수 있었던 까닭입니다. 그렇기 때문에 땅이 좋으면 벼가 잘 자라고 임금이 어질면 선비가 잘 길러지는 것입니다.

천둥[雷]과 날벼락[霆=疾雷]이 치면 꺾이고 부러지지 않는 것은 아무것도 없고 30만 근[萬鈞]으로 누르면 가루가 나지 않을 것은 아무것도 없습니다.[7] 지금 임금의 위엄은 단지[特=獨] 천둥과 날벼락에 비할 바가 아니고 위세의 무거움[勢重]은 단지 30만 근에 비할 바가 아닙니다. 말길을 열어놓고 간언을 구하며 온화한 낯빛으로 그것을 받아들이고 그 말을 써서 그 사람을 높은 지위에 드러내셔도 선비들은 오히려 두려움에 떨며 감히 자신의 뜻한 바를 다 말하지 못합니다. 또 마침내 하물며 욕심에 휘둘려 포학스러움을 마구 자행하면서도 자신의 허물을 듣기 싫어한다면 어떻겠습니까?

위엄 때문에 이들을 움직이게 만들고[震=動] 무거움으로 이들을 누르면 비록 요임금이나 순임금 같은 지혜와 맹분(孟賁-고대의 용맹한 인물이다) 같은 용맹을 갖고 있다 해도 어찌 꺾이고 부러지지 않을 수 있겠습니까? 이렇게 되면 임금이 자신의 허물과 잘못[過失]을 들을 수 없고 듣지 않으면 사직은 위태로워집니다. 옛날에 빼어난 임금[聖君]의 제도에 있어서는 사(史)가 임금 바로 앞에서 허물과 잘못을 기록하고[書過失], 공(工)은 경계의 말들을 읊조려 간언을 했으며[箴諫], 맹인[瞽]은 시를 읊어 간언을 했고[詩諫], 공경(公卿)은 비유를 들어 간언을 했으며[比諫], 선비들은 일반 백성들이 (임금의) 과실을 지적하는 말을 전했고[傳言], 일반 백성들은 길에서 비방을 했으며[謗], 장사하는 무리들은 시장에서 이런저런 말을

---

7 여기서 엄청난 힘이나 기세를 뜻하는 뇌정만균(雷霆萬鈞)이라는 사자성어가 나왔다.

했습니다[議]. 그런 연후에야 임금은 자신의 허물과 잘못[過失]을 들을 수 있었던 것입니다. (그리하여) 자신의 허물과 잘못을 들으면 그것을 고치고 의로운 것을 보면 그것을 따랐으니, 이것이 바로 천하를 오래도록[永=久] 소유할 수 있었던 까닭입니다. 천자는 존엄하기 때문에 온 나라 안에서 의리상으로 그의 신하가 아닌 사람이 아무도 없습니다. 그런데도 (빼어난 임금은) 태학에서 삼로(三老)를 모실 때 몸소 젓갈이나 장[醬]을 챙겨 식사를 대접했고[餽=饋=進食], 잔을 들어 술시중을 들었으며[酳][○ 사고(師古)가 말했다. "윤(酳)이란 아주 조금 술을 마신다는 뜻이니 곧 식사가 끝나고서 입가심[湯口]으로 한 잔 한다는 뜻이다."], 먹기 전에 목이 막히지 않도록 축문을 읊고 먹은 후에 목이 메지 않도록 축문을 읊었습니다. 공경에게는 지팡이를 내리고 대부에게는 신발을 내주며 뛰어난 이들을 뽑아 자신을 보필하게 하고 몸을 닦고 행실을 바르게 하는[修正=修身正行] 선비들을 구해 곧은 간언[直諫]을 하게 만들었습니다. 그래서 천자라는 존엄으로 삼로를 높이 봉양하고 효성스러움을 보인 것이며, 자신을 보필하는 신하들을 세운 것은 곧 교만해질 것[驕]을 두려워한 때문이고, 곧은 간언을 하는 신하들을 둔 것은 자신의 허물에 대해 듣지 못하게 될까 봐 두려워한 때문이며, 꼴을 베고 땔감을 준비하던 자들에게까지 배우고 물었던 것은 싫증을 내지 않고 좋은 일이나 말들을 구하려 한 때문이고, 장사하는 무리들이나 일반 백성들이 자신을 비방하더라도 그 자신을 고친 것은 좋은 일이나 말들을 따르는 데 있어 듣지 않은 바가 없도록 한 때문이었습니다.

예전에 진나라가 힘으로 모든 나라를 집어삼켜 부유함이 천하를 소유하자 여섯 나라[六國]를 없애 군현(郡縣)으로 만들고 만리장성을 쌓아 관문의 요새로 삼았습니다. 진나라 땅은 견고했고 그 세력이나 권력에서 견줄 수 있는 나라가 없었으며 한 집안으로도 부유했고 일개 장부는 강인했으니 어찌 이루 다[勝=盡] 헤아릴 수 있겠습니까? 그런데도 군사는 진섭(陳涉)에게 대파당하고 땅은 유씨(劉氏-유방)에게 빼앗겼으니 (이는) 어째서이겠습니까? 진나라 황제는 탐욕스럽고 포학해 온 천하를 못살게 굴고 만백성들을 곤경으로 몰아넣어서 자기의 욕심을 채웠기 때문입니다[適=快].

옛날에 주(周)나라는 대략 1,800나라[國=侯國]였고 아홉 주[九州]의 백성을 가지고 1,800나라의 임금들을 길렀지만 백성들의 힘을 동원하는 것은 1년에 사흘뿐이었고 10명 중에 한 명만 공실(公室)의 공역에 동원했습니다. 이러니 임금들은 재산에 여유가 있고 백성들은 여력이 생겨 (공실을) 칭송하는 노래들이 만들어진 것입니다. (반면에) 진나라의 황제는 1,800나라의 백성으로 그 자신을 기르게 했으니 힘은 고갈돼 그 요역을 이루 다 감당할[勝=堪] 수가 없었고 재물은 다 떨어져 그 요구를 이루 다 감당할 수가 없었습니다. 하나의 황제의 몸일 뿐이어서 그 스스로 기르는 것[自養]이라고는 말을 달려 사냥을 하는 오락뿐인데도 천하는 거기에 필요한 것들을 제대로 댈 수가 없었습니다. 백성들은 노역에 지쳐 쉴 수가 없었고 굶주림과 추위에 시달리면서도 입고 먹을 것이 없었으며 죄에 걸려 들어 사형을 당하게 생겼어도 어디 하소연할 곳도 없게 돼, 사람들끼리 서로 원망을 하게 되고 집집마다 서로 원수가 되니 천하는 무너져 내렸습니다. 진나라 황제의 몸은 아직 그대로였지만 천하는 이미 무너졌는데도 그 자신은 이를 알지 못했습니다. 진나라 황제는 동쪽으로 순수(巡狩)하면서 (절강성의) 회계(會稽)와 (산동성의) 낭야(琅邪)에 이르러 돌에 자신의 공훈을 새겨넣도록 했고 스스로 요순의 통치[統]〔○ 여순(如淳)이 말했다. "통(統)은 계승[繼]이다. 요임금과 순임금은 자식이 재주가 없어 자신의 계통을 이어갈 수 없었지만 진나라는 요순보다 낫기 때문에 만세토록 이어갈 수 있다는 것이다." 사고(師古)가 말했다. "여순의 설은 틀렸다. 통(統)은 다스림[治]이다. 스스로 자신의 공덕을 아름답게 여겼고 천하를 다스린 것이 요순보다 낫다는 말이다."〕를 뛰어넘어 만세토록 이어질 것이라고 했습니다. 이처럼 자신의 공적을 지극히 아름다운 돌과 종에 새겨 넣고 체로 거른 좋은 흙으로 아방궁을 지어 스스로 만세토록 천하를 소유할 것이라고 했습니다. 옛날에 빼어난 임금이 시호를 지을 때[作諡] 30~40세(世)뿐이었고 요임금과 순임금, 우왕과 탕왕, 문왕과 무왕이 여러 대에 걸쳐 다움을 널리 펼쳐 자손을 위한 밑바탕이 되는 과업[基業]을 이룩했음에도 불구하고 20~30세를 넘지 못했습니다〔○ 장안(張晏)이 말했다. "하나라는 17세, 은나라는 31세, 주나라는 36세다."〕. 진나라 황제는 이렇게 말했습니다.

'죽어서 시호(諡號)를 내리는 것은 결국 아버지와 아들의 시호가 어느 땐가는 서로 겹치게 될 것이니 1에서 1만까지 하면 대대로 서로 중복되지 않을 것이다.'

그래서 그가 죽자 명호를 첫 황제라는 의미에서 시황제(始皇帝)라고 했고 그다음은 2세황제가 되니 이는 1에서 1만까지 이어지게 하겠다는 욕심을 담은 것입니다. 진나라 황제는 자신의 공훈을 감안해볼 때 그 후사(後嗣)들이 자자손손 끝없이 이어갈 것이라 계산했겠지만 그러나 몸이 죽어 몇 달이 되자마자 천하의 사방에서 공격이 들어왔고 종묘는 멸망해 끊어지고 말았습니다. 진나라 황제가 살아 있을 때 (종묘가) 멸망해 끊어지고 있었는데도 스스로 알지 못한 것은 무엇 때문이었겠습니까? 천하에서 아무도 감히 고하지 않았던 때문입니다. 그러면 아무도 감히 고하지 않았던 것은 무엇 때문이었겠습니까? 노인을 봉양하는 의로움을 없앴고 보필하는 신하를 없앴고 간언을 올리는 선비들을 없앴고 마구잡이로 사람을 죽였고 비방하는 사람들을 물리치고 곧은 간언을 올리는 선비를 죽였으니, 이로 인해 (신하들은) 아부와 아첨을 일삼으며 구차스럽게 어색한 얼굴을 할 뿐이었습니다. 비교해보면 그의 황제다움은 요임금이나 순임금보다 뛰어났고 그 공훈은 탕왕이나 무왕보다 뛰어났다고 할 수 있는데 천하는 이미 무너져 내리는데도 이를 알릴 수가 없었던 것입니다. 『시경(詩經)』에 이르기를 '말을 할 줄 모르는 것도 아니건만 어찌 이리도 두려워하며 말을 못하나[匪言不能 胡斯畏忌]', '순종하는 말에는 대답하지만[聽言則對]',[8] '귀에 거슬리는 말에는 물러나버리는구나[譖言則退]'[9]라고 했으니 바로 이것을 가리키는 것입니다. 『시경』에 또 이르기를 '훌륭한 선비들이 많으니 문왕께서 (천하를) 안정시키셨도다[濟濟多士 文王以寧]'[10]라고 했으니 천하에는 일찍이 선비들이 없었던 적이 없는데 문왕만이 오직 그들을 통해 천하를 안정시키셨다고 한 것은 무슨 말이겠습니까? 문왕이 어젊을 좋아했기 때문에 어젊이 흥할 수 있었다는 뜻입니다. 문왕은 선비를 얻어 존중할 만

---

8 이 둘은 다 「대아(大雅)」 '상유(桑柔)' 편에 나오는 구절이다.

9 「소아(小雅)」 '우무정(雨無正 - 그침 없는 비)' 편에 나오는 구절이다.

10 「대아(大雅)」 '문왕(文王)' 편에 나오는 구절이다.

하다 싶으면 그를 썼고 그를 쓰면 예와 의로움으로 대했습니다. 그래서 아끼고 삼가는 것[愛敬]을 다하지 못하면 그 마음을 다할 수가 없고, 그 마음을 다할 수가 없으면 그 힘을 다할 수가 없고, 그 힘을 다할 수가 없으면 그 공을 이룰 수가 없는 것입니다. 그렇기 때문에 옛날의 뛰어난 임금들은 자신의 신하들을 대할 때 그 작록을 높이고 그들을 제 몸과 같이 여겼다고 하는 것이고 문제가 있다 싶으면 알현할 기회도 주지 않았다고 하는 것입니다.[11] 그들은 신하가 죽으면 직접 가서 조문하고 곡을 했으며 소렴(小斂)과 대렴(大斂)에 참석했고 이미 관을 덮은 다음에는 그를 위해 아무런 장식도 없는 상복을 입었으며 상례에 모두 세 차례 참석했습니다. 아직 염이 끝나지 않았을 때는 술을 마시거나 고기를 먹지 않았으며, 매장이 끝나지 않으면 음악을 듣지 않았고, 만약에 종묘의 제사 때라도 신하가 죽으면 그를 위해 음악은 철폐했습니다. 그렇기 때문에 옛날의 뛰어난 임금들은 자신의 신하들을 대할 때 예를 다했다[盡禮]고 하는 것입니다. 신하를 만나보기 전에는 법복(法服-공식 의상)을 입고 용모를 단정히 하고 안색을 바로 했습니다. 그렇기 때문에 신하는 임금에게 보답하기 위해 죽음을 무릅쓰고라도 감히 온 힘을 다하지 않을 수 없었던 것이고, 후세를 위해 공업과 다움[功德]을 세우게 되면 그 아름다운 명성은 잊혀지지 않았던 것입니다.

  (그런데) 지금 폐하께서는 돌아가신 조상들[祖考]을 생각하고 기리기

---

11 사고(師古)에 따르면 마지막 부분은 마음에 들지 않는데도 억지로 꾸며서 예를 갖추지는[禮飾] 않았다는 말이다.

위해 그분들의 공적을 서술하시어 그분들이 큰 공업[洪業]과 아름다운 다움[休德]을 훤히 비추신 까닭과 이치를 알리고자 천하에 있는 뛰어나고 훌륭하고 반듯하고 바른[賢良方正] 선비들을 뽑으시니 온 천하 사람들이 다 기뻐하며[訴訴=欣欣] 이렇게들 말합니다.

'장차 요임금과 순임금의 도리와 삼왕(三王)의 공업과 다움이 일어나게 될 것이구나.'

천하의 선비들은 아주 깨끗한 사람들이라 (돌아가신 조상들의) 아름다운 다움을 잇지 못할 리가 없을 것입니다. 그리고 지금 반듯하고 바른 선비들은 다 조정에 있고 또 그중에서 뛰어난 자를 골라 늘 가까이에서 모시는[常侍] 여러 관직들을 맡기셨습니다. 그런데 바로 그런 사람들과 더불어 말을 내달려 사냥을 하는 일이 하루에도 두세 번이나 됩니다. 신은 조정이 풀어져 느슨해지고[解弛=懈弛] 백관들이 일에 나태해지며 (각 지방의) 제후들이 이를 전해 듣고서는 반드시 정사에 게을러질까 봐 두렵습니다.

폐하께서는 즉위하시어 몸소 스스로 부지런히 하시어 천하를 두텁게 하시고 반찬 가짓수를 줄이고 음악을 듣지 않고 부역이나 수자리를 줄이고 해마다 올리는 공물[歲功]을 금지하셨습니다. 또 (대궐 안) 마구간의 말을 줄여서 그 돈을 지방의 현들에 전달하셨고 여러 동산들을 없애 농부들에게 주었으며 비단 10만여 필을 내어 가난한 사람들을 구휼하셨습니다. 나이 많은 노인들에 대한 예우를 다해 90세가 된 사람에게는 자식 한 명의 부역을 면제해주셨고 80세가 된 사람에게는 두 사람의 인두세[稅]를 감면해주셨습니다. 천하의 남자들에게 벼슬을 내리셨고 대신들은 다 공경에 이르렀으며 황실 소유의 금을 대신과 종친들에게 하사하시니 은택을 입지 않은 사람이 없었습니다. 죄수들을 사면하면서 그들의 머리카락이 엉망이 된 것을 불쌍히 여겨 두건을 하사하셨고 그들의 (허름한) 옷을 불쌍히 여겨 등쪽에 붉은 글씨를 새겨주셨으며 아버지와 아들, 형과 아우가 서로 만나볼 수 있도록 옷을 내려주셨습니다. 이처럼 옥사를 다루는 것이 공평해지고[平獄]_{평옥} 형벌이 줄어드니[綏刑=減刑]_{완형 감형} 천하가 크게 기뻐하지 않을 수 없었습니다. 이리하시니 원년(元年)에는 농작물이 잘 자랄 수 있게 때에 맞는 비[膏雨]_{고우}가 내렸고 오곡이 잘 자랐으니 이는 하늘이 폐하를 도운[相=助]_{상 조} 때문입니다. 형벌이 다른 때보다 줄어들어 법을 어기는 사람들이 적어졌고 먹고 마실 것이 전년보다 많아져 도적이 줄어들었으니 이는 하늘[天]_천[○ 사고(師古)가 말했다. "이때의 하늘은 천하의 사람들을 가리킨다."]이 폐하를 고분고분 따른[順]_순 때문입니다.

신이 듣건대 산동(山東)에서는 관리가 조서나 칙령[詔令]_{조령}을 공포하면 백성들은 비록 늙고 마르고 병들었다 할지라도 지팡이를 짚고 가서 이를 듣는다고 하는데 이는 조금이라도 더 살아서 (폐하의) 다움이 교화를 이루어내는 성과[德化之成]_{덕화지성}를 보자 해서입니다. 이제 공훈과 업적[功業]_{공업}이 바야흐로 성취되고 명성과 소문이 바야흐로 훤히 밝아져 사방에서 바람을 타고 오는데[鄕風=嚮風]_{향풍 향풍} 호걸과 준재[豪俊]_{호준}의 신하들 및 반듯하고 바른 선비들을 거느리고서 곧장 날마다 사냥을 해 토끼를 쏘고 여우를 잡으면서 큰 업적[大業]_{대업}을 해치고 천하의 소망을 끊어버리고 계시니 신은 남몰래 두려움에 떨고 있습니다[悼]_도. 『시경(詩經)』에 이르기를 '처음에 잘하지 않는 사람은 없지만 좋은 끝이 있는 사람은 드물다네[靡不有初 鮮克_{미불 유초 선극}

有終]'¹²라고 했습니다.

　신은 끓어오르는 감정을 주체하지 못하고 말씀 올립니다.¹³ 바라건대 활사냥[射獵]을 조금씩 줄이시고 하나라 역법으로 2월(○ 사고(師古)가 말했다. "하나라 역법으로는 10월이 정월이므로 하나라 역법으로 2월이면 음력 5월에 해당한다.")에는 명당(明堂)을 정하시고 태학(太學)을 세우시며 선왕의 도리를 닦으십시오.¹⁴ 풍속이 바로 행해지는 것은 만세의 기초를 다지는 것이니 그런 연후에 폐하께서는 원하시는 바를 하십시오.¹⁵ 옛날에는 대신들이 임금을 깔보지[媟=狎] 않았습니다.¹⁶ 그래서 군자는 가지런하고 엄정한 낯빛과 엄숙하고 삼가는 자세를 잃지 않았던 것입니다. 대신들은 (임금과) 더불어 연회를 할 수가 없었습니다. 반듯하고 바르게 자신을 닦는 선비라면 활사냥을 따르지 않았으며 모두 다 도리로써 그 절의를 높이는 데 힘을 쏟았습니다. 그랬기 때문에 여러 신하들은 감히 몸을 바르게 하지 않거나 행실을 닦지 않을 수 없었고 온 마음을 다해 큰 예[大禮]를 따랐습니다[稱=副]. 이렇게 하신다면 폐하의 도리는 높이 받들어질 것이고 공훈과 업적은 온 세상에 널리 베풀어질 것이며 만세토록 자손대대로 드리워질 것입니다. (하지만) 진실로 이렇게 하시지 않는다면 행실은 날로

---

12 「대아(大雅)」 '탕(蕩)' 편에 나온다.
13 지금부터는 임금을 바로잡으려는 간언[規諫]의 본뜻이 남김없이 드러난다.
14 이는 문제(文帝)가 노인을 봉양하고 뛰어난 인재들을 기르기를 바란 것이다.
15 이는 사실상 임금으로 하여금 그렇게 하지 말라는 뜻이다.
16 대신들이 문제와 함께 활사냥을 한 것을 가리킨다.

무너져 내리고 영예는 날로 사라져버릴 것입니다. 무릇 선비들은 집에서 이런 도리를 닦고 있는데 천하의 조정에서는 그것을 무너뜨리고 있으니 신은 남몰래 이를 가슴 아프게 생각하고 있습니다. 폐하께서는 여러 신하들과 더불어 연회를 갖고 놀다가 또 대신이나 반듯하고 바른 선비들과 조정에서 (국정을) 논하고 토의합니다. 무릇 놀 때는 즐거움이 빠져서는 안 되고 조정에서는 예가 빠져서는 안 되며 토의에서는 계책이 빠져서는 안 되니 이것이 바로 법도에 따라 일을 하는[軌事] 큰 핵심[大]입니다."¹⁷

그 후에 문제(文帝)가 주전령(鑄錢令)을 없애려 하자 산은 다시 글을 올려 간언해 선제(先帝)의 법을 바꾸려는 것은 잘못이라고 지적했다. 또 회남왕(淮南王)에게는 큰 죄가 없으니 마땅히 당장 자기 봉국으로 돌려보내

---

17 송나라 유학자 진덕수는 이 지언에 대해 다음과 같이 논평했다. "가만히 살펴보니 가산의 이 글은 전적으로 문제(文帝)와 근신(近臣)들의 활사냥을 바로잡으려[規] 한 것뿐인데 어찌하여 진나라(시황제)를 끌어와 비유를 든 것일까? 대개 진나라는 노인을 봉양하는 의로움을 없앴고 보필하는 신하를 없앴고 간언을 올리는 선비들을 없앴기 때문에 사치가 극에 달해 위망(危亡)에 빠져들면서도 스스로는 그것을 알지 못했다. 문제가 비록 이런 지경에 이른 것은 아니지만 (지적한 것처럼) 신하들과 더불어 정사를 도모하거나 토의하지는 않고 그들과 더불어 말을 내달리며 활사냥이나 한다면 아첨해 총애나 바라는 자들[佞幸]이 (요직에) 진출해 사치에 대한 욕망이 점차 생겨나서 진나라처럼 나라를 잃게 되는 것도 어려운 일이 아니다. (따라서) 이 글은 충성스러운 신하가 아주 작은 일부터 미리 막으려는[防微] (절절한) 주장[論]이다. 그러나 그의 말년에는 다시 연회와 놀이가 되살아났으니 이 글은 일관되게 이른바 좋은 일을 권하고 간사함을 틀어막은 것[陳善閉邪]이라고 할 수는 없다. 가산이 순수한 유자[醇儒]가 될 수 없었던 것도 바로 이런 점 때문이다." 또 이렇게 말했다. "『자치통감(資治通鑑)』 효문제 2년의 기록을 가만히 살펴보니 한(漢)나라는 고제(高帝-유방) 이래로 상소나 시사를 다룬 말이 없다가 가산이 비로소 처음으로 시작했으니 어찌 문제가 언로를 활짝 열어준 때문이 아니겠는가?"

야 한다고 주장했다. 또 시당(柴唐)[18]의 아들이 좋지 못한 짓을 했으니 경계시켜야 할 것이라고 말했다. 상(上)이 산이 올린 글[章]을 유사에 내려 그를 힐책하게 하자 이렇게 반박했다.

"돈이란 쓸데없는 것임에도 그것을 갖고서 쉽게 부귀를 얻을 수 있습니다. 부귀란 것은 (원래) 임금이 잡아 쥐고 움직이는 칼자루인데 그것을 백성이 쥐게 한다면 이는 백성이 임금과 함께 칼자루를 잡아 쥐게 되는 것이니 그 흐름이 더욱 성장하게 내버려두어서는 안 될 것입니다."

그의 말은 다소 격하고 절절하며 일의 본뜻을 잘 지적하고 있었으나 끝내 죄를 가하지 않았던 것은 (문제가) 간쟁의 길을 넓혀주려 한 때문이었다. 그 후에 다시 (사사롭게) 주전하는 일은 금지시켰다.

추양(鄒陽)은 제(齊)나라(-산동 지방) 사람이다. 한나라가 일어나자 제후 왕들은 모두 직접 백성들을 다스리며 뛰어난 이들을 초빙했다. 오왕(吳王) 유비(劉濞)[19]도 사방의 떠돌이 선비[游士]들을 초치했고 양(陽)은 오나라의 엄기(嚴忌) 및 매승(枚乘) 등과 함께 오나라에서 벼슬했는데 이들은 다 문장과 언변이 뛰어나 이름이 크게 났다. 오랜 시간이 지난 후에 오왕

---

18 극포후(棘蒲侯) 시무(柴武)의 잘못이다.
19 유방의 친형 유중(劉仲)의 아들이다. 봉국 내 망명객들을 불러 모았고 주전과 제철을 대대적으로 시행해 세금을 내리는 등 위민정책을 펼쳤다. 문제 때 황태자가 실수로 그의 아들을 죽이는 바람에 조정에 앙심을 품게 됐다. 경제(景帝) 때 조조의 건의로 봉국을 빼앗기자 여러 나라들과 함께 반란을 일으켰는데 그것이 오초7국의 난이다. 한나라 군대에 패해 동월(東越)로 달아났다가 거기서 살해됐다.

이 태자의 일로 인해 (조정에) 원망을 품고서 병을 이유로 입조(入朝)하지 않으면서 뒤로 간사한 음모를 품었다. 양은 글을 올려 간언했다. 그러나 그 (음모의) 일은 워낙 비밀스러운 것이라 분명하게 지적해 말하는 것이 힘들었기 때문에 우선 진(秦)나라의 일을 끌어들여 비유했고 그것을 갖고서 호(胡)·월(越)·제(齊)·조(趙)·회남(淮南)이 (한나라 황실과) 겪었던 어려움을 말했다. 그런 연후에 마침내 그 본뜻을 드러내 다음과 같이 말했다.

"신이 듣건대 진(秦)나라는 곡대(曲臺)의 궁(宮)〔○ 응소(應劭)가 말했다. "시황제가 다스림을 행하던 곳으로 한나라 황실의 미앙궁(未央宮)과 같은 곳이다."〕에 의지하고서[倚=恃] 관서(關西)를 장악하니[縣衡]〔○ 복건(服虔)이 말했다. "관서 일대가 형(衡)이다." 응소(應劭)가 말했다. "형(衡)은 평정한다[平]는 것이다." 여순(如淳)이 말했다. "형(衡)은 저울이 균형을 이루는 것[稱]이다. 즉, 그 위에 법도를 내걸었다는 말이다." 사고(師古)가 말했다. "이는 진나라가 스스로 위력을 갖춰 강고하게 됐다는 말이지 법으로 다스렸다[平法]는 말이 아니다. 아래에서는 또 진승이 연합하고 합종한 일을 말하고 있으니 이는 종횡(從橫)의 일일 뿐이다. 복건의 풀이가 옳다."〕 땅에 금만 그어놓아도 침범하지 못했고〔○ 사고(師古)가 말했다. "땅에 금만 그어놓아도 침범하지 못했다는 것은 법과 제도가 시행됐다는 말이다."〕 출병해 (북쪽의 오랑캐) 호(胡)와 (남쪽의 오랑캐) 월(越)나라를 쳤습니다. 하지만 그 말년의 말로에 이르러 장이(張耳)와 진승(陳勝)이 자신들을 따르는 군사들을 연합하고 합종해 함곡관을 쳤고[叩=擊] 결국 함양(咸陽)은 위태로워졌으니 이는 어찌된 일이겠습니까? 여러 군(郡)들이 서로 가깝지 않았고 수많은 종실들이 있는데도 서로 구제해주지 않았기 때문입니다.

지금 호(胡)는 여러 차례에 걸쳐 황하의 상류 북쪽에 있는 지역으로부터 건너오니 (군대 행렬에 놀라) 위로는 하늘을 나는 새들이 다 사라졌고 [覆=盡] 아래로는 엎드려 있는 토끼조차 보이지 않을 정도인데 성채에서의 전투는 그치질 않은 채 원군은 도착하지 않는 바람에 죽는 사람들이 끝없이 이어지고 가마와 수레가 계속 이어지며 군량미 수송 대열이 1,000리를 이어져도 그 행렬이 끊어지지 않는 것은 어찌된 일이겠습니까? (반란을 일으킨 나라들 중에서도) 강대한 조(趙)나라는 (한나라에게) 하간(河間)을 빼앗긴 데 대해 따지고 있고, 여섯 개로 나뉜 제(齊)나라는 (그렇게 만든) 혜제(惠帝)와 여후(呂后)를 원망하고 있으며, 성양왕(城陽王) 유희(劉喜)는 (부친인 유장(劉章)이 빼앗긴) 노(盧)와 박(博)의 땅을 되찾겠다 노리고 있고, 회남의 세 왕의 마음은 아버지의 분묘(墳墓)만을 생각하고 있습니다.[20] 대왕(大王)께서는 (이들이 다 한나라에 원한이 있다 해) 이를 근심하지 않지만 신은 (여러 나라들이 한나라를 미워하는 까닭이 다르기 때문에) 구원하는 일에 전념하지 않을까 봐 두려워하고 있습니다.

호의 군대[胡馬]는 드디어 나아가 한단(邯鄲)을 넘보고 월(越)나라는 수군으로 장사(長沙)를 공격해 배를 청양(靑陽)에 집결시키고[還=聚] 있습니다(○ 장안(張晏)이 말했다. "호나라는 조나라 때문에 어렵고 월나라는 오나라 때문에 어려워 서로 믿을 수가 없다는 말이다."). 비록 (한나라가) 양

---

20 회남여왕의 세 아들은 각각 왕이 돼 아버지가 억울하게 죽었다고 생각하며 원한을 갚을 일만을 생각했다는 뜻이다. 세 왕은 각각 회남왕(淮南王)과 형산왕(衡山王), 그리고 여강왕(廬江王)이다.

(梁)나라 군대로 하여금 회양의 병사들과 병합해 회수(淮水)의 동쪽을 건너 내려가서 광릉(廣陵)을 함락시켜 월나라 사람들의 식량을 끊어놓고, 한나라도 역시 서하(西河)를 끊고[折=截] 내려와 북쪽으로 장수(漳水)를 수비하며 대국(大國-조나라)을 돕는다 해도, 호나라는 여전히 진군하고 월나라도 확전할 것이니 이것이 바로 신이 대왕을 위해 걱정하는 바입니다.

신이 듣건대 교룡(蛟龍)이 머리를 쳐들고 날개를 떨치면 뜬구름이 (자연스레) 떠다니기 시작하고 비구름이 모두 모이며, 빼어난 임금이 절의를 지키며 자신의 다움을 잘 닦으면 떠돌며 유세하고 다니던 선비들도 의리로 돌아가 명분을 생각하게 된다고 했습니다. (그런데) 지금 신이 온갖 지혜를 다 동원하고 끝까지 토의해보더라도, 또 다시금 생각하고 계책을 끝까지 궁리해보더라도 (이 난국을) 구해줄 수 있는 나라는 없습니다. 고루한 이 마음을 잘 꾸며댄다면 어느 왕 밑에 가서 이 한 몸이야 의탁하지 못하겠습니까? 그러나 신이 (고국인 제나라를 떠나) 회수를 뒤로 한 채 1,000리나 떨어진 오나라에 와서 여러 대에 걸쳐 오나라를 섬긴 까닭은 신의 나라를 미워하고 오나라 백성 됨을 좋아해서가 아니라 남몰래 아래로 부는 듯한 바람 같은 (대왕의) 행실[下風之行]을 높이 생각하고 대왕의 의로움을 기쁘게 여겼기 때문입니다. 그러니 바라건대 대왕께서는 이를 소홀히 여기지 마시고 신의 뜻을 잘 살펴 들어주십시오.

신이 듣건대 맹금[鷙鳥] 300마리가 있어도 한 마리 큰 독수리[鶚=大鵰]를 당할 수 없다고 했습니다〔○ 여순(如淳)이 말했다. "맹금은 제후들을 비유한 것이고 큰 독수리는 한나라 천자를 비유한 것이다."〕. 무릇 (강국인) 조나라가 (아직 셋으로 나눠지지 않아) 통일돼 있을 때에 쇠솥[鼎]을 번쩍

들어 올리는 역사(力士)와 관복을 잘 차려입은 사람들이 한때 도시를 가득 메웠으나 (조나라) 유왕(幽王)이 (여후에 의해) 죽게 되는 것을 막지 못했고, 회남(淮南)도 산동의 협객 및 죽음을 불사하는 선비들이 조정에 차고 넘쳤으나 여왕(厲王)이 서쪽으로 유폐된 것을 되돌리지 못했습니다. 그렇기 때문에 계책을 놓고 아무리 토의를 해봤자 얻는 바가 없고 전제(專諸)나 맹분(孟賁) 같은 용사라도 그 지위를 안정시켜줄 수 없음이 참으로 명백합니다. 따라서 바라건대 대왕께서는 계책[畫=計]을 깊이 생각하실 수밖에 없습니다.

애초에 효문황제께서 함곡관을 근거로 삼아 왕이 되셨지만 나라의 어려운 일들로 인해 마음고생이 심해 동이 트기도 전에 옷을 입고 업무에 나가셨습니다. 천자가 되신 후에는 동모후(東牟侯) 유흥거(劉興居)와 주허후(朱虛侯) 유장(劉章)을 동쪽 제나라로 보내 (춘추시대 때) 의보(儀父)에게 (주(邾) 땅을 주어) 포상한 예를 따랐고 제왕(齊王)의 여섯 아들들을 모두 왕으로 봉해주었는데 그중에 젖먹이도 있었지만 모두 두텁게 땅을 갈라 나눠주었습니다. 그리고 사랑하는 자손들은 양왕(梁王)과 대왕(代王)에 봉해주셨으며 회양의 땅을 (양왕에게) 더해주었습니다. 그런데 결국 제북왕(-유흥거)이 엎어져 죽고[仆] 그로 인해 아우(-유장)도 옹(雍)에서 죽게 된 것은 어찌 신원평(新垣平) 등이 부추긴 때문이 아니겠습니까?

지금 천자께서는 새로이 먼저 가신 황제의 유업에 바탕을 두고서 왼쪽으로는 산동을, 오른쪽으로는 관중(關中)을 통제하시며 권력을 교체하고 세력을 바꿔가시니 대신들조차 그것을 알기 어렵게 여깁니다. 그러니 대왕께서 이런 흐름을 깊이 꿰뚫어보지 않으신다면 신은 결국 천하의 패권

[周鼎]은 다시 한나라로 돌아가고 신원평 등의 계책이 조정에서 먹혀들어
       주정
오나라의 후사가 끊어지게 될까 봐 두려워하고 있습니다.

고황제께서는 (촉 땅의) 잔도(棧道)를 불태우시고 (옹왕(雍王)의) 장한
(章邯)을 물로 함락시키시니 병사들은 머물 수가 없어 계속 행진했고 또한
(진나라의) 피폐한 백성들을 거두어 동쪽으로 함곡관을 빼앗고 서쪽으로
초나라를 크게 깨뜨렸습니다. 수로로 공격하니 장한이 무너져 그 성이 망
했고 육로로 치니 형왕(荊王)이 패해 그 땅을 잃게 됐습니다. 이것들은 모
두 나라에서 조금도 가벼이 여겨서는 안 되는 것들입니다. 바라건대 대왕
께서는 이 점들을 익히 살펴보셔야 합니다."

오왕은 그 말을 받아들이지 않았다[不內=不納].
                            불내 불납

이때 경제(景帝)의 막냇동생 양(梁)나라 효왕(孝王)이 존귀해 세력이 성
대했는데[貴盛] 선비들을 우대했다. 이에 추양과 매승(枚乘), 엄기(嚴忌)는
       귀성
오왕을 설득할 수 없다는 것을 알고서 오나라를 떠나 양나라로 와서 효왕
(孝王)의 문객이 됐다. 양은 사람됨이 지략이 있고 비분강개해 구차스럽게
영합할 줄을 몰랐다. 양나라에서는 양승(羊勝)과 공손궤(公孫詭)의 사이에
끼이게 됐는데 승(勝) 등이 양을 미워해 그의 일을 효왕에게 참소했다. 효
왕은 진노해 양을 옥리에게 내려 장차 죽이려고 했다. 양은 양나라에 나그
네로 와서 유세를 하다가 참소 때문에 붙잡혔지만 죽어서 나쁜 이름을 남
기게 될 것[死而負纍]을 두려워해 마침내 감옥 안에서 글을 올려 다음과
        사 이 부류
같이 말했다.

'신이 듣건대 충성스러운 사람은 보답을 받지 않는 일이 없고 믿음을
얻는 사람은 의심을 받지 않는다[忠無不報 信不見疑]고 해서 신은 늘 그렇
                    충 무 불보 신 불견 의

다고 생각했는데 한갓 빈말일 뿐이었습니다.

옛날에 형가(荊軻)가 연(燕)나라 (태자) 단(丹)의 의로움을 사모해 흰 무지개가 해를 꿰뚫었건만 (정작) 태자는 그를 두려워했습니다. 위선생(衛先生)이 진(秦)나라를 위해 (조나라) 장평(長平)의 일을 획책했을 때 태백성이 묘성(昴星)을 침범했건만 소왕(昭王)은 그를 의심했습니다. 무릇 (형가와 위선생의) 정성은 하늘과 땅을 바꾸었건만 두 임금을 진실로 일깨워주지는 못했으니 어찌 슬프지 않겠습니까?

지금 신은 충성을 다하고 열렬함을 남김없이 드러내어 의견을 다 말씀드림으로써 대왕께서 알아주시기를 원했지만 좌우에 있는 자들이 밝지 못해 결국은 옥리에게 신문을 당하고 세상 사람들의 의심을 사게 됐습니다. 이는 형가와 위선생이 다시 살아난다 해도 연나라와 진나라는 깨닫지 못한다는 뜻입니다. 대왕께서는 이 점을 깊이 살펴주시기 바랍니다.

옛날에 (변화(卞和)라는) 옥공(玉工)이 보옥을 바쳤지만 초나라 임금은 그를 주살했고 이사(李斯)도 충성을 다했지만 호해(胡亥)는 그를 극형에 처했습니다. 비슷한 이유로 기자(箕子)는 미친 척했고 접여(接輿)는 세상을 피해 살았으니 그것은 바로 이런 우환을 만나게 될까 두려웠기 때문입니다. 바라건대 대왕께서는 옥공과 이사의 뜻을 잘 살피시어 앞으로는 초나라 임금과 호해처럼 듣지 마시어 신이 기자와 접여에게 비웃음을 당하지 않게 해주십시오. 신이 듣건대 비간(比干)은 심장이 도려내지고 오자서(伍子胥)는 말가죽 주머니에 담겨 강물에 던져졌다고 합니다. 신은 처음에는 그것을 믿지 않았지만 마침내 지금은 그것이 사실임을 알겠습니다. 바라건대 대왕께서는 깊이 살피시어 (신을) 조금이라도 가엾게 여겨주십시오.

속담에 이르기를 '흰머리가 될 때까지도 늘 새로 만난 듯한 사람이 있는가 하면 길거리에서 잠깐 만나고서도 오랜 친구와 같은 사람이 있다'라고 했습니다. 어째서 그렇겠습니까? 이는 바로 상대방의 마음을 아느냐 알지 못하느냐에 달려 있습니다.

그래서 번오기(樊於期)는 진나라에서 도망쳐 연나라로 갔는데 형가에게 자신의 머리를 베어주어 연나라 태자 단이 진나라 임금을 죽이려 했던 일을 받들도록 했습니다. 왕사(王奢)는 제(齊)나라에서 도망쳐 위(魏)나라로 갔는데 성에 올라 스스로 목숨을 끊어 제나라를 물리치고 위나라를 보존하도록 했습니다. 무릇 왕사와 번오기는 각각 제나라나 진나라와 새로운 관계를 맺은 것도 아니고 연나라와 위나라와 오랜 인연이 있었던 것도 아니었습니다. 그들이 제나라와 진나라를 떠나서 연나라 태자와 위나라 임금을 위해 목숨을 바친 것은 그 주군들의 행위가 자신들의 뜻과 합치하고 의로움을 사모하는 바가 끝이 없었기 때문입니다. 이런 이유 때문에 소진(蘇秦)은 천하에서 믿음을 얻지 못했지만 연나라를 위해 미생(尾生)처럼 믿음을 지켰고, (중산의 장수였던) 백규(白圭)는 싸움에 져 여섯 개의 성을 잃은 다음에 (위나라로 도망쳐) 위(魏)나라를 위해 중산(中山)을 함락시켰습니다. 어째서 그렇겠습니까? 이는 두 주군과 두 신하가 심장을 도려내고 간을 잘라내듯이 서로를 믿었기 때문입니다. 어찌 근거 없는 말[浮辭=虛言]에 마음이 움직이겠습니까?
부사 허언

그래서 여자는 아름답건 추하건 관계없이 후궁으로 들어가면 질투[妒
투
=妬]를 받게 되고, 선비는 뛰어나건 그렇지 못하건 조정에 들어가면 시샘
투
[嫉]을 받게 되기 마련입니다. 옛날에 사마희(司馬喜)는 송나라에서 발꿈
질

치를 잘리는 형벌을 받았지만 결국 중산에서는 재상이 됐고, 범수(范雎)는 위(魏)나라에서 갈비뼈가 부러지고 이빨이 부서졌으나 결국 (진나라의) 응후(應侯)가 됐습니다. 이 두 사람은 다 자신들의 계획이 반드시 그렇게 되리라는 것을 믿고 사사로이 붕당을 만들려는 마음을 버리고 홀로 자신을 세웠기 때문에 질투하고 시샘하는 사람들로부터 스스로 벗어날 수 있었습니다. 그래서 신도적(申徒狄)은 (은나라 말기에 주왕이 자신의 간언을 받아들여주지 않자 그를 깨우칠 목적으로) 큰 돌을 끌어안고 강물에 몸을 던졌고 서연(徐衍)은 돌을 등에 지고 바다로 뛰어들었던 것입니다. (이들은) 세상이 그들을 받아주지 않더라도 의로움에 입각해 구차스럽게 조정에서 붕당을 만들어 주상의 마음을 바꿔놓지는 않았습니다. 그래서 백리해(百里奚)는 길에서 걸식을 했지만 진(秦)나라 목공(穆公)은 그에게 정사를 맡겼고, 영척(甯戚)은 수레 밑에서 소를 먹이고 있었지만 제(齊)나라 환공(桓公)은 그에게 나라를 맡겼습니다. 이 두 사람이 어찌 조정에서 평소 벼슬을 하며 주위 사람들의 칭찬에 힘입은 다음에야 두 임금이 그들을 썼겠습니까? 마음이 서로 통하고 행동이 서로 합치되면 아교나 옻으로 칠한 것보다 더 견고해져서 형제라도 그들을 갈라놓을 수가 없으니 어찌 다른 사람들의 말에 혹할 리가 있겠습니까? 따라서 한쪽 말만 들으면 간사함이 생겨나고 한 사람에게 모든 것을 맡기면 어지러움이 생겨나는 법입니다.

옛날에 노(魯)나라는 계손(季孫)의 말만 듣고서 공자를 내쫓았고 송(宋)나라는 자염(子冉)의 계책만 믿고서 묵적(墨翟)을 감옥에 가두었습니다. 무릇 공자와 묵적처럼 (뛰어난) 말솜씨를 갖고서도 참소하고 아첨하는 자

[讒諛]로부터 스스로 벗어날 수가 없었고 두 나라는 위태로워졌습니다. 어째서 그렇겠습니까? 여러 사람의 입은 쇠라도 녹일 수 있고 헐뜯는 말이 쌓이면 뼈라도 녹일 수 있기 때문입니다. 진(秦)나라는 오랑캐 사람 유여(由余)를 써서 중국을 제패했고[伯=霸], 제나라는 월나라 사람 자장(子臧)을 써서 위왕(威王)과 선왕(宣王)을 강대하게 할 수 있었습니다. 이 두 나라가 어찌 풍속에 얽매여 이끌리거나 한쪽으로 치우친 근거 없는 말에 사로잡힌 일이 있겠습니까? 공정하게 듣고 여러 쪽을 나란히 보았기 때문에 한 시대에 광명을 드리울 수 있었습니다. 따라서 뜻이 맞으면 호(胡)나 월(越)나라 사람도 형제가 될 수 있으니 유여나 자장이 바로 이런 경우입니다. 반면에 뜻이 맞지 않으면 골육지친이라도 원수가 되는 것이니 요임금의 아들 단주(丹朱), 순임금의 아우 상(象), 주공의 아우인 관숙(管叔)과 채숙(蔡叔)이 바로 그런 경우입니다. (따라서) 지금 임금께서 진실로 제나라와 진나라의 눈 밝음[明]을 쓰시고 송나라와 노나라의 듣기[聽]처럼 잘못된 말을 들어주지 않는다면 오패(五伯)는 말할 것도 없고 삼왕(三王)(의 업적)이라도 얼마든지 쉽게 다다를 수 있을 것입니다.

이렇기 때문에 빼어난 임금은 깊이 깨닫는 바가 있어 (간신배인) 자지(子之)의 마음을 덜어내고 전상(田常)의 (간신으로서의) 뛰어남[賢]을 좋아하지 않았습니다. 또 (주나라 무왕은) 비간(比干)의 후손을 봉해주고 주왕(紂王)에게 배가 갈려 죽은 임산부의 무덤을 손질해주었기 때문에 그의 공업은 천하를 덮고도 남았습니다. 어째서 그렇겠습니까? 좋은 일을 하고자 하면서 싫증을 내지 않았기 때문입니다. 저 진(晉)나라 문공은 자신의 원수(-발제(勃鞮))를 제 몸과 같이 여김으로써 제후들의 강력한 패자

[强伯]가 됐고, 제(齊)나라 환공은 자신의 원수(-관중(管仲))를 써서 천하를 바로잡았습니다. 어째서 그렇겠습니까? (원수를) 자애롭고 어질고 성대하고 조심하는 마음[慈仁殷勤]으로 대해주었기 때문이니 이는 공허한 말로 꾸며낼 수 있는 것이 아닙니다.

저 진나라가 상앙(商鞅)의 법을 쓰기에 이르자 동쪽으로 한(韓)나라와 위(魏)나라를 약화시켜 마침내 천하에서 가장 강대한 나라로 우뚝 섰지만 결국 상앙을 거열형에 처했습니다. 월나라는 대부 종(種)의 계책을 써서 오나라 임금을 사로잡고 중국의 패자가 됐지만 종을 주륙했습니다. 이 때문에 손숙오(孫叔敖)는 세 번이나 재상의 자리에서 물러났지만 후회하지 않았고, 오릉(於陵)의 자중(子仲)은 삼공의 자리도 사양하고 다른 사람의 집에서 정원에 물이나 주는 일을 했습니다. 지금 임금께서 진실로 교만하고 방자한 마음을 없애고 (공이 있는 사람에게) 보답하겠다는 마음을 품고서 뱃속을 열어 속내를 보여주고 간과 쓸개까지 내주어 다움을 베풀고 끝까지 함께하며 선비에게 모든 것을 아낌없이[不愛] 내어주신다면 (포악스러운) 걸왕의 개도 요임금을 향해 짖게 할 수 있고 (유명한 도둑인) 도척의 손님이라도 허유를 찔러 죽이게 할 수 있을 것입니다. 하물며 만승의 권력을 가지시고 빼어난 임금의 자질을 갖추신 분이라면 어떻겠습니까? 그렇다면 형가가 연나라 태자 단을 위해 진나라 왕을 찔러 죽이려다 실패해 그의 온 집안이 연좌돼 죽은 일이나, 요리(要離)가 오나라 왕 합려의 부탁으로 공자 경기(慶忌)를 죽이려고 했을 때 경기가 자신을 믿도록 할 목적으로 일부러 죄를 짓고서 합려에게 자신의 오른팔을 자르고 처자식을 불태워 죽이게 한 일은 말할 필요도 없을 것입니다.

신이 듣건대 "밤길을 걷고 있는 사람에게 명월주(明月珠)와 야광벽(夜光璧)을 던지면 칼을 쥐고서 노려보지 않을 사람이 없으니 어째서이겠는가? 아무런 까닭 없이 눈앞에 보배가 나타났기 때문이다. 구불구불한 나무뿌리일지라도 만승의 그릇이 될 수 있는 까닭은 좌우에 있는 사람들이 먼저 그 모양을 꾸미기 때문이다"라고 했습니다. 그렇기 때문에 아무런 까닭 없이 눈앞에 나타나면 수주(隋珠)나 화벽(和璧)이라고 해도 원한만 살 뿐 고마워하지 않을 것입니다. 그러나 어떤 사람이 미리 말을 해준다면 마른나무와 썩은 등걸일지라도 공을 세워 잊혀지지 않으려 할 것입니다. 지금 저 천하의 벼슬도 없는 선비[布衣之士]들은 곤궁한 지경에 있기 때문에 요(堯)임금과 순(舜)임금의 도리를 알고 이윤(伊尹)이나 관중(管仲)의 말솜씨를 지니고 관용봉(關龍逢)이나 비간과 같은 뜻을 품고 있어도 평소 용납될 수 있는 아무런 주변 세력도 갖고 있지 못하기 때문에 아무리 온 영혼을 다 쏟아 당대의 임금에게 충성을 바치고 싶어 해도 임금은 반드시 칼을 쥐고서 노려볼 것입니다. 이는 벼슬도 없는 선비를 마른 나무와 썩은 등걸의 쓰임[資]만도 못하게 만듭니다.

이 때문에 빼어난 임금이 세상에 제도를 펴고 풍속을 바로잡으려 할 때는 오직 도공이 돌림판 위에서 여러 그릇들을 만들 듯이 바꾸어나갑니다. 그래서 비루하고 현란한 말에 이끌리거나 많은 사람들의 입에 오르는 말에 마음을 빼앗기는 일이 없는 것입니다. 그래서 진시황은 중서자(中庶子) 몽가(蒙嘉)의 말만 듣고서 형가의 말을 믿었다가 몰래 감추어둔 비수에 찔릴 뻔했습니다. 반면에 주나라 문왕은 경수(涇水)와 위수(渭水) 가에서 사냥을 하다가 여상(呂尙)을 만나 수레에 태워 돌아와 그의 도움으로 천하를 다스리는 왕이 됐습니다. 진나라는 좌우를 믿었다가 죽을 뻔했지만 주나라 문왕은 까마귀가 한곳에 모여 앉듯이 우연히 여상을 등용해 제왕이 됐습니다. 어째서 그렇겠습니까? 주나라 문왕은 속박되는 말 따위를 넘어서서 어느 하나에 한정되지 않는 의견을 발휘해 오직 밝고 넓은 도리를 내다볼 수 있었기 때문입니다. (그런데) 지금 임금께서는 아첨해 따르는 말에 빠지고 휘장 안에 있는 애첩들의 견제에 이끌리고 뛰어난 선비들을 대우하는 것이 마치 소와 천리마를 똑같은 먹이로 기르는 것과 다름없으니 이것이 바로 포초(鮑焦)가 세상에 대해 분노했던 까닭입니다.

신이 듣건대 "의관을 잘 갖추고 조정에 들어오는 사람은 사사로운 이익을 위해 의로움을 더럽히지 않으며, 명예를 갈고 닦는 사람은 사사로운 욕심을 위해 행실을 그르치지 않는다"라고 했습니다. 그래서 마을의 이름이 (어머니를 이긴다는 뜻의) 승모(勝母)인 곳에 증자(曾子)는 들어가지 않았고, 묵자(墨子)는 마을의 이름이 (주왕이 지은 음탕한 음악의 제목과 같은) 조가(朝歌)인 곳에서 수레를 되돌렸습니다. (그런데) 지금 임금께서는 천하의 탁월한 선비들을 위엄을 갖춘 무거운 권세로 눌러 엎드리게 만들고 세력 있는 지위만을 제일로 쳐서 얼굴을 돌려 행실을 더럽히면서까지 아첨을 좋아하는 사람들을 섬기게 하고 좌우에는 오직 가까운 사람들만 두려 합니다. 이리되면 (뜻있는) 선비들은 바위굴 속에 엎드려 죽을 수밖에 없으니 어찌 충성과 신의를 다해 대궐로 종종걸음을 쳐서 들어가는 자가 있겠습니까?'

글이 효왕에게 올라가자 효왕은 양을 풀어주고 마침내 상객(上客)으로 삼았다.

애초에 승(勝-양승)과 궤(詭-공손궤)는 왕에게 한나라 천자의 후사가 되게 해줄 것을 요구하게 했고, 왕은 또 일찍이 글을 올려 장락궁(長樂宮)에 직통하는 용거(容車)[21]를 위한 땅을 내려줄 것을 청했으며, 자신이 직접 양나라 사중(士衆)을 시켜 용도(甬道)를 놓도록 해 태후를 조현하고자 했다. 원앙 등은 모두 의견을 올려[建=立議] 안 된다고 했고 천자는 허락하지 않았다. 양왕은 화가 나서 사람을 시켜 앙을 찔러 죽이게 했다. 상은 양왕이 죽였다고 의심하고서 사자(使者)가 수레 덮개를 서로 바라볼 정도로[22] 양왕을 책망했다. 양왕이 마침내 승과 궤와 함께 모의를 하자 양은 간쟁해 안 된다고 하다가 참소를 당했다[見讒]. 매(枚)선생(-매승)과 엄부자(嚴夫子-엄기)는 둘 다 감히 간언을 하지 못했다.

양(梁)나라의 모반이 실패로 돌아갔고 승과 궤가 죽자 효왕은 주살될 것을 두려워해 마침내 깊이 사과해야 한다는 양의 말을 떠올리고서는 1,000금을 싸가지고 가서 상으로부터 죄에서 벗어날 수 있는 방략을 구하게 했다. 양은 평소 제나라 사람인 왕(王)선생을 알고 지냈는데 그는 80세가 넘었고 기묘한 계략이 많았기에 즉각 가서 뵙고서는 그 일의 자초지종을 이야기했다. 왕선생이 말했다.

"어렵도다! 임금께서 사사로운 원한을 품어 깊이 화가 나시어 반드시 주벌을 행하시고자 하시니 참으로 이 문제를 풀기가 어렵소. 태후의 존귀한 지위와 골육의 가까움으로도 오히려 그치게 할 수가 없거늘 하물며 신

---

21 휘장을 친 부인용 작은 수레다.
22 그만큼 자주 사자를 보냈다는 상투적인 표현이다.

하로서야! 옛날에 진시황이 태후에게 마음속으로 분노를 품었을 때 여러 신하들이 간언을 했다가 죽은 자가 10여 명이오. 모초(茅焦)[23]가 대의를 내세워 설득을 하자 시황은 그것을 비난하면서도 마침내 그것을 따르지 않을 수 없었소이다. 그런 모초 또한 털끝만큼도 죽음에서 벗어나리라 여기지 않았으니 그 일은 그만큼 풀기 어려운 것이오. 지금 그대는 어디로 가려 하오?"

양이 말했다.

"추(鄒)와 노(魯)나라[24] 사람들은 경학(經學)을 지키고 있고, 제(齊)와 초(楚)나라에는 변론과 지략에 능한 이들이 많으며, 한(韓)과 위(魏)나라 때에는 그곳에 기절(奇節)을 가진 인사들이 많았으니 나는 장차 그 지역들을 돌며 (방책을) 물어볼까 합니다."

왕선생이 말했다.

"가보시오. 돌아갈 때는 한 번 나를 찾아온 다음에 서쪽(-양나라)으로 가도록 하시오."

추양은 길을 떠난 지 한 달여가 지났지만 좋은 계책을 가진 사람을 만날 수가 없어 돌아가던 길에 왕선생을 찾아가 말했다.

"신(臣)은 장차 서쪽으로 가려고 하는데 어찌하면 좋겠습니까?"

왕선생이 말했다.

---

23 진시황이 태후를 옹(雍)이라는 땅으로 내쫓고 이를 비판하는 신하들을 죽였는데도 모초는 굴하지 않고 진시황의 무도한 행동 네 가지를 지적해 진시황으로 하여금 자신의 잘못을 깨달아 태후를 다시 모시고 오게 만들어 모자(母子)의 관계가 처음과 같아지게 했다.

24 추는 맹자, 노는 공자의 고향이다.

"내가 지난번에 어리석은 계책이라도 올릴까 했으나 다른 의견들을 들어보고 싶었기에 가만히 있으며 감히 비루한 계책이라도 말하지 않은 것이오. 만일 그대가 가게 되면 반드시 왕장군(王長君)을 찾아가보도록 하시오. 선비 중에 이 사람보다 나은 자는 없소."

추양은 순간 마음속에 깨닫는 바가 있어 "삼가 그렇게 하겠습니다"라고 말했다. 인사를 하고 떠나 양나라는 거치지 않고 곧장 장안(長安)으로 가 빈객이라 칭하며 왕장군을 만나보았다. 장군(長君)은 (경제의 총애를 받던) 왕미인(王美人)의 오빠(-왕신(王信))로 뒤에 개후(蓋侯)에 봉해졌다. 양은 여러 날을 머물다가 틈을 타서 청해 말했다.

"신은 장군의 앞에서 일을 맡을 만한 사람이라 여겨 이렇게 와서 모시게 됐습니다. 어리석은 제가 생각해볼 때 드릴 말씀이 있는데 올릴 수 있게 해주십시오."

장군은 무릎을 꿇고서 말했다.

"참으로 고맙소."

양이 말했다.

"가만히 듣건대 장군(長君)의 여동생께서는 천행으로 후궁이 되셨으니 천하에 비할 바가 없는 일입니다만 그런데 장군의 행적에는 도리에 맞지 않는 것들이 많았습니다. (그런데) 지금 원앙을 죽인 일로 인해 양왕(梁王)이 주살될까 두려워하고 있습니다. 사정이 이러하니 태후께서는 (사랑하는 아들이 죽게 돼) 억울함에 피를 토할 듯한데도 이 화를 풀 곳이 없어 절치부심하며 상께서 귀하게 여기는 대신들에게 풀려 할지 모릅니다. 신이 두려운 것은 장군께서 곧 쌓아놓은 달걀 위에 올라서 계신 듯하다[危於 위어

累卵]는 것입니다. 신은 남몰래 족하(足下)를 위해 그 점을 걱정하고 있습니다."

장군은 두려운 표정으로 말했다.

"장차 어찌하면 좋단 말인가?"

양이 말했다.

"장군께서는 정성을 다해 상을 설득하시어 양왕의 문제를 더 이상 조사하지 않게 하신다면 반드시 태후와 굳건한 끈을 맺게 될 것입니다. 태후께서 장군의 은혜를 입게 되면 뼛속 깊이까지 고마워할 것이고 장군의 여동생은 양 궁(兩宮-태후와 황제)의 총애를 입게 돼 지위가 쇠로 만든 성만큼이나 견고해질 것[金城之固]입니다. 또 망하려는 것을 살리고 끊어지려는 것을 이었다는 공을 이루어 그 다움은 천하에 알려질 것이고 이름은 영원토록 전해질 것이니 바라건대 장군께서는 이 점을 깊이 스스로 생각하셔야 할 것입니다.

옛날에 순(舜)임금의 동생인 상(象)이 하루 종일 (임금이 아닐 때의) 순을 죽이는 것을 자기 일로 삼았던 때가 있었습니다. 그런데 순임금이 천자로 세워지자 상을 유비(有卑)에 봉해주었습니다. 무릇 어진 사람은 형제에 대한 분노를 오래 간직하지 않고 오랜 원한을 품지도 않고 오히려 제 몸처럼 여기고 사랑할[親愛] 뿐입니다. 이 때문에 후세의 사람들은 순임금을 칭송하는 것입니다.

노(魯)나라의 공자 경보(慶父-장공(莊公)의 아우)는 하인을 시켜 자반(子般-장공의 태자(太子))을 죽였다가 감옥에 들어갔는데 계우(季友-경보의 아우)는 그 사정을 알아보지도 않은 채 하인을 주살했습니다. 경보는 또 직접 민공(閔公)을 살해했는데 계우는 (그 형을 아껴서) 끝까지 추적하지 않고 적란(賊亂)의 죄를 면해주었으니 이것이 바로 (공자가 편찬한) 『춘추(春秋)』에서 말하는 혈친을 제 몸처럼 여기라는 도리[親親之道]입니다.

노나라 애강(哀姜-장공의 부인)이 (제나라 땅인) 이(夷)에서 세상을 떠나자[薨] 공자는 '제나라 환공(桓公)은 법도를 지키면서 속이지 않았다[法而不譎]'[25]라고 말함으로써 그 잘못됨을 지적했습니다. 이런 이야기 등으로 천자를 설득하셔서 양왕의 일이 더 이상 문제가 되지 않도록 하시면 다행이겠습니다."

장군이 "알았소"라고 말하고서 틈을 타 들어가서 상에게 말했다. 그리고 한안국(韓安國)도 장공주(長公主)를 찾아뵈니 과연 그 일은 더 이상 다스리지 않기로[不治] 됐다.

애초에 오왕(吳王) 비(濞)가 6국[26]과 함께 모반해 출병하게 되자 제(齊)와 제북(濟北) 두 나라는 성을 지키면서 행동에 나서지 않았다. 한나라가 이미 오나라를 깨뜨리자 제왕(齊王)은 자살했고 후사를 세우지 못했다. 제북왕(濟北王) 또한 자살해 자신의 처자를 보전하고자 했다. 제나라 사람 공손확(公孫獲)이 제북왕에게 말했다.

"신이 청컨대 대왕을 위해 양왕(梁王)에게 명확하게 설명해 천자께 뜻이 통하도록 시도해보겠습니다. 설명을 해도 채택되지 않으면 그때 죽어도

---

25 『논어(論語)』「헌문(憲問)」편에 나오는 구절인데 원문은 법(法)이 아니라 정(正)이다. 왜 이 맥락에서 이 구절을 인용했는지는 불분명하다.

26 원문은 7국으로 돼 있는데 오나라를 포함해 7국이다.

늦지 않을 겁니다."

공손확은 드디어 양왕을 만나서 이렇게 말했다.

"무릇 제북의 땅은 동쪽으로는 강성한 제나라와 붙어 있고 남쪽으로는 오와 월나라와 이어져 있으며 북쪽으로는 연과 조나라의 위협을 받고 있으니 이것만으로도 사분오열(四分五裂)된 나라입니다. 권모술수[權]로도 스스로를 지키기에 부족하고 군사적 강력함[勁]으로도 침략을 막아내기에 부족해 신령스러운 일이 아니고서는 지켜내기가 어려울 뿐인데 비록 오나라에게 말을 잃었으나[墮言=失言] 이는 아마도 바른 계책이었다고 할 수 없을 것입니다. 옛날에 정(鄭)나라의 제중(祭仲)[27]은 송나라 사람들이 공자 돌(突)을 정나라의 공(公)으로 세우는 것을 허락해 그 임금(-소공(昭公))을 살렸으나 이는 의로운 처사는 아닙니다. 『춘추(春秋)』가 이를 기록한 뜻은 그것이 삶을 갖고서 죽음과 바꾼 것이고 존속을 갖고서 멸망과 바꿨기 때문입니다. 설사 제북이 정실(情實)을 보고서 그것을 따르지 않을 실마리를 보였다면 오나라는 반드시 먼저 제나라를 쳐서 제북을 끝장내고 연과 조를 불러서 이를 통합했을 것입니다. 이리되면 산동에 있는 나라들이 좇아서 결맹하는 데 아무런 틈도 없었을 것입니다. 지금 오와 초나라의 왕은 제후들의 군사를 연결해서 아무런 훈련도 받지 않은 무리들을 내몰아 서쪽으로 가서 천자와 권력을 다투고 있는데, 제북만이 홀로 신하

---

27 정나라가 동주 왕실과 송, 진(陳), 위 등 주변 제후국들과의 외교, 정벌전 등에서 곤경에 처할 때마다 기묘한 계책을 생각해내 매번 엄청난 전과를 올리게 함으로써 정나라 장공으로부터 만전지계(萬全之計)라는 극찬을 받았다. 당대 제후국들의 세력 판도와 천하 대세의 흐름을 간파하는 데 유난히 비상한 능력을 지녔다.

로서의 절의를 지키고 함락되지 않다가 오나라로 하여금 더불어 하지 못하게 해 아무런 도움도 못 받게 하고 반걸음씩 혼자서 나아가다가 기와가 깨지고 흙담이 무너지는 것처럼 돼[瓦解土崩] 결국 깨지고 패망해 아무런
와해   토붕
구원을 받지 못하게 된 것은 반드시 제북의 힘이 없었다면 불가능했을 것입니다.

무릇 자그마한 제북으로서 제후들과 강대함을 다투니 이는 염소나 송아지의 약함을 갖고서 호랑이나 이리의 강함에 맞서는 것입니다. 직분을 지키는 데 굽히는 바가 없었으니 참으로 한결같았다고 할 것입니다. 공로와 의로움이 이와 같은데도 오히려 상께 의심을 받아[見疑] 어깨를 움츠
견의
리고 머리를 숙이면서 발을 포개고 옷깃이나 어루만지다가 스스로 앞으로 나아가지 않았던 마음을 후회하게 만드니 이는 사직의 이로움이 아닙니다.

신은 번신(藩臣)으로 직책을 지켜야 할 자들이 그것을 의심하게 될까 두렵습니다. 신이 가만히 생각건대 서산(西山-효산과 화산)을 지나서 장락궁을 경유해 미앙궁에 이르기까지 소매를 걷어붙이고 바르게 토의할 사람은 오직 대왕뿐입니다. 위로는 망하는 것을 온전하게 만든 공로를 세웠고 아래로는 백성들을 편안케 해주었다는 명성이 있으며 다음은 뼛속까지 사무쳤고 은혜는 끝없이 베푸셨으니, 바라건대 대왕께서는 이 점을 유의해 깊이 생각하셔야 할 것입니다."

효왕은 크게 기뻐해 사람을 시켜 즉시 달려가 상에게 보고하도록 했다. 제북왕은 죄에 연루되지 않을 수 있었고 옮겨져 치천(淄川)에 봉해졌다.

매승(枚乘)은 자(字)가 숙(叔)이고 회음(淮陰) 사람이다. 오왕 비(濞)의 낭중(郎中)이 됐다. 오왕이 애초에 (한나라 조정에) 원망을 품고서 반역을 하려는 음모를 꾸미자 승(乘)은 글을 올려 다음과 같이 간언했다.

'신이 듣건대 "온전함을 얻는 자는 모두 잘될 것이고 온전함을 잃는 자는 모두 잃게 된다[得全者全昌 失全者全亡]"[28]라고 했습니다. 순(舜)임금은 송곳 하나 꽂을 땅이 없었지만 천하를 소유했고, 우왕(禹王)은 10가구의 봉읍도 없었지만 제후들을 다스리는 왕이 됐습니다. 탕왕(湯王)이나 무왕(武王)의 땅도 (처음에는) 사방 100리를 넘지 못했지만 위에서 해, 달, 별[三光]의 밝음을 끊지 않고 아래로 백성의 마음을 다치게 하지 않았으니 이는 임금 된 자의 지모[王術]가 있었기 때문입니다. 그래서 (임금과 신하의 도리와 마찬가지로) 아버지와 자식의 도리도 하늘이 준 본성[天性]인 것입니다. 충성스러운 신하가 무거운 주벌을 (두려워해) 피하지 않고서 곧은 간언을 하면 일에 빈틈이 없게 돼 공훈은 만세에 전해지게 됩니다. 신 승(乘)이 바라건대 속마음을 다 터놓고 어리석으나마 충성스러움을 다하고자 하오니 오직 대왕께서는 신 승의 말에 대해 측은지심을 조금이라도 가져주셨으면 합니다.

"무릇 실 한 가닥의 임무에 1,000균(鈞)의 무게를 매달아 위로는 끝이 없는 저 높은 곳에 매달고 아래로는 잴 수 없는 저 깊은 곳에 드리워져 있

---

28 이 말은 사마천의 『사기(史記)』 '전경중완세가(田敬仲完世家)'에서 순우곤(淳于髡)이 한 말이다. 이는 맥락상으로 신하가 임금을 모심에 있어 예를 온전히 갖추면 몸과 명예가 모두 창성하고 그렇지 못하면 패망하게 된다는 말이다.

으니 비록 아주 어리석은 사람이라도 오히려 장차 그것이 끊어지게 될 것이라는 것을 알 것입니다. 이는 말이 바야흐로 놀라고 있을 때 북을 쳐서 말을 또 놀라게 하는 격이요, 실이 바야흐로 끊어졌는데 그 위에 또 무거운 것을 올려놓는 격입니다. 만일 저 위에 닿은 실의 윗부분이 끊어지면 다시 이을 수 없고 아랫부분이 끊어져 깊은 못에 빠지면 다시 끌어올릴 수가 없습니다."[29]

끌어올리느냐 끌어올리지 못하느냐[30]는 터럭만큼의 차이도 용납하지 않습니다. 만일에 (저와 같은) 충성스러운 신하의 말을 능히 들어주신다면 각종 위험으로부터 반드시 벗어나겠지만 반드시 원하는 대로 하고자 하신다면 달걀을 쌓아 올리는 것만큼 위태롭고 하늘로 오르는 것보다 더 힘들 것입니다. 그러나 지금 하시고자 하는 바를 바꾸신다면 모든 일은 손바닥 뒤집듯 쉬울 것이고 태산보다 안정될 것입니다. (그런데 대왕께서는) 지금 하늘의 명이 내려준 목숨을 마다하시고[極] 무궁한 즐거움을 내팽개친 채 만승의 세력에 달려들어 손바닥 뒤집기보다 쉽고 태산보다 안정됨을 버리고서 달걀을 쌓아놓은 듯한 위태로움에 올라타시어 하늘로 오르는 어려움을 향해 달려가고자 하시니 이것이 바로 어리석은 신이 크게 당혹스러워하는 바[大惑]입니다.

사람의 본성에는 자기 그림자를 두려워하고 자기 발자국을 싫어하는

---

29 이는 한나라 초기 공자의 9세손이 지었다고 전해지는 『공총자(孔叢子)』에 실려 있는 공자의 말이다.

30 이는 곧 반역을 할 것인지 말 것인지를 암시한 표현이다.

바가 있어 이것들을 벗어나 달아나는데 발자국은 더 많아지고 그림자는 더 빨라지지만 그늘에 들어가 가만있으면 그림자도 사라지고 발자국도 나지 않는다는 것을 (사람들은) 알지 못한다고 합니다.[31] 말을 듣지 못하게 하고 싶으면 말을 말아야 하고 남들이 알지 못하게 하고 싶으면 아무런 행동도 하지 말아야 하는 법입니다. 끓는 물을 식히고자[淪=寒] 할 경우에 만일 한 사람이 불을 때고 100명의 사람이 부채질을 한다 해도 아무 소용이 없고 오직 장작의 불을 끄는 것만 한 것이 없습니다. 이것을 저기서 끊지 않고 여기서 구하려 한다면 이는 비유컨대 마치 섶을 지고서 불을 끄겠다고 하는 것과 같습니다. 양유기(養由基)는 초(楚)나라의 활 잘 쏘는 사람인데 100걸음 밖에서 버드나무 잎을 쏘면 백발백중이었다고 합니다. 버드나무 잎 같은 (작은) 크기의 물건을 100번 다 맞췄으니 뛰어난 궁사[善射]라 하겠습니다. 그러나 그 거리라는 게 100보 안이었을 뿐이니 신승(乘)과 비교해본다면 신은 비록 활을 쥐고 화살을 다루는 법은 (양유기만큼) 모릅니다. (그러나 멀리 내다보는 능력은 그보다 훨씬 뛰어날 것입니다.)

　복(福)이 생겨나는 것에는 기반[基]이 있고 화(禍)가 생겨나는 것에는 태반[胎]이 있습니다. 그 기반을 받아들이고 그 태반을 끊어낸다면 화가 어찌 스스로 찾아오겠습니까? 태산의 낙숫물[霤]이 바위를 뚫고 우물의 두레박줄이 난간을 자른다고 했습니다. 물이 돌을 갈거나 줄이 잘라내서가 아니라 점점 계속되니[漸] 그렇게 되는 것입니다. 무릇 저울을 눈 단위

31　이는 『장자(莊子)』 「어부(漁父)」 편에 나오는 말을 압축한 내용이다.

로 달 경우 석(石)에 이르면 반드시 차이가 생기고, 길이를 촌 단위로 잴 경우 장(丈)에 이르면 반드시 지나침이 생깁니다. 석 단위로 무게를 달고 장 단위로 길이를 재면 곧바로 모자라거나 짧은 것을 알 수 있습니다. 무릇 열 아름의 큰 나무도 처음에는 산나물과 다름없어 얼마든지 긁어내거나 손으로 뽑을 수 있으니, 아직 제대로 자라지 않았을 때라야 미리 그 형체를 없애버릴 수 있습니다. 숫돌에 갈면 그 줄어듦이 보이지는 않으나 시간이 지나면 결국 다 닳아 없어질 것이고, 나무를 심어 기를 때도 점점 커가는 것이 보이지는 않으나 시간이 지나면 결국 크게 자라게 됩니다. 이처럼 다움을 쌓고 행실을 다지는 것도 그 좋아지는 바를 알 수는 없지만 시간이 지나면 결국 쓰이게 되고, 의로움을 저버리고 이치를 등지는 것도 그 나빠지는 바를 알 수는 없지만 시간이 지나면 결국 망하게 됩니다. 신이 바라건대 대왕께서는 곰곰이 계책을 세우시어 그것을 몸소 행하셔야 합니다. 이것은 100세대가 흘러도 변치 않는 도리입니다.'

왕은 받아들이지 않았다[不納=不聽]. 승 등은 (오나라를) 떠나 양(梁)나라로 가서 효왕(孝王)에게 유세했다. 경제(景帝)가 즉위하자 어사대부 조조(晁錯)는 한나라를 위해 제도를 정해 제후들의 봉지를 덜어내고 깎아내니 오왕은 드디어 6국과 함께 모반해 병사를 일으켜 서쪽으로 나아갔는데 조(錯)를 주살하는 것을 명분으로 내걸었다. 한나라 조정은 이 소식을 듣고서 조를 참형에 처해 제후들에게 사과했다. 매승은 다시 오왕에게 유세해 다음과 같이 말했다.

"옛날에 진(秦)나라는 서쪽으로 호융(胡戎)의 어려움에 맞서야 했고, 북쪽으로 유중(楡中)의 관(關)에서 (북쪽 오랑캐[北狄]에) 대비해야 했으며,

남쪽으로 강족(羌族-서쪽 오랑캐)과 작족(筰族-서남쪽 오랑캐)의 요새를 방비했고, 동쪽으로는 6국의 합종에 맞서고 있었습니다. (반면에) 6국은 신릉군(信陵君)의 기반을 올라타고서 소진(蘇秦)의 (합종의) 맹약을 분명히 하고 형가(荊軻)의 위세를 고무하면서 힘을 합치고 마음을 하나로 해 진나라에 대비했습니다. 그러나 진나라는 마침내 6국을 사로잡아 그들의 사직을 없애버리고 천하를 병합했으니 이것은 어째서이겠습니까? 이는 다만 땅의 이점이 같지 않고 백성들의 많고 적음이 대등하지 않았기 때문입니다.

그런데 지금 한나라는 진나라의 모든 영토를 기반으로 삼고 또한 6국의 많은 땅을 겸하고 있으며 융적(戎狄)을 의리로 대해주고 남쪽으로는 강족과 작족이 조공을 바치고 있어 한나라는 진나라보다 땅이 10배이고 백성이 100배이니 대왕께서는 이를 밝게 아셔야 합니다. 지금 대왕을 위해 계책을 낸다는 저 간사하고 아첨하는 신하들이 있지만 그들은 골육의 의리나 백성의 많고 적음, 나라의 크고 작음 등에 대해서는 전혀 논하지 않음으로써 오나라를 재앙에 빠뜨리고 있으니 이것이 바로 대왕을 위해 신이 걱정하는 까닭입니다.

무릇 오나라 병사를 일으켜 한나라와 겨뤄보겠다는 것[訾=量]은 비유하자면 마치 파리와 모기가 여러 마리 소에 붙어서 어떻게 해보겠다거나 썩은 고기가 날카로운 검에 맞서겠다는 것과 같아서 칼날이 부딪히는 순간 반드시 아무 일도 이루지 못할 것입니다[無事]. 천자께서는 (토지를 삭감당한) 오나라가 직분을 잃은 제후들을 이끌고서 선제(先帝)께서 생전에 약속하셨던 바[遺約]를 따지려고 원한다는 것을 듣고서 지금 한나라 몸소 자신의 삼공(三公)을 주살함으로써 전날의 잘못을 사과하셨으니 이는 대왕의 위엄이 천하에 더욱 떨쳐진 것이며 그 공적은 탕왕이나 무왕을 뛰어넘는 것입니다.

무릇 오나라는 제후의 지위에 있으면서도 실제로는 천자보다도 부유합니다. 또 한구석에 숨어 있다는 식으로 알려져 있지만 실은 중국보다 더 좋은 생활환경을 갖고 있습니다. 저 한나라는 24개의 군을 거느리고 17명의 제후를 갖고 있어 사방에서 수송을 하게 되면 각종 물자들이 어지러이 쏟아져 나와 수천 리를 운행해 도로는 끊어지지 않지만 그 기이하고 진귀한 보물들은 (오나라의) 동산(東山)의 부고(府庫)만 못합니다. (한나라의) 곡물 수송은 서쪽으로 향하는데 육로는 끊어지지 않고 수로로 운행하는 배들은 황하를 가득 채우지만 그것들도 역시 (오나라의) 해릉현(海陵縣)의 태창(太倉)만 못합니다. 상림원을 정비하고 이궁들을 모두 합쳐 그곳에 각종 귀중품들을 쌓아놓고 금수들을 동산에 가둬놓았지만 이 또한 (오나라의) 장주(長洲)의 정원만 못합니다. 또 경사의 상로(上路)에 접해 있는 곡대(曲臺)에서 노는 것도 (오나라의) 아침저녁이 만들어내는 연못(의 경치)만 못하고, 깎아지른 절벽과 높은 망루 위에 관소(關所)나 요새를 더 만들어도 (오나라의) 강수(江水)와 회수(淮水)의 험준함만 못합니다. 이것이 바로 대왕을 위해 신이 통쾌하게 생각하는 까닭입니다.

지금 대왕께서 군대를 돌려 서둘러 돌아오시니 이것만으로도 일단 10분의 5는 무사하게 됐다고 할 수 있습니다. 그렇게 하지 않으셨다면 한나라는 오나라가 천하를 삼키려는 마음이 있다는 것을 알아차리고서 불같이 화를 내어 우림(羽林)의 황두(黃頭-배를 모는 병사)를 보내어 장강을 따라서 내려가게 해 대왕의 도읍을 습격했을 것이고 또한 동해군에서는 오나라가 식량을 수송하는 길을 끊어버렸을 것입니다. 양왕(梁王)은 거기(車騎)를 정비해 전투와 활쏘기를 훈련시키며 군량을 쌓아 굳게 지킴으로써 형양(滎陽)(에서의 일전)에 대비하면서 오나라 군사들이 굶주리기를 기다렸을 것입니다. (이리되면) 대왕께서 도읍으로 돌아가시려고 해도 실제로는 돌아갈 수가 없었을 것입니다. 무릇 회남의 3명의 왕의 계책은 그 어느 것도 약속을 어기지 않아 제나라 왕은 자살함으로써 그의 후계를 끊었고 사국(四國)은 출병도 하지 못했고 조왕(趙王)은 한단에 포위돼 갇혀 있으니 이런 사실은 숨길 수가 없어 진실로 이미 훤히 밝혀진 것들입니다.

대왕께서는 이미 사방 1,000리의 나라(=오나라)를 떠나시어 그 군대는 (양나라의) 사방 10리 되는 땅 안에 주둔하고 있습니다. (양나라 장군인) 장우(張羽)와 한안국(韓安國)은 장차 북쪽에서 오나라를 막아설 것이고 궁고후(弓高侯)[32]는 오나라 군대의 좌우에 진을 칠 것이기 때문에 병사들은 성벽을 타고 내려갈 수가 없고 군대는 충분한 휴식을 취할 수가 없을 것이니 신은 남몰래 그것을 마음 아프게 생각하고 있습니다. 바라건대 대왕께서는 깊이 살펴주시기 바랍니다."

---

32 한퇴당(韓穨當, 기원전 200년~?)을 가리키는데 한나라의 장군이자 한왕(韓王) 신(信)의 아들로 한왕이 기원전 200년에 흉노로 달아나 퇴당성(穨當城)에서 낳았기에 그 성의 이름을 따서 이름을 지어줬다. 문제 시기에 형의 아들 한영(韓嬰)과 함께 무리를 이끌고 한에 투항해 문제 16년(기원전 164년) 6월 병자일에 궁고후(弓高侯)에 봉해졌다. 오초7국의 난에서는 주아부의 명령을 받고 장수들과 함께 경기병으로 오와 초의 양도를 끊는 작전에 참여했고 제나라를 포위하고 있다가 진압군이 찾아가자 본국으로 돌아간 교서왕 유앙(劉卬)을 꾸짖어 자결하게 했으며 공적이 다른 장수들을 넘어섰다.

오왕은 승의 계책을 쓰지 않았다가 결국 붙잡혀[見禽] 죽었다.

한나라가 이미 7국을 평정하자 승은 이로 말미암아 이름이 알려졌다[知名]. 경제(景帝)는 승을 불러 제배해 홍농도위(弘農都尉)로 삼았다. 승은 오랫동안 대국(大國)의 상빈(上賓)으로 있으면서 영웅호걸들과 어깨를 나란히 하며 유세했고 자신의 좋아하는 바를 얻었기 때문에 군의 관리 노릇을 좋아하지 않아 병을 이유로 관직을 떠났다.

다시 양나라에 유세했는데 양나라의 빈객들은 하나같이 사(辭)와 부(賦)를 좋아했고 승은 그중에서도 특출났다. 효왕(孝王)이 훙(薨)하자 승은 회음(淮陰)으로 돌아갔다.

무제(武帝)는 태자로 있을 때부터 승의 이름을 들었고 자리에 나아갔을 때 승은 연로했기 때문에 마침내 안거포륜(安車蒲輪)[33]을 보내 승을 불렀으나 오던 도중에 병으로 죽었다. 조서를 내려 승의 아들에 대해 물었으나 문자를 다루는 데 능한 이가 없어 뒤에 마침내 그의 얼자(孼子-서자) 고(皐)를 얻었다.

고는 자(字)가 소유(少孺)다. 승이 양나라에 있을 때 고의 어머니를 얻어 소첩(小妾)으로 삼았다. 승이 동쪽(-회음)으로 돌아갈 때 고의 어머니가 기꺼이 승을 따라가려 하지 않자 승은 화를 내면서 고에게 수천 전을 나눠주고 어머니와 함께 남아서 살게 했다. 17세 때 양나라 공왕(共王)〔○ 사고(師古)가 말했다. "공왕은 이름이 매(買)이고 효왕의 아들이다."〕에

---

33 바퀴를 부들 풀로 싸서 편안하게 탈 수 있는 수레다. 그냥 안거포륜이라고 하면 현사(賢士)를 우대한다는 뜻으로 쓰인다.

게 글을 올려 부름을 받아[得召] 낭(郞)이 됐다. 3년 후에 왕의 사자가 돼 왕의 시종관인 용종(冗從)과 다퉜다가 참소를 당해 죄를 입어 가산을 몰수당했다. 고는 도망쳐 장안에 이르렀다. 마침 사면을 얻어 북궐(北闕)에 글을 올려 자신이 매승의 아들임을 밝혔다. 상은 그를 얻자 크게 기뻐해 불러서 조명(詔命)을 기다리게 하니 그것을 틈타 고는 전중(殿中)에서 부를 지었다. (상은) 조서를 내려 평락관(平樂館)을 노래하는 부를 짓게 하고서 그것을 좋아했다. 제배해 낭(郞)으로 삼았고 흉노에 사신으로 보냈다. 고는 경학(經學-유학)에는 능통하지 못했고 배우처럼 잡기에 능했고 부(賦)나 송(頌)을 잘 지었으며 지저분한 오락을 좋아했는데 이 때문에 가까이에 두는 총애를 입어 동방삭(東方朔)이나 곽사인(郭舍人) 등과 어깨를 나란히 했지만 엄조(嚴助) 등이 높은 관직을 얻은 것에 비할 바는 아니었다.

무제는 춘추가 29세일 때 마침내 황자(皇子)를 얻어 여러 신하들이 기뻐했다. 그래서 고는 동방삭과 함께 '황태자를 낳으신 부(賦)'와 '황자를 세우는 매축(禖祝)'[34]을 지었다. 조서를 받아서 한 일인데 둘 다 선례를 따르지 않았던 것은 황자를 그만큼 귀중하게 여긴 때문이다.

애초에 위(衛)황후를 세웠을 때 고는 끝까지 삼가는 마음을 잃어서는 안 된다는 내용의 부를 지어 올렸다. 고는 부를 짓는 데 있어서는 삭(朔-동방삭)보다 잘했다.

상을 따라가서 감천(甘泉), 옹(雍), 하동(河東)에 이르렀고 동쪽으로 순

---

34 매(禖)는 아들을 낳게 해달라고 비는 신이다. 무제는 기뻐서 매(禖)사당을 세우고 고로 하여금 제사의 글을 짓게 했다.

수했으며 태산(泰山)에 단을 쌓아 봉선했고 황하의 제방이 터진 곳인 선방(宣房)을 막았고 삼보(三輔)의 이궁(離宮)과 이관(離館)을 유람했으며 산택을 돌아보고 사냥을 하고 활을 쏘고 개와 말의 경주를 구경하고 축국(蹴鞠-공놀이의 일종)과 각루(刻鏤-그릇이나 쇠붙이에 글을 새김)를 즐기다가 상이 감회가 들면 문득 그를 시켜 부를 짓게 했다. 글을 짓는 것[爲文=作文]이 빨라[疾] 조서를 받자마자 곧바로 완성시키니 그래서 그가 지은 부들이 많았다. 사마상여(司馬相如)도 글을 잘 지었지만 느렸기[遲] 때문에 그가 지은 부들은 적었지만 작품성은 고보다 뛰어났다. 고의 부나 사 중에는 그 스스로 자신의 부가 상여(相如)만 못하다는 내용들이 있고 또 부를 짓는 일을 낮춰보기도 했다. 그것을 마치 배우들이 하는 짓으로 보아 스스로 자신이 배우나 마찬가지 부류임에 대해 후회하기도 했다. 그래서 그의 부에서는 동방삭을 헐뜯고 있으며 또 스스로를 비방하기도 한다. 그의 글의 기운을 보면 굴곡이 있긴 하지만 사실을 잘 따라가서 모두 그 뜻을 얻고 있으며 자못 해학이 있고 유약함에 흐르지는 않았다. 대개 읽을 만한 것으로는 120편이 있고 너무 음란하고 지저분해서 읽기 곤란한 것도 수십 편이 있다.

 노온서(路溫舒)는 자(字)가 장군(長君)이고 거록(鉅鹿)의 동리(東里) 사람이다. 아버지는 마을의 문지기[監門]였다. 온서(溫舒)에게 양을 치게 했으나 온서는 (양을 먹이러 나가면) 늪에 있는 왕골을 캐서 그것을 잘라 엮어서 책[牒]을 만들어 거기에 글씨 연습을 했다. 점점 문자를 잘 익혀 감옥의 소리(小吏)가 되고자 해 율령(律令)을 배워 옥사(獄史)가 됐는데 현(縣)

에 미심쩍은 일들만 생기면 모두 그에게 와서 물었다. (거록군) 태수가 현에 행차했다가 그를 보고서 기이하다고 여겨 결조(決曹)[35]의 사(史)로 배치했다. 또 『춘추(春秋)』를 전수받아 큰 의리[大義]에 능통했다. 효렴(孝廉)으로 천거돼 산읍현(山邑縣)의 승(丞)이 됐다가 법에 걸려 직을 잃었고 다시 군의 관리가 됐다.

원봉(元鳳) 연간에 정위 광(光)[○ 장안(張晏)이 말했다. "광은 해광(解光)이다."]이 조서에서 명하는 사건[詔獄]을 다루고 있었는데 온서를 주조연(奏曹掾)에 배치해줄 것을 청해 정위사(廷尉史)[36]의 직무를 맡았다. 마침 소제(昭帝)가 붕(崩)하고 창읍왕(昌邑王) 하(賀)가 폐위됐으며 선제(宣帝)가 처음 즉위했을 때 온서가 글을 올려 마땅히 다움을 높이고 형벌을 느슨하게 해야 한다[尙德緩刑]고 말했다. 그 글은 이러했다.

'신이 듣건대 제(齊)나라에는 무지의 재앙[無知之禍]이 있었는데도 환공(桓公)은 (오히려) 그로 인해 흥했고[37] 진(晉)나라에는 여희로 인한 어려움

---

35 군의 부서로 형옥을 담당한다.

36 지위가 주조연보다 높다.

37 환공은 희공(僖公)의 아들이다. 희공을 이어 즉위한 형 양공(襄公)이 정치를 문란하게 하고 자기 마음에 들지 않는 사람을 죽이자 화를 피하기 위해 거(莒) 땅으로 망명했다. 이후 양공은 공손무지(公孫無知)에게 피살됐고 공손무지도 곧이어 암살됨으로써 제나라는 군주가 없이 혼란에 빠졌다. 이에 환공은 노나라로 망명해 노나라의 후원을 업은 이복형 공자(公子) 규(糾)와 후계 다툼을 벌여 공자 규를 몰아내고 즉위했다. 즉위 후 포숙아(鮑叔牙)의 진언으로 규의 신하였던 관중(管仲)을 재상으로 기용한 뒤 관중의 도움으로 제후와 종종 회맹(會盟)해 신뢰를 얻었으며, 특히 규구(葵丘:하남성(河南省))의 회맹을 계기로 패자(覇者)의 위상을 확고히 했다.

[驪姬之難]³⁸이 있었는데도 문공(文公)은 (오히려) 그것을 써서 제후들의 패자가 됐다고 합니다[伯=霸]. 근래에 조왕(趙王)³⁹은 천수를 누리지 못하고 여러 여씨들은 어려움을 빚어냈지만 효문황제께서는 태종(太宗)이 되셨습니다. 이로 말미암아 살펴보건대 재앙이나 어지러움이 생겨나더라도 장차 그것을 잘 이용한다면 빼어난 이에 이르는 길을 열 수 있을 것입니다.

그 때문에 (제나라) 환공과 (진나라) 문공은 자신들의 미미한 나라를 떠받치고 무너진 나라를 일으켰고[扶微興壞] (주나라) 문왕과 무왕의 공적을 높였으며 백성들에게 은택을 더해주었고 제후들에게는 공적을 베풀어주었으니 (그 다움과 공적이) 비록 삼왕(三王)에는 미치지 못했어도 천하가 (그들의) 어짊에 귀의할 수 있었습니다.

문제(文帝)께서는 항상 지극한 다움을 생각하시어 하늘과도 같은 마음[天心]을 이어받으심으로써 어짊과 의로움을 받들어 높이고 형벌을 덜어주며 관문과 교량[關梁]을 두루 통하게 해 멀고 가까운 곳의 백성을 하나로 통합하셨습니다. 또 뛰어난 이를 큰 손님처럼 삼가며 대하셨고, 백성들을 자신의 갓난아이처럼 아끼셨으며, 스스로 자신에게 편안하다고 여기시는 바가 있으면 이를 그대로 온 세상에 베푸시니 이로 인해 감옥은 텅 비

---

38 여희는 춘추시대 때 여융(驪戎)의 여자다. 진(晉)나라 헌공(獻公) 12년에 여융을 정벌해 그녀를 얻어 돌아왔다. 헌공의 총애를 받아 부인(夫人)이 됐다. 해제(奚齊)를 낳고 그를 태자(太子)로 세우려고 했다. 이에 헌공의 폐신(嬖臣) 양오(梁五)와 동관오(東關五)에게 뇌물을 주어 여러 공자(公子)를 참언(讒言)해 쫓아냈다. 태자 신생(申生)을 모살(謀殺)하고 공자 중이(重耳)와 이오(夷吾)를 몰아냈다. 헌공이 죽고 난 뒤 진나라가 어지러워지자 대부 이극(里克)이 해제와 탁자(卓子)를 살해한 뒤 그녀도 죽였다. 미인으로 이름이 높았다. 이 사건 이후 문공은 왕위에 올랐다.

39 오초7국의 난에 가담했던 유수(劉遂)를 가리킨다.

고 천하는 크게 평온해졌습니다. 무릇 이렇게 세상을 교화시킨 연후에야 반드시 옛날과는 다른 은혜가 생겨날 수 있었으니 이것이 바로 빼어나거나 뛰어난 임금[聖賢]께서 천명을 훤히 밝히게 되는 까닭입니다.

　예전에 소제(昭帝)께서 세상을 떠나셨는데[卽世] 후사가 없어 대신들이 크게 근심해 조심조심 계책을 모으니 모두가 다 창읍왕(昌邑王)을 혈친이라 해 높여서 그를 도와 즉위케 했습니다. 그러나 하늘은 그에게 천명을 내려주지 않았고 그 마음을 음란하게 만드는 바람에 결국 스스로 망하고 말았습니다. 그 같은 재앙의 변고가 일어난 원인을 깊이 살펴보건대 이는 곧 저 하늘이 지극히 빼어난 이[至聖]를 위한 길을 열어주기 위함이었습니다. 그래서 대장군(-곽광(霍光))이 무제(武帝)의 명을 받아 한나라의 팔다리가 돼주었고[股肱], 온 마음을 다해[被肝膽] 큰 계책을 결단해 의롭지 못한 황제[亡義]를 내쫓고 다움이 있는 황제[有德]를 세우고서 천자를 도와[輔天] 일을 시행한 연후에야 종묘는 안정됐고 천하는 모두 안녕할 수 있었습니다.

　신이 듣건대 (공자의) 『춘추(春秋)』에서는 즉위하는 일을 바로잡고 임금다운 임금이 천하를 통일하는 대업을 중하게 여겨[大一統] 그 시작을 신중하게 해야 한다[愼始]고 했습니다.

　(지금) 폐하께서는 처음 지극한 존엄[至尊]에 오르시어 하늘과 상서로움[符=祥]을 합해야 할 때이니 마땅히 이전 시대의 실정을 고치시고 처음으로 받은 통일의 대업을 바로잡으며 번잡한 겉치레[煩文]를 없애고 백성들의 고통을 제거해 없어져가는 것을 되살리고 끊어져가는 것을 다시 이음으로써 하늘의 뜻에 부응해야 할 것입니다.

신이 듣건대 진(秦)나라에는 10가지 실정이 있다고 했는데 그중 하나가 아직도 남아 있으니 옥사를 다스리는 관리[治獄之吏]가 바로 이것입니다. 진나라 때는 글과 학문을 경멸하고 무예와 용맹을 좋아했으며 어질고 의로운 선비를 천시하고 옥사를 다스리는 관리를 귀하게 대우했습니다. 바른 말을 하는 사람을 일러 비방한다고 했고 허물을 막는 사람을 일러 요망한 말을 한다고 했습니다. 그래서 훌륭한 유자(儒者)들도 세상에서 쓰이지 못했고 충성스럽고 선량하고 절절한 말은 다 가슴속에 쌓아두어야[鬱=積] 했기에 찬양하고 아첨하는 소리만이 매일매일 귀에 가득 찰 뿐이었고 헛되이 아름답게 꾸민 말들이 마음을 그을려 실제의 재앙이 가려지고 막혀버렸습니다. 이것이 바로 진나라가 천하를 잃어버리게 된 까닭입니다.

  바야흐로 지금은 천하가 폐하의 두터운 은혜를 입어 전쟁[金革=兵器]의 위험이나 굶주림과 추위의 근심도 없고 아버지와 아들, 지아비와 지어미가 온 힘을 다해 집안을 편안케 하려고 애를 쓰고 있지만 태평성대가 아직 제대로 이르렀다고 할 수 없는 이유는 옥사가 그것을 어지럽히고 있기 때문입니다.

  무릇 옥사(獄事)란 천하의 백성들이 가장 큰 운명을 맡기는 곳이라 죽은 사람은 되살릴 수 없고 신체가 절단된 자는 다시 이을 수가 없습니다. 『서경(書經)』에 이르기를 '죄 없는 사람을 죽이기보다는 차라리 원칙이나 법에 어긋나더라도 놓아주라'라고 했습니다. (그런데) 지금의 옥사를 다스리는 관리는 그렇지가 않아서 위아래 사람이 서로 내달리듯이[相毆] 각박함을 잘 살피는 것으로 여깁니다. 그리하여 옥사를 아주 가혹하게 하는 자는 공정하다는 이름을 얻고 옥사를 아주 공평하게 하는 자는 후환을 겪게 되는 일이 많습니다. 그래서 옥사를 다스리는 관리들은 모두 다 사람을 죽이려고만 하는데 이는 사람을 실제로 미워하지도 않으면서 그저 자신만 편안하려는 길을 따르다가 사람을 죽음에 이르게 하는 것입니다. 이 때문에 죽은 사람의 피가 시장에까지 흐르게 되고 처형당할 사람들이 어깨를 맞대고 서 있으며 사형에 해당하는 죄를 지은 사람은 한 해에 1만 명에 이르고 있는데 이는 어질고 빼어난 임금[仁聖]이라면 마음 아파해야 할 것입니다. 태평성대가 아직 제대로 이르렀다고 할 수 없는 이유도 모두 다 이 때문입니다.

무릇 사람의 실정이란 편안하면 삶을 즐기게 되고 고통스러우면 죽음을 생각하는 것이니 채찍이나 몽둥이 아래에서 무엇을 구해 얻지 못하겠습니까? 그렇기 때문에 죄수는 고통을 이겨낼 수 없으면 말을 꾸며서라도 죄를 승복하게 됩니다. 옥사를 다스리는 관리는 그 같은 점[其然]을 이용해 자백을 이끌어내 죄를 입증합니다. 판결 내용을 위에 아뢸 때는[上奏] 기각될 것을 두려워해 말을 교묘하게 꾸며내[鍛煉] 모두 얽어 넣습니다 [周納=羅織].

대개 판결을 위에 아뢰어 유죄로 결정되면 비록 고요(皐陶)[40]가 그 내용을 듣는다 하더라도 오히려 사형에 처하고도 남는 죄가 있다고 여기게 될 것이니 어째서이겠습니까? (범죄 이유를) 교묘하게 꾸며댄 것이 많고 조문을 치밀하게 짜 맞추어 죄명이 명백하기 때문입니다. 이 때문에 옥사를

---

40 순(舜) 임금의 명재상으로 법리(法理)에 통달해 법을 세워 형벌을 제정하고 또 옥(獄)을 만들었다고 한다.

다스리는 관리는 오로지 아주 가혹하게 하고 사람을 크게 다치게 하면서도 끝이 없어 오로지 그때그때의 편의에만 따를 뿐 나라의 근심은 돌아보지도 않습니다. 이런 자들이야말로 세상의 큰 도적입니다. 그래서 속담에 이르기를 '땅에다가 금만 그어놓고 감옥이라고 해도 들어가지 않으려 해야 하고, 나무를 깎아놓고 그것을 옥리(獄吏)라고 해도 절대 마주해서는 안 된다'라고 했던 것입니다. 이는 모두 혹독한 옥리를 풍자한 것이고 참으로 비통한 말입니다. 그러므로 천하의 환란 중에서는 옥사(獄事)만 한 것이 없고, 법을 파괴하고 바른 도리를 어지럽히며 혈육들을 갈라놓고 도리를 가로막는 것으로 옥을 다스리는 관리만큼 심한 자가 없는 것입니다. 이것이 이른바 (진나라가 저지른 10개의 실정(失政) 중에서) 지금까지 이어지는 한 가지 잘못입니다.

신이 듣건대 까마귀와 솔개의 알이 훼손되지 않아야 봉황이 날아온다고 했으니 비방의 죄를 지어도 벌을 내리지 않은 연후에야 훌륭한 말이 올라옵니다. 그래서 옛사람이 이르기를 "높은 산과 큰 늪은 해로운 것도 품고 냇물과 못은 더러운 것도 받아들이며 아름다운 옥은 티도 갖고 있고 임금은 비방하는 말도 포용한다"라고 했던 것입니다.

바라건대 폐하께서 군주를 비방하는 죄명을 없애시어 간절한 진언을 할 수 있도록 해주시고 천하 사람들이 입을 열도록 하시며 경계하고 간언하는 길을 넓히십시오.

또한 망한 진나라의 실정을 일소하시고 (주나라의) 문왕과 무왕의 다움을 높이시어 법률과 제도를 줄이시고 형벌을 너그럽게 하심으로써 옥리의 폐단을 없애신다면 태평한 기풍이 세상에서 크게 일어날 수 있을 것입니다. (이리되면) 조화롭고 즐거운 삶의 길을 오래오래 걸으면서도 하늘과 더불어 그 다함이 없게 돼 천하는 크게 다행할 것입니다.'

상은 이 말을 좋게 여겨 온서를 승진시켜 광양국(廣陽國)의 사부(私府) 〔○ 사고(師古)가 말했다. "사부란 돈을 쌓아두는 창고다. 천자의 경우에는 소부(少府)라 하고 제후의 경우에는 사부(私府)라 한다. 장(長)은 그 기관의 최고 책임자다."〕의 장(長)으로 삼았다.

내사(內史)가 온서를 문학(文學)의 우등으로 천거하니 우부풍(右扶風) 승(丞)으로 승진시켰다. 이때 조서를 내려 공경들로 하여금 흉노에 사신으로 보낼 만한 사람을 뽑게 하자 온서는 글을 올려 일개 졸병이 돼서라도 사신을 따라 흉노에 감으로써 신하로서의 절의를 다하겠다고 밝혔다. 일은 도료(度遼)장군 범명우(范明友)와 태복(太僕) 두연년(杜延年)에게 내려졌고 온서는 상황을 파악하고서 돌아오니 원래의 관직으로 되돌아갔다. 오랜 시간이 흘러 임회군(臨淮郡) 태수로 승진했고 치적이 남달랐는데 그 자리에 있을 때 졸(卒)했다.

온서(溫舒)는 작은할아버지에게 역수(曆數)와 천문을 전수받아 한나라의 불운[厄]을 37로 보고서〔○ 장안(張晏)이 말했다. "37은 210년이다. 한나라 초부터 애제(哀帝) 원년까지가 201년이고 평제(平帝)가 붕할 때까지가 211년이다."〕 봉사(封事)를 올려 미리 경계할 것을 아뢰었다. 성제(成帝) 때 곡영(谷永)도 이런 말을 했다. 왕망(王莽)이 찬탈하게 되자 한나라를 대신하게 되는 부명(符命)을 널리 밝히고자 그런 말들을 기록해 남겼다. 온서의 아들 및 손자는 모두 목(牧-주목)과 수(守-군수)의 대관(大官)에 이르렀다.

찬(贊)하여 말했다.

"춘추시대 때 노(魯)나라 장손달(臧孫達)이 예를 갖춰 자신의 임금에게 간언을 하니 군자는 그의 후손들이 대대로 이어질 것이라고 여겼다〔○ 사고(師古)가 말했다. "장손달은 노나라 대부 장애백(臧哀伯)이다. 환공(桓公)이 고(郜)나라의 큰 쇠솥을 송나라에서 빼앗아오니 애백이 간언을 올렸다. 주(周)의 내사(內史)가 그것을 듣고서 말했다. '장손달은 그 후손들이 노나라에 있게 되겠구나! 임금을 거슬러가면서 그것을 간언함에 있어 다움[德]을 들어 했으니 잊어서는 안 될 것이다.'"〕. 가산(賈山)은 아래에서 위를 권면했고 추양(鄒陽)과 매승(枚乘)은 위태로운 나라(-오나라)에서 유세를 했으나 끝내 형륙을 면할 수 있었던 것은 그 하는 말이 바르기 때문이었다. 노온서는 그 말이 고분고분하고[辭順] 뜻은 독실해[意篤] 드디어 세가(世家)가 됐으니〔○ 사고(師古)가 말했다. "아들과 손자가 대관이 돼 영예가 끊어지지 않았다는 말이다."〕 마땅하도다!"

권
◆
52

두영·전분·관부·
한안국전

竇田灌韓傳

두영(竇嬰)은 자(字)가 왕손(王孫)이며 효문(孝文)황후(皇后)의 종형(從兄)의 아들이다. 아버지 때까지 대대로 관진(觀津)〔○ 사고(師古)가 말했다. "현(縣)의 이름으로 「지리지(地理志)」에 따르면 신도(信都)에 속한다."〕 사람이었으며, 빈객들을 좋아했다[喜=好]. 효문 때 두영은 오(吳)나라 승상(丞相)이 됐는데 병으로 물러났다. 효경(孝景)이 즉위하자 첨사(詹事)가 됐다.

제(帝)의 동생 양나라 효왕(孝王)은 어머니 두태후(竇太后)에게 사랑을 받았다. 효왕이 조회하니 그 기회에 형제의 만남을 축하하는 주연이 베풀어졌다. 이때 상은 아직 태자를 세우지 않았기에 술자리가 무르익자 상은 조용히 효왕에게 이렇게 말했다.

"천추(千秋) 만세(萬歲) 후에 (제위(帝位)를) 왕(王)에게 주겠노라."

태후는 매우 기뻐했다. 이때 영(嬰)이 일어나 술잔을 들어 상에게 올리며 말했다.

"천하란 고조(高祖)의 천하로 부자간에 서로 전하는 것이 한(漢)나라의 약속인데 상께서는 무슨 근거로 양왕에게 전하실 수가 있는 것입니까?"

태후는 이 때문에 영을 미워했다. 영도 스스로 첨사라는 관직을 가볍게 여기고 있었기에 병을 핑계로 사직했다. 태후는 영을 (궁중을 출입할 수 있는) 문적(門籍)에서 없애버려 더 이상 조회에 참여할 수 없게 만들었다.

효경(孝景) 3년에 오(吳)와 초(楚)가 반란을 일으키자 상은 종실(宗室)과 여러 두씨(竇氏)들을 살펴보니 영만큼 뛰어난 사람이 없어 그를 불러 만나 보았으나 굳게 사양하면서 병으로 인해 임무를 맡기에 부족하다고 했다. 태후도 역시 부끄러워했다. 이에 상이 말했다.

"천하가 바야흐로 위급한데 왕손(王孫)이 어찌 겸양만 부리는가?"

마침내 영을 제배해 대장군(大將軍)으로 삼고 황금 1,000근을 내려주었다. 영은 원앙(袁盎), 난포(欒布) 등 여러 명장들과 뛰어난 이들 중에서 집에 머물고 있는 자들을 천거해 벼슬에 나아오게 했다. 하사받은 금은 모두 행랑에 진열해두고 군리(軍吏)들이 지나갈 때마다 각자가 알아서 가져다 쓰게 했고 자기 집에는 조금도 가져가지 않았다.

영은 형양(滎陽)을 지키며 제(齊)와 조(趙) 지역의 군사들을 감독했다. 7국의 군대가 이미 격파되자 영을 봉해 위기후(魏其侯)로 삼았다. 여러 유사(游士)와 빈객들은 다투어 그에게 의탁했다. 조정에서 큰 일을 토의할 때면 여러 열후(列侯)들은 조후(條侯-주아부)와 위기후에 대해서는 누구도 감히 자신들과 대등한 예[抗禮]로 대하려 들지 않았다.

(효경) 4년에 율(栗)태자를 세우고 영을 부(傅)로 삼았다. 율태자가 폐위

될 때 영은 간쟁했으나 뜻을 이루지 못하자 병을 핑계로 관직에서 물러나 남전(藍田)의 남산(南山) 기슭에서 몇 달간 숨어지냈다[屛居=隱居]. 여러 두씨(竇氏)와 빈객과 변사(辯士)들이 찾아가 설득했으나 그를 돌아오게 할 수 없었다. 양(梁)나라 사람 고수(高遂)가 이에 영을 설득해 말했다.

"능히 장군을 부귀하게 할 수 있는 분은 황제이고 능히 장군을 친하게 할 수 있는 분은 태후이십니다. 지금 장군께서는 태자의 스승으로 태자가 폐위될 때 제대로 쟁론을 벌이지 못했고 (쟁론을 벌였으나 뜻을 이루지 못했는데) 또 죽지도 못했습니다. 그러고서 스스로 병을 핑계로 조나라 미인을 옆에 끼고 한가로운 곳으로 물러나와 조회에도 참가하지 않고 계십니다. 그러면서 원망과 분노[懟]를 더해가며 온 천하에 나타내고 있으니 이는 임금의 허물을 드러내는 것입니다. 만일 양 궁(兩宮-황제와 태후)께서 장군에게 화가 나시게 되면[奭=怒] (장군의) 처자식 중에 살아남을 자가 없게 될 것입니다[無類]."

영은 그 말이 옳다고 여겨 마침내 몸을 일으켜 예전처럼 조회에 참석했다.

도후(桃侯)〔○ 복건(服虔)이 말했다. "유사(劉舍)다."〕가 승상에서 면직되자 두태후는 여러 차례 위기(魏其)를 천거했다[言]. 경제가 말했다.

"태후께서는 어찌 신(臣)이 위기(魏其)를 승상에 쓰는 것을 아까워서 그런다고 여기십니까? 위기는 경박하고[沾沾=輕薄] 자만해 쉽게 자기 마음대로 이랬다저랬다 하기 때문에 승상으로서 막중한 위엄을 지키기에 어렵습니다."

결국 그를 쓰지 않고 건릉후(建陵侯) 위관(衛綰)을 써서 승상으로 삼았다.

　전분(田蚡)은 효경(孝景)의 왕(王)황후의 동모이부(同母異父)의 동생으로[1] 장릉(長陵)에서 태어났다. 두영(竇嬰)은 이미 대장군이 돼 바야흐로 위세가 높을 때 분(蚡)은 제조(諸曹)의 낭관으로 아직 지위가 높지 않아 영의 집에 왕래하면서 술시중을 들 때 꿇어앉고 일어서는 예절[跪起]이 마치 영이 낳은 자식 같았다. 효경 말년에 이르러 분은 더욱 높아지고 총애를 얻어 중대부(中大夫)가 됐다. 언변이 뛰어났고 『반우(槃盂)』[2]와 제가(諸家)의 책들을 공부해 왕황후는 그를 뛰어난 동생이라고 여겼다.

　효경제가 붕하고 무제(武帝)가 처음 자리에 나아갔을 때 분은 외삼촌[舅]으로서 봉해져 무안후(武安侯)가 됐고 동생 승(勝)은 주양후(周陽侯)가 됐다.

　분이 새롭게 정권을 잡자[用事] 빈객들에게 자신을 낮추며 이름난 선비들 중에 집에 머물고 있는 사람들을 나아오게 해 그들을 높여줌으로써 여러 장상(將相)들을 뛰어넘으려 했다[傾=踰越]. 상이 신하들을 누르고 어루만져주는 계책들[所塡撫]은 대부분 분의 빈객들에게서 나왔다. 마침 관(綰)이 병으로 면직되자 상은 토의를 해서 승상과 태위(太尉)의 후임을 정

1　어머니 짱아(臧兒)는 왕중(王仲)에게 시집가서 왕황후를 낳았고 뒤에 전씨(田氏)와 재혼해 분(蚡)과 승(勝)을 낳았다.
2　황제(黃帝)의 사관(史官)인 공갑(孔甲)이 저술한 26편으로 된 도가(道家) 계통의 책이라고 하는데 전하지 않는다.

하게 했다. 적복(籍福, ?~?)³이 분을 설득해 말했다.

"위기후는 존귀하게 된 지가 오래돼 평소 천하의 선비들이 그에게 의탁했습니다. (그러니) 지금은 장군께서 이제 막 일어났으니 그만 못합니다. 곧 상께서 장군을 승상으로 삼으려 하시거든 반드시 위기에게 양보하셔야 합니다. 위기가 상(相)이 되면 장군은 반드시 태위가 되실 것입니다. 태위는 승상과 존귀함이 같을 뿐이고 뛰어난 이에게 양보했다는 명성을 얻게 될 것입니다."

전은 마침내 태후에게 은근하게 말해[微言] 상에게 흘러들어가도록 했다[風=諷]. 이에 마침내 영(嬰)을 승상으로 삼고 분은 태위가 됐다. 적복은 영을 축하하고 이어 위로하면서 말했다.

"군후(君侯)께서는 자품이 천성적으로 선한 것을 좋아하고 악한 것을 미워하시니 바야흐로 지금 선한 사람들이 군후를 칭송해 그 때문에 승상에 이르셨습니다. 그러나 악한 사람들도 많아 그들 또한 군후를 헐뜯고 있습니다. 군후께서는 능히 그들도 아울러 포용하셔야[兼容][○ 사고(師古)가 말했다. "악인을 미워해 그들로 하여금 원망을 품게 하지 말라는 뜻이다."] 총애도 오래갈 것입니다. 만약에 포용하지 못하시게 되면 곧 그들의 비방으로 인해 자리에서 물러나실 것입니다."

영은 듣지 않았다.

영과 분은 모두 유술(儒術-유학)을 좋아해 조관(趙綰)을 천거해[推轂=추곡

---

3 승상 전분의 문객으로 평소 불화한 전분과 두영의 사이를 조율하려고 노력했다. 협객 계심(季心)과도 교류가 있어 계심으로부터 관부와 함께 아우처럼 보살핌을 받았다.

升薦] 어사대부(御史大夫)로 삼고 왕장(王臧)을 낭중령(郎中令)으로 삼았다. 노(魯)나라의 신공(申公)을 (장안으로) 맞아들여 명당(明堂)을 세우려 했고 열후들을 자기들의 봉국으로 돌아가게 했으며 관(關)을 없앴고 예법에 따라 (상복의) 복식(服飾) 제도를 정하게 해 이로써 태평한 사회를 일으키려 했다. 여러 두씨(竇氏)와 종실(宗室) 가운데서 행실이 좋지 못한 자를 들추어내 견책하고 그들을 족적(族籍)에서 삭제했다. 여러 외척들이 열후였고 열후들 대부분은 공주를 아내로 맞이했기에[尚] 모두 자신의 봉국으로 돌아가려 하지 않았기 때문에 날마다 위기후 등을 헐뜯는 소리가 두태후의 귀에 들어갔다. 태후는 황로(黃老)의 학설을 좋아했는데 영, 관, 조관 등은 유술을 융성시켜 높이는 데 힘쓰고 도가(道家)의 학설을 폄하했으므로 이 때문에 두태후는 더욱[滋=益] 그들을 싫어했다.

건원(建元) 2년에 어사대부 조관이 동궁(東宮-태후궁)에 정무를 아뢰는 것을 없애자고 청했다. 두태후는 크게 노해 말했다.

"이는 다시 신원평(新垣平)[4]이 되려는 것이야!"

마침내 조관과 왕장을 파면시켜 내쫓았고 승상 영과 태위 분을 면직시키고 백지후(柏至侯) 허창(許昌)을 승상으로, 무강후(武彊侯) 장청적(莊青翟)을 어사대부로 삼았다. 영과 분은 후(侯)의 신분만 유지한 채 집에 머물러야 했다. 분은 비록 직임을 못 가졌지만 왕(王)태후와의 연고로 상의 총애를 받았고 여러 차례 정사에 대해 건의를 올려 많이 채택돼 선비나 관

---

4 문제(文帝) 때 사람으로 망기술(望氣術)로 문제에게 발탁돼 관직이 상대부에 이르렀다. 뒤에 사기로 밝혀져 주살됐다.

리들 중에서 권세와 이익을 좇는 자들은 영을 떠나 분에게 의탁했다. 분은 날로 방자함[橫=恣]이 더해갔다.
　　　　　　　　　횡　자

　건원 6년에 두태후가 붕(崩)했는데 승상 창(昌)과 어사대부 청적(靑翟)은 (두태후의) 상사(喪事)를 제대로 처리하지 못한[不辨] 죄에 걸려 면직됐다. 상은 분을 승상으로 삼고 대사농(大司農) 한안국(韓安國)을 어사대부로 삼았다. 이때부터 천하의 선비와 군수와 제후들은 더욱더[愈益] 분에게 귀부했다[附].
　　　　　　　　　　　　　　　　　　　　　　　유익
부

　분은 외모가 왜소했으나[侵=短小] 날 때부터 존귀했다. 또 당시 제후와 왕들은 대부분 나이가 많았는데 상은 막 즉위해 나이가 어렸다[富=幼].
　　　　　　　　침　단소　　　　　　　　　　　　　　　　　　　　　　　부　유
그래서 분은 자기가 외척이자 승상으로서 그들을 가차 없이 깎아내려 예로써 굴복시키지 않으면 천하가 복종하지 않을 것이라고 여겼다. 이런 때를 맞아 승상이 들어와 정사를 아뢰게 되면 둘 사이의 이야기가 장시간 이어졌고 말하는 것마다 모두 다 들어주었다. 그가 추천한 사람은 혹은 평민으로 있다가 하루아침에 2,000석 관리에 이르기도 해 그의 권력은 마치 주상의 것을 옮겨놓은 듯했다. 마침내 상이 말했다.

　"그대[君]가 제배할 관리는 다 끝나지 않았는가? 나도 관리를 제배하고
　　　　군
싶다!"

　일찍이 자신의 집을 늘리려고 고공관(考工官-공구 제작 기관)의 부지를 청하자 상은 노해 말했다.

　"이렇게 가다가는 무기고를 차지하겠구나!"

　이후부터 마침내 뒤로 물러섰다. 한번은 손님을 불러 술자리를 베풀었는데 그의 형 개후(蓋侯)는 북향으로 앉게 하고 자신은 동향으로 앉았다.

그 이유는 한나라 승상은 높기 때문에 형이라고 해도 사사로이 자신을 굽힐 수 없다는 것이었다. 이때부터 더욱 교만해졌고 자신의 저택을 꾸몄는데 귀족 저택 중에서 으뜸이었고 그의 전답과 장원은 지극히 비옥했으며 그가 전국 군현(郡縣)에 파견해 각종 물건을 사오는 행렬이 길에 서로 이어졌다[相屬=相連]. 저택의 앞채에는 종과 북을 늘어놓았고 곡전(曲旃-깃발)을 세워두었으며 뒤채에는 부녀자가 100여 명에 이르렀다. 전국 각지에서 그에게 바친[奏=進] 진귀한 물건들, 개와 말, 완호물(玩好物) 등은 이루 다 셀 수가 없었다.

반면에 영은 두태후를 잃고 나서 더욱 (천자와) 소원해져 쓰이지 않았고 세력이 없어지자 여러 공(公)들도 점차 멀어졌고 심지어 그를 대하는 것이 태만하거나 방자해졌는데 오직 관부(灌夫)만이 그러지를 않았다. 그래서 영은 하루하루를 묵묵하게 뜻을 얻지 못하고[不得意=失意] 지내면서도 부(夫)에 대해서는 두텁게 예우했다.

관부(灌夫)는 자(字)가 중유(仲孺)이고 영음(潁陰) 사람이다. 아버지 장맹(張孟)은 일찍이 영음후(潁陰侯) 관영(灌嬰)의 사인(舍人-가신)이었는데 총애를 받아 그의 추천으로 벼슬에 나아가 2,000석 관리에 이르렀고 그 때문에 관씨(灌氏) 성을 받아[蒙=冒] 관맹(灌孟)이 됐다. 오와 초나라가 반란을 일으켰을 때 영음후 관하(灌何)〔○ 사고(師古)가 말했다. "이때 영음후는 관영의 아들이었고 이름은 하(何)인데 옮겨 쓰는 과정에서 (원문에) 영(嬰)이라고 잘못 썼다."〕가 장군이 돼 태위(-주아부)의 휘하에 속하게 됐는데 그는 태위에게 맹(孟)을 교위(校尉)로 삼아줄 것을 청했다. 부(夫)는 1,000

명을 이끌고 부친과 함께 종군했다. 맹은 나이가 들었기 때문에 영음후가 자신을 강하게 추천했던 것에 대해 늘 미안하게 여겨 실의에 빠져 있었고, 그 때문에 전투에서 항상 적의 견고한 진지를 공격하다가 결국 오나라 군중에서 전사했다. 한나라 법에는 부자가 함께 전투를 나섰다가 한 사람이 전사하면 남은 생존자는 유해와 함께 돌아갈 수 있었다. 그러나 부는 아버지의 유해를 따라 돌아가려 하지 않고 격분해 말했다.

"바라건대 오왕이나 오나라 장군의 목을 베어 부친의 원수를 갚을 수 있게 해주십시오."

이에 부는 갑옷을 입고 창을 쥐고서 군중의 용사들 중에 평소 자기와 친하게 지냈고 따라나서기를 원하는 수십 명을 모았다. (그러나) 성벽을 나설 때까지 감히 앞으로 나서는 자가 없었다. 단지 두 사람과 관부가 데리고 온 노비 10여 명만이 함께 말을 달려 오나라 군영 속으로 돌격해 오나라 장군의 깃발 아래에[戲下] 이르러 적군 수십 명을 죽이거나 상처를 입혔다. 더 이상 전진할 수가 없게 되자 다시 말을 달려 귀환했는데 한나라 성벽으로 들어왔을 때에는 그의 노비들은 모두 죽고 단지 한 명의 기병과 함께 돌아왔다. 부 자신도 몸에 10여 군데의 큰 상처를 입었는데 마침 1만 금의 가치가 있는 좋은 약이 있었기 때문에 죽지 않을 수 있었다. 상처가 조금 낫자 또다시 장군에게 청했다.

"저는 이제 오나라 성벽의 곡절을 더욱 잘 알게 됐으니 다시 가게 해주십시오."

장군은 그를 장하고 의로운 군사라고 여겼으나 부를 잃게 될까 두려워 이에 태위에게 보고하니 태위도 그를 불러서 굳게 말렸다. 오나라 군대를 깨뜨리고 나자 부는 이로 인해 천하에 명성이 알려졌다.

영음후가 부의 일을 말하니 (황제는) 부를 낭중장(郎中將)[5]으로 삼았다. 여러 해가 지나 법에 걸려 관직에서 물러났다. 장안의 집에서 머물렀는데 여러 공(公)들 중에 그를 칭송하지 않는 사람이 없었고 이로 말미암아 다시 대(代)나라 재상이 됐다.

무제(武帝)가 즉위해 회양(淮陽)은 천하 교통의 요충지로서 강력한 군대 [勁兵]가 지켜야 한다고 여겼기 때문에 부를 옮겨 회양 태수(太守)로 삼았다. (후에 조정에) 들어가 태복(太僕)이 됐다. 건원(建元) 2년에 부는 장락위위(長樂衛尉) 두보(竇甫)와 술을 마시다가 음주 예절의 경중(輕重)을 잃어 부가 술에 취해 두보를 주먹으로 때렸다. 보(甫)는 두태후와 형제간이었다. 상은 태후가 부를 죽일까 두려워서 그를 옮겨 연(燕)나라 재상으로 삼았다. 몇 년 뒤에 법에 걸려 관직에서 물러나자 장안의 집에 한가롭게 머물렀다.

부는 사람됨이 굳세고 곧았으며[剛直], 주벽(酒癖)이 있었으나 면전에서 아부하는 것[面諛]을 좋아하지 않았다. 귀척을 비롯해 자기보다 신분이 높은[右=尊] 세력가를 보면 반드시 그들을 업신여기고 모욕을 주었다. 반면에 자신보다 신분이 낮은[左=卑] 선비들에 대해서는 그들이 빈천할수록 더욱더 예를 갖춰 공경하며 대등하게 대했다. 넓은 뜰에 군중이 모여 있으면 자기보다 지위가 낮은 사람을 일으켜 천거하고 총애했다. 그래서 선비들도 그를 중하게 여겼다[多=重].

---

5 중랑장의 오기인 듯하다.

부는 문학(文學-유학이나 학문)을 좋아하지 않았고 협객을 좋아했으며 남들과의 약속은 꼭 지켰다. 그와 더불어 교유하는 자는 호걸이나 무뢰배가 아닌 자가 없었다. 그의 집안에는 수천만 금을 쌓아두었으며 식객이 매일 수십 명에서 100명에 달했다. 저수지와 전원의 부를 갖고 있었고 그의 종족과 빈객들이 권세를 장악하고 이익을 독점하며 영천(潁川)에서 횡행했다. 영천의 아이들은 이렇게 노래했다.

"영수(潁水)가 맑으면 관씨(灌氏)는 평안하네
영수가 탁해지면 관씨는 멸족되리라[族=族滅]〔○ 사고(師古)가 말했다. "아주 미워하고 원망했기 때문에 이런 노래를 부른 것이다."〕"

부는 집에서 한가로이 지냈기 때문에 경상(卿相), 시중(侍中), 빈객들이 점차 줄어들었다. 두영이 세력을 잃은 뒤에는 부를 의지했고 평소 자기를 흠모하다가 권세를 잃자 자신을 저버리는 자들을 배척하고자 했다. 부 역시 영에 의지해 열후나 종실과 통교하며 명성을 높일 수 있었다. 두 사람은 서로 이끌어주고 존중해[引重] 서로 어울리는 것이 마치 부자지간과도 같았다. 서로 의기투합해 매우 기뻐하며 싫증내지 않았고 서로 뒤늦게 알게 된 것을 한스러워했다.

부가 상중(喪中)에 있으면서[有服] 승상 분을 방문했다. 분이 조용히 말했다.

"나는 중유(仲孺-관부)와 함께 위기후를 방문하고 싶었는데 마침 중유가 상복을 입고 있네."

부가 말했다.

"장군께서 마침내 위기후의 집에 행차하려는데 부(夫)가 어찌 감히 상중임을 핑계로 마다하겠습니까[解=辭]? 제가 위기에게 연회를 준비하라고 [具=具酒食] 말할 터이니 장군께서는 내일 아침 일찍 왕림해주십시오."

부는 승낙했다. 부는 영에게 그대로 말했다. 영은 부인과 함께 시장에 가서 술과 고기를 많이[益=多] 샀고 밤인데도 집 안 청소를 하고 장막과 기구들을 마련해 새벽까지 주연 준비를 마쳤다. 날이 밝아오자 사람을 시켜 주변을 살펴보게 했다. 그러나 해가 중천에 이르도록 분은 오지 않았다. 영이 부에게 말했다.

"승상이 어찌 약속을 잊었단 말인가?"

부도 기분이 안 좋아서[不懌=不悅] 말했다.

"부가 상복을 입고 청했는데 잊어서는 안 되지요[不宜]."

이에 수레를 타고 자신이 직접 분을 맞으러 갔다. 분은 전날에 단지[特=但] 농담 삼아 부에게 승낙했던 것으로 정말 갈 생각은 없었다. 부가 문 앞에 이르렀을 때에도 분은 아직 누워 있었다. 이에 부가 만나서 말했다.

"장군께서 어제 영광스럽게도 위기를 방문하시겠다고 허락하셔서 위기 부부는 술과 음식을 갖추어놓고 새벽부터 지금까지 감히 먹지도 못하고 있습니다."

분은 그때서야 생각한 듯이 사과하며 말했다.

"내가 취해서 중유와 했던 약속을 잊었구려."

마침내 수레를 타고 갔다. 가기는 가는데 아주 느려 부는 더욱 화가 치밀었다. 술자리의 분위기가 무르익었을 때 부가 일어나 한바탕 춤을 추고 나서는 분에게 권했으나[屬=付=請] 분은 일어나지 않았다. 부는 도로 자기 자리에 가서 앉으며 분을 비꼬는 말을 했다. 영은 이에 부를 부축해 데리고 나가며 분에게 사과했다. 분은 결국 취해서 밤까지 지극히 즐기다가 돌아갔다.

그후에 분이 적복(藉福)을 시켜 영에게 성 남쪽의 전답을 청하자 영은 크게 원망하며[大望=大怨] 말했다.

"이 늙은이[老僕]가 비록 버림을 받았고 장군이 비록 귀한 신분이라지만 어찌 권세로써 다른 사람의 전답을 빼앗을 수 있겠는가!"

영은 허락하지 않았다. 부는 이 말을 듣고서 노해 복(福)을 욕했다. 복은 두 사람(-분과 영) 사이에 틈이 생기는 것을 원하지 않았기에 사실을 속이고 분에게 좋은 말을 올렸다.

"위기는 늙어서 얼마 안 가 곧 죽을 것이니 참기 어려운 것도 아니므로 조금만 기다리시지요."

얼마 안 가서 분은 영과 부가 실제로는 화가 나서 전답을 주지 않았다는 것을 듣고서 화를 내며 말했다.

"위기의 아들이 일찍이 사람을 죽였을 때 나 분이 그를 살려주었다. 나는 위기를 섬기면서 안 된다고 한 것이 없었는데 밭 몇 마지기를 아낀다는 말인가? 또 관부는 어째서 참견하는[與=預] 것인가? 내 다시는 감히 전답을 요구하지 않을 것이다."

이로 말미암아 크게 분노했다.

원광(元光) 4년 봄에 분은 관부의 집이 영천에 있는데 횡포가 심해 백성들이 매우 고통을 받는다고 아뢰고 수사할 수 있게 해달라고 청했다. 상이 말했다.

"이는 승상의 일인데 어째서 청하는가?"

부 역시 분의 비밀스러운 일[陰事]을 파악하고 있었는데 불법적인 이익을 취한 것과 회남왕(淮南王)의 황금을 받고 밀담을 나눈 것 등이었다. (양 집안의) 빈객들이 중간에서 나서 조정해[居間] 마침내 공방을 멈추고 서로 화해했다.

(같은 해) 여름에 분이 연왕의 딸[○ 사고(師古)가 말했다. "연왕 택(澤)의 아들 강왕(康王) 가(嘉)의 딸이다."]을 부인(夫人)으로 맞이하자 태후가 조서를 내려 열후와 종실을 불러 모두 가서 축하하라고 했다. 영은 부를 찾아가 함께 가려고 했는데 부가 사양하며 말했다.

"제가 여러 차례 술로 인해 실수해 승상에게 잘못을 했고 승상은 지금까지도 저와 틈이 있습니다."

영이 말했다.

"그 일은 이미 해결됐네."

억지로 그와 함께 갔다. 술자리가 무르익자 분이 일어나 축배를 들었는데[爲壽] 좌중이 모두 자리에서 벗어나 엎드렸다. 이미 영은 축배를 들고 나자 영과 친한 사람들만 자리를 피해 엎드리고 나머지 사람들은 좌석에서 무릎을 굽힌 채 엉거주춤하게 있었다. 부가 일어나 술잔을 올렸는데 차례가 분에 이르렀을 때 분은 자리에서 단지 무릎만 세우며 말했다.

"가득 잔을 채우면 마실[觴] 수 없소이다."

부는 화가 났지만 억지로 웃으며[嘻笑] 말했다.

"장군은 귀인이시니 다 드셔야지요!"

이때 분은 술잔을 다 비우지 않았다[不肯]. 계속 술잔을 올리다가 차례가 임여후(臨汝侯) 관현(灌賢)에 이르렀는데 현(賢)은 한창 정불식(程不識)과 귓속말을 하고 있었다. 게다가 자리를 피하는 예를 차리지도 않았다. 부는 계속 화를 참다가 현에게 욕을 하며 말했다.

"평소에는 정불식이 한 푼의 가치도 없다고 비방하더니 오늘은 장자(長者)가 축배를 권하는데도 계집애처럼 소곤소곤 귓속말인가!"

분이 부에게 일러 말했다.

"정과 이(李)는 모두 동서 두 궁의 위위(衛尉)인데〔○ 맹강(孟康)이 말했다. "이광(李廣)은 동궁, 정불식은 서궁의 위위였다."〕 지금 많은 사람들 속에서 정장군을 모욕을 주니 중유는 홀로 이장군의 입장[地]을 생각하지 않는가?"

부가 말했다.

"오늘 내 목을 자르고 가슴에 구멍을 낸다[穴匈=穴胸]고 해도 정장군이나 이장군을 어찌 염두에 두겠소!"

좌중에 있던 사람들은 일어나 옷을 갈아입고서 하나둘씩 떠나갔다. 영도 나가면서 부에게 나오라고 손짓을 했다[戲=麾]. 부가 나가자 분은 드디어 화를 내며 말했다.

"이는 내가 관부를 교만하게 만든 죄다."

곧바로 기병에게 명을 내려 부를 억류시키니 부는 나갈 수가 없었다. 적복이 일어나 대신 사과하면서 아울러 부의 목덜미를 눌러 사과하게 했다. 부는 더욱 화를 내며 기꺼이 따르려 하지 않았다. 분은 마침내 기병들을 손짓으로 불러 부를 포박해 전사(傳舍)에 가두게 하고서 장사(長史)를 불러 말했다.

"오늘 종실 사람들이 참석한 것은 조서가 있었기 때문이다."

관부가 좌중을 모욕한 것은 불경죄(不敬罪)에 해당한다고 탄핵해 거실(居室)〔○ 사고(師古)가 말했다. "거실은 구치소의 이름으로 소부(少府)에 속한다. 그 후에 이름을 고쳐 보궁(保宮)이라고 했다."〕에 집어넣었다. 결국 이전 일들까지 조사해 관리를 보내 조를 나누어 관씨 일족을 잡아들이게 했는데 모두 기시(棄市)에 해당하는 죄명을 얻었다. 영은 부끄러워하며 자금을 풀고 빈객들을 보내 분에게 청하게 했으나 누구도 부를 석방시킬 수 없었다. 분의 관리들이 모두 그의 눈과 귀가 돼 살피니 관씨들은 모두 도망가 숨어버렸다. 부는 붙잡혀 있었기 때문에 끝내 분의 비밀스러운 일[陰事]을 고발할 길이 없었다.
음사

영은 절박하게[銳] 부를 구하고자 애썼는데 그의 부인이 이렇게 간언했다.
예

"관장군은 승상에게 죄를 짓고 태후 집안의 사람을 건드렸으니[迕=逆] 어떻게 구할 수 있겠습니까?"
오 역

영이 말했다.

"후(侯)의 신분은 내 스스로 얻은 것이니 지금 그것을 잃어도 유감이 될 것은 없소. 그러나 끝내 관중유를 홀로 죽게 하고 나 혼자 살아남을 수는 없소이다."

이에 집안사람들 몰래 나가서 상에게 글을 올렸다. 상이 불러서 들어가게 되자 관부가 취중에 실언한 정황을 갖추어 말하고 그 일을 갖고 주살할 만한 일은 못 된다고 밝혔다. 상도 그렇다고 여겨 영에게 음식을 내려주면서 이렇게 말했다.

"동궁의 조정[東朝][○ 여순(如淳)이 말했다. "태후의 조정이다."]에서 그를 변론하라."

영은 동궁의 조정에 가서 분의 장점을 크게 알리고 그가 취해서 허물을 지은 것뿐인데 마침내 승상이 다른 일로써 무고하게 죄를 씌운 것이라고 말했다. 분은 부가 저지른 횡포와 방자했던 소행을 크게 비판한 다음에 대역무도한 죄에 해당한다고 주장했다. 영은 아무리 생각해도 다른 도리가 없을 것 같아 분의 단점을 말했다. 이에 분이 말했다.

"천하가 다행히 평안하고 아무런 큰 일도 없어 분은 폐부의 자리를 얻었는데 좋아하는 것이라고는 음악과 개와 말, 밭과 집뿐이고 아끼는 것이라고는 광대와 솜씨 좋은 공장(工匠)의 무리들에 불과하니, 이는 위기나 관부 등이 천하의 호걸과 장사를 불러 모아 밤낮으로 의논하며 내심 조정에 불만을 품고 비방하거나 고개를 들어 하늘을 살피거나 땅을 굽어보면서 동·서 양 궁 사이를 흘겨보며 요행히 천하에 변고가 나서 자신들이 큰 공을 세우기를 바라고 있는 것과는 다릅니다. 신은 끝내 위기 등이 하는 일과는 전혀 다릅니다."

상은 조정 신하들에게 물었다.

"두 사람 중에 누가 옳은가?"

어사대부 한안국이 말했다.

"위기가 말하기를 '관부는 자신의 부친이 나라를 위해서 죽게 되자 몸에 창을 지니고 강대한 오나라 군영 속으로 달려 들어갔고, 몸에 수십 군데의 상처를 입어 그 명성이 삼군(三軍)에 알려졌으니 이는 천하의 장사가 분명합니다. 만약에 특별하게 큰 죄를 지은 것도 아니고 단지 술자리에서 취해 다툰 것으로서 다른 허물까지 끌어들여 주벌할 것은 못 된다'라고 했는데 이 위기의 말은 옳습니다.

승상은 또 '관부는 교활한 무리들과 왕래하며 가난한 백성들을 침탈하고 집에는 거만(巨萬)의 재산을 쌓아두고서 영천에서 횡포를 부리며 종실을 능욕하고 황실의 골육지친(骨肉之親)을 침범했으니, 이는 이른바 "나뭇가지가 나무보다 크거나 종아리가 넓적다리보다 크면 부러지지 않더라도 반드시 갈라진다"라고 한 것과 같다'라고 한 승상의 말 또한 옳습니다. 오직 밝으신 주상께서만 판결하실 수 있습니다."

주작도위(主爵都尉) 급암(汲黯)은 위기가 옳다고 했다. 내사(內史) 정당시(鄭當時)는 위기가 옳다고 했다가 뒤에는 자신의 의견을 견지하지 못했다. 나머지는 모두 감히 답하지 못했다. 상은 내사에게 화를 내며 말했다.

"공은 평소에 여러 차례 위기와 무안의 장단점을 말하더니 오늘 조정의 변론에서는 어찌하여 마치 수레 끌채 아래의 망아지처럼 움츠러드는가? 나는 저런 무리들까지 아울러 처단할 것이다!"

조회를 마치고 일어나 궁으로 들어가 태후에게 음식을 올렸다. 태후 또한 이미 사람을 시켜 조정 일을 알아보게 했는데 그가 조정에서 변론한 상황을 갖추어 보고했다. 태후는 화가 나서 식사를 하지 않고 말했다.

"내가 살아 있는데도 사람들은 모두 내 동생을 깔아뭉개는데[藉=蹈] 가령 내가 죽고 나면[百歲後] 모두 어육(魚肉) 같은 신세가 될 것이다. 또 제께서는 어찌 석상처럼 자기 주장이 없으신가! 이들은 버젓이 제(帝)가 살아 계셔도 자기 의견이 없이 흔들리거늘[錄錄] 가령 백세 뒤에는 이런 무리들 중에 어찌 믿을 만한 사람이 있겠는가?"

상이 사과해 말했다.

"둘 다 외척이기 때문에 조정에서 논변을 하도록 한 것입니다. 그렇지 않다면 이는 일개 옥리가 해결할 일이었을 뿐입니다."

이때 낭중령 석건(石建)이 상을 위해 두 사람의 사정을 조목조목 분별해 진술했다.

분은 조회를 마친 뒤에 지거문(止車門)을 나와서 어사대부 안국을 불러 수레에 태우고 가면서 화를 내며 말했다.

"나는 장유(長孺-한안국의 자)와 함께 늙은 퇴물과 대적하려 했는데 어찌 주저하며 양다리를 걸친 것이오?"

안국은 한참 있다가 분에게 말했다.

"군(君)께서는 어찌 자중자애하지[自喜] 않습니까? 저 위기가 군을 헐뜯으면 군께서는 마땅히 관을 벗고 승상의 인끈을 풀어 상께 돌려드리며 '신은 외척인 덕으로 요행히 승상 직을 얻었습니다만 진실로 그 적임이 못 됩니다. 위기의 말이 다 옳습니다'라고 하셨어야 합니다. 그렇게 했다면 상께서는 반드시 군이 겸양을 갖췄다고 칭찬하시면서 군을 폐하지 않으실 것입니다. 위기는 틀림없이 속으로 부끄러워 문을 닫아걸고 혀를 깨물어 자살했을 것입니다. (그런데) 지금 남들이 군을 헐뜯는다고 군 또한 남을 헐뜯으시니 이는 비유하자면 마치 장사치나 계집애들의 말다툼 같은 것인데 어찌 그리도 대체(大體)를 모르십니까?"

분은 사과하며 말했다.

"다툴 때는 마음이 급해 이런 계책을 생각해낼 수가 없었소."

이에 상은 어사(御史)를 시켜 문서를 통해 영을 조사하게 하고 더불어 영이 관부에 대해 말한 것들 중에 상당 부분 (실상에) 부합되지 않아 영을 탄핵해 도사공(都司空)에 가두었다. 효경(孝景) 때 영은 일찍이 유조(遺詔)를 받았는데 거기에는 '만일 너에게 불편한 사정이 생기면 너는 네 편의에 따라 상에게 보고할 수 있다'라고 돼 있었다. 자기는 구속되고 관부의 죄는 반드시 멸족에 해당돼 일이 날로 다급해지는데도 여러 공(公)들 중에서 누구도 감히 황제에게 이 사건을 다시 밝혀 말해주는 사람이 없었다. 영은 이에 조카를 시켜 글을 올려 유조에 관해 일을 말하게 해 다시 불려 들어가 알현할 기회를 갖고자 했다. 글이 올라가자 상은 상서(尙書)의 문서를 조사하게 했는데 대행(大行-경제)은 유조를 남기지 않았다. 이 조서는 오로지 영의 집에만 보관해 영의 가신이 그것을 봉인해두고 있었다. 마침내 영은 선제(先帝)의 유조를 위조한 혐의로 탄핵됐고 그 죄는 기시(棄市)에 해당됐다.

원광(元光) 5년 10월에 관부와 그 일족은 모두 논죄됐다. 영은 한참 뒤에야 자신의 탄핵 소식을 듣고서 곧 풍질에 걸려 음식을 끊고 죽으려 했다. 어떤 사람이 상은 영을 죽일 뜻이 없다는 말을 듣고 와서 전하자 영은 다시 음식을 들고 병을 치료했는데 조정에서는 그를 죽이지 않기로 의견을 정했다. 그런데 이번에는 그를 헐뜯는 유언비어가 떠돌아 상의 귀에까지 들어가 이로 인해서 12월 그믐날에 위기는 위성(渭城)에서 기시됐다.

그 해 봄에 분이 병이 났는데 온몸이 마치 누가 때리는 것처럼 아팠고 큰 소리를 내며 엎드려 사죄한다고 외쳤다. 상은 귀신을 볼 줄 아는 무당을 시켜 그의 몸 상태를 보게 하니 그가 말했다.

"위기후와 관부가 함께 그를 지키고 서서 몽둥이로 쳐 죽이려 합니다."

결국 분은 죽었다. 아들 염(恬)이 뒤를 이었는데 원삭(元朔) 연간에 죄에 걸려들어 작위를 빼앗겼다.

뒤에 회남왕(淮南王)이 모반을 꾀하다 발각됐다. 애초에 안(安-회남왕 유안)이 입조했을 때 분은 태위로서 안을 맞이하러 패상(霸上)까지 가서 안에게 말했다.

"상께는 아직 태자가 없으신데 대왕께서 가장 뛰어나시고 또한 고조(高祖)의 손자이시니 그런즉 황제께서 붕하시면[晏駕] 대왕을 세우지 않는다면 누구를 세우겠습니까!"

회남왕은 크게 기뻐하며 황금과 재물을 두텁게 주었다. 상은 영과 부의 일이 있을 때부터 분이 곧지 않다[不直]고 여겼지만 특별히 왕태후와의 연고 때문에 그냥 두고 있었다. 회남왕이 분에게 황금을 준 일에 대한 보고를 듣고서 상은 말했다.

"무안후가 지금 살아 있었다면 멸족당했을 것이다."

한안국(韓安國)은 자(字)가 장유(長孺)이고 양(梁)나라 성안현(成安縣) 사람인데 뒤에 수양(睢陽)으로 옮겼다. 일찍이 추현(騶縣)의 전생(田生)으로부터 한비자(韓非子)와 잡가(雜家)의 학설을 배웠다. 양나라 효왕(孝王)을 섬겨 중대부(中大夫)가 됐다. 오초(吳楚)의 반란이 일어났을 때 효왕은 안국(安國)과 장우(張羽)를 장군으로 삼아 동쪽 경계에서 오나라 군대를 막아냈다[扞]. 장우는 힘을 다해 싸웠고 안국은 자기 지역을 굳게 지켰기 때문에 오나라는 양나라를 지나갈 수가 없었다. 오초가 깨뜨려지자 안국과 장우의 이름은 이로 말미암아 온 양나라에 크게 드러나게 됐다.

양나라 효왕은 (경제(景帝)와 한 어머니에서 태어난 친동생으로 한나라 조정의 허락을 얻지 않고) 독자적으로 자기 나라의 상국과 2,000석 관리를 둘 수 있었고 들고 날 때나 사냥 등 유희를 할 때 천자에 버금갔다[僭=擬]. 천자는 이 소문을 듣고 마음이 좋지 않았다[不善]. 태후도 제(帝)가 좋지 않게 여기는 것을 알고 마침내 바로 양나라에서 보내온 사신에게 화를 내며 만나주지도 않았으며 양왕의 행동을 제대로 따져 물어 바로 보좌하지 못한 것에 대해 꾸짖었다. 안국이 이때 양나라 사신이었는데 바로 대장공주(大長公主-황제의 누이)를 찾아뵙고 울면서 이렇게 말했다.

"어찌하여 양왕께서 자식 된 효도를 하고 신하로서 충성을 하는 것을 태후께서는 정녕 몰라주십니까? 예전에 오(吳), 초(楚), 제(齊), 조(趙)나라 등 7국(國)의 반란 때 함곡관(函谷關) 동쪽의 제후들은 모두 연합해 서쪽을 향해 진군했으나 오직 양왕만이 가장 가까운 혈친이었기에[最親=至親] 그들을 가로막았습니다.

양왕께서는 항상 태후와 황제께서 관중(關中)에 계신 것을 생각하시면서 제후가 난을 일으켰을 때 그것을 걱정해 그 사태를 한 번 말할 때마다 여러 차례 눈물을 흘리셨습니다. 그리고 무릎을 꿇고 신 등 여섯 사람을 보내 군대를 이끌고서 오초를 물리치라고 하셨으니 오초의 군대는 그 때문에 감히 서쪽으로 진군하지 못하고 결국은 패망했습니다. 이는 양왕의 힘 덕분입니다. 그럼에도 지금 태후께서는 대수롭지 않은 절조와 까다로운 예법을 들어 양왕을 책망하고 계십니다.

양왕께서는 부친과 형님이 모두 제왕이었기 때문에 어려서부터 본 것이 크게 황실의 위엄과 격식을 차리는 것들이었습니다. 그래서 외출할 때에는 길을 치우고 사람의 통행을 금지했으며[走畢] 궁으로 돌아올 때에는 경비를 강화했던 것입니다. 양왕의 수레와 깃발은 모두 제께서 내려주신 것이니 양왕은 바로 이렇게 행동함으로써 먼 변방의 직은 현(縣)에서도 자신을 돋보이고, 나라 안에서 일을 신속하게 처리하기 위해서 호쾌하게 수레를 내몰아 달려 제후들에게 자신을 과시함으로써 천하 사람들로 하여금 태후와 제께서 자신을 각별하게 총애하심을 알게 하고자 했던 것입니다.

(그런데) 지금 양나라 사신(-한안국 자신)이 오자마자 곧바로 책임을 따지고 꾸짖으시니 양왕은 두려워서 밤낮으로 눈물을 흘리며 태후와 폐하를 그리워하면서 어떻게 처신해야 할지를 몰라 하고 계십니다. 어찌 양왕께서는 자식 된 효도를 하고 신하로서 충성을 하는데 태후께서는 갸륵하게[矜] 여기지 않으십니까?"

장공주가 그의 말을 갖추어 태후에게 아뢰자 태후는 기뻐하면서 말했다.

"이 말을 제께도 아뢰어라."

이를 아뢰자 제는 언짢아했던 마음이 풀리면서 관(冠)을 벗고 태후에게 사죄해 말했다.

"형제가 서로를 잘 일깨워주지 못해 마침내 태후께 근심을 끼쳤습니다[遺憂]."

양나라 사신들을 모두 만나보고 상을 두텁게 내려주었다. 그후부터 양왕은 더욱더 총애를 받았다[親驩]. 태후와 장공주는 재차 안국에게 1,000

여 금(金)어치의 상을 내려주었다. 이로 말미암아 안국의 명성은 더욱 드러났고 한나라 조정과도 유대를 맺게 됐다.

그후에 안국은 법에 걸려 형벌을 받았는데 (양나라의) 몽현(蒙縣)의 옥리(獄吏)였던 전갑(田甲)이 그를 모욕하자 안국이 말했다.

"식은 재지만 다시 불씨가 살아날 수도 있지 않겠는가?"

갑이 말했다.

"그렇게 된다면 곧바로 오줌을 싸버리겠다[溺之]."
                                           익지

얼마 안 가서[居無幾] 양나라 내사(內史)가 비자 한나라 조정에서 사자
        거 무기
를 보내 안국을 양나라의 내사로 임명하니 죄수 신분에서 벗어나 2,000석 관리가 됐다. 전갑은 도망쳤다. 안국이 말했다.

"복귀하지 않으면 내가 너의 일족[而宗]을 멸하겠다."
                              이종

갑이 (돌아와) 한쪽 어깨를 드러낸 채[肉袒] 사죄를 청하니 안국은 웃
                              육단
으면서 말했다.

"자네 같은 자를 상대할 가치가 있겠는가?"

결국 갑을 잘 대해주었다. 내사 자리가 비었을 때 효왕은 새로이 얻은 제(齊)나라 사람 공손궤(公孫詭)를 좋아해 조정에 내사로 삼고자 청했다. 두태후가 이 소식을 듣고 마침내 왕에게 조서를 내려 안국을 내사로 삼도록 했다.

공손궤와 양승(羊勝)이 효왕을 설득해 제에게 자신을 태자로 삼도록 하고 봉지를 더 늘려줄 것을 종용하려고 했는데 한나라 대신들이 들어주지 않을 것을 두려워해 마침내 은밀하게 자객을 보내 한나라 조정에서 정사를 주도하는 계책을 가진 신하들을 찔러 죽였다. 급기야 전 오나라 상국이

었던 원앙(袁盎)도 살해당하기에 이르자 경제(景帝)는 드디어 궤와 승 등이 계책을 세웠다는 소식을 듣고 사자를 보내 반드시 이들을 체포해 호송하도록 했다. 한나라 사자(使者) 10여 무리가 양나라에 도착해 상국 이하 온 나라를 대대적으로 수색했으나 한 달 남짓 지났는데도 그들을 잡지 못했다. 안국은 궤와 승이 왕의 처소에 숨어 있다는 말을 듣고서 이에 왕궁에 들어가 왕을 만나서 울면서 말했다.

"주군이 치욕을 당하면 신하는 죽어야 합니다. 대왕께 훌륭한 신하가 없었기 때문에 일이 이 지경까지 엉망이 됐습니다. 지금 승과 궤를 잡지 못했으니 청컨대 신에게 죽음을 내려주소서."

왕이 말했다.

"어찌 그렇게까지 하겠소?"

안국이 눈물을 흘리면서 말했다.

"대왕께서 스스로 황제와의 관계를 헤아려보실 때 대왕과 황제의 관계가 태상황(太上皇)과 고제(高帝), 그리고 황제와 임강왕(臨江王)의 관계에 비해 어느 쪽이 더 친밀했습니까?"

왕이 말했다.

"그분들 간의 친밀함을 따라갈 수 없다."

안국이 말했다.

"저 태상황과 고제, 황제와 임강왕은 부자(父子) 사이인데도 고제께서는 '석 자짜리 검을 쥐고 천하를 차지한 것은 다름 아닌 짐이다'라고 하셨고 그 때문에 태상황은 끝까지 국정[制事]에 관여하지 못하시고 역양궁(櫟陽宮)에 머물러야 했습니다. 임강왕은 적장자로서 태자였으나 말 때문에 **폐출돼**〔○ 사고(師古)가 말했다. "경제에게는 여러 희(姬)의 자식들이 있었는데 태자의 어머니 율희(栗姬)의 말이 불손해 그 때문에 태자를 폐위시켰고 율희는 근심하다가 죽었다."〕임강왕으로 강등됐습니다. 또 궁실(宮室)을 세우다가 조상 사당의 담장의 빈터를 침범했다는 일 때문에 끝내 중위부(中尉府)에서 자살하고 말았습니다. 어째서이겠습니까? 천하를 다스림에는 결국 사사로운 정(情)으로 공적인 일을 어지럽게 할 수 없기 때문입니다.

속담에 "비록 친아버지라도 어찌 사나운 호랑이가 되지 않으리라는 것을 알 것이며, 비록 친형이라도 어찌 사나운 이리가 되지 않으리라는 것을 알겠는가?"라고 했습니다. 지금 대왕께서는 제후의 반열에 계시면서 한낱 간사한 신하의 허황한 말에 현혹되시어[誘=誘] 상의 금령(禁令)을 범하고 밝은 법을 어지럽히셨습니다. 천자께서는 태후와의 관계 때문에 차마 대왕을 법대로 처리하지 못하시는 것입니다. 태후께서는 밤낮으로 울며 대왕께서 스스로 잘못을 고치시길 기원하고 계신데 대왕께서는 끝끝내 깨닫지 못하고 계십니다. 만약에 태후께서 갑자기 세상을 떠나시기라도 한다면 대왕께서는 누구에게 매달리실[攀] 것입니까?"

말이 다 끝나기도 전에 왕은 쉼 없이 눈물을 흘리면서 안국에게 감사하며 말했다.

"내가 지금 그들을 내보내겠소."

바로 그날 궤와 승은 자살했다. 한나라에서 보낸 사자가 조정으로 돌아가 정황을 보고하자 양왕의 일은 모두 해결됐으니 이는 안국의 힘이었다. 경제와 태후는 안국을 더욱 중히 여겼다.

효왕이 훙(薨)하고 공왕(共王)이 즉위한 뒤에 안국은 법에 걸려 관직을 잃고 집에 머물렀다. (한나라 조정에서는) 무제(武帝)가 즉위하자 무안후(武安侯) 전분(田蚡)이 태위(太尉)가 됐는데 황제의 외척으로 총애를 받고 있어 정권을 장악했다. 안국은 500금을 분에게 보냈고 분은 안국을 태후(太后-왕태후)에게 말했는데 상도 평소 안국이 뛰어나다는 말을 들었기에 즉시 불러 북지도위(北地都尉)로 삼았고 뒤에 승진시켜 대사농(大司農)으로 삼았다. 민월(閩越)과 동월(東越)이 서로 공격하자 안국과 대행(大行-빈객 접대 담당 관리) 왕회(王恢)를 보내 병사를 이끌게 했다. 그들이 아직 월(越) 땅에 도착하기 전에 월나라 사람들은 자기네 왕을 죽이고 한나라에 항복했기에 한나라 군대도 철수했다. 그 해에 전분은 승상이 됐고 안국은 어사대부가 됐다.

흉노가 와서 화친을 청하자 위아래가 그것을 토의했다. 대행(大行) 왕회(王恢)는 연(燕)나라 사람으로 여러 차례 변방 관리[邊吏]를 지내 오랑캐의 일[胡事]에 익숙했기 때문에 의견을 말했다.

"한나라와 흉노가 화친을 맺은 것이 겨우 몇 년이 되지도 않아 약속을 어길 것입니다. 화친을 허락하지 말고 군사를 일으켜 저들을 치는 것이 낫습니다."

한안국이 말했다.

"멀리 1,000리를 가서 싸워야 하는데 이는 군사적으로 아무런 이점이 없습니다. 흉노는 군사와 말이 튼튼한 것을 믿고 짐승과 같은 마음을 품고서 새 떼[鳥集]처럼 이리저리 옮겨 다니니 제압하는 것이 힘듭니다. 또 그 땅을 차지한다 해도 충분히 넓지가 못하고 백성들을 차지한다 해도 우리 군사력에 큰 힘이 되지 못하니 상고시대부터 저들을 중국에 내속시키지 않았던 것입니다[弗屬]. 한나라가 수천 리를 가서 이익을 다투게 되면 사람과 말은 피곤에 지치기 때문에 오랑캐[虜=胡虜]들은 온전한 병력으로 피폐한 군사들을 맞이하게 될 터이니 세력은 반드시 위태롭게 될 것입니다. 신은 그래서 (전쟁을 하는 것이) 화친을 맺는 것만 못하다고 생각합니다."

여러 신하들의 의견은 다수가 한안국을 지지하자 이에 상은 화친을 허락했다.

이듬해(-원광(元光) 2년(기원전 133년)) 안문군(雁門郡) 마읍현(馬邑縣)의 호족인 섭일(聶壹)이 대행 왕회의 말을 근거로 삼아 상에게 말했다.

"흉노가 화친을 맺은 초에는 변경에 대해 분명한 믿음을 갖고 있을 것이기 때문에 이때 이익으로 유인해낼 수 있을 것입니다. 그다음에 군사를 숨겨서 습격을 한다면 이는 반드시 그들을 깰 수 있는 길이 될 것입니다."

상은 이에 공경들을 불러서 물어보았다.

"짐은 자녀들을 잘 꾸며 선우(單于)의 배필로 삼게 해주었고 폐백과 아름다운 비단 등 각종 뇌물을 준 것이 참으로 두터웠다. 그런데 선우는 우리의 명을 기다리는 사이에도 오만함을 부려 침범하기를 그치질 않아 변경이 여러 차례 놀라니 짐은 이를 심히 가련하게 여긴다. 지금 거병해 선우를 치고자 하는데 어떻게들 생각하는가?"

대행 왕회가 대답했다.

"폐하께서 아직 말씀하시기 전부터 신은 확고하게 그 계획을 실행하려고 바라왔습니다. 신이 듣건대 대(代)나라가 하나로 통일돼 있었을 때

〔○ 복건(服虔)이 말했다. "대나라가 아직 나눠지지 않았을 때를 말한다." 이기(李奇)가 말했다. "전국시대 때 통일돼 있던 대나라는 (6개 중의) 한 나라임에도 오히려 능히 흉노를 칠 수 있었는데 하물며 지금은 한나라와 같은 대국으로서 가만히 있을 수 있겠는가라는 말이다."〕 북쪽에는 강력한 적인 호(胡)가 버티고 있고 안으로는 중국의 여러 나라들과 접해 있으면서도[連=接], 오히려 노인들을 봉양하고 어린아이들을 잘 키웠으며 때에 맞춰 파종하고 (뽕)나무를 심었고 창고를 항상 꽉 채워놓으니 흉노가 가벼이 침범하지 못했다고 합니다. (그런데) 지금은 폐하의 위엄에 의해 해내(海內-나라 안)가 통일돼 있고 천하는 똑같이 임무를 떠맡고 있으며 또 사람들은 자제들을 보내 변경의 요새나 성에 올라가[乘=登] 수비를 하고 있고 곡식을 옮기려 수레로 실어 나르며 대비를 하는데도 흉노의 침범이 그치지 않는 것은 다름 아니라 그들이 한나라를 무서워하지 않기 때문일 뿐입니다. 신은 남몰래 흉노를 치는 것이 유리하다[便]고 생각합니다."

어사대부 한안국이 말했다.

"그렇지 않습니다. 신이 듣건대 고황제께서는 일찍이 평성현(平城縣-지금의 산서성(山西省) 대동시(大同市) 동북부)에서 포위당하시어 흉노가 이르렀는데 그들이 내던져놓은 말안장의 높이가 성채와 같았고 그런 성채들이 여러 곳이었습니다.[6] 평성에서의 고립으로 인해 7일 동안 아무것도 먹을 수가 없어 천하는 (훗날) 그것에 대해 노래를 만들어 부를 정도였지만 마침내 포위가 풀어져 원래의 자리로 돌아오셔서도 흉노에 대해 아무런

---

6 그만큼 흉노의 말들이 많았다는 뜻이다.

분노의 마음도 품지 않으셨습니다. 무릇 (고황제처럼) 빼어난 사람[聖人]은 천하를 척도로 삼기 때문에 자신의 사사로운 분노를 가지고 천하의 공적인 의리[功=公義]를 상하게 하지 않습니다. 그래서 마침내 유경(劉敬)을 보내시어 황금 1,000근을 주고서 화친을 맺게 해 지금에 이르기까지 다섯 세대[7]에 걸쳐 이익을 만드셨습니다. 효문황제께서도 일찍이 천하의 정예병들을 한꺼번에 불러 모아 광무현(廣武縣)의 상계(常溪-강의 이름)에 모이게 하셨지만 그러나 끝내 1척 1촌의 공로도 세우지 못하니 천하의 일반 백성[黔首]들 중에서 근심하지 않는 자가 없었습니다. 효문제께서는 병사들을 오랫동안 머물게 해서는[宿=久留] 안 되겠다는 것을 깨달으시고 다시 화친의 약속을 맺었습니다. 이 두 빼어난 분의 발자취는 충분히 본받아야 할 것입니다[效=徵驗]. 신은 남몰래 흉노를 치지 않는 것[勿擊]이 유리하다[便]고 생각합니다."

회가 말했다.

"그렇지 않습니다. 신이 듣건대 오제(五帝)는 서로 예(禮)를 답습하지 않고 삼왕(三王)은 서로 악(樂)을 다시 쓰지 않았는데 이는 서로 상반돼서 그런 것이 아니라 각 시대마다 그에 마땅한 예악이 필요했기 때문이라고 합니다. 또 고제께서는 몸소 갑옷을 입고 칼을 쥐고서 안개와 이슬을 덮어쓰고 서리와 눈으로 머리를 적시며 돌아다니신 것이 수십 년인 분이십니다. 그런데도 평성에서의 원한을 보복하시지 않았던 것은 힘이 없어서가 아니라 천하 백성들의 마음을 쉬게 하고 싶으셨기 때문입니다. (그런데)

---

7   유방, 유영, 유항, 유계, 유철의 다섯 사람을 가리킨다.

지금은 변경에서 자주 (백성들이) 놀라고 병사들이 다치거나 죽어 중국 사람들의 작은 관[槥]을 실은 수레들이 (너무 많아 길에서) 서로 바라볼 정도이니 이는 어진 사람이라면 몰래 가슴 아파하는 바[所隱=所隱痛]입니다. 신은 그래서 흉노를 치는 것이 유리하다고 말씀드리는 것입니다."

안국이 말했다.

"그렇지 않습니다. 신이 듣건대 이익이 10배가 되지 않으면 지금 하던 일을 바꾸지 않고 공로가 100배가 되지 않으면 상도(常道)를 바꾸지 않는다고 했습니다. 이 때문에 옛날의 임금들은 일을 도모할 때는 반드시 조상의 사당[祖=祖廟]에 나아갔고, 정사를 할 때는 옛일[古語=古事]을 물었으며[占=問], 오히려 새롭게 일을 일으키는 것[作事]을 어렵게 여겼던 것[重=難]입니다. 또 삼대(三代-하·은·주)의 성대했던 시대 이래로 오랑캐들[夷狄]이 (중국의) 정삭과 복색에 참여하지 않았던 것은 위엄으로 제압할 수 없어서가 아니라 힘으로 복종시킬 필요가 없었기 때문입니다. 그들은 먼 곳의 한참 떨어진 곳에 있는 데다가 (다움으로) 길러줄 수가 없는 사람들이기 때문에 군이 중국이 번거롭게 그렇게까지 할 필요가 없습니다. 또 (오랑캐들 중에서) 흉노는 가벼이 내달리고 성질이 포악하며 급한 병사들이라 폭풍[飆=暴風]처럼 왔다가 번개처럼 사라지며 목축을 생업으로 삼고 목궁(木弓)과 뿔활[弧弓]을 쏘아 사냥을 하며 가축을 몰아 풀이 나는 곳을 따라다니기 때문에 머무는 곳이 일정치 않아 이들을 제압하기란 쉽지 않습니다. 지금 변방의 군들에서는 오랫동안 농사와 방직을 내버려두는 것으로 오랑캐에 버티는 것을 일상의 일로 하고 있으니 그 형세가 서로 너무 차이가 납니다[不相權=輕重不等]. 신은 그래서 흉노를 치지 않는 것이

유리하다고 말씀드리는 것입니다."

회가 말했다.

"그렇지 않습니다. 신이 듣건대 봉황은 바람을 타고 빼어난 이는 때를 포착한다고 했습니다. 옛날에 진(秦)나라 목공(穆公)은 옹(雍) 땅(-지금의 섬서성 봉상현 남쪽)에 도읍을 정하고 그 땅은 사방 300리밖에 되지 않았지만 때가 맞아떨어짐[時宜]의 변화를 알아 서융을 쳐서 취했고 사방 1,000리의 땅을 열었고[辟=闢] 14개의 나라를 삼켰으니 농서(隴西)와 북지(北地) 두 군이 이것입니다. 뒤에 몽념(蒙恬)이 진나라를 위해 호(胡) 땅에 침입해 사방 수천 리의 땅을 열어 그 덕에 황하를 국경으로 삼게 됐고 돌을 쌓아 성을 만든 다음 그 위에 느릅나무를 심어 요새를 만들기에 이르자 흉노는 감히 황하에서 말에게 물을 먹일 수 없었고 또 봉수를 설치한 다음에는 그곳에 말을 방목하지 못했습니다.

무릇 흉노는 단지 위엄으로만 복종케 할 수 있지 어진 방법[仁]을 써서 길러줄 수는 없습니다. 지금 중국의 성대함과, 저들보다 1만 배나 되는 자원과 힘을 갖고서 그중 100분의 1만 보내 흉노를 공격한다면 이는 비유컨대 마치 강력한 쇠뇌로 다 터진 등창[癰]을 쏘는 것과도 같으니 반드시 아무도 막지 못할 것입니다. 만일 이렇게 하신다면 북쪽으로는 월씨(月氏-중국 서북쪽의 종족)도 정벌해 신하로 삼을 수 있을 것입니다. 신은 그래서 흉노를 치는 것이 유리하다고 말씀드리는 것입니다."

안국이 말했다.

"그렇지 않습니다. 신이 듣건대 군사를 쓰는[用兵] 자는 자기 병사들을 배부르게 하고서 적병이 굶주리기를 기다리고, 자기 병사들을 바르게 다스려서 적병이 어지러워지기를 기다리며 자기 진영을 쉬게 해 적의 진영이 피로해지기를 기다린다고 했습니다. 그래서 일단 적과 붙으면 많은 적을 엎어버려 나라를 치고 성을 허물게 돼 늘 앉아서 적국을 마음대로 요리하니 이것이 바로 빼어난 이의 병법입니다. 또 신이 듣건대 질풍[沖風]도 잦아들면 깃털 하나도 날릴 수가 없고 강력한 쇠뇌도 위력이 다하면 얇은 노나라 명주[魯縞]도 뚫을 수 없다고 했습니다. 무릇 성대함이 있으면 (반드시) 쇠함이 있게 되는 것은 마치 아침이 지나면 반드시 저물게 되는 것과 같습니다. (그런데) 지금 장차 갑옷을 말아 넣고 가벼운 무장을 하고서 (적진) 깊숙이 들어가거나 멀리 내달리면 공로를 세우기가 어렵고, 세로로 가면 위협을 받게 되고 가로로 가면 중간에 끊기게 되며, 빨리 가면 군량이 떨어지고 천천히 가면 날카로움이 무뎌질 것이니, 천리를 갈 수가 없고 병사와 말은 먹을 것이 떨어집니다. 병법에 이르기를 '사람들을 남겨 붙잡히게 한다〔○ 사고(師古)가 말했다. "군대를 남겨두어 적들의 포로가 되게 하는 것이다."〕'라고 했습니다. 그 뜻은 생각건대 그밖에 적을 사로잡을 수 있는 교묘한 계책이 있다면 어떨지 모르겠지만 그렇지 않으면 적진 깊숙이 들어가는 것의 이익은 아직 알 수가 없다는 것입니다. 신은 그래서 흉노를 치지 않는 것이 유리하다고 말씀드리는 것입니다."

회가 말했다.

"그렇지 않습니다. 무릇 초목도 서리를 만나면 바람을 감당해낼 수 없고〔○ 사고(師古)가 말했다. "시든다[零落]는 말이다."〕, 맑은 물과 깨끗한 거울은 형체를 숨기지 않고 다 드러내고, 도리[方=道]에 통한 선비는 허황한 말과 글에 흔들리지 않습니다. 지금 신이 흉노를 치자고 하는 것은 진실로 군대를 발동해 적진 깊숙이 치자는 것이 아니라 장차 선우의 욕심을 이용해 그를 유인해서 변방으로 오게 한 다음에 우리의 날랜 기병과 장사를 뽑아 몰래 매복시켜 대비하면서 험하고 막힌 곳을 차단함으로써 그들을 경계하자는 것입니다. 그리하여 우리의 형세가 이미 안정되면 혹 그들의 왼쪽에서 도모하고 혹 그들의 오른쪽에서 도모하고 혹 그 앞을 막아서거나 혹 그 뒤를 끊는다면 선우를 잡을 수 있고 이렇게 하면 100번을 하더라도 단 한 번도 실패하지 않을 것입니다."

상은 "좋다"고 말하고서 마침내 회의 의견을 따랐다. 그리고 몰래 섭일(聶壹)을 간첩으로 삼아 도망치는 것처럼 해서 선우에게 찾아가 이렇게 말했다.

"저는 마읍의 현령과 승(丞)의 목을 베어 성(城)을 항복시키고 재물을 다 얻어낼 수 있습니다."

선우는 섭일을 아끼고 믿었기 때문에 그렇다고 생각하고 그리하라고 허락했다. 섭일은 마침내 거짓으로 사형수 한 명을 베어 그 목을 마읍의 성 밑에 내걸고 선우의 사자에게 보이며 믿게 만든 다음에 이렇게 말했다.

"마읍의 장리(長吏)는 이미 죽었으니 서둘러 쳐들어오십시오."

이에 선우는 요새를 뚫고서 장차 10만의 기병으로 무주현(武州縣)의 요새로 들어가고자 했다. 이런 상황에서 한나라의 복병인 거기(車騎)와 재관(材官-특수병) 30여만 명이 마읍 주변 골짜기에 숨어 있었다. 위위(衛尉) 이광(李廣)을 효기(驍騎)장군으로 삼고 태복 공손하(公孫賀)를 경거(輕車)장군으로, 대행 왕회를 장둔(將屯)장군, 태중대부 이식(李息)을 재관장군으로 삼았다. 어사대부 한안국은 호군(護軍)장군이 돼 여러 장군들을 다 거느렸다. 선우가 마읍에 들어오는 순간 한나라 군대가 이들을 습격하기로 약속을 했다. 회와 이식은 별도로 대(代) 땅에서 (흉노의) 보급부대[輜重]를 치기로 했다. 이에 마침 선우가 요새로 들어오다가 마읍까지 100여 리도 채 되지 않는 곳에까지 이르러서는 사태를 깨닫고 군사를 거두어 돌아갔다. 상세한 이야기는 「흉노전(匈奴傳)」에 실려 있다. 요새 아래에는 선우가 이미 돌아갔다는 말이 전해졌고 한나라 군사가 (변방의) 요새까지 쫓아갔으나 따라잡을 수 없음을 알고서 회 등은 모두 병사들을 물렸다. 상은 회가 선우의 보급부대를 치러 나가지 않은 데 대해 화를 냈고 회는 이렇게 말했다.

"애초에 약속하기를 마읍의 성에 들어와 우리 군대와 선우가 싸우게 되면 신은 그들의 보급부대를 치는 것이 이익이 될 것이라고 했습니다. 그런데 지금 선우가 마읍에 이르기도 전에 돌아가는 바람에 신은 우리의 군사 3만 명으로는 그들을 당해낼 수 없고 오히려 모욕만 당할 것이라고 보았습니다. 물론 신은 그렇게 돌아오면 목을 베일 거라는 것을 알고 있었지만 그러나 폐하의 군사 3만 명은 온전할 수 있다고 생각했습니다."

이에 (상은) 회를 정위에게 내려보냈고 정위는 회가 두요죄(逗橈罪-적을 보고서 피한 죄)에 해당하니 참수에 처해야 한다고 판결했다[當=判處=處決]. 회는 승상 분에게 1,000금을 (뇌물로) 주었다. 분은 감히 상에게 말은 못하고 태후에게 이렇게 말했다.

"왕회가 앞장서서 마읍의 계책을 꾸몄는데 지금 성공하지 못했다 해서 그를 주살한다면 이는 흉노를 위해 원수를 갚아주는 꼴입니다."

상이 태후에게 조알할 때 태후가 분의 말을 상에게 전하니 상이 말했다.

"가장 먼저 마음의 계책을 제의한 자가 회입니다. 그래서 천하의 병사 수십만 명을 동원해 그의 말에 따라 추진했던 것입니다. 백번 양보해 설령 선우를 잡지 못해도 만약에 회의 부대가 흉노를 쳤더라면 그런대로 상당한 전과를 얻을 수 있어서 사대부들의 마음을 위로할 수 있었을 것입니다. 지금 회를 주살하지 않으면 천하에 사죄할 방법이 없습니다."

이 말을 전해 들은 회는 마침내 자살했다.

안국의 사람됨은 큰 책략이 많았고 그의 지혜는 당시 세상의 흐름에 적합했는데 이는 충후(忠厚)한 마음에서 나온 것이다. 그는 비록 재물을 탐했으나 그가 천거한 자들은 모두 청렴하고 자기보다 뛰어난 자들이었다. 양나라에서 호수(壺遂), 장고(臧固), 질타(郅他) 등을 천거했는데 모두 천하의 이름난 선비들이었다. 선비들도 이 때문에 그를 칭송하고 흠모했으며 천자도 그의 그릇은 나라를 맡을 만하다[國器]고 여겼다. 안국은 어사대부를 5년 지냈고 승상 분이 훙하자 안국이 승상의 직무를 대행했는데 한번은 천자의 수레를 앞에서 인도하다가 수레에서 떨어져 다리를 다쳤다[蹇]. 상이 안국을 승상으로 쓰고 싶어 사자를 보내 그의 병환을 살펴보게 했더니 다리를 저는 정도가 너무 심해 마침내 바꿔서 평극후(平棘侯) 설택(薛澤)을 승상으로 삼았다. 안국은 병으로 면직됐고 수개월이 지나 병이 낫자 다시 중위(中尉)가 됐다. 1년 남짓 뒤에 위위(衛尉)로 전임됐다.

이 무렵 장군 위청(衛靑) 등이 흉노를 쳐서 용성(龍城)에서 흉노를 깨뜨렸다. 이듬해 흉노가 대거 변경을 침입했다. 상세한 이야기는 「위청전(衛靑傳)」에 실려 있다. 한안국은 재관장군(材官將軍)이 돼 어양(漁陽)에서 주둔하고 있을 때 포로를 생포했는데 그가 말하기를 흉노는 멀리 떠났다고 했다. 즉시 말씀을 올려 때마침 농사철이니 잠시 둔병을 중지할 것을 청했다. 둔병을 해산한 지 한 달여 만에 흉노가 다시 대거 상곡과 어양에 침입했다. 안국의 요새에는 겨우 700여 명의 병사만 남아 있는데 곧바로 출병해 교전했으나 안국은 부상을 입고 요새로 퇴각했다. 이에 흉노는 1,000여 명의 인민과 가축, 재물 등을 약탈해갔다. 상은 진노해 사자를 보내 안국을 꾸짖었다[責讓]. 더 동쪽으로 옮겨 우북평(右北平)에 주둔하게 했다. 이때 흉노의 포로가 흉노의 군대는 동쪽으로 침입할 것이라고 말했기 때문이다.

안국은 처음에는 어사대부와 호군에 올랐으나 뒤에 점점 아래로 내려왔다[下遷]. 새로 등장한 젊은 장군 위청 등은 군공을 세우고 더욱 존귀해졌다. 안국은 이미 배척당해 (천자와의 친분이) 소원해졌고 게다가 병사를 이끌고 주둔군을 지키다가 병력을 많이 잃어 내심 매우 부끄럽게 생각했다. 황제의 총애를 얻어 다시 조정으로 돌아갈 수 있기를 기대했지만[幸=冀] 마침내 점점 더 동쪽 변방으로 옮겨가게 되자 실의에 빠져서 울적하게 몇 개월을 보내다가 병이 들어 피를 토하고 죽었다.

호수(壺遂)는 태사 천(遷-사마천) 등과 함께 한나라의 악률(樂律)과 역법(曆法)을 제정했고 벼슬은 첨사(詹事)에 이르렀는데 그 사람됨이 마음이 깊고 행동이 독실한 군자였다. 상은 바야흐로 그를 의지해 승상으로 삼으려 했는데 때마침 병이 들어 졸(卒)했다.

찬(贊)하여 말했다.

"두영(竇嬰)과 전분(田蚡)은 모두 외척으로서 존귀하게 됐고, 관부(灌夫)

는 한때의 용맹을 발휘했으며, 모두 각각 이름을 드날렸고 나란히 지위가 경상(卿相)에 이르렀으며 나라의 큰 대업을 성취했다. 그러나 영(嬰)은 참으로 시세의 변화를 알지 못했고, 부(夫)는 학술이 없는 데다 겸손하지도 못했으며, 분(蚡)은 존귀함을 등에 업고 교만함이 넘쳤다. 흉한 다움[凶德]을 가진 세 사람이 모여 기회를 기다리다가 화란을 빚어냈으니 적복(藉福)이 그 사이를 부지런히 오갔으나 어찌 이런 파국을 구제할 수 있었겠는가!

　한안국(韓安國)은 재상의 그릇을 (임금에게) 보여주고서도 그 정점[摯=極]에 이르렀을 때 수레에서 떨어지고 세력은 다 없어져버려[陵夷] 근심 속에 죽었으니, 뛰어난 임금을 만나 화합하는 데[遇合]는 운명이 있는 것이라, 슬프도다! 왕회가 좋은 계책을 가장 먼저 올리고서 그 허물을 덮어써야 했던 것은 또 어찌 운명이라 하겠는가〔○ 사고(師古)가 말했다. "자기가 잘못해서 그렇게 된 것이지 운명으로 인해 그렇게 된 것은 아니라는 말이다."〕?"

권
53

경십삼왕전
景十三王傳

효경황제(孝景皇帝)에게는 14명의 아들이 있었다. 왕(王)황후는 효무황제(孝武皇帝)를 낳았다. 율희(栗姬)는 임강 민왕(臨江閔王)[1] 영(榮), 하간 헌왕(河間獻王) 덕(德), 임강 애왕(臨江哀王) 알(閼)을 낳았다. 정희(程姬)는 노공왕(魯共王) 여(餘), 강도 역왕(江都易王) 비(非), 교서 우왕(膠西于王)〔○ 사고(師古)가 말했다. "우(于)는 멀다[遠]는 뜻이다. 행실이 좋지 못해 도리와 다움에서 멀고 벗어나 이런 시호를 내린 것이다."〕단(端)을 낳았다. 가부인(賈夫人)은 조 경숙왕(趙敬肅王) 팽조(彭祖), 중산 정왕(中山靖王) 승(勝)을 낳았다. 당희(唐姬)는 장사 정왕(長沙定王) 발(發)을 낳았다. 왕부인(王夫人)〔○ 사고(師古)가 말했다. "곧 왕황후의 동생이다."〕은 광천 혜왕(廣川惠王) 월(越), 교동 강왕(膠東康王) 기(寄), 청하 애왕(淸河哀王) 승(乘), 상산 헌왕

---

1 이런 경우에 임강은 나라 이름이고 민왕은 시호를 받은 왕의 이름이다.

(常山憲王) 순(舜)을 낳았다.

하간 헌왕 덕(德)은 효경(孝景) 전(前) 2년에 세워졌는데 배움을 닦고 옛것을 좋아했으며 사실에 입각해 진실을 구했다[實事求是]. 민간에서 좋은 책을 얻으면 반드시 그것을 베낀 다음에 그것은 원소장자에게 주고 원본은 자신이 가졌으며 금과 비단을 내려주어 좋은 책을 구했다. 이로 말미암아 사방의 도덕과 학술[道術]에 뛰어난 이들이 1,000리를 멀다 않고 모여들었으며 혹은 자기 선조의 오래된 책들을 갖고 있다가 헌왕에게 바치는 사람들이 많았기 때문에 헌왕은 많은 책을 얻을 수 있어 그의 장서는 한나라 조정의 그것과 비슷할 정도였다. 이때 회남왕(淮南王) 안(安) 역시 책을 좋아해 책을 많이 구했는데 그중 대부분은 허무맹랑한 이야기[浮辯]를 담고 있는 것들이었다. (반면에) 헌왕이 얻은 책들은 다 고문(古文)으로 쓰여진 진(秦)나라 이전의 고서들로 『주관(周官)』, 『상서(尙書)』, 『예경(禮經)』, 『예기(禮記)』, 『맹자(孟子)』, 『노자(老子)』류와 그밖에 경전(經傳)과 설기(說記), 공자의 70제자가 논한 것 등이었다. 그의 학문은 육예(六藝-육경)[2]를 두루 포괄하며 『모시전(毛詩傳)』과 『좌씨춘추(左氏春秋)』의 박사를 세웠다. 예와 악을 닦고 유술(儒術)을 몸에 갖춰 지향하는 바는 일관되게 유자(儒者)였다. 산동의 여러 유자들이 그를 따랐고 함께 어울렸다.

무제(武帝) 때 헌왕이 와서 조회하면서 아악(雅樂)을 (지어) 바쳤고 삼

---

2 육경(六經)이란 『시경(詩經)』, 『서경(書經)』, 『예기(禮記)』, 『악기(樂記)』, 『역경(易經)』, 『춘추(春秋)』의 여섯 가지 경서를 말한다. 경(經)이란 상(常)을 뜻하며 사람이 항상 좇아야 할 도리를 말한다.

옹관(三雍官)〔○ 응소(應劭)가 말했다. "삼옹관이란 벽옹(辟雍), 명당(明堂), 영대(靈臺)를 말한다. 옹(雍)이란 화(和)이니 하늘과 땅, 임금과 신하, 관리와 백성들이 모두 화합함[和]을 말한다."〕 및 조서를 통해 책문(策問)한 30여 가지 일들에 대해 대책을 올렸다. 그 대책은 도덕과 학술을 미루어 헤아려 말했고 일의 바른 적중함[中=正中]을 얻었으며 그 글은 간결했고 그 뜻은 명확했다.

(왕으로) 세워진 지 26년 만에 훙(薨)했다. 중위(中尉) 상려(常麗)가 이를 보고해 말했다.

"왕은 몸을 곧게 하고[身端=身直] 행실을 다스렸으며[行治=行理], 따뜻하고 어질고 공손하고 검소했으며[溫仁恭儉],[3] 독실하고 삼가고[篤敬] 아랫사람들을 아껴주었으며[愛下], 밝은 지혜와 깊은 통찰을 발휘해 홀아비와 과부[鰥寡]들에게 은혜를 베풀었습니다."

대행령(大行令)[4]이 아뢰었다.

"시호법에 따르면 '귀 밝고 눈 밝고 일에 밝고 사람에 밝은 것[聰明睿知]을 헌(獻)이라고 한다'라고 했으니 마땅히 시호를 헌왕(獻王)이라고 해야 할 것입니다."

아들 공왕(共王) 불해(不害)가 뒤를 이어 4년 만에 훙했다. 그 아들 강왕(剛王) 감(堪)이 뒤를 이어 12년 만에 훙했다. 그 아들 경왕(頃王) 수(授)가

3　일반적으로 공자의 사람됨을 평할 때 온량공검(溫良恭儉)이라고 한다는 점에서 이는 대단한 극찬이라 할 수 있다.

4　대행은 뒤에 대홍려(大鴻臚)로 이름이 바뀌었다.

뒤를 이어 17년 만에 훙했다. 그 아들 효왕(孝王) 경(慶)이 뒤를 이어 43년 만에 훙했다. 아들 원(元)이 뒤를 이었다.

원은 고(故) 광릉 여왕(厲王), 여왕의 태자 및 중산 회왕(懷王)의 전 희(姬-후궁) 염(廉) 등을 취해 자신의 희로 삼았다. 감로(甘露) 연간에 기주 자사(冀州刺史) 창(敞)이 원의 일을 아뢰자 이를 정위에 내려보내니 염 등을 붙잡아 올렸다. 원은 모두 일곱 사람을 협박해 자살하게 만들었다. 유사에서 원을 주살할 것을 청했으나 조서를 내려 2개의 현과 1만 1,000호를 깎아냈다. 그 뒤에 원은 (어떤 일로) 소사(少史) 유귀(留貴)에게 화를 낸 적이 있는데 유귀가 담을 뛰어넘어 밖으로 나와 원의 일을 고발하려고 하니 원은 사람을 시켜 유귀의 어머니를 살해했다. 유사가 아뢰기를 원은 잔혹함이 고쳐지지가 않고 한 나라의 임금이 될 만하지 않은 데다가 인민을 자식처럼 사랑하지 못한다고 했다. 이에 그를 폐해 왕위에서 내쫓고 한중(漢中)의 방릉현(房陵縣)에 두었다.[5] 여러 해가 지나 처 약(若)과 함께 주륜거(朱輪車-귀한 신분이 타는 붉은 장식의 수레)를 타고 가다가 약에게 화를 내고 또 장을 쳤으며 머리를 깎게 한 죄에 걸렸다. 한중의 태수가 이를 다스릴 것을 청했으나 (그 와중에) 병으로 죽었다. 세워진 지 17년 만에 나라를 없앴다.

나라가 끊어진 지[絶] 5년이 지나 성제(成帝) 건시(建始) 원년에 다시 원의 동생으로 상군(上郡)의 고령(庫令-군사 창고 책임자)을 맡고 있던 량(良)을 세워주었으니 이 사람이 하간 혜왕(河間惠王)이다. 량은 헌왕의 행

---

5 이곳에 유배를 보냈다는 말이다.

실을 닦아 어머니 태후가 훙하자 상복 입기[服喪]를 예법대로 했다. 애제(哀帝)가 조서를 내려 그를 기리고 높여[褒揚] 말했다.

"하간왕 량은 태후를 위해 3년 상복을 입어 종실을 위한 의표(儀表)가 됐으니 이에 1만 호를 더 봉해주도록 하라."

27년 만에 훙했다. 아들 상(尙)이 이어받았는데 왕망(王莽) 때 끊어졌다.

임강 애왕 알(閼)은 경제(景帝) 전(前) 2년에 세워져 3년 만에 훙했다. 아들이 없어 나라를 없애고 그것을 군(郡)으로 삼았다.

임강 민왕 영(榮)은 경제(景帝) 전(前) 4년에 황태자가 됐다가 4년 만에 폐위돼 임강왕이 됐다. 3년이 지나 사당의 안쪽 담과 바깥담 사이의 공터[堧地]를 침범해 궁실을 지은 죄에 걸려들어 상이 영을 불렀다. 영은 길을 떠나며 강릉(江陵)의 북문에서 송행(送行)의 제사를 지냈고[祖] 이미 수레에 올랐는데 수레의 축이 부러져 수레가 내려앉았다. 강릉의 부로들이 눈물을 흘리며 남몰래 말했다.

"우리 왕께서 돌아오시지 못하리라!"

영은 장안에 이르러 중위부(中尉府)로 가서 심문을 받았다[對簿]. 중위 질도(郅都)가 문서를 갖고서 심문하자 왕은 두려워 자살했다. 남전(藍田)에 장사를 지냈고 제비 수만 마리가 흙을 머금고서 날아와 무덤 위에 내려놓았다. 백성들은 이를 가엾게 여겼다. 영은 형제들 중에서 가장 위였고 아들이 없어 나라를 없앴다. 그 땅은 한나라에 편입돼 남군(南郡)이 됐다.

노(魯)나라 공왕(共王) 여(餘)는 효경(孝景) 전(前) 2년에 세워져 회양왕(淮陽王)이 됐다. 오초(吳楚)가 반란을 일으켰다가 깨지고 나서 효경 전 3년에 옮겨서 노나라 왕이 됐다. 궁궐과 동산을 지어 꾸미고 개와 말을 기르는 것을 좋아했는데 말년에는[季年=末年] 음악을 좋아하고 문사(文辭-글)는 좋아하지 않았다. 날 때부터 말을 더듬어[口吃] 남들과 이야기를 하는 데 어려움이 있었다.

28년 만에 훙했다. 그 아들 안왕(安王) 광(光)이 뒤를 이었는데 처음에는 음악과 여마(輿馬) 타기를 좋아했고 말년에는[晚節] 인색해져서[遴=貪嗇=吝嗇] 오로지 재물이 모자란 것만 걱정했다. 40년 만에 훙했다. 그 아들 효왕(孝王) 경(慶)이 뒤를 이었는데 37년 만에 훙했다. 그 아들 경왕(頃王) 경(勁)이 뒤를 이었는데 28년 만에 훙했다. 아들 문왕(文王) 준(睃)이 뒤를 이었는데 18년 만에 훙했고 아들이 없어 나라를 없앴다. 애제(哀帝) 건평(建平) 3년에 다시 경왕의 아들 준의 동생 오향후(郚鄕侯)(○ 소림(蘇林)이 말했다. "오향은 현의 이름이고 동해군(東海郡)에 속했다.") 민(閔)을 세워 왕으로 삼았다. 왕망 때 끊어졌다.

공왕은 처음에 궁궐을 지어 꾸미는 것을 좋아해 공자(孔子)의 옛집을 부숴 궁실을 넓혔는데 종과 경쇠, 그리고 비파 소리가 들리자 마침내 감히 두 번 다시 허물지 못했고 그 벽 안에서 고문으로 된 경(經)과 전(傳)을 얻었다.[6]

---

6 『고문상서(古文尚書)』를 비롯해 고문으로 된 『예기(禮記)』, 『논어(論語)』, 『효경(孝經)』 등 수십 편이다.

강도국(江都國)의 역왕(易王) 비(非)는 효경(孝景) 전(前) 2년에 세워져 여남왕(汝南王)이 됐다. 오초(吳楚)가 반란을 일으켰을 때 비는 나이가 15세로 재능과 기개가 있어 글을 올려 몸소 오나라를 치겠다고 자원했다. 경제는 비에게 장군의 인장을 내려주어 오나라를 치게 했다. 오나라를 이미 깨뜨리고 나자 옮겨서 강도의 왕으로 삼아 옛 오나라에 도읍을 두게 하고 군공(軍功)으로 천자의 깃발을 내려주었다. 원광(元光) 연간 중에 흉노가 한나라의 변경에 대거 침입하자 비는 글을 올려 직접 흉노를 치게 해달라고 청원했으나 상은 허락하지 않았다. 비는 기력이 뛰어나고 궁관(宮館)을 지어 꾸몄고 사방의 호걸들을 불러들였는데 교만과 사치가 심했다. 27년 만에 훙하자 아들 건(建)이 뒤를 이었다.

건이 태자로 있을 때 한단(邯鄲) 사람인 양분(梁蚠)이라는 자가 딸을 데리고 와서 역왕에게 바치려 하니 건은 그녀가 아름답다는 말을 듣고서 몰래 그녀를 불러 억류해두고 나가지 못하게 했다. 분이 공공연하게 "아들이 마침내 자신의 임금과 처를 놓고서 다투고 있다"라고 말하고 다니자 건은 사람을 시켜 분을 죽였다. 분의 집안사람이 글을 올리자 건은 정위에 내려져 조사를 받았는데 마침 사면령이 내려져 처벌을 받지는 않았다[不治]. 역왕이 훙하고 아직 매장도 하지 않았는데 건은 여막[服舍=廬幕]에 머물면서 역왕이 아꼈던 미인(美人-후궁) 요희(淖姬) 등 모두 10명을 불러 음란한 짓을 했다. 건의 여동생 징신(徵臣)은 개후(蓋侯)의 며느리가 됐는데 역왕의 상 때문에 친정에 왔을 때 건은 또 그녀와 간음을 했다. 건의 이복동생 정국(定國)은 회양후(淮陽侯)로 역왕의 막내아들[最小子]이었는데 그 어머니는 정국이 (후계자로) 세워지기를 바랐고[幸=冀] 건의 일을 소상히 알고 있었기에 돈을 써서 도염(荼恬)이라는 남자를 시켜 글을 올리게 해 건은 음란하니 마땅히 후사가 돼서는 안 된다고 말했다. 일이 정위에 내려졌는데 정위는 염이 다른 사람의 돈을 받고서 글을 올린 사실을 문제 삼아 판결을 내려 기시(棄市)해야 한다고 논했다. (반면에) 건의 죄는 처벌받지 않았다. 그후에 건은 여러 차례 장안에 사신을 보내 징신을 불러왔는데 노나라 공왕의 태후[7]가 이를 듣고서 징신에게 글을 보내 말했다.

'나라 안에 소문이 파다하니 삼가며 두 번 다시 강도에 가지 말라.'

뒤에 건은 알자 길(吉)에게 공(共)태후의 안부를 물으니 태후는 울면서 길에게 말했다.

"돌아가거든 너희[而=汝] 왕에게 내 말을 전하라. 왕이 지금까지 행한 일은 음란하기 그지없으니 지금부터라도 마땅히 조심해야 할 것이다. 어찌 혼자서만 연(燕)나라와 제(齊)나라의 일〔○ 장안(張晏)이 말했다. "연왕 정국(定國)과 제왕 차창(次昌) 둘 다 혈친과 간음을 했다가 발각돼 자살했다."〕을 듣지 못했단 말인가? 나는 너희 왕을 위해 울고 있더라고 가서 말하라."

길이 돌아가 공태후의 말을 올리자[致] 건은 크게 화를 내며 길을 두들겨 팬 다음에 내쳐버렸다.

건은 장대궁(章臺宮)에서 놀면서 네 명의 여자를 작은 배에 타게 하고는 발로 밟아 배를 전복시키는 바람에 네 사람은 물에 빠졌고 두 명이 죽었다. 그 후에 전파(電波)〔○ 사고(師古)가 말했다. "파(波)는 피(陂-연못)와

---

7   정희(程姬)이며 노왕 여와 강도왕 비의 어머니다.

통한다."])에서 놀 때는 하늘에서 큰 바람이 부는데도 건은 낭(郎) 두 명으로 하여금 작은 배를 타고 연못 안으로 들어가게 했다. 배가 뒤집어져 두 낭은 물에 빠졌고 어떻게든 배에 올라보려고 하는데 잠깐 보였다가 잠깐 물에 들어갔다가[乍見乍沒] 했다. 건은 그것을 지켜보면서 크게 웃었고 둘 다 죽게 만들었다.

후궁인 희(姬)나 팔자(八子-둘 다 후궁의 관직명) 중에서 잘못을 저지른 사람이 있으면 그 자리에서 옷을 홀딱 벗긴 채[臝] 서서 북을 치게 했고 혹은 나무 위에 올라가게 해 길 때는 30일 만에야 옷을 주었고, 혹은 머리를 깎아버리고서 쇠로 된 절굿공이로 절구질을 하게 했는데 정해진 할당량[程]을 채우지 못할 경우 그 자리에서 매질을 했으며[掠=笞擊], 혹은 이리들을 마구 풀어 물어뜯어 죽게 했는데 건은 이를 지켜보면서 크게 웃었고, 혹은 유폐시켜 먹을 것을 주지 않아 굶어 죽게 만들었다. 이렇게 해서 죄도 없는데 죽인 사람이 35명이었다. 건은 사람과 짐승이 교접해 새끼를 낳게 만들고 싶어 해 강제로 궁인들을 발가벗겨 사지를 묶어두고서 숫양이나 수캐와 관계를 맺게 했다.

오로지 음란과 잔학을 일삼다 보니 자기 스스로도 죄가 많아 나라 안에 많은 사람들이 자신을 고발하려 한다는 것을 알고 있어 건은 주살될까 두려워 마음속이 불안했기에 자신의 왕비 성광(成光)과 함께 신내림을 받은 월나라의 여종을 시켜 상을 저주하게 했다. 낭중령 등과 함께 (주상을) 원망해 이렇게 말했다.

"한나라 조정에서 사자를 보내 자주 오가며 나를 취조하겠지만[覆=治] 나는 결코 혼자만 죽지 않을 것이다[○ 사고(師古)가 말했다. "이 말은 반란을 일으키겠다는 뜻이다.")」"

건도 여기저기서 회남과 형산 두 왕이 음모를 꾸미고 있다는 말을 듣고서 일단 그들이 군대를 발동하면 그들에게 병합될 것을 두려워해 드디어 병기를 만들었다. 왕후의 아버지 호응(胡應)을 불러 장군으로 삼았다. 중대부 질(疾)은 재능과 능력이 있었고 말을 탄 채 활을 잘 쏘았는데 그를 영무군(靈武君)이라고 불렀다. (천자의 수레에만 쓰는) 황색 덮개의 수레를 만들고 황제의 옥새를 새겼으며 장군과 도위의 금은 인장을 주조하고 한나라 사자의 부절 20개와 인끈 1,000여 개를 만들었다. 또 군관의 품계를 정하고 봉후의 작위를 상으로 내리는 제도를 두었으며 천하의 종합 지도[輿地]와 군진도(軍陣圖)를 갖추었다. 사람을 보내 월나라의 요왕(繇王) 및 민후(閩侯)와 통교를 맺고 각종 비단과 진귀한 물건들을 내려주니 요왕과 민후도 건에게 세포, 갈포, 각종 보옥, 물소 가죽으로 만든 갑옷, 비취색의 깃과 손이 긴 원숭이, 곰 등을 보내와 여러 차례 사신이 오갔으며 위급한 일이 생기면 서로 돕기로 약속을 맺었다. 회남왕이 모반을 일으키고서 자기편을 확보하기 위해 자못 건과 연관을 맺고자 하니 건은 사람을 시켜 금전을 많이 주어 자신이 연관된 흔적을 없애버렸다. 뒤에 다시 가까운 신하에게 말했다.

"나는 왕이 되고 나서 조옥(詔獄)의 조사를 해마다 받았으니 살아 있어도 즐거운 날이 없었다. 장사(壯士)는 앉아서 죽지 않으니 다른 사람들이 하지 못하는 것을 해보고자 할 뿐이다[○ 사고(師古)가 말했다. "이 말도 반란을 일으키겠다는 뜻이다."]."

건은 종종 아버지가 내려준 장군의 인장을 파고서 천자의 기를 세워

외출을 했다. 여러 해가 쌓이다 보니 일은 발각됐고 한나라 조정에서는 승상의 장사(長史)를 보내 강도국의 재상과 함께 공동으로 조사를 진행해[雜案=雜治] 수색한 결과 병기, 옥새, 인끈, 부절 등 반란의 도구들이 발견되자 유사에서는 건을 붙잡아 주살할 것을 청했다. 제(制)하여 말했다.

"열후, 2,000석 관리, 박사와 함께 토의하라."

토의 결과 모두 말했다.

"건은 신하[臣子] 된 도리를 잃은 지가 오래됐는데 그때마다 차마 벌하지 않으시는 인자함을 입었으나 결국은 반역을 모의했습니다. 그 소행은 무도해 비록 걸왕과 주왕의 패악질도 여기에 이르지는 않았습니다. 하늘이 내리는 벌은 사면을 받을 수 없는 것이니 마땅히 모반의 법에 따라 주살해야 합니다."

조서를 내려 종정과 정위가 직접 가서[卽=就] 건을 문책하라고 했다. 건은 자살했고 후 성광 등은 모두 기시됐다. (왕으로 세워진 지) 6년 만에 나라는 없어졌고 그 땅은 한나라에 편입돼 광릉군(廣陵郡)이 됐다.

끊어진 지 121년이 지나 평제(平帝) 때 신도후(新都侯) 왕망(王莽)이 정권을 쥐자 없어진 나라를 일으키고 끊어진 왕위를 이어준다면서[興滅繼絶] 건의 동생 우이후(盱眙侯)의 아들 궁(宮)을 세워 광릉왕으로 삼아 역왕의 뒤를 받들게 했다. 망이 찬탈하자 나라는 끊어졌다.

교서국(膠西國)의 우왕(于王) 단(端)은 효경(孝景) 전(前) 3년에 세워졌다. 사람됨이 난폭하고 비뚤어졌으며[賊戾=暴戾] 또 성불구[陰痿]였기 때문에 한 번 부인을 가까이 하면 여러 달 동안 병을 앓았다. 총애하는 소녀이 있어 그를 낭(郎)으로 삼았다. 그 낭이 후궁들과 음란한 짓을 벌이자 단은 그를 잡아 죽였고 그의 자식과 어머니까지 죽여버렸다. 여러 차례 법을 어겨 한나라의 공경들은 수차례 단을 주살할 것을 청했으나 천자는 차마 그렇게 하지 못했고[弗忍] 그 때문에 단의 행태는 점점 더 심해져갔다. 유사가 자주[比=頻] 다시 청하자 그 나라를 깎아내 태반(太半)〔○ 장안(張晏)이 말했다. "3분의 2를 태반이라 하고 3분의 1을 소반(少半)이라 한다."〕을 없애버렸다. 단은 마음속으로 서운해하며[慍] 드디어 나랏일을 전혀 돌아보지 않았다. 부고(府庫)는 무너져 비가 샜고 그의 재물은 모조리 썩어 그 피해액이 거만(鉅萬)에 이르렀지만 끝내 다른 곳으로 옮기는 등의 조처를 하지 않았다. 관리들로 하여금 조부(租賦)를 거두지 못하게 했다. 단은 궁궐의 숙위를 다 없애버리고 궁문을 폐쇄했으며 오직 하나의 문만 이용해 드나들었다. 여러 차례 이름과 성을 바꾼 채 포의(布衣)를 입고서 다른 나라에 가기도 했다.

(중앙 조정에서) 승상과 2,000석 관리가 이르러 한나라 법으로 다스리려 하면 단은 그때마다 자신이 고소를 하며 그 죄를 다른 사람에게 떠넘겨 결국 아무런 죄도 없는 자를 속여 독살했다. 이처럼 거짓을 꾸며 임기응변을 극도로 발휘할 수 있었던 까닭은 그가 완강해 간언을 물리치고 또한 비리를 아무 일도 아닌 것처럼 잘 꾸며낼 줄 알았기 때문이다. 승상과 2,000석 관리가 왕의 의견을 따라 일을 조사하고 나면 한나라는 법에 따라 그들을 처벌했다. 그래서 교서는 작은 나라임에도 불구하고 살상을 당한 2,000석 관리가 아주 많았다.

세워진 지 47년 만에 훙했는데 아들이 없어 나라를 없앴다. 땅은 한나라에 편입돼 교서군(膠西郡)이 됐다.

조(趙)나라의 경숙왕(敬肅王) 팽조(彭祖)는 효경(孝景) 전(前) 2년에 세워져 광천왕(廣川王)이 됐다. 조왕이 드디어 반란을 일으켰다가 깨진 후에 팽조를 옮겨 조니라 왕으로 삼았다. 팽조의 사람됨은 간교하고 말재주가 있어[巧佞] 자신을 낮춰 아첨을 하며 지나치게 공손히 하면서도 마음은 아주 잔인했고[刻深] 법률을 좋아했으며 궤변으로 다른 사람을 해쳤다[中=中傷]. 아끼는 후궁들과 자손이 많았다. 승상과 2,000석 관리들이 한나라 법을 받들어 다스리게 하니 왕가에 해가 됐다. 이 때문에 매번 승상과 2,000석 관리가 올 때마다 팽조는 비단이나 베로 만든 단의(單衣-홑옷)만 입고서 직접 그들을 맞이하러 나가 직접 숙소를 청소했고 의문의 사건들을 여러 차례 일으켜 그들을 옭아 넣어 실언을 하게 만들고서 곧바로 기록해두었다. 2,000석 관리 중에 자신을 조사하려는 사람이 있으면 이 글을 갖고서 곧바로 겁박했고 자기 말을 듣지 않으면 마침내 이를 조정에 아뢰거나 간사한 이익을 얻으려 했다고 말해 그들에게 오명을 씌웠다. 팽조가 세워진 지 60여 년이 됐는데 그 사이에 그의 재상이나 2,000석 관리 중에 2년을 채운 사람이 없었고 문득 죄를 덮어씌워 내쫓았는데 죄가 큰 자는 사형을 시켰고 가벼운 자도 형벌을 가했다. 그래서 2,000석 관리 중에 어느 누구도 그의 죄를 제대로 다스리려 하는 자가 없어 조왕은 권력을 제 마음대로 했다[擅權]. 사자들을 각 현에 보내 매매의 중개를 알선해 그 이익을 독점했고[搉] 그 수입은 대부분 나라의 조세로 삼았다. 이 때문에 조왕의 왕실에는 돈이 많았으나 여러 희(姬)와 자식들에게 내려주어 다 탕진해

버렸다.

팽조는 궁실이나 귀신에게 복을 비는 공간[禨祥]을 짓거나 꾸미는 것을 좋아하지 않았고 관리의 일을 좋아했다. 글을 올려 나라 안의 도적을 순찰하고 싶다고 말하기도 했다. 늘 깊은 밤에 보졸을 데리고 한단(邯鄲)의 성안을 순찰했다. (경사의) 사자들이나 조나라를 지나는 과객은 팽조가 뒤틀어 곤경에 빠뜨리려 했기[險陂=險詖] 때문에 아무도 감히 한단에 머물려 하지 않았다.

시간이 한참 지나 (팽조의) 태자 단(丹)이 그의 여동생 및 친누나와 간음을 했다. 강충(江充)이 단의 음란행위를 고발하자 단은 이에 사람을 시켜 강충을 쇠몽둥이로 쳐서 땅에 파묻어버리겠다고 협박하고서 계속 간악한 짓을 너무도 많이 저질렀다. 무제(武帝)가 사자를 보내 이졸(吏卒)들을 데리고 가서 단을 붙잡아 오도록 해 위군(魏郡)의 조옥(詔獄)에 내려보내니 죄를 조사한 결과 사형에 해당됐다. 팽조가 글을 올려 단의 억울함을 호소하고 나라 안의 용감한 병사들을 따라 흉노를 치게 하고서 단의 죄를 면하게 해달라고 청했으나 상은 허락하지 않았다. 얼마 후에 단은 사면을 받아 옥을 나왔다. 뒤에 팽조가 입조해 제의 여동생인 평양(平陽) 융려(隆慮)공주의 힘을 빌려 다시 단을 태자로 삼게 해줄 것을 청했으나 상은 허락하지 않았다.

팽조는 강도 역왕의 총희(寵姬)이자 왕 건(建)이 간통했던 요희(淖姬)를 차지해 그녀를 심히 아껴주었는데 아들 한 명을 낳으니 이름을 요자(淖子)라고 불렀다. 팽조는 정화(征和) 원년에 훙했는데 시호를 경숙왕(敬肅王)이라 했다. 팽조가 훙했을 때 요희의 오빠가 한나라 환관이었는데 상이 그를 불러서 물었다.

"요자는 어떤 인물인가?"

"사람됨이 욕심이 많습니다."

상이 말했다.

"욕심이 많은 사람은 나라의 임금이 돼 백성들을 자식처럼 아껴줄 수 없다."

무시후(武始侯) 창(昌)은 어떠냐고 물으니 이렇게 답했다.

"허물할 것도 기릴 것도 없습니다."

상이 말했다.

"그렇다면 가능할 것이다."

사자를 보내 창을 세웠는데 이 사람이 경왕(頃王)이고 19년 만에 훙했다. 그 아들 회왕(懷王) 존(尊)이 이어받아 5년 만에 훙했다. 자식이 없어 2년 동안 끊어졌다가 선제(宣帝)가 존의 동생 고(高)를 세웠는데 이 사람이 애왕(哀王)이고 몇 달 만에 훙했다. 그 아들 공왕(共王) 충(充)이 이어받아 56년 만에 훙했다. 아들 은(隱)이 이어받았는데 왕망 때 끊어졌다.

그에 앞서 무제(武帝)는 또 혈친을 제 몸과 같이 여기겠다[親親]고 해 경숙왕의 막내아들 언(偃)을 세워 평간왕(平干王)으로 삼으니 이 사람이 경왕(頃王)이고 11년 만에 훙했다. 그 아들 무왕(繆王) 원(元)이 이어받아 25년 만에 훙했다. 대홍려(大鴻臚) 우(禹)가 아뢰었다.

"원은 예전에 칼로 노비를 잔인하게 살해했고 그의 아들 남(男)은 알자를 죽였으며 자사가 올린 보고에 따르면 죄명도 명백합니다. 병이 들자 유언을 해[先슈] 음악에 뛰어난 노비들을 순장하게 하고[從死=殉葬] 또한 협박해 자살하게 만든 사람이 모두 16명이었으며 포학스러움이 도리를 잃었습니다. 그래서 춘추(春秋)의 큰 의리에 따르면 주살된 임금의 자식은 마땅히 (왕으로) 세울 수 없다고 했던 것입니다. 원이 비록 아직 복주되지는 않았지만 그의 후사는 마땅히 세워서는 안 될 것입니다."

재가하고서 나라를 없앴다.

중산국(中山國)의 정왕(靖王) 승(勝)은 효경(孝景) 전(前) 3년에 세워져 왕이 됐다. 무제(武帝)가 즉위한 초기에 대신들은 오초(吳楚)7국의 옛일을 징계로 삼는다며 의견을 내는 자들의 다수는 조조(晁錯)가 그의 정책을 추진하다가 참형을 당한 것은 억울하다고 보았기에 모두 다 제후왕들이 수십 개의 성을 연결해 크게 강성하니 점차 그들의 땅을 잠식해 들어가야 한다고 여겨 자주 제후왕들의 과실과 악행을 상주해 폭로했다. 그러나 제후왕들의 입장에서 보면 자신들은 황실의 골육지친(骨肉至親)이며 선제(先帝-즉, 선제(宣帝))가 자신들의 봉지를 넓혀주고 성을 연결해주었기 때문에 개의 이빨처럼 서로 경계를 맞물리는 것이 종실의 반석이 된다고 여겼다. (그런데) 지금 혹 그들은 아무 죄가 없는데도 신하로부터 모욕을 당하게 되고 유사(有司)는 터럭을 불듯이[吹毛] 오점을 찾아내 그들의 신하에게 태형을 가해 굴복케 함으로써 그 임금(-제후왕)의 죄를 입증케 하니 제후왕들은 대부분 억울한 마음을 품게 됐다.

(무제) 건원(建元) 3년에 대왕(代王) 등(登), 장사왕(長沙王) 발(發), 중산왕(中山王) 승(勝), 제천왕(濟川王) 명(明) 등이 와서 조현하자 천자는 술자리를 마련했는데 승이 음악 소리를 듣다가 눈물을 흘렸다. (상이) 그 이유

를 묻자 승은 다음과 같이 대답했다.

"신이 듣건대 슬픈 사람[悲者]은 거듭 흐느낄[欷] 수 없고 생각하는 사람[思者]은 탄식할[歎] 수 없다고 했습니다〔○ 사고(師古)가 말했다. "흐느끼거나 탄식하는 소리를 들으면 슬픔이나 생각은 더 심해진다."〕. 그래서 고점리(高漸離)가 역수(易水) 근처에서 축(筑-악기 이름이며 거문고의 일종이다)을 타니 형가(荊軻)는 그를 위해 머리를 숙인[低=俛首] 채 음식을 먹지 않았으며〔○ 응소(應劭)가 말했다. "연(燕)나라 태자가 형가를 보내 진나라 왕을 죽이려 했는데 역수 근처에서 고점리가 축을 타자 선비들이 모두 머리를 숙이고 눈물을 지었고 형가는 더 이상 먹을 수가 없었다."〕, 옹문자(雍門子)는 딱 한 차례 작은 소리만 냈는데 맹상군(孟嘗君)[8]은 그를 위해 울부짖었던 것입니다[於邑]〔○ 장안(張晏)이 말했다. "옹문자는 (전국시대) 제(齊)나라의 뛰어난 사람이다. 옹문(雍門) 근처에 살아서 이렇게 불렀다."〕. 이제 신의 마음에 맺혀 있는 것이 오래돼서 매번 아주 작고 미묘한

---

[8] 이름은 전문(田文)이다. 제(齊)나라 사람으로 공족(公族)이며 전국시대 말기 사군(四君)의 한 사람이다. 맹상군은 시호 또는 봉호라고도 한다. 전영(田嬰)의 아들이고 아버지의 봉작(封爵)을 이어 설공(薛公)으로 불렸다. 제나라에서 재상을 지냈다. 선왕(宣王)의 서제(庶弟)인 아버지의 뒤를 잇고 설(薛) 땅에서 천하의 인재들을 모아 후하게 대접해 명성과 실력을 과시했다. 식객(食客)이 1,000여 명을 헤아렸다. 진(秦)나라 소양왕(昭襄王)의 초빙으로 재상이 됐지만 의심을 받아 죽을 위기에 처했을 때 좀도둑질과 닭 울음소리를 잘 내는 식객들의 도움으로 위기를 모면했다. 이것이 계명구도(鷄鳴狗盜) 고사다. 제나라 민왕(閔王)이 그의 위세를 두려워해 제거하려고 했다. 민왕 7년 위(魏)나라로 가서 위(魏)나라 소왕(昭王)의 재상이 됐다. 진나라와 조(趙)나라, 연(燕)나라 등의 힘을 합해 제나라를 격파했다. 제(齊)나라 양왕(襄王)이 즉위하자 설 땅에 있었는데 소속된 곳이 없어 양왕이 그 세력을 두려워해 친하게 지냈다. 죽은 뒤 자식들이 서로 다투자 제나라와 위나라가 설을 멸망시켰다.

음악 소리만 들어도 신도 모르는 사이에 눈물이 마구 흘러내립니다.

　무릇 거품[煦_후]도 많이 모이면 산을 떠내려가게 하고 모기[蚊_문]도 많이 모여 날면 천둥소리를 내며 붕당이 입을 합치면 호랑이도 잡고 10명이 힘을 합치면 쇠기둥도 휘게 할 수 있습니다. 이 때문에 문왕은 유리(羑里)에 구금된 적이 있고 공자께서도 진(陳)나라와 채(蔡)나라에서 죽을 고비를 당하셨던 것입니다. 이는 곧 여러 사람들에 의해 조성된 풍문이 쌓이고 또 쌓여서 해악을 만들어낸 때문입니다. 신의 몸은 (경사에서) 멀리에 있고 (조정 내) 세력은 작아 미리 무슨 일을 할 수가 없는데도 수많은 사람들의 입은 쇠라도 녹이고[鑠_삭] 비방이 쌓이면 뼈라도 부술 수 있으며, 아무리 가벼운 것도 쌓이면 수레축도 꺾을 수가 있고 깃털도 모이면 고기도 날게 할 수 있는 것처럼, 모두가 어지러이 흔들어대고 없는 것도 비단 짓듯 지어내니 그저 줄줄[潸然_{산연}] 눈물만 흘릴 뿐입니다.

　신이 듣건대 훤한 햇빛이 빛을 발하면 제아무리 숨어 있어도 다 비출 수가 있고 밝은 달이 밤에 빛을 발하면 모기나 등에까지도 밤이라도 보이게 된다고 했습니다. 그렇지만 구름이 짙게 드리우면 대낮이라도 어두워지고 먼지가 짙게 덮이면 어두워서 태산도 보이지가 않는다고 했습니다. 왜냐하면 사물이 해나 달을 가리고 있기 때문입니다. 지금은 가리워지고 막혀 있어 들을 수가 없습니다. 참언을 하는 무리들이 벌떼처럼 생겨나는데도 길은 멀어 일찍이 신을 위해 소문이라도 전해주는 자가 없어 신은 남몰래 혼자서 슬퍼하고 있습니다.

　신이 듣건대 사당의 쥐를 잡으려고 물을 댈 수가 없고 집 안의 쥐를 잡으려고 연기를 땔 수는 없다고 했습니다. 왜냐하면 쥐가 자기 몸을 의탁하는 곳이 그러하기 때문입니다. 신은 비록 엷기는[薄] 해도 황실의 친족이며 지위가 비록 낮기는[卑] 해도 동쪽의 번병(藩屛)을 맡고 있으며 또한 척속이자 (폐하의) 형으로 불립니다. 지금 여러 신하들은 갈대만큼의 친족관계[親]도 없고 새의 깃털만큼도 무겁지 않은 사람들인데 서로 무리를 지어 끼리끼리 의견을 나누고 서로 붕당을 이루어 마침내 종실 사람들을 내치게끔 만드니 골육이 얼음처럼 녹아내리는 듯합니다. 이것이 바로 백기(伯奇)가 유랑하며 떠돌아야 했던 까닭이며 비간(比干)이 그 몸을 절단당해야 했던 까닭입니다. 『시경(詩經)』에 이르기를 '내 마음 근심으로 상해 서글픔이 절구질하듯 하는구나. 옷 입은 채 잠깐 자는 사이에 깊이 탄식해 아! 근심으로 늙어가니 이 마음의 근심이여[我心憂傷 惄焉如擣 假寐永嘆 維憂用老 心之憂矣]'⁹라고 했으니 이는 바로 신을 두고 노래한 것입니다."

(상은) 관리들이 침해한 바를 두루 갖추어 보고토록 했다. 이에 상은 마침내 제후왕들에 대한 예의를 두텁게 하니 유사에서 제후왕들의 일에 관해 상주하는 일이 줄어들었고 상이 혈육을 제 몸과 같이 여기는[親親] 은혜는 더해졌다. (그런데) 그후에 다시 주보언(主父偃)의 계책을 써서 제후왕들에게 명을 내려 사사로운 은혜[私恩]를 베풀게 했는데 이는 자신들의 땅을 스스로 갈기갈기 찢어서[裂] 각자의 자식들에게 나눠주게 한 것이다. 이에 한나라(중앙 조정)에서는 제도를 정해 작호를 봉해주고 갑자기 제각각 한나라의 군(郡)에 소속되도록 했다. 그 결과 한나라는 두터운 은

---

9 「소아(小雅)」 '소변(小弁)' 편에 나오는 구절이다.

혜를 베푼 셈이 된 반면 제후들은 땅이 점점 줄어들어 결국 세분화돼 힘이 빠지고 작아졌다.

승은 사람됨이 술을 좋아하고 처첩에 빠져[好內] 자식이 120여 명이었다. 늘 조왕 팽조와 서로를 비방해 말했다.

"형은 왕이 돼 오로지 관리를 대신해 일에만 빠져 있다. 왕이란 매일 음악을 들으며 여색을 즐기는 것을 자신의 일로 삼아야 한다."

조왕도 이렇게 말했다.

"중산왕은 단지 사치와 음란에만 빠져 있어 천자를 도와 백성을 돌보는 일을 하지 않으니 어찌 번신(藩臣)이라 부를 수 있겠는가?"

43년 만에 훙했다. 그 아들 애왕(哀王) 창(昌)이 이어받아 1년 만에 훙했다. 그 아들 강왕(康王) 곤치(昆侈)가 이어받아 21년 만에 훙했다. 그 아들 경왕(頃王) 보(輔)가 이어받아 4년 만에 훙했다. 그 아들 헌왕(憲王) 복(福)이 이어받아 17년 만에 훙했다. 그 아들 회왕(懷王) 순(循)이 이어받아 15년 만에 훙했는데 아들이 없어 45년 동안 끊어졌다. 성제(成帝) 홍가(鴻嘉) 2년에 다시 헌왕의 동생의 손자 이향후(利鄉侯)의 아들 운객(雲客)을 세우니 이 사람이 광덕(廣德) 이왕(夷王)이다. 3년 만에 훙했는데 아들이 없어 14년 동안 끊어졌다. 애제(哀帝)가 다시 운객의 동생 광한(廣漢)을 세워 광평왕(廣平王)으로 삼았다. 훙했을 때 후사가 없었다. 평제(平帝) 원시(元始) 2년에 다시 광천(廣川) 혜왕(惠王)의 손자 륜(倫)을 세워 광덕왕(廣德王)으로 삼아 정왕(靖王)의 뒤를 받들게 했다. 왕망 때 끊어졌다.

장사(長沙) 정왕(定王) 발(發)은 어머니가 당희(唐姬)로 예전에 정희(程

姬)의 시녀였다. 경제(景帝)가 정희를 불렀는데 정희는 피해야 할 일[所避]
소피
〔○ 사고(師古)가 말했다. "생리[月事=月經]가 있었다."〕이 있어 나아가려고
원사 월경
하지 않았고 대신에 시녀인 당아(唐兒)를 잘 꾸며 밤에 나아가게 했다. 상
은 술에 취해 그것을 알지 못한 채 정희인 줄 알고 품어 마침내 아이가 생
겼다[有身]. 이미 정희가 아니었다는 것이 드러났지만 결국 아들을 낳게
유신
되자 그 일로 인해 아이의 이름을 발(發-뒤늦게 깨달았다는 뜻)이라고 했
다. 효경(孝景) 전(前) 2년에 세워졌다. 그의 어머니가 미천해 아무런 총애
를 받지 못했기 때문에 땅이 낮고 습한 가난한 나라의 왕이 된 것이다.

  28년 만에 훙했다. 그 아들 대왕(戴王) 용(庸)이 이어받아 27년 만에 훙
했다. 그 아들 경왕(頃王) 부구(鮒鮈)가 이어받아 17년 만에 훙했다. 그 아
들 날왕(剌王) 건덕(建德)이 이어받았는데 선제(宣帝) 때 사냥을 하면서 불
을 놓아 민가 96호를 불태우고 두 명을 죽게 만들었으며 또한 현관(縣官)
의 일로 내사(內史)에 원한을 품어 사람을 시켜 기시형에 해당하는 죄에
걸려들어 8개 현을 깎고 그 나라의 중위(中尉)의 관직을 없앴다〔○ 사고(師
古)가 말했다. "그에 속한 관직을 없애는 것은 그를 폄하하고 억누르기 위
함이다."〕. 34년 만에 훙했다. 그 아들 양왕(煬王) 단(旦)이 이어받아 2년 만
에 훙했다. 아들이 없어 1년여 동안 끊어졌다. 원제(元帝) 초원(初元) 3년에
다시 단의 동생 종(宗)을 세웠으니 이 사람이 효왕(孝王)인데 5년 만에 훙
했다. 그 아들 노인(魯人)이 이어받았는데 왕망 때 끊어졌다.

  광천국(廣川國)의 혜왕(惠王) 월(越)은 효경(孝景) 중(中) 2년에 세워져 13
년 만에 훙했다. 그의 아들 무왕(繆王) 제(齊)가 이어받아 44년 만에 훙했

다. 애초에 제에게는 승거(乘距)라는 총애받는 신하가 있었는데 얼마 후에 죄가 있어 거를 주살하려 했다. 거가 도망쳤기 때문에 제나라에서는 그 종족들을 잡아들였다. 거는 왕에게 원한을 품고 마침내 글을 올려 제가 친누이[同産]와 간음을 했다고 고발했다. 그 후에 제는 여러 차례 고발해 한나라의 공경 및 총신 소충(所忠)[○ 사고(師古)가 말했다. "성이 소, 이름이 충이다."] 등의 일을 말했고 또 중위 채팽조(蔡彭祖)가 광천왕의 아들 명(明)을 체포한 일을 거론하며 욕해 말했다.

"나는 너의 종족들의 씨를 말려버릴 것이다!"

유사에서 조사를 해보니 왕의 말은 근거가 없었기에 제(齊)를 무망(誣罔)한 죄로 탄핵해 큰 불경의 죄로 판단해 감옥에 가두어 다스릴 것을 청했다. 제는 두려워서 글을 올려 광천의 요사들과 함께 흉노와 떨쳐 싸우겠다고 하니 상이 그것을 허락했다. 아직 출발하지 않았는데 병으로 훙했다. 유사가 나라를 없앨 것을 청하니 이를 재가했다.

몇 달 뒤에 조서를 내려 말했다.

'광천 혜왕은 짐에게는 형이 되니 짐은 차마 그 종묘를 끊을 수가 없으므로 이에 혜왕의 손자 거(去)를 광천왕으로 삼는다.'

거는 곧 무왕 제의 태자이고 스승으로부터 『주역(周易)』, 『논어(論語)』, 『효경(孝經)』을 전수받아 그 모두에 통달했고 문사(文辭), 방기(方技), 박혁(博奕-장기와 바둑), 창우(倡優-배우나 광대)를 좋아했다. 그 전문(殿門)에는 성경(成慶)[○ 진작(晉灼)이 말했다. "성경은 형가(荊軻)인데 위(衛)나라 사람들은 그를 경경(慶卿)이라 불렀고 연(燕)나라 사람들은 형경(荊卿)이라 불렀다." 사고(師古)가 말했다. "성경은 고대의 용사이며 『회남자(淮南子)』에 그에 관한 이야기가 나온다. 형경은 아니다."])의 그림을 그려놓았는데 단의(單衣)에 승마용 큰 바지[大絝], 그리고 긴 칼을 찬 모습으로 거는 이 그림을 좋아했고 7척 5촌의 칼과 옷을 입은 모습 등은 모두 진짜처럼 보였다. 아끼는 후궁들 중에 왕소평(王昭平), 왕지여(王地餘)라는 자가 있어 허락해 후(后)로 삼았다. 거가 일찍이 병이 들었을 때 희(姬) 양성소신(陽成昭信)[○ 사고(師古)가 말했다. "양성이 성이고 소신이 이름이다."]이 병수발을 들면서 정성을 다했기 때문에 다시 그녀를 아껴주었다. 거가 지여와 놀다가 지여의 소매 안에서 단검을 발견하고서 매질을 해 사정을 캐물으니 소평과 공모해 소신을 죽이려 했다고 털어놓았다. 매질을 해 소평에게 물었으나 승복하지 않자 쇠침으로 찔러 억지로 승복을 받아냈다. 마침내 여러 희들을 불러 모은 다음에 거는 자신이 직접 칼로 지여를 찔렀고 소신으로 하여금 소평을 치게 해 모두 죽였다. 소신이 말했다.

"두 희의 여종들이 장차 말을 흘릴 수 있습니다."

다시 종비(從婢) 세 명을 목 졸라 죽였다. 뒤에 소신이 병이 들었는데 꿈에서 소평 등이 실상을 거에게 일러바치는 것을 보았다. 거가 말했다.

"저것들이 다시 나타나 나에게 겁을 줬다. 당장 불태워버려라!"

시신을 파내 모두 불에 태워 재로 만들어버렸다.

뒤에 거는 소신을 세워 후(后)로 삼았다. 또 총희 도망경(陶望卿)을 수미부인(脩靡夫人)으로 삼아 증백(繒帛-비단)의 일을 주관하게 했고 최수성(崔脩成)을 명정부인(明貞夫人)으로 삼아 영항(永巷-여관의 숙소)의 일을 주관하게 했다. 소신이 다시 망경을 헐뜯어[譖] 말했다.

"저한테 예의가 없고 자기 옷은 늘 나보다 새로운 것[鮮=新]을 입고 좋은 비단이 있으면 모두 가져다가 궁인들에게 나눠줍니다."

거가 말했다.

"네가 망경에 대해 아무리 악담을 해도 (망경에 대한) 나의 사랑은 줄어들지 않을 것이다. 만일에 망경이 음란한 짓을 했다는 소리를 듣게 된다면 나는 삶아서 죽일 것이다."

뒤에 소신이 거에게 말했다.

"예전에 화공이 망경의 방에서 그림을 그릴 때 망경은 어깨와 등을 다 드러내 보였고 그자의 바로 곁에서 얼굴에 분을 발랐습니다. 또 여러 차례 남쪽의 문으로 드나들며 낭리(郎吏)를 엿보았으니 의심컨대 음란한 짓을 한 것 같습니다."

거가 말했다.

"잘 살펴보도록 하라."

이 때문에 더욱더 망경을 사랑하지 않게 됐다. 뒤에 소신 등과 술을 마실 때 여러 희들이 술시중을 들었는데 거는 망경을 위해 노래를 지어 불렀다.

"시부모에게 등을 돌려 음란함에 빠져드니
기이한 계책을 내어 일어나 스스로를 끊어버렸도다[自絶]
이리저리 떠돌며 스스로 우환을 만들어내
믿음을 둘 곳을 잃어버렸으니 이제 와서 누구를 원망하리오!"

그러고는 미인들로 하여금 서로 화답해 노래를 부르게 했다. 거가 말했다.

"이 중에 마땅히 이 노래의 주인공이 누구인지 스스로 아는 사람이 있을 것이다."

소신은 거가 이미 화가 났다는 것을 알고서 즉각 망경이 낭리의 거처에 자주 드나들었다고 무함해 말하고서 그 장본인의 이름을 알고 있다고 말했다. 또 낭중령이 밤에 비단을 입은 것을 들어 간음을 한 것일 수 있다고 말했다. 거는 곧바로 소신과 함께 여러 희들을 거느리고 망경의 처소로 가서 그녀를 발가벗긴 다음 다시 매질을 했다. 여러 희들로 하여금 벌겋게 달군 쇠꼬챙이를 들고서 함께 망경을 지지도록 명했다. 망경은 달아나 스스로 우물에 뛰어들어 죽었다. 소신은 그녀를 우물에서 건져내 음부에 말뚝[杙]을 박고 코와 입술을 잘라내고 그 혀를 끊어버렸다. 그러고 나서 거에게 말했다.

"지난번에 소평을 죽였을 때 돌아와서 나를 겁줬는데 이번에는 망경을 아주 갈아 없애서 귀신이 될 수 없게 해야 할 것입니다."

거와 함께 사지를 분해한 다음에 큰 솥 안에 넣고서 복숭아나무 태운 재와 독약을 함께 집어넣고서 삶았는데 여러 희들을 다 불러와서 보게 하니 밤낮으로 이어져 다 녹아 없어졌다. 그리고 망경의 여동생 도(都)도 죽여버렸다.

뒤에 거가 여러 차례 희 영애(榮愛)를 불러 함께 술을 마시자 소신은 다시 그녀를 헐뜯어 이렇게 말했다.

"영의 눈을 들여다보면 뜻이나 태도가 좋지 못하니 의심컨대 다른 뜻이 있는 것 같습니다."

이때 영애는 거를 위해 사각의 윗옷에 자수를 놓고 있었는데 거는 그것을 빼앗아 불태워버렸다. 애는 두려워서 스스로 우물에 뛰어들었다. 밖으로 건져내니 아직 죽지 않아 매를 때리며 애를 문초하니 스스로 의원(醫員)과 간음을 했다고 털어놓았다. 거는 그녀를 기둥에 묶은 다음에 불에 지진 칼로 두 눈을 지지고 두 다리를 생으로 잘라냈으며 녹인 납을 그녀의 입안으로 집어넣었다. 애가 죽자 사지를 잘라 가시나무로 싸서 파묻었다. 거에게 총애를 받는 여인이 있을 경우 소신은 곧바로 참소를 해 죽였는데 모두 14명이었고 모두 태후가 있던 장수궁(長壽宮)에 묻었다. 궁인들은 이를 두려워해 감히 두 번 다시 소신의 뜻을 거스르지 못했다.

소신은 사랑을 독차지하고[擅愛] 싶어서 이렇게 말했다.

"왕께서는 명정부인을 시켜 여러 희들을 감독하게 하고 계신데 그렇게 해서는 그들의 음란을 막는 것이 어렵습니다. 청컨대 여러 희들이 머무는 숙소의 문을 폐쇄해 아예 밖으로 나돌아다니지 못하게 하옵소서."

이에 여종 중에서 연장자를 복야(僕射)로 삼아 영항의 일을 주관하게 하고 여러 숙소들을 다 봉쇄하고 자물쇠는 후에게 올리게 하고 왕과의 술자리에 부를 때 이외에는 나올 수 없게 했다. 거는 이를 마음 아파해 노래를 지어 불렀다.

"근심이 있어도 근심할 수가 없고 마음 하나 기댈 곳이 없구나
마음은 무겁게 맺혔어도 뜻을 풀어낼 길이 없네
안으로 답답함 가득해 근심과 슬픔만 쌓이네
위로는 하늘을 볼 수 없으니 살아 있다 한들 무엇하리오

하루하루 시간을 깎여가는데 때는 두 번 다시 오지 않으리

바라는 것이라곤 이 한 몸 버려 죽어서도 후회하지 않는 것뿐"

소신에게 영을 내려 북을 쳐서 절도를 이루어내 여러 희들에게 그것을 노래 부르게 하고서 노래가 끝나자마자 영항으로 들어가게 한 다음에 문을 봉쇄했다. 오직 소신의 오빠의 자식인 초(初)만이 승화부인(乘華夫人)이 돼 아침저녁으로 왕을 볼 수 있었다. 소신은 거와 함께 10여 명의 남자 종들만 거느리고서 술과 도박을 즐겼다.

애초에 거의 나이 14, 15세 무렵에 스승을 섬겨 『주역(周易)』을 전수받았고 스승은 여러 차례 간언해 바로잡아주었지만 거가 더 커서 성인이 되자 스승을 쫓아내버렸다. 내사(內史)가 청해 스승을 연(掾-하급 관리)으로 삼자고 했지만 스승은 여러 차례 내사에게 말해 왕의 집안을 엄격하게 지켜줄 것을 당부했다. 거는 노비를 시켜 스승의 부자를 죽였지만 발각되지는 않았다. 뒤에 거는 자주 술자리를 열어 악인과 배우를 나체로 만들어 좌중에게 공연을 하게 한 다음에 자신은 그것을 즐겼다. 재상 강(彊)은 악인들이 전문(殿門)에 난입한 일을 탄핵해 그 상황을 (한나라 조정에) 아뢰었다. 그 일을 유사에 내려보내 조사를 하게 하니 악인이 털어놓기를 원래는 왕을 위해 수미부인 망경과 그 동생 도(都)를 가르쳐 춤과 노래를 하게 했던 것이라고 했다. 사자가 망경과 도를 부르자 거는 대답하기를 둘 다 음란해 자살했다고 했다. 때마침 사면령이 내려져 이 사안은 처벌하지 못했다. 망경이 예전에 삶겨져 죽었을 때 곧바로 다른 시체를 갖고 와서 도의 시체와 함께 그의 어머니에게 넘겼다. 그 어머니가 말했다.

"도의 시신은 맞는데 망경의 시신은 아니다."

여러 차례 눈물로 호소하며 망경의 시신을 찾아달라고 하니 소신은 노복을 보내 그 어머니를 죽여버렸다. 그 노복을 붙잡아[得=捕] 실상에 관한 승복을 받아냈다. 본시(本始) 3년에 승상과 내사가 문서로 아뢰고 사면령 이전에 그가 저질렀던 일들도 갖춰 말했다. 천자는 대홍려, 승상장사, 어사승, 정위정(廷尉正)을 보내 공동으로 거록(鉅鹿)의 조옥을 다스리게 하니 거와 후 소신을 체포할 것을 주청했다. 제(制)하여 말했다.

"왕후 소신과 여러 희들, 노비들은 증인들이기 때문에 모두 옥에 내려 보내라."

(그들로부터) 실상에 관한 승복을 받아냈다. 유사는 다시 왕을 주살할 것을 청했다. 제(制)하여 말했다.

"열후, 중(中) 2,000석, 2,000석, 박사와 함께 토의하라."

의견을 말하는 자[議者]들은 모두 거가 패학(悖虐)해 후 소신의 참소하는 말을 듣고서 사람을 불태우거나 삶아 죽였고 산 채로 인체를 잘라냈으며, 스승의 간언을 막고서 그 부자를 죽이는 등 모두 죄 없는 사람 16명을 죽이고, 그중에는 일가 모자 세 명이 포함돼 있어 절의를 거스르고 도리를 끊었다고 보았다. 그중 15명은 사면령 이전의 일이기는 하지만 큰 악이 거듭됐으니 마땅히 대중들이 보는 앞에서 죽어야 한다고 했다. 제(制)하여 말했다.

"짐은 차마 법에 따라 왕을 처리할 수 없으니 그 처벌에 대해 토의하라."

유사는 그를 폐위하고 왕으로 삼아서는 안 된다고 했고 저자와 함께 상용(上庸)으로 옮길 것을 청했다. 이를 재가했다. 탕목읍 100호를 주었다.

거는 가던 도중에 자살했고 소신은 기시(棄市)됐다.

세워진 지 22년 만에 나라가 없어졌다. 4년 뒤에 선제(宣帝) 지절(地節) 4년에 다시 거의 형 문(文)을 세웠으니 이 사람이 대왕(戴王)이다. 문은 평소 성품이 바르고 곧으며 여러 차례 왕 거에게 간언을 했고 그 때문에 그를 세워준 것인데 2년 만에 훙했다. 그 아들 해양(海陽)이 이어받아 15년 만에 궁궐 건물에 남녀가 알몸으로 교접하는 것을 그려두고서 백부 및 숙부 그리고 자매들을 불러 술자리를 열어 그 그림을 쳐다보게 한 죄에 걸려들었다. 또 해양의 여동생은 다른 사람의 처가 됐는데 자신의 총애하는 신하와 간통을 하게 했다. 또 사촌동생 조(調) 등과 함께 일가 세 명을 죽이기로 공모하고서 기어코 죽였다. 감로(甘露) 4년에 죄에 걸려 폐위돼 방릉(房陵)으로 옮겨졌고 나라는 없어졌다. 15년 후인 평제(平帝) 원시(元始) 2년에 다시 대왕의 동생 양제후(襄隄侯)의 아들 유(瘉)를 세워 광덕왕(廣德王)으로 삼아 혜왕의 뒤를 받들게 했는데 2년 만에 훙했다. 그 아들 적(赤)이 이어받았는데 왕망 때 끊어졌다.

교동국(膠東國)의 강왕(康王) 기(寄)는 효경(孝景) 중(中) 2년에 세워져 28년 만에 훙했다. 회남왕이 반란을 모의했을 때 기는 은밀하게 그 일을 전해 듣고서 사사로이 병거와 철화살 등을 만들어 전쟁에 대비하며 회남이 일어날 때를 대비하고 있었다. 관리가 회남의 사건을 조사하려고 하자 관련된 사실을 그대로 털어놓았다. 기는 상과 아주 가까웠기 때문에 스스로 몸을 상해 병이 나서 죽었고 감히 후사도 두지 않았다. 이에 상은 기에게 장자 현(賢)이 있다는 말을 들었다. 그런데 기는 그의 어머니를 총애하지 않고 막내 경(慶)을 낳은 어머니를 총애해 기는 늘 경을 후사로 세우고 싶어 했으나 그것은 순서가 아니고 또 자신에게 허물이 있어 끝내 아무 말도 남기지 않았다. 상은 이를 가슴 아프게 여겨 현을 세워 교동왕으로 삼아 강왕의 제사를 받들게 해주었고 또한 경을 봉해 육안왕(六安王)으로 삼아 옛 형산국(衡山國)의 땅에서 왕 노릇을 하게 해주었다. 교동왕 현은 세워진 지 15년 만에 훙했고 시호는 애왕(哀王)이었다. 그의 아들 대왕(戴王) 통평(通平)이 뒤를 이었는데 24년 만에 훙했다. 그 아들 경왕(頃王) 음(音)이 뒤를 이었는데 54년 만에 훙했다. 그 아들 공왕(共王) 수(授)가 뒤를 이어 14년 만에 훙했다. 그 아들 은(殷)이 뒤를 이었는데 왕망 때 끊어졌다.

육안(六安)의 공왕(共王) 경(慶)은 세워진 지 38년 만에 훙했다. 그 아들 이왕(夷王) 록(祿)이 이어받아 10년 만에 훙했다. 그 아들 무왕(繆王) 정(定)이 이어받아 22년 만에 훙했다. 그 아들 경왕(頃王) 광(光)이 이어받아 27년 만에 훙했다. 그 아들 육(育)이 뒤를 이었는데 왕망 때 끊어졌다.

청하국(清河國)의 애왕(哀王) 승(乘)은 효경(孝景) 중(中) 3년에 세워져 12년 만에 훙했다. 자식이 없어 나라를 없앴다.

상산국(常山國)의 헌왕(憲王) 순(舜)은 효경(孝景) 중(中) 5년에 세워졌다. 순은 제(帝)의 막내아들로 교만하고 음란해 여러 차례 법을 어겼는데 상은 늘 너그럽게 보아주었다. 33년 만에 훙했는데 그 아들 발(勃)이 뒤를 이어 왕이 됐다.

애초에 헌왕에게는 그다지 아끼지 않는 희(姬)가 낳은 장남 탈(梲)이 있었는데 그 어머니가 총애를 받지 못했기 때문에 그도 왕에게 사랑을 받지 못했다. 왕후 수(脩)는 태자 발(勃)을 낳았다. 왕에게는 희첩이 많아 총희가 아들 평(平)과 상(商)을 낳았고 왕후는 총애를 받는 것이 드물었다. 헌왕이 심한 병에 걸리자 여러 총애를 받는 희들이 병간호를 했는데 왕후는 시기와 질투 때문에 늘 병상에 있지 못해 그때마다 숙소로 가서 머물렀다. 의원이 약을 올릴 때에도 태자 발은 자신이 약의 맛을 볼 수가 없었고 또 밤을 넘겨가며 간병을 할 기회를 갖지 못했다. 왕이 훙하자 왕후와 태자는 마침내 오게 됐다. 헌왕은 평소에[雅=素] 탈을 아들의 수[子數]에 넣어주지 않았기 때문에 재물도 나눠주지 않았다. 낭(郎) 중에 어떤 자가 태자와 왕후를 설득해 탈에게도 재산을 나눠주라고 했으나 둘 다 듣지 않았다. 태자가 대를 이어 세워졌어도 역시 탈을 거두어주려고 하지 않았기 때문에 탈은 왕후와 태자에 대해 원망을 품었다. 한나라 사자가 헌왕의 상례를 시찰하러 왔을 때, 탈은 헌왕이 병중에 있을 때 왕후와 태자는 간호를 하지 못하는 상태에서 훙해 6일 동안이나 상복을 입고 지켜야 하는 여막을 떠나 있었고, (그 기간 동안) 태자 발은 몰래 간음을 하고 술을 마시고 도박을 하고 축(筑-거문고의 일종)을 두드리며 여자들과 수레를 타고 성안을 돌며 놀았고 감옥에 들어가 죄수를 만나보기도 했다고 고발했다. 천자는 대행(大行) 건(騫-장건)을 보내 조사를 하게 해 여러 증인들을 체포하니 왕은 또 그것을 숨겼다. 관리가 체포하려 하자 발은 사람을 시켜 죄수들을 마구 때리게 해 제 마음대로 한나라에서 의심하고 있던 증인들을 탈출시켰다. 유사에서는 발과 헌왕의 왕후 수(脩)를 주살할 것을 청했다. 상이 말했다.

"수는 평소 이렇다 할 행실이 없고 발로 하여금 죄에 빠지게 만들었다. 발은 훌륭한 사부가 없어서 그렇게 된 것이니 차마 주살할 수는 없다."

유사가 왕에서 폐위한 다음 왕 발을 가족과 함께 방릉으로 옮길 것을 청하니 상이 허락했다.

발은 수개월 만에 폐위됐고 나라는 없어졌다. 한 달여가 지나 천자는 그가 아주 가까운 친족이기에 유사에 조서를 내려 말했다.

'상산 헌왕은 일찍 죽고[早夭] 후첩은 서로 불화해 적자와 서자가 무고해 다투다가 마땅하지 못한 일에 빠져들어 나라가 없어졌으니 짐은 참으로 마음 아프게 여긴다. 이에 헌왕의 아들 평(平)을 3만 호에 봉해 진정왕(眞定王)으로 삼고 아들 상(商)을 3만 호에 봉해 사수왕(泗水王)으로 삼으라.'

(진정) 경왕 평(平)은 세워진 지 25년 만에 훙했다. 그 아들 열왕(烈王) 언(偃)이 뒤를 이어 18년 만에 훙했다. 그 아들 효왕(孝王) 유(由)가 뒤를 이어 22년 만에 훙했다. 그 아들 안왕(安王) 옹(雍)이 뒤를 이어 26년 만에 훙했다. 그 아들 공왕(共王) 보(普)가 뒤를 이어 15년 만에 훙했다. 그 아들 양(陽)이 뒤를 이었는데 왕망 때 끊어졌다.

사수 사왕(思王) 상(商)은 세워진 지 10년(혹은 12년) 만에 훙했다. 그 아들 애왕(哀王) 안세(安世)가 뒤를 이어 1년 만에 훙했는데 아들이 없었다. 이에 무제(武帝)가 사수의 왕이 끊어진 것을 가슴 아프게 여겨 다시 안세의 동생 하(賀)를 세워주니 이 사람이 대왕(戴王)이다. 세워진 지 22년 만에 훙했는데 유복자 난(煖)이 있었으나 재상과 내사가 이를 위에 보고

하지 않았다. 태후가 글을 올리니 소제(昭帝)가 이를 가련하게 여겨 재상과 내사를 처벌하고 난을 세워주니 이 사람이 근왕(勤王)[○ 사고(師古)가 말했다. "근(勤)은 시호다."]이다. 세워진 지 39년 만에 훙했다. 그 아들 여왕(戾王) 준(駿)이 뒤를 이어 31년 만에 훙했다. 그 아들 정(靖)이 뒤를 이었는데 왕망 때 끊어졌다.

찬(贊)하여 말했다.

"옛날에 노(魯)나라 애공(哀公)이 이렇게 말했다.

'과인은 깊은 궁궐 속에서 태어나 부인들의 손에서만 자랐으니 일찍이 근심[憂]을 알지 못했고 일찍이 두려움[懼]을 알지 못했다[○ 사고(師古)가 말했다. "애공이 공자(孔子)에게 한 말이다. 이 일은 『손경자(孫卿子)』(-『순자)에 보인다."].'

참으로 이 말은 진실되도다. (이럴 경우) 아무리 위태로움과 패망에 빠지지 않으려 한들 이미 끝을 잘 마칠 수가 없다. 이 때문에 옛사람들은 향락과 안일함[宴安]을 맹독[鴆毒]처럼 여겼고[○ 사고(師古)가 말했다. "『춘추좌씨전(春秋左氏傳)』(민공(閔公) 원년(기원전 661년))에서 관경중(管敬仲)이 이렇게 말했다. '향락과 안일함은 맹독과 같으니 연연해서는 안 된다[宴安鴆毒 不可懷也]'"] (그에 어울리는) 다음은 없이 부유하고 귀하기만 한 것[亡德而富貴]을 일러 불행(不幸)이라 했던 것이다. 한(漢)나라가 일어나 효평제(孝平帝)에 이르기까지 제후왕이 100여 명이었는데 거의 대부분 교만하고 음란해 도리를 잃었다. 어째서인가? 쾌락에 젖고 오만방자함에 빠지면 정황상으로 그리될 수밖에 없다. 평범한 사람들도 오히려 습속에 얽매이게 되는데 하물며 애공의 부류[倫=類]에 있어서야! 무릇 너무도 크게 바르기[大雅] 때문에 오직 홀로 출중해 남들과 비교가 될 수 없는[卓然不群] 인물로는 하간(河間) 헌왕(獻王, ?~기원전 130년)¹⁰이 여기에 가까웠도다."

---

10 경제(景帝)의 아들이며 경제 2년(기원전 155년)에 하간왕에 봉해졌다. 유학을 좋아해 행동거지를 유자에 맞추고 산동의 많은 유학자들과 교유했다. 학문을 닦아 옛것을 좋아하며 실사구시(實事求是)했다. 민간에서 좋은 책을 얻으면 베껴다가 진본은 자신이 가지고 사본을 주며 보상했고 또 멀리에서까지 많은 도술사가 와서 옛 책이 있으면 헌왕에게 신상하니 그렇게 해서 얻은 고서의 양이 한 조정의 그것과 맞먹었다.

권
◆
54

이광·소건전
李廣蘇建傳

이광(李廣)은 농서(隴西-군) 성기(成紀-현) 사람이다. 그의 선조 중에 이신(李信)이라는 사람은 진(秦)나라 때 장군이 돼 연(燕)나라 태자 단(丹)을 뒤쫓아 붙잡은 사람이다. 광(廣)은 대대로 궁술을 전수받았다[受射]. 효문(孝文) 14년에 흉노(匈奴)가 소관(蕭關)[○ 사고(師古)가 말했다. "상군(上郡)의 북쪽에 있다."]으로 대거 침입했는데 광은 양갓집의 자제로서 종군해 오랑캐를 쳤고 활을 잘 쏘아 적을 죽이거나 포로로 잡은 자가 많았기 때문에 (전공을 인정받아) 낭(郎-낭관)이 돼 기상시(騎常侍-기병으로 천자를 호위)를 맡았다. 상을 시종해 사냥에 나아가서 사나운 맹수를 쳐서 죽이는 것을 보고 문제가 말했다.

"애석하도다, 광은 때를 잘못 만났구나! 만약 고조(高祖)의 세상에 태어났다면 만호후(萬戶侯)로도 어찌 족하다고 말할 것인가!"

경제(景帝)가 자리에 나아가자 기랑장(騎郞將)[○ 사고(師古)가 말했다.

"기량의 장수로 기량을 지휘하는 자리다."])이 됐다. 오초(吳楚)가 반란을 일으켰을 때 효기도위(驍騎都尉)가 돼 태위(太尉) 주아부(周亞夫)를 따라가 창읍성(昌邑城) 아래에서 싸워 이름을 드날렸다. 양왕(梁王)이 광에게 장군인(將軍印)을 내려주었는데 그 때문에 돌아와서도 제대로 포상을 받지 못했다[○ 문영(文穎)이 말했다. "광은 한나라의 장군인데 양나라의 인장을 사사로이 받았기 때문에 상을 받을 수 없었던 것이다."]. 상곡군(上谷郡) 태수(太守)가 돼 흉노와 여러 차례 싸웠다. 전속국(典屬國-오랑캐들과의 외교를 담당하는 관리) 공손곤야(公孫昆邪)가 상에게 울면서 말했다.

"이광의 재능과 기백은 천하에 겨룰 자가 없지만 자신의 능력을 과신한 나머지 자주 적과 육탄전을 벌이고 있으니 그러다가 그가 전사할까 봐 두렵습니다."

이에 상은 광을 옮겨 상군의 태수로 삼았다. 흉노가 상군에 대거 침입하자 상은 내신(內臣-환관) 중에서 총애하던 자로 하여금 광을 수행하면서 병사들을 단속하고 훈련시켜 흉노를 치도록 했다. 한번은 그런 환관 한 사람이 수십 명의 기병을 거느리고 말을 타고 달리다가 중도에 흉노의 병사 세 사람을 만나 그들과 교전을 벌이게 됐다. 그 세 사람은 재빨리 몸을 돌려 활을 쏘아 환관에게 상처를 입히고 그의 기병을 거의 다 몰살시켰다. 놀란 환관이 광에게 도망쳐오자 광이 말했다.

"저들은 분명 독수리 같은 사나운 맹금류를 잡는 명사수들일 것이다."

광은 이에 100여 명의 기병을 거느리고 급히 세 사람을 추격했다. 세 사람은 말을 버리고 걸어서 달아났기에 몇십 리밖에 가지 못했다. 광은 자신의 기병들에게 좌우로 그들을 포위하도록 명하고 더불어 친히 활을 겨누어 세 사람을 쏘아 그중 두 명을 사살하고 한 사람을 생포했는데 과연 그들은 흉노의 명사수들이었다.

포로를 결박해 산으로 올라가 앞을 살펴보니 흉노 수천 명의 기병들이 있었는데 그들은 광을 바라보고 자신들의 기병을 유인하려는 술책으로 여겨 모두 경계하며 산으로 올라가 진을 쳤다. 광의 100여 기병들도 모두 크게 두려워서 말을 되돌려 도망치려 했다. 광이 말했다.

"우리는 대군과 수십 리 떨어져 있는데 지금 도망치면 흉노는 바로 추격해 쏠 것이니 모두 전멸하게 될 것이다. 지금 우리가 이곳에 머물러 있으면 흉노는 분명 자신들을 유인하는 술책으로 여기고 우리를 치지 못할 것이다."

광은 영을 내려 말했다.

"전진하라!"

아직 흉노의 진지에서 2리 정도 떨어진 곳에 멈추게 하고 다시 영을 내려 말했다.

"모두 말에서 내려 안장을 풀어라!"

기병들이 말했다.

"오랑캐들이 저처럼 많은데 안장을 풀었다가 만약 급한 상황이 생기면 어찌시렵니까?"

광이 말했다.

"저 오랑캐들은 우리가 달아날 것으로 여겼을 것인데 지금 우리가 안장을 풀고서 달아나지 않는다는 것을 보여주면 저들은 우리가 자신들을 유인하는 계책이라고 뜻을 굳힐 것이다."

그때 (적진에서는) 백마를 탄 한 장수가 나와 병사들을 점검했다[護= 監視]. (그 순간) 광은 말에 올라 10여 기병을 거느리고 쳐들어가 백마 탄 장수를 쏘아 죽인 후에 다시 아군 100여 기가 있는 곳으로 돌아와 안장을 풀고 기병들에게도 모두 말을 풀어놓고 누워 있도록 했다. 이때 마침 날이 저물 무렵이라 오랑캐 병사들은 끝내 이상하게 여기고 감히 치러 나오지 못했다. 한밤중에도 오랑캐 군사들은 주변에 한나라의 복병이 있어 밤에 쳐들어올지 모른다고 여겨 곧바로 모두 이끌고 돌아갔다. 다음 날 아침에 광은 마침내 한나라의 대군으로 복귀했다. 그 후에 옮겨서 농서(隴西), 북지(北地), 안문(雁門), 운중(雲中) 등의 태수를 지냈다.

무제(武帝)가 즉위하자 좌우에서 광을 명장이라고 말했기에 이로 말미암아 (외지에서) 들어와 미앙궁(未央宮-황제의 궁궐)의 위위(衛尉)가 됐고 정불식(程不識)도 이때 장락궁(長樂宮-태후의 궁궐)의 위위가 됐다. 정불식은 예전에 광과 마찬가지로 변경 군(郡)의 태수와 주둔지의 장군을 지낸 사람이다.

흉노를 치러 나갈 때 광의 부대는 엄밀한 편성과 진영을 제대로 갖추지 않고 좋은 물과 풀이 있는 지대에 주둔하면서 병사마다 편한 대로 행동하게 했다. 밤에 순번을 돌며 조두(刁斗-구리로 만든 그릇으로 낮에는 솥으로 쓰고 밤에는 징으로 사용함)를 쳐서 스스로를 방비하지도 않았고 막부(幕府)에서는 문서나 장부와 같은 것을 없애 간소화했다. 그러면서도 척후병을 멀리까지 배치했기 때문에 일찍이 피해를 당한 적이 없었다. (반면에) 정불식은 부곡(部曲), 항오(行伍), 영진(營陳)을 바르게 갖추고서 조두를 쳐서 경계를 엄히 했고 군관들은 밤을 새워가며 문서나 장부를 말끔

하게 정리하도록 해 이 때문에 그의 군대는 편하게 휴식을 취할 수 없었으나 그렇다고 피해를 당한 적도 없었다. 불식(不識)이 말했다.

"이광의 군대는 간편하지만 오랑캐가 갑작스럽게 침범해오면 막을 수가 없으나 그의 사졸들은 편하고 즐겁기 때문에 광을 위해 죽을 준비가 돼 있다. 내가 지휘하는 군대는 비록 번거롭고 성가신 점이 있어도 오랑캐들이 감히 침범할 수 없을 것이다."

이때 한나라 변경의 태수였던 이광과 정불식은 모두 이름난 장수였으나 흉노는 광을 두려워했고 사졸들은 대부분 광을 따르기를 좋아했던 반면 정불식을 따르는 것은 고통스럽게 여겼다. 불식은 효경(孝景) 때 여러 차례 곧은 간언을 해[直諫] 태중대부(太中大夫)가 됐는데 사람됨이 청렴하고 조정의 법령[文法]을 엄격하게 집행했다.

그후에 한나라는 마읍성(馬邑城)으로 선우(單于)를 유인하면서 대군을 마읍 주변에 매복시켜놓았는데 이때 광은 효기장군(驍騎將軍)이 돼 호군장군(護軍將軍-한안국)에게 소속돼 있었다. 선우가 이를 알아차리고 달아나자 한나라 군사들은 모두 전공을 세울 수가 없었다. 4년 후에 광은 위위(衛尉)로서 장군이 돼 안문(雁門)을 나가 흉노를 쳤다. 흉노의 병사가 많았기 때문에 광의 군대를 깨뜨리고 광을 생포했다. 선우는 평소 광이 뛰어나다는 말을 들었기에 이렇게 명령했다.

"이광을 반드시 생포해 나에게 데려오라!"

오랑캐의 병이 광을 생포할 때 광이 부상을 당했기 때문에 두 필의 말 사이에 그물을 연결해 그 위에 눕혔다. 10여 리쯤 갔을 때 광은 겉으로[陽] 죽은 척하면서 주변을 흘겨보니[睨=邪視] 한 소년이 좋은 말을 타고 있어 갑자기 뛰어 일어나[騰=跳躍] 오랑캐 소년의 말에 올라타 소년을 껴안고서 말에 채찍질을 가해 남쪽으로 몇 리를 내달려 잔여 부대를 만날 수 있었다. 흉노의 수백 기병이 그를 뒤쫓았으나 광은 달리면서 흉노 소년의 활을 빼앗아 추격해오는 기병을 쏘았기 때문에 탈출할 수 있었다. 이렇게 해서 한나라에 돌아오니 한나라는 광을 옥리에게 내렸다. 옥리는 광이 많은 부하와 전마를 잃고 또 오랑캐에게 생포됐으니 참형에 처해야 한다고 했다. (그러나) 속죄금을 내고 서민으로 강등됐다.

몇 년이 지나 옛 영음후(潁陰侯)[1]와 더불어 세상과는 담을 쌓고 지내면서[屛居] 남전(藍田-현)의 남쪽 산중에서 사냥을 하곤 했다. 일찍이 어느 날 밤에 말 탄 시종 한 명을 거느리고 나갔다가 사람들과 야외에서 술을 마시게 됐다. 돌아오던 길에 정(亭-역참)에 이르렀을 때 패릉(霸陵)의 위(尉)가 술에 취해 호통을 치며 광을 저지하니 광의 시종이 말했다.

"전(前) 이장군이시다."

위가 말했다.

"현직 장군도 오히려 밤에는 다닐 수가 없는데 전직 장군을 어쩌라고!"

광을 정에 구류했다. 이 일이 있은 지 얼마 안 가서[居無何] 흉노가 요서(遼西)에 들어와 태수(太守)를 죽이고 한(韓)장군(-한안국)의 군대를 격파했다. 한장군은 뒤에 우북평(右北平)으로 옮겨졌다가 죽었다. 이에 상은 마침내 광을 불러 제배해 광을 우북평 태수로 삼았다. 광은 패릉의 위를 함께 데리고 갈 것을 청해 그가 군진에 이르렀을 때 그의 목을 베고서 글

---

1 관영(灌嬰)의 손자 강(彊)인데, 어떤 일로 죄에 연루돼 작위를 빼앗겼다.

을 올려 사죄의 뜻을 밝혔다. 상은 이렇게 답했다.

"장군이란 나라의 손톱과 어금니[爪牙]다. 『사마법(司馬法)』에 이르기를 '수레에 올라 가로 막대에 손을 얹지 않고[不式] 상을 당해 상복을 입지도 않으면서 아무리 군대를 잘 정비하고 어루만져주어도 그렇게 정복하면 굴복하지 않는다. 반면에 삼군의 마음을 잘 이끌고 전사의 힘을 하나로 합치면 화난 모습만 보여도 1,000리 밖에서 놀라 떨게 되고[竦=驚] 위엄을 떨치게 되면 만물이 엎드리게 된다. 이 때문에 명성은 오랑캐 땅[夷貊]에까지 퍼져나가고 신령스러운 위엄[稜威]은 이웃 나라들의 간담을 서늘하게 한다'라고 했다. 무릇 원한을 갚고 해악을 제거하며 잔적(殘賊)을 없애 살육이 없도록 하는 것이 짐이 장군들에게 기대하는 바이다. 네가 관을 벗고 맨발로 다니며 땅에 머리를 숙여[稽顙] 죄를 청하는 것이 어찌 짐의 뜻이겠는가? 장군은 군대를 이끌고 수레의 끌채를 동쪽으로 향하게 해 깃발을 백단(白檀-현)에 꽂고서 우북평의 성추(盛秋)에 대비해야 할 것이다."[2]

광이 (어떤) 군(郡)에 있으면 흉노들은 그를 한비장군(漢飛將軍)이라 부르며 피했기 때문에 여러 해 동안 경계를 넘어 들어오지 않았다.

광이 사냥을 나갔다가 풀 속의 돌을 보고 호랑이로 여겨[以爲] 활을 쏘았는데 명중해 돌 속으로 화살이 파고들어갔다. 자세히 보니 돌이었다. 다른 날에 다시 쏘았는데 끝내 화살은 돌을 파고들지 못했다. 광이 머물던 군에 호랑이가 있다는 소문이 들리면 언제나 직접 나가 활을 쏘았다. 우

---

[2] 한창 가을이 되면 말이 살찌니 오랑캐가 쳐들어오는 것을 대비해야 한다는 말이다. 천고마비(天高馬肥)는 원래 이런 문맥에서 생겨난 것이다.

북평군에 있을 때 호랑이를 쏜 적이 있는데 호랑이가 뛰어올라[騰] 광에게 상처를 입혔고 광은 그래도 활을 쏘아 그 호랑이를 죽였다.

석건(石建, ?~기원전 123년)[3]이 졸(卒)했다. 이에 상은 광을 불러 건을 대신해 낭중령(郎中令)으로 삼았다. 원삭(元朔) 6년에 광은 다시 장군이 돼 대장군(大將軍-위청)을 따라 정양(定襄-군)에 나아갔다. 이때 여러 장수들 중에 적을 참수하거나 생포한 전공을 세워 후(侯)가 된 사람들이 많았는데 광의 부대는 전공이 없었다. 3년 후에 광은 낭중령으로서 4,000의 기병을 거느리고 우북평에서 출전했고 박망후(博望侯) 장건(張騫)도 1만의 기병을 거느리고 광과 더불어 출전했는데 각기 길이 달랐다. 수백 리를 행군했을 때 흉노의 좌현왕(左賢王)이 4만의 기병을 이끌고 광의 부대를 에워싸니 광의 군사들은 모두 공포에 떨었는데 광은 이에 자신의 아들 감(敢)을 적진으로 달려들게 했다. 감은 수십 명의 기병을 따라서 곧바로 흉노의 기병을 뚫고 적진 좌우로 나온 뒤에 돌아와서 광에게 보고해 말했다.

"오랑캐 따위는 상대하기 쉬울 뿐입니다!"

군사들은 그때서야 안정됐다. 원형의 진을 치고 모두 밖을 향해 대항토록 했는데 오랑캐가 맹렬하게 공격하자 화살이 비처럼 쏟아졌다. 한나라 군사는 절반 이상이 사망했고 한나라의 화살 또한 곧 다 떨어지게 생겼다. 광은 이에 군사들에게 활로 조준하되 쏘지는 말도록 영을 내렸다. 그리고 광 자신은 대황(大黃)으로 불리는 석궁을 가지고 적의 비장(裨將-부장)을 쏘아 맞추고 여러 명을 사살하니 오랑캐의 포위망이 점점 풀어졌다. 마침

---

3 석분의 맏아들이자 승상 석경의 형으로, 형제가 모두 효성스럽고 품행이 발라 명성을 떨쳤다.

날이 저물자 군관과 병사들은 모두 핏기가 가셔 창백해졌지만 광은 처음 그대로 의기양양했고 더욱 힘을 내 군대를 통솔했다. 이에 군중은 그의 용기에 탄복했다.

이튿날 다시 치열한 싸움이 벌어졌는데 박망후의 군대까지 도착하자 흉노는 포위를 풀고 물러갔다. 하지만 한나라 군대는 지쳐서[罷=疲] 추격할 수가 없었다. 이때 광의 군대는 거의 궤멸된 상태까지 가서 겨우 귀환했다. 한나라의 법에 따르면 박망후는 꾸물대느라 광과 약속한 시간에 도착하지 못했기 때문에 그 죄는 참수에 해당됐는데 속죄금을 내고 서인이 됐다. 광은 공로와 과오가 서로 비슷해 상을 받지 못했다.

애초에 광은 사촌 동생 이채(李蔡)와 함께 낭(郎)이 돼 문제(文帝)를 섬겼다. 경제(景帝) 때 채(蔡)는 공적을 쌓아 2,000석 관리에 이르렀다. 무제(武帝) 원삭(元朔) 연간에 경거(輕車)장군이 돼 대장군(-위청)을 따라 우현왕(右賢王)을 쳐서 공로를 세워 그 규정에 따라 봉해져 낙안후(樂安侯) 〔○ 사고(師古)가 말했다. "이 전(傳)과 「백관표」에는 낙안후로 돼 있고 「공신표」에는 안락후(安樂侯)로 돼 있는데 이는 「공신표」가 잘못된 것이다."〕가 됐다. 원수(元狩) 2년에 공손홍(公孫弘)을 대신해 승상이 됐다. 채는 사람됨이 아랫급의 중간[下中]⁴이었고 명성도 광보다 한참 뒤떨어졌으나 광은 작위나 봉읍도 얻지 못하고 관직도 구경(九卿)에 불과했다. 광의 군리(軍吏-부하 군관)들과 병사들 중에도 혹 후에 봉해진 자가 있었다. 광은

---

4 사람됨을 9등급으로 나눌 때 상상(上上), 상중(上中), 상하(上下), 중상(中上), 중중(中中), 중하(中下), 하상(下上), 하중(下中), 하하(下下)가 있다.

기운을 볼 줄 알던[望氣] 왕삭(王朔)과 이야기를 하며 말했다.

"한나라에서 흉노를 친 이래로 광(廣)은 일찍이 그 한가운데에 있지 않은 적이 없지만 무릇[妄=凡] 교위(校尉) 이하의 인물 중에서 그 재능이 중간[中]에도 못 미치는데도 군공을 세워 후(侯)를 차지한 자가 수십 명이오. 광은 뒤에 처질 만한 사람이 아닌데 끝내 한 자나 한 치의 공로도 세우지 못해 봉읍(封邑)을 얻지 못하는 것은 어째서일까요? 내 관상이 후로는 마땅하지 못한 것이오?"

삭(朔)이 말했다.

"장군 스스로 생각해볼 때 일찍이 뼈저리게 뉘우칠 만한 일을 저지른 적이 있습니까?"

광이 말했다.

"내가 농서(隴西) 태수로 있을 때 강족(羌族)이 일찍이 반란을 일으켰는데 내가 꾀어서 투항한 자가 800여 명이었습니다. 하지만 이는 속임수였고 같은 날에 그들을 모두 죽였는데 지금까지 크게 한스러운 것은 단지 이 일뿐이오."

삭이 말했다.

"재앙 중에 이미 투항한 자를 죽이는 것보다 더 큰 것은 없으니 이것이야말로 장군이 후를 얻지 못하는 까닭입니다."

광은 7개 군의 태수를 지냈고 전후에 걸쳐 40여 년 동안 상사(賞賜)를 받았지만 그때마다 곧바로 자신의 휘하[戲下=麾下] 사람들에게 나눠주었고 음식은 사졸들과 함께 마시고 먹었다. 가족에게는 남은 재산이 없었어도 평생토록 재산을 불리는 일은 입에 담지 않았다. 사람됨이 키가 크고 원숭이처럼 어깨가 길었으며 활을 잘 쏘는 것도 타고난 자질이었기 때문에 그의 자손이나 다른 사람들이 그에게 아무리 배워도 그를 따라잡을 수는 없었다. 광은 눌변[吶口=訥辯]에 말이 적었고 다른 사람들과 있을 때는 땅에 줄을 그어 군진(軍陣)을 그렸으며 크고 작은 과녁을 만들어 세워 활쏘기 시합을 해서 벌주 마시기를 즐겼다. 오로지 활쏘기만을 오락으로 삼았다. 병사들을 이끌면서 모든 것이 부족하고 단절된 사막 같은 곳을 지나다가도 사졸들이 물을 다 마시기 전까지는 물 근처에 가지 않았고 사졸들이 음식을 다 먹기까지는 자신은 일찍이 음식에 입을 대지 않았다. 너그럽고 따뜻하며 시시콜콜하지 않아[不苛=不細] 병사들은 이 때문에 기뻐하고 좋아했으며 그의 명령을 기꺼이 따랐다. 그가 활을 쏠 때는 적을 발견해도 수십 보 안에 들어오지 않으면 혹은 명중할 자신이 없으면 쏘지 않았고 일단 쏘면 활줄이 튕김과 동시에 적에게 가서 꽂혔다. 이 때문에 그의 장수들은 여러 차례 곤욕을 치렀고 또 맹수를 쏠 때도 역시 여러 차례 부상을 당했다고 한다.

 원수(元狩) 4년에 대장군(-위청)과 표기(票騎)장군(-곽거병)이 대규모로 흉노를 치자 광도 여러 차례 자신도 가게 해달라고 청했다. 상은 그가 늙었다며 허락하지 않았는데 한참 뒤에야 허락하고서 전장군(前將軍)으로 삼았다.

 대장군 청(靑)은 요새를 나가 오랑캐를 붙잡아 선우가 있는 곳을 알아내고 이에 직접 정예부대를 이끌고 내달리면서 광에게는 우장군(右將軍)의 부대와 함께 동쪽 길로 출전하라고 명했다. 그런데 동쪽 길은 조금 멀리 돌아가야 했고 대군이 물과 풀이 적은 곳으로 가야 했기에 이런 상황에서는 머물러 있기도 앞으로 나아가기도 심히 어려운 형세였다. 광은 사양하며 말했다.

"신의 맡은 바는 전장군(前將軍)인데 지금 대장군께서는 신에게 자리를 옮겨 동쪽 길로 나가라고 명하셨습니다. 신은 젊을 때부터 흉노와 싸워왔지만 이제야 마침내 선우와 한판 싸울 기회가 왔으니 바라건대 신이 앞장서서 가장 먼저 목숨을 걸고 선우와 싸울 수 있게 해주십시오."

대장군은 은밀하게 상의 뜻을 전달받았는데 상은 이광이 운수가 좋지 않아 선우와 대적하게 해서는 안 될 것이며 혹시 대적한다 해도 바라던 바를 이루지 못할 것이라고 했다. (게다가) 이때 공손오(公孫敖)가 최근 후의 작위를 잃고 중장군(中將軍)이 됐는데 대장군도 손오(孫敖)로 하여금 자기와 함께 선우와 대적하기를 원했기 때문에 그래서 전장군을 옮겼던 것이고 광은 이를 알고서 굳게 사양했던 것이다. 대장군은 들어주지 않고 장사(長史)에게 명해 광에게 봉서를 보내 막부로 가라며 이렇게 말했다.

'빨리 맡은 부서로 가서 편지에 적은 대로 하라.'

광은 대장군에게 인사도 않고 일어나 나왔다. 마음속에 있는 분노가 얼굴에 다 드러난 채 씩씩거리며 자기 부대에 돌아가 군사들을 거느리고 우장군 이기(食其-조이기)의 군대와 더불어 동쪽 길로 나아갔다. 이리저리 헤매다가 길을 잃는 바람에 대장군과 약속한 시간보다 늦었다. 대장군은 선우와 붙어 싸우다가 선우가 달아나버리자 그를 사로잡지 못한 채 돌아오고 있었다. 남쪽 사막을 지나고서야 마침내 두 장군(-이광과 조이기)을 만났다. 광은 일단 대장군을 만나고 나서 자신의 군영으로 돌아왔다. 내장군은 장사(長史)를 시켜 말린 밥과 탁주를 들려서 광에게 보내 광과 이기가 길을 잃고 헤매게 된 정황을 물었다.

"청은 상께 글을 올려 군대들의 상황을 보고하려 하오."

광은 답하지 않았다. 대장군은 장사를 보내 광의 막부로 가서 문서에 입각해 사실을 심문하고 엄히 질책하게 했다. 광이 말했다.

"여러 교위들은 죄가 없고 다름 아닌 나 자신이 길을 잘못 들었소. 내가 지금 가서 심문을 받겠소."

막부에 이르러 휘하의 부하들에게 말했다.

"나는 젊을 때[結髮]부터 흉노와 크고 작은 전투를 70여 차례 벌였고, 이번에 다행히도 대장군을 따라 출전해 선우의 병사와 직접 싸우려고 했지만 대장군이 또 나의 소임을 바꿔 부대를 멀리 돌아 행군하도록 했고 또 길까지 잃고 헤매었으니 어찌 천명이 아니랴! 또 내 나이가 60세가 넘었는데 종국에 다시 도필리(刀筆吏)[5]의 심문에 대답할 수는 없는 노릇이다."

드디어 칼을 뽑아 스스로 목을 찔렀다. 백성들은 이를 듣고 광을 알건 모르건 노소를 불문하고 모두 눈물을 떨구었다[垂泣]. 한편 우장군 홀로 형리에게 내려져 사형 판결을 받았으나[當死] 속죄금을 내고 서인이 됐다.

광에게는 세 아들이 있었는데 당호(當戶), 초(椒), 감(敢)으로 모두 낭(郎)이 됐다. (한번은) 상이 한언(韓嫣)과 장난을 치고 있었는데 언(嫣)이 조금 불손한 태도를 보이자 당호가 (그 자리에서) 언을 두들겨 패니 언은

---

5 당시에는 종이가 없던 시절이나 죽간이나 부드러운 목판에 칼로 글씨를 썼기 때문에 이런 관직이 있었다. 주로 문서를 작성하는 하급 관리나 형벌을 담당하는 관리를 가리킨다.

달아났고 상은 당호가 능력이 있다고 여겼다. 당호가 일찍 죽자 (상은) 이에 초를 제배해 대군태수(代郡太守)로 임명했는데 둘 다 광보다 먼저 죽었다. 광이 군중에서 죽을 때 감은 표기장군(-곽거병)을 따라 출전 중이었다. 광이 죽은 그 이듬해 이채(李蔡)는 승상의 신분으로 조서에 의해 묘지를 경제(景帝)의 양릉(陽陵) 곁에 하사받았는데 그중 일부를 팔아 무려 40여만 전이나 챙겼고 또 신도(神道) 밖에 있는 공터를 몰래 차지해 거기에 매장하는 죄를 저질러 옥에 내려지자 자살했다. 감은 교위(校尉)로서 표기장군을 따라 흉노의 좌현왕을 쳤는데 힘써 싸워 좌현왕의 군기와 북을 탈취하고 많은 적을 참수하는 공을 세워 관내후(關內侯)의 작위와 식읍 200호를 내려받았고 광을 대신해 낭중령(郎中令)이 됐다. 얼마 후에 대장군 위청이 자기 아버지가 원한을 품고 죽게 만든 것을 원망해 마침내 대장군을 쳐서 상처를 입혔지만 대장군은 이 사건을 감추고 드러내지 않았다. 또 얼마 지나지 않아 감은 상을 수행해 옹(雍)에 가서 감천궁(甘泉宮)에 이르러 사냥을 했는데 (이때에 위청의 생질이었던) 표기장군 거병(-곽거병)이 감이 청을 공격한 것을 괘씸하게 여겨 감을 활로 쏘아 죽였다. 거병은 이때 바야흐로 지위가 존귀해졌고 총애를 받고 있어 상은 이 일을 숨기고 [諱=隱] 사슴 뿔에 받혀서 죽었다고 말했다. 그로부터 1년 남짓 지나 거병도 병으로 죽었다[病死]. 감에게 딸이 있었는데 태자의 중인(中人-궁녀)이 돼 총애를 받았다. 감의 아들 우(禹)도 태자에게 총애를 받았는데 하지만 이익을 탐하고 또 용맹했다. 일찍이 중귀인(中貴人)을 모시며 함께 술을 마시다가 우가 그를 능멸했는데 감히 대응하지 못했다. 뒤에 이를 상께 하소연하니 상은 우를 불러 호랑이를 칼로 찌르라고 하고서 우리 안으로 내려

보냈는데 아직 그물망을 탄 우가 땅에 닿기도 전에 조서를 내려 호랑이를 나오게 했다. 우는 우리 안에 떨어져 그물망을 끊어내고서 호랑이를 찌르려 했다. 상은 이를 장하게 여겨 드디어 중지시키고 그를 구해주었다. 한편 당호에게는 유복자 릉(陵)이 있었는데 군대를 이끌고 오랑캐를 치다가 군대가 패하자 흉노에 항복했다. 뒤에 어떤 사람이 우가 도망쳐 릉을 따르려 했다고 고발하는 바람에 우는 옥리에게 내려져 죽었다.

릉(陵)은 자(字)가 소경(少卿)이며 젊어서 시중건장감(侍中建章監)이 됐다. 말타기와 활쏘기를 잘했고 다른 사람들을 아껴주었으며[愛人] 겸손하고 아랫사람들에게도 공손해 크게 이름이 높았다. 무제(武帝)는 그에게 (할아버지인) 광(廣)의 풍모가 있다고 여겨 기병 800명을 이끌고 흉노의 땅 깊숙이 2,000여 리를 들어가게 하니 거연(居延-감숙성 서북 경계의 요새)을 지나 지형을 살폈으나 적에게 들키지 않은 채 돌아왔다. 제배해 기도위(騎都尉)로 삼아 용감한 정예 요원 5,000명을 거느리고 주천(酒泉-감숙성), 장액(張掖-감숙성 변경)에서 궁술을 가르치며 흉노에 대비토록 했다. 여러 해가 지나 한나라에서는 이사(貳師)장군[6]을 시켜 대완(大宛-인도의 한 나라)을 정벌하게 하는 한편 릉으로 하여금 다섯 개 부대의 병사를 이끌고 그 뒤를 따르게 했다. 행군을 해 요새에 이르렀을 때 마침 이사는 돌아오고 있었다. 상은 릉에게 글을 내려 릉으로 하여금 관리와 병사들을 데리고 그곳에 머물게 하니 경기병 500명과 더불어 돈황(敦煌)을 나와 염수(鹽

---

6 이광리(李廣利)를 가리킨다.

水)에 이르러 이사를 맞이해 돌아와서 다시 장액에 머물러 주둔했다.

천한(天漢) 2년(기원전 99년) 이사(貳師)가 3만 기병을 이끌고 주천(酒泉)으로 나아가 천산(天山)에서 (흉노의) 우현왕(右賢王)을 쳤다. (황제는) 릉(-이릉(李陵))을 불러 이사장군으로 삼아 군수부대[輜重]를 이끌게 하고 싶었다. 릉이 불려가 무대전(武臺殿)[7]에서 알현하게 되자 그는 머리를 땅에 대고 두드리며[叩頭] 스스로 청해 말했다.

"신이 이끌고 있는 변경 주둔군의 병사들은 모두 형(荊)과 초(楚)의 용사(勇士)이며 탁월한 무예를 갖고 있고 검을 잘 써서 그 힘은 호랑이도 맨손으로 잡고 그 활 솜씨는 백발백중이니[命中], 바라건대 제가 직접 한 부대를 맡아 난간산(蘭干山) 남쪽까지 나아가 선우(單于)의 군대를 둘로 나눌 것이니 그것을 이사장군의 군에 집중하게 해서는 결코 안 될 것입니다."

상이 말했다.

"장차 다른 사람 밑에 들어가지 않겠다는 것이구나! 그런데 나는 군대를 많이 출동시켜야 하기 때문에 너에게 내어줄 기마(騎馬)가 별로 없다."

릉이 답했다.

"기마는 별로 쓸 일이 없고 신이 바라는 것은 소수로 다수를 치는 것[少擊衆]이니 보병 5,000으로 선우의 정(庭)[8]에 침투할 것입니다."

상은 기특하게 여겨[壯] 이를 허락하고서 곧장 강노도위(彊弩都尉) 노박

---

7 미앙궁(未央宮)에 속한 전(殿)의 하나다.

8 왕정(王庭)을 가리킨다.

덕(路博德)⁹에게 조서를 내려 병사들을 이끌고 도중에 릉의 군사를 맞이하도록 명했다. 박덕은 예전에 복파장군(伏波將軍)이었기 때문에 릉의 뒤를 맡는 것을 수치로 여겨 글을 올렸다.

'바야흐로 가을은 흉노의 말들이 살찌는 때여서 아직 그들과 싸울 때가 아니니 신은 바라건대 릉을 여기에 남게 해 봄이 될 때까지 함께 주천(酒泉)과 장액(張掖)의 기병 각각 5,000명씩을 거느리고 나란히 동선의 준계산(浚稽山)을 치게 될 경우 반드시 적을 사로잡을 수 있을 것입니다.'

글이 올라가자 상은 화가 나서 릉이 후회해 출전하지 않고 박덕에게 글을 올리게 한 것으로 의심해 곧바로 박덕에게 조서를 내렸다.

'나는 이릉에게 기마를 주려고 했었는데 그는 소수로 다수를 치는 것 운운했다. 그런데 지금 오랑캐[虜]가 서하군(西河郡)에 쳐들어왔으니 당장 군대를 이끌고 서하로 가서 구영(鉤營)의 길¹⁰을 차단하도록 하라.'

또 릉에게 조서를 내렸다.

'9월에는 출발해 차로장(遮虜鄣)[○ 사고(師古)가 말했다. "장(障)이란 요새 위에 있는 험한 장애물이다. 여기서 숨어 적의 동태를 살핀다."]에서 출격해 동준계산(東浚稽山)의 남룡늑수(南龍勒水) 변에 이르러 이리저리 오

---

9 한나라의 무장으로 서하군(西河郡) 평주현(平州縣) 사람이다. 곽거병(霍去病)을 따라 흉노 정벌에 참여했고 이때의 공으로 부리후(符離侯)에 봉해졌다. 이어 복파장군(伏波將軍)에 임명돼 남월 정벌에 참여하고 이를 평정했다. 또 해남도(海南島)를 공략해 주애(珠崖)와 담이(儋耳) 2개 군을 설치했다. 이후 법에 걸려 관직이 깎였고 강노도위(彊弩都尉)에 임명돼 거연(居延)에 주둔하던 중 죽었다.

10 오랑캐가 쳐들어오는 요충지의 길이다.

가며[徘徊] 오랑캐를 정찰한 다음 만약에 아무것도 보이지 않을 경우 착야후(浞野侯) 조파노(趙破奴, ?~기원전 96년)[11]의 옛길[故道]을 따라가 수항성(受降城)[12]에 이르러 병사들을 쉬게 하고 역마를 두어 보고토록 하라. 네가 박덕과 이야기 나눈 내용은 무엇인가? 다 갖춰서 글로 답하라.'

릉은 이에 보병 5,000을 이끌고 (차로장이 있는) 거연(居延)을 출발해 북쪽으로 행군한 지 30일 만에 준계산에 이르러 숙영하면서 그간 지나쳐온 산과 강의 지형을 지도에 표시하고 부하 기병 진보락(陳步樂)에게 명해 돌아가서 (천자에게) 보고하도록 했다. 보락은 알현하고서 릉이 통솔력을 발휘해 병사들이 사력을 다해 싸우고자 한다고 말하니 상은 너무도 기뻐했다. 보락을 제배해 낭(郎)으로 삼았다.

릉은 준계산에 이르러 선우의 군대와 서로 맞서게 됐는데 적의 기병 3

---

11 조파노는 태원(太原) 사람으로 일찍이 흉노에서 도망쳐왔고 한나라에 귀화해 표기장군 곽거병의 응격(鷹擊)사마가 됐다. 무제 원수(元狩) 4년(기원전 119년) 곽거병이 대(代)와 우북평(右北平)에서 2,000여 리를 나아가 좌현왕의 군대와 싸워 둔두왕(屯頭王)과 한왕(韓王) 등 세 명의 장군(將軍), 상국(相國), 당호(堂戶)와 도위(都尉) 83명을 붙잡고, 7만 443급(級)을 노획할 때 공을 세워 봉읍이 더해졌다. 무제 태초(太初) 2년(기원전 103년) 준계장군(浚稽將軍) 조파노가 2만여 기병을 거느리고 삭방을 지나 준계산까지 이르러 흉노의 좌대도위(左大都尉)를 지원하기 위해 대기했다. 조파노가 약속한 장소에 도착하자 좌대도위가 반란을 일으키려고 하다가 발각돼 선우가 그를 죽이고 좌현왕의 군대를 동원해 착야후 조파노를 공격했다. 그러나 조파노는 오히려 군대를 깨뜨리고 그 우두머리를 붙잡고, 수천 명의 포로를 얻어서 돌아오다 수항성에서 400리 못 미친 지점에 이르렀다가 흉노의 8만 기병에게 포위를 당했다. 조파노가 밤에 스스로 나가서 물을 찾았는데 흉노가 그 틈새를 노려 조파노를 사로잡고 곧바로 한군을 공격했다. 대장을 잃은 한군은 흉노에게 몰살됐다. 천한(天漢) 2년(기원전 99년) 조파노는 흉노로부터 도망쳐 돌아왔지만 태시(太始) 원년(기원전 96년) 무고(巫蠱)에 연좌돼 족멸당했다.

12 무제가 흉노의 항복을 받기 위해 북쪽 변경에 세운 성이다.

만 정도가 릉의 군대를 포위했다. 릉의 군대는 (동과 서) 양쪽 산 사이에 있어 큰 수레[大車]로 군영을 만들었다. 릉은 병사들을 이끌고 군영 밖으로 나가 진(陣)을 쳤는데 앞에는 창과 방패[戟盾]를 들게 했고 뒤에는 활과 쇠뇌[弓弩]를 쥐게 한 다음에 "북소리가 들리거든 활을 발사하고 징[金=鉦]소리가 들리거든 그치라"라고 명했다. 오랑캐들은 한나라 군대가 적은 것을 보고서 곧장 나아와 군영으로 접근했다. 릉은 직접 맞서기로 하고서 그들을 공격해 1,000발의 쇠뇌가 동시에 발사되자 쇠뇌줄이 튕기는 소리에 맞춰 적들이 쓰러졌다. 오랑캐들이 되돌아 산으로 도망쳐 올라가자 한나라 군대는 그들을 뒤쫓아가 쳐서 수천 명을 죽였다. 선우는 크게 놀라[大驚=大駭] 좌우 땅[13]의 병사 8만여 기병을 소집해 릉을 공격했다. 릉은 싸우기도 하고 물러나기도 하면서 남쪽으로 행군한 지 여러 날이 돼 산골짜기 사이에 이르렀다. 연이어 싸우는 과정에서 화살에 맞은 사졸들 중에 세 곳에 부상을 당한 자[三創者]는 수레에 태웠고 두 곳에 부상을 당한 자[兩創者]는 수레를 끌게 했으며 한 곳에 부상을 당한 자[一創者]는 무기를 들고서 싸우게 했다. 릉이 말했다.

"우리의 사기가 조금 떨어졌다고 해서 북을 쳐도 일어나지 않는 자는 누구인가? 군중에 어찌 여자가 있는가?"

애초에 군대가 출동할 때 관동의 떼도둑의 처자들로서 변경에 이주한 여인네들이 군대를 따라와 사졸들의 처나 정부[妻婦]가 돼 병거(兵車)에 많이 숨어 있었다. 릉은 여자들을 찾아내는 족족 모두 칼로 목을 벴다. 그

---

13 흉노의 동부(좌현왕)와 서부(우현왕)의 땅이다.

다음 날 다시 적과 싸워 목을 벤 것이 3,000여 급(級)이었다. 병사들을 이끌고 동남쪽으로 가서 옛날의 용성(龍城)의 길을 따라 행군해 4, 5일 만에 거대한 소택지의 갈대밭 한가운데에 이르렀을 때 오랑캐는 불어오는 바람을 타고서 불을 놓았고 릉도 군중에 명을 내려 맞불을 놓도록 해 스스로를 방어했다. 남쪽으로 내려와 어떤 산 아래에 이르렀는데 선우가 그 산 위에 있다가 자기 아들에게 명해 기병을 이끌고서 릉을 치도록 했다. 릉의 군대는 걸어서 숲속으로 들어가 싸워 다시 적 수천 명을 죽였고 이어 연발식 쇠뇌[連弩]를 선우에게 쏘아대니 선우는 산 아래로 달아났다. 이날 포로로 붙잡힌 오랑캐가 말했다.

"선우가 말하기를 '이들은 한나라의 정예병이니 그들을 쳐도 떨어뜨릴 수가 없고 낮밤으로 우리를 남쪽 요새 가까이로 유인하니 복병이 없을 수 있겠는가?'라고 하자 여러 당호군장(當戶君長)¹⁴들이 모두 말하기를 '선우께서 몸소 수만 기병을 거느리시고 한의 수천을 쳤는데도 궤멸시킬 수 없다면 뒤에 가서 다시는 변방 신하들을 부릴 수 없을 것이고 한나라로 하여금 흉노를 더욱 가볍게 여기게 만들 것입니다. 다시 산골짜기에서 힘써 싸우면 마침내 40~50리 평지가 나타날 것이니 그때 깨뜨릴 수 없으면 마침내 돌아갑시다'라고 했습니다."

이때 릉의 군대는 더욱 다급해졌고 흉노의 기병은 많아 전투가 하루에도 수십 번씩 벌어졌는데 다시 오랑캐 2,000여 명을 살상했다. 오랑캐는 불

---

14 당호는 흉노의 관직명이다.

리해지자 달아나려고 했는데 때마침 릉의 군후(軍侯)[15]인 관감(管敢)이 교위에게 모욕을 당해 흉노로 도망쳐 항복하고서 이런 일들을 다 갖춰 말했다.

"릉의 군대에는 후방의 구원 부대가 없고 화살도 거의 다 떨어졌으며 단지 장군의 휘하(麾下)와 교위 성안후(成安侯)[16]뿐이며 이들이 각각 800명씩을 데리고 앞에서 가는데 황색과 백색 깃발을 쓰고 있으니 마땅히 정예기병으로 하여금 그들을 쏘게 한다면 곧바로 깨뜨릴 것입니다."

성안후는 영천(潁川) 사람으로 아버지는 한천추(韓千秋)이며 옛 제남국(濟南國)의 재상이었는데 남월 정벌 때 용감하게 싸우다가 전사해 무제(武帝)가 그 아들 연년(延年)을 봉해 후로 삼고 교위로서 릉을 따르게 했다. 선우는 감을 얻어 크게 기뻐하면서 기병으로 하여금 나란히 한나라 군대를 공격하라고 급히 소리치며 말했다.

"이릉과 한연년을 항복시켜라!"

드디어 릉의 길을 막고서 돌격했다. 릉의 군대는 골짜기 한가운데 있었는데 오랑캐는 산 위에 있었기 때문에 사방에서 활을 쏘아대니 화살이 비오듯[如雨下] 했다. 한나라 군대는 남쪽으로 행군했는데 아직 제한산(鞮汗山)에 이르지도 못해 하루 만에 50만 개 화살을 다 소진하는 바람에 수레도 버리고 갔다. 병사들은 아직 3,000여 명이 있었지만 단지 (무기라고는) 수레의 바큇살만 잘라내 갖고 있었고 장교[軍吏]들은 한 자짜리 칼을 갖

---

15 군대를 관장하는 데는 부(部)와 곡(曲)이 있는데 부에는 교위(校尉)가 있고 부 아래에 곡이 있는데 곡에는 군후 한 명을 두었다.

16 이름은 한연년(韓延年)이다.

고서 산에 이르러 협곡으로 들어갔다. 선우는 그 배후를 차단하고서 산모퉁이를 이용해 돌을 굴려 떨어뜨리니 사졸들은 많이 죽고 앞으로 나아갈 수 없었다. 어두워진 후에 릉은 편복으로 갈아입고 혼자 걸어서 군영을 나오는데 좌우의 사람들에게 가만있으라며 말했다.

"아무도 나를 따르지 말라. 장부가 단번에 선우를 잡을 뿐이다."

한참 지나 릉이 돌아와서 크게 탄식하며 말했다.

"싸움에서 졌으니 죽어야 한다."

장교 중의 한 명이 말하기를 "장군의 위력은 흉노를 떨게 했지만 하늘의 명이 따라주지 않았을 뿐이니 (일단은 항복하고서) 훗날 길을 찾아내 한나라로 돌아가셔야 합니다. 착야후도 포로가 됐다가 뒤에 도망쳐 돌아오니 천자께서 그를 빈객의 예로 대해주셨는데 하물며 장군께야 어떻겠습니까?"라고 했다.

릉이 말했다.

"그대는 아무 말도 하지 말라. 나는 죽지 않는다면 용감한 사나이[壯士]라 할 수 없다."
장사

이에 깃발들[旌旗]을 죄다 부수고 진귀한 보배들은 땅에 묻고 릉은 탄식해 말했다.
정기

"다시 수십 발의 화살만 있다면 얼마든지 탈출할 수 있을 텐데. 지금은 더 싸울 무기가 없으니 날이 밝으면 앉은 채로 결박되겠구나! (지금이라도) 각자 알아서 새나 짐승들처럼 흩어지면 오히려 천자께 돌아가서 이를 보고할 사람이 있을 수 있다."

군사들에게 두 되의 마른 식량과 한 조각 얼음을 갖도록 하고서 차로

장에 도착해 서로를 기다릴 것을 약속했다. 한밤중에 북을 쳐 사졸들을 깨우려 했으나 북이 울리지 않았다.[17] 릉이 한연년과 함께 말에 오르니 용맹한 병사로 따르는 사람이 10여 명이었다. 오랑캐의 기병 수천이 그들을 쫓으니 한연년은 싸우다가 죽었다. 릉이 말했다.

"폐하를 뵐 면목이 없구나!"

드디어 항복했다. 군사들은 뿔뿔이 흩어졌고 도망쳐서 요새에 이른 자는 400명 정도였다.

릉이 패한 곳은 요새에서 100여 리 떨어진 곳이어서 변방 요새에서 상황을 위에 보고했다. 상은 릉이 싸우다가 죽었기를 바라고 릉의 어머니와 아내를 불러 관상가로 하여금 그들의 관상을 보게 하니 그들에게서 죽음의 형상이 보이지 않았다. 뒤에 릉이 투항했다는 보고를 듣고 상은 화가 너무 나서 진보락을 질책해 따져 물으니 보락은 자살했다. 여러 신하들이 모두 릉에게 죄가 있다고 말하니 상은 태사령 사마천(司馬遷)에게 물었고 천(遷)은 힘주어[盛=强] 말했다.

"릉은 부모를 효도로 섬기고 선비들과는 믿음으로 사귀며 늘 노력하느라 자신의 몸은 돌보지 않음으로써 나라의 위급함 앞에 몸을 던질[徇] 줄 아는 사람이었습니다. 그가 평소 쌓은 바를 보면 나라를 대표하는 큰 선비[國士]의 풍모가 있었습니다. (그런데) 지금 일 하나가 마땅하지 못했다 해[18] 그저 제 몸 하나를 보전하고 처자식이나 지키려는 신하들이 서로 뒤

---

17 북이 이미 찢어졌다는 말로 패전의 처참한 상황을 전해준다.

18 이릉이 전투에서 패하고 흉노에게 투항한 것을 가리킨다.

를 이어가며 그의 단점을 지어내 모략하니[媒孽] 참으로 마음이 아픕니다. 또 릉이 이끄는 보병[步卒]은 채 5,000명이 되지 않았는데 오랑캐[戎馬]의 땅 깊숙이 들어가 수만의 병사를 제압하니 오랑캐들은 사상자를 제대로 구하지도 못한 채 활을 쏠 줄 아는 백성들이라면 모두 다 끌고 나와 일제히 공격해 릉을 포위했습니다. 이리저리 옮겨 다니며 1,000리에 걸쳐 싸우다가 화살이 떨어지고 길은 막히자 병사들은 화살도 없는 활을 당기면서 적의 칼날을 무릅쓰고 북쪽을 향해 앞을 다투듯 죽음을 당했지만 사람들로 하여금 이처럼 죽을힘을 다할 수 있게 만든 것은 비록 옛날의 명장이라도 따를 수 없을 것입니다. 몸은 비록 패했으나 흉노의 무리를 무찌른 공로 또한 천하에 드러내기에 충분합니다. 그가 죽지 않은 것은 마땅히 적당한 기회를 얻어 공로를 세워 한나라에 보답하려는 것일 겁니다."

애초에 상이 이사장군을 출전시킬 때 릉에게는 겨우[財=纔=僅] 구원의 역할만 명했고 정작 릉이 선우와 서로 맞붙게 되자 이사의 공로는 하잘것없는 것이 돼버렸다. (그러나) 상은 천이 허무맹랑한 말로 이사의 공로를 깎아내림으로써 릉의 편을 들고 있다고 여기고서 천에게 부형(腐刑-생식기를 잘라내는 궁형(宮刑))을 내렸다.

한참 지나 상은 릉에게 구원병을 보내지 않은 것을 뉘우치며 이렇게 말했다.

"릉이 요새를 떠나려 할 때 이에 강노도위(彊弩都尉-노박덕)에게 조서를 내려 릉의 군대를 도중에서 맞이하라고 명을 내렸어야 했다! 출진하기 전에 조(詔)했기 때문에 그 늙은 장수(-노박덕)가 간사한 짓을 하게 만들었구나!"[19]

그러고 나서 사자를 시켜 적지에서 돌아온 릉의 패잔병들을 위로하고 상을 내려주었다.

릉이 흉노에 있게 된 지 1년여가 됐을 때 상은 인우장군(因杅將軍)[○ 맹강(孟康)이 말했다. "인우는 오랑캐의 지명이다."] 공손오(公孫敖)를 보내 병사들을 이끌고서 흉노의 땅 깊숙이 들어가 릉을 맞이해 오게 했다. 오(敖)의 군대는 아무런 공도 세우지 못한 채 돌아와서 말했다.

"생포한 포로가 말하기를 이릉은 선우에게 병법을 가르쳐 한나라의 군대에 대비하고 있다고 했습니다. 그러다 보니 신은 아무것도 얻은 바가 없습니다."[20]

상은 이 말을 듣고서 이에 릉의 가족을 몰살했으니 어머니, 동생, 처자들이 모두 복주(伏誅)됐다. 농서(隴西)의 사대부들은 이씨(李氏) 집안을 (지역의) 수치로 여겼다. 그후에 한나라가 흉노에 사자를 보내니 릉이 사자에게 말했다.

"나는 한나라를 위해 보졸 5,000명을 이끌고 흉노 지역을 휘젓고 다녔으나 구원병이 없어 패배했는데 내가 한나라에 무슨 잘못을 했다고 우리 가족을 주살했단 말인가?"

사자가 말했다.

---

19 박덕은 후배인 릉의 후위가 되는 것을 꺼려해 상주한 결과 박덕은 별도로 서하(西河)로 출전했다.

20 릉을 데려오지 못했다는 말이다.

"한나라(조정)에서는 이소경(李少卿)께서 흉노에게 병법을 가르치고 있다고 들었습니다."

릉이 말했다.

"그건 이서(李緒)이지 내가 아니오."

이서는 본래 한나라의 새외도위(塞外都尉)로 해후성(奚侯城)을 지키다가 흉노가 공격해오자 항복했고 이에 선우는 서를 빈객으로 대우해 항상 릉의 윗자리에 앉게 했다. 릉은 이서 때문에 그 가족이 죽게 된 것을 통분해 사람을 시켜 서를 찔러 죽였다. 대연지(大閼氏-선우의 어머니)는 릉을 죽이려 했기에 선우가 릉을 북방으로 숨게 했고 대연지가 죽고 나서야 돌아왔다.

선우는 릉을 대장부라고 여겨 딸과 결혼시켜 그를 세워 우교왕(右校王)으로 삼았고 위율(衛律)은 정령왕(丁靈王)이 됐는데〔○ 사고(師古)가 말했다. "정령은 오랑캐의 별종인데 그를 세워 왕으로 삼아 그 종족을 다스리게 한 것이다."〕둘 다 귀하게 돼 정사를 주도했다[用事]. 위율은 그 아버지가 본래 장수(長水-하남성)의 오랑캐였다. 율은 한나라에서 자라 협률도위(協律都尉) 이연년(李延年)과 사이가 좋았고 연년이 율을 추천해 흉노에 사신으로 보냈다. 사신을 마치고 돌아오니 마침 연년의 집안은 거덜이 났고 율은 함께 주살될까 두려워 도망쳐 흉노로 돌아가 투항했다. 흉노는 그를 아껴 항상 선우의 좌우에 있었다. 릉은 밖에서 살며 큰 일이 있을 때면 그때마다 들어가 의견을 냈다.

(무제가 붕하고) 소제(昭帝)가 들어서자 대장군 곽광(霍光), 좌장군 상관걸(上官桀)이 정사를 도왔는데[輔政] 두 사람은 평소에 릉과 친했기에

릉의 옛 친구[故人=舊知]인 농서의 임입정(任立政) 등 세 명²¹으로 하여금 함께 흉노에 가서 릉을 불러오도록 했다. 입정(立政) 등이 당도하자 선우는 술자리를 베풀어 한나라 사자를 맞이하고서 이릉, 위율도 모두 함께 배석하게 했다. 입정 등은 릉을 보았으나 사사로운 이야기를 할 기회가 없어 눈짓으로 릉에게 말하며 자주 자신의 칼자루의 고리를 쓰다듬고 그의 발을 살짝 눌러 은밀하게[陰] 일깨워주었으니 그것은 한나라로 돌아올 수 있다는 뜻이다.²² 뒤에 릉과 율은 소고기와 술을 가지고 한나라 사자들을 위로하며 함께 도박을 하고 술을 마셨는데 두 사람 다 오랑캐 복장을 하고 망치 모양의 상투를 틀고 있었다. 입정이 큰 소리로 말했다.

"한나라는 이미 대사면령을 내렸고 중국은 평안하며 주상께서는 춘추가 어리시어[富=年少] 곽자맹(郭子孟)과 상관소숙(上官少叔)이 정사를 맡고 있소이다."

이 말로 그를 살짝 떠본 것이다[微動]. 릉은 침묵한 채 아무런 반응도 보이지 않았고 상대를 응시하며 자기 머리를 쓰다듬으면서 답했다.

"나는 이미 호복(胡服-오랑캐 옷)을 입었소."

잠시 후에[有頃] 율이 일어나 측간으로 가자[更衣] 입정이 말했다.

"아[咄], 소경 참으로 고생이 많았소. 곽자맹과 상관소숙이 그대에게 안부를 전하라고 했소."

릉이 말했다.

---

21 곽광과 상관걸이 아니라 평소 릉과 친분이 있었던 또 다른 두 사람이다.

22 고리[環]는 돌아오다는 환(還)과 발음이 같고 발을 누른 것은 도망치라는 뜻이다.

"곽과 상관은 무탈[無恙]하신지요?"

입정이 말했다.

"청컨대 소경이 고향으로 돌아가기만 한다면 부귀는 걱정할 것도 없소."

릉이 입정의 자(字)를 부르며 말했다.

"소공(少公), 돌아가는 일은 식은 죽 먹기일 뿐이지만 다시 치욕을 당할까 두려우니 어쩌지요?"

말이 아직 끝나지 않았는데 위율이 돌아와서는 자못 다른 이야기를 했다.

"이소경은 현자(賢者)이니 굳이 한 나라[一國]에만 머무를 필요는 없습니다. 범려(范蠡)는 천하를 떠돌았고 유여(由余)는 융(戎)을 버리고 진(秦)나라에 들어갔습니다. 그런데 두 분은 조금 전에 무슨 이야기를 하고 있었소이까?"

그 바람에 술자리가 끝나고 각자 숙소로 떠났다. 입정이 릉을 따라오며 말했다.

"여전히 (한나라로) 돌아갈 뜻이 있습니까?"

릉이 말했다.

"장부가 두 번 치욕을 당할 수는 없소."

릉은 흉노에서 20여 년을 지내다가 원평(元平) 원년에 병으로 세상을 떠났다.

소건(蘇建)은 두릉(杜陵) 사람이다. 교위(校尉)로서 대장군 청을 따라 흉노를 쳐서 평릉후(平陵侯)에 봉해졌다. 장군으로서 삭방(朔方)에 성과 요새를 쌓았다. 뒤에 위위(衛尉)로서 유격(遊擊)장군이 돼 대장군을 따라 삭방에서 출전했다. 1년 후에 우장군으로서 두 차례 대장군을 따라 정양(定襄)에서 출전했는데 흡후(翕侯)[○ 복건(服虔)이 말했다. "조신(趙信)이다."]가 도망치고 군대를 잃어 참형에 해당됐으나 속죄금을 내고 서인이 됐다. 그후 대군(代郡)태수가 됐다가 재임 중에 죽었다[卒官]. 아들 셋이 있는데 가(嘉)는 봉거(奉車)도위가 됐고 현(賢)은 기도위(騎都尉)가 됐으며 둘째인 무(武)가 가장 이름이 알려졌다[知名].

무(武)는 자(字)가 자경(子卿)으로 어려서 아버지의 보임(保任)으로 형제가 나란히 낭(郎)이 됐으며 점점 승진해[稍遷] 체중구감(栘中廄監)[○ 사고(師古)가 말했다. "체중은 마구간 이름이고 그곳의 책임자가 됐다는 것이다."]이 됐다. 이때 한나라는 계속해서 오랑캐를 정벌하면서 자주 사신을 교환해 서로 틈을 엿보았는데[窺觀=窺伺] 흉노는 한나라 사신 곽길(郭吉), 노충국(路充國) 등을 억류하면서 전후로 10여 차례에 이르렀다. 흉노에서 사신이 오면 한나라도 그들을 억류해 서로 맞섰다. 천한(天漢) 원년에 차제후(且鞮侯) 선우는 즉위한 초기였기 때문에 한나라가 급습해올까 두려워해 마침내 "한나라의 천자는 나의 아버지[丈人]나 마찬가지다"라고 말하고서 한나라 사자 노충국 등을 죄다 돌려보냈다. 무제는 그 뜻을 갸륵하게 여겨 이에 무(武)를 중랑장으로서 지절(地節)을 갖고 가서 한나라에 억류돼 있던 흉노의 사자들을 돌려줌과 동시에 선우에게 두터운 선물을 내려주어 그 좋은 뜻에 화답하려고 했다. 무는 부중랑장 장승(張勝) 및 임시관리인 상혜(常惠) 등과 함께 병사와 척후 100여 명을 모아 함께 출발했다. 이미 흉노에 이르자 준비해간 폐백을 선우에게 바쳤다. 선우는 더욱 교만해져서 한나라가 기대했던 것과는 전혀 다른 모습이었다.

바야흐로 사신을 보내 무 등을 전송하려고 할 때 마침 구왕(緱王)과 장수(長水)의 우상(虞常) 등이 흉노 안에서 반란을 모의했다. 구왕은 곤야왕(昆邪王)의 누이의 아들인데 곤야왕과 함께 한나라에 투항했고 뒤에 착야후(浞野侯-조파노)를 따라서 흉노 안에 들어갔다[沒][○ 사고(師古)가 말했다. "조파노(趙破奴)를 따라서 흉노를 쳤다가 군대가 패배하자 흉노에 항복한 것이다."]. 구왕은 위율이 이끌던 흉노에게 투항했던 우상과 함께 몰래 선우의 어머니 연지(閼氏)를 협박해 한나라로 돌아가려고 했다. 바로 이때 무 등이 흉노에 이르렀는데 우상은 한나라에 있을 때 부중랑장 장승과 평소에 서로 잘 알고 지냈기에 은밀하게 승을 만나 이렇게 말했다.

"듣건대 한나라 천자께서는 위율을 심히 원망하고 계시다고 하던데 제가 능히 한나라를 위해 쇠뇌를 숨겨가지고 그를 쏘아 죽일 수 있습니다. 저의 어머니와 동생이 한나라에 있으니 율을 죽인 상금은 거기에 주시면 고맙겠습니다."

장승이 이를 허락하고 가지고 간 물품을 상에게 주었다. 한 달여 후에 선우가 사냥을 나갔고 연씨의 자제들만 남아 있었다. 우상 등 70여 명은 반란을 일으키려고 했는데 그중 한 명이 밤에 달아나 밀고를 했다. 선우의 자제들은 군대를 출동시켜 함께 교전을 벌였다. 구왕 등은 다 죽고 우상은 산 채로 붙잡혔다.

선우는 위율을 시켜 이 일을 처리하게 했다. 장승은 이를 듣고서 전에 했던 말이 탄로날까 두려워 일의 전말을 무에게 털어놓으니 무가 말했다.

"일이 이렇게 된 이상 이는 분명 나에게도 미칠 것이다. 그들에게 붙잡혀 죽는다면 한나라에 거듭 부담을 주게 된다."

자살하려 하자 승과 혜가 함께 말렸다. 우상은 과연 장승을 끌어들였다. 선우는 화가 나서 여러 귀인들을 불러 토의하면서 한나라 사자를 죽이려고 했다. 좌이질자(左伊秩訾)가 말했다.

"그렇다면 선우를 향해 음모를 꾸몄을 경우에는 어떤 벌을 더 가할 수 있겠습니까?[23] 마땅히 그들 모두 항복하게 해야 합니다."

선우는 위율을 시켜 무를 불러 심문 조서를 받아내도록 하니 무가 혜 등에게 말했다.

"절의를 굽혀 임금의 명을 욕되게 한다면 설사 살아남는다고 한들 무슨 낯[面目]으로 한나라에 돌아갈 수 있겠는가?"

패도(佩刀)를 꺼내 목을 찔렀다. 위율은 놀라서 직접 무를 끌어안아 부축하고서 급히 의원[醫]을 불렀다. 땅을 파서 구덩이를 만들고 불을 지핀 뒤에 무를 그 위에 놓고 그 등쪽을 밟아 피를 흘리게 했다. 무는 기절한 상태였고 반나절이 지나자 다시 숨을 쉬기 시작했다. 혜 등은 크게 울면서 그를 가마에 태워 숙소로 돌아왔다. 선우는 그의 절의를 장하게 여겨 아침저녁으로 사람을 보내 무를 위문하는[候問] 한편 장승을 붙잡아 가두었다.

무가 더 나아지자 선우는 사자를 보내 무를 일깨웠다[曉][○ 사고(師古)가 말했다. "일러주고 설득해 투항하게 했다는 말이다."]. 마침 우상의 죄

---

23 위율을 죽이려 한 것을 마치 선우를 죽이려 한 것과 같은 정도로 처벌해서는 안 된다는 말이다.

를 논하고 있었기에 이때를 틈타 무를 투항시키려 한 것이다. 칼로 우상을 베는 것을 마치고 나서 율이 말했다.

"한나라 사자 장승은 선우의 근신〔○ 사고(師古)가 말했다. "위율 자신을 이르는 말이다."〕을 죽이려고 모의했으니 죽여 마땅하나 선우께서는 항복하려는 자는 죄를 사면하라고 하셨다."

칼을 들어 그를 베려 하자 승은 항복을 청했다. 율이 무에게 말했다.

"부사가 죄가 있으니 마땅히 그대로 처벌을 받아야 한다."

무가 말했다.

"본래 모의한 적이 없고 또 친속도 아닌데 어찌 함께 처벌을 받아야 한다고 하는가?"

다시 칼을 들어 무를 찌르려는 시늉을 했지만[擬] 무는 꼼짝도 하지 않았다. 율이 말했다.

"소군(蘇君)! 율은 과거에 한나라에 등을 돌려 흉노에 귀의했지만 큰 은혜를 입어 왕이라는 호칭을 하사받고 거느리는 군중이 수만이며 기르는 말은 산을 가득 채우니[彌=滿] 부귀가 이와 같소이다. 소군이 오늘 항복하게 되면 내일 나와 같이 될 것이오. 헛되이 한 몸을 던져 풀밭의 거름이 된다 한들 누가 다시 알아주겠소!"

무는 대꾸하지 않았다. 율이 말했다.

"그대가 나의 권유로 인해 항복한다면 그대와는 형제가 되겠지만 지금 내 계책을 듣지 않으면 뒤에 나를 다시 만나보려 한들 오히려 가능하겠소?"

무가 율을 욕하며 말했다.

"너는 다른 사람의 신하가 돼 은혜와 의로움을 돌아보지 않고서 군주를 배신하고 혈친들에게 등을 돌려 야만의 오랑캐에게 포로가 됐으니 내가 어째서 너를 만나보겠는가? 또 선우가 너를 믿고서 다른 사람의 생사를 가르는 재판을 맡겼는데 공평한 마음으로 바른 도리를 지키지는 않고 도리어 두 임금을 싸움 붙이고 재앙과 패망을 지켜보려 하는구나! 남월이 한나라 사신을 죽여 도륙당해 9개의 군으로 뿔뿔이 흩어졌고, 완왕(宛王-대완의 왕)이 한나라 사신을 죽여 머리가 북문에 내걸렸으며, 조선이 한나라 사신을 죽여 곧바로 주멸을 당했다. 흉노만이 아직 그런 일이 없었을 뿐이다. 만약에 내가 항복하지 않으리라는 것을 분명히 알면서도 (나를 죽여) 두 나라로 하여금 서로 공격하게 만들 심산이라면 흉노가 받게 될 재앙은 나로부터 비롯될 것이다."

율은 무가 끝내 협박에 굴하지 않으리라는 것을 알고서 선우에게 이를 사뢰었다. 선우는 그럴수록 더욱더 그를 항복하게 만들고 싶어 마침내 무를 유폐해 큰 굴 속에 두고서 일체 음식을 주지 말도록 했다. 하늘에서 눈이 내리자 무는 누운 채로 눈을 씹어 먹고 담요의 털을 섞어서 먹으니 여러 날이 지나도 죽지 않자 흉노는 그를 귀신이라고 생각하고서 마침내 북해(北海-바이칼호) 주변의 사람이 살지 않는 곳으로 옮기고 숫양을 기르게 하면서 만약에 숫양이 마침내 새끼를 낳는 일이 있으면 돌려보내줄 것이라고 말했다. 그의 부하인 상혜 등은 별도로 각각 다른 곳에 떼어놓았다.

무가 이미 북해 변에 이르렀을 때 아무도 그에게 먹을 것을 주지 않아 들쥐를 파먹고 풀씨를 걷어서 먹었다. 한나라의 부절을 막대기로 삼아 양을 기르고 자나깨나 손에서 놓지 않아 부절에 붙은 물소 꼬리는 다 떨어져나갔다. 그렇게 5, 6년이 지났을 때 선우의 동생 어간왕(於靬王)이 북해 변에서 주살로 사냥을 했다. 무는 그물을 짜거나 주살에 쓰는 실을 잘 뽑았고 쇠뇌를 고치는 법 등을 가르쳐주었기 때문에 어간왕은 그를 아껴 그에게 먹을 것과 입을 것을 주었다. 3년여가 지나 왕이 병들자 무에게 말 등의 가축과 술주머니(혹은 항아리)와 천막 등을 내려주었다. 왕이 죽은 후에 사람들은 다 떠나갔다. 그 해 겨울에 정령(丁靈)의 백성들이 무의 소와 양을 훔쳐갔기 때문에 무는 다시 곤경에 빠졌다[窮厄].

애초에 무는 이릉과 더불어 시중(侍中)이 됐는데 무가 흉노에 사신으로 간 이듬해에 릉은 항복했기 때문에 감히 무를 찾아오지 않았다. 한참 지나서 선우는 릉으로 하여금 북해 변으로 가서 무를 위해 술자리를 베풀고 음악을 연주하게 하니 그 틈을 타서 무에게 말했다.

"선우께서는 릉과 자경이 평소 두터운 사이[厚]라고 들었기 때문에 릉을 시켜 족하를 설득하라고 말씀하셨으니 허심탄회하게 그대를 대우하려고 하는 것입니다. 어차피 한나라로 돌아갈 수 없을 텐데 헛되이 사람도 없는 땅에서 스스로를 괴롭힌들 그런 신의를 누가 알아주겠습니까? 전장군(長君-무의 형 가(嘉))이 봉거(奉車)도위가 돼 상을 따라서 옹현의 역양궁(棫陽宮)에 이르렀을 때 수레를 부축해 길을 치우다가 기둥에 부딪혀 수레의 끌채가 부러지는 바람에 큰 불경이라는 탄핵을 받아 검에 엎어져[伏劍] 스스로 목을 찌르니 200만 전을 내려주어 장례를 치르게 했습니다. (동생인) 유경(孺卿-현(賢)의 자)은 상을 따라가 하동(河東)의 후토에서 제사를 지낼 때 환관의 기병[宦騎]이 황문부마(黃門駙馬-천자의 말을 담당하는 환관)와 배를 놓고 다투다가 부마를 밀어 물에 빠뜨려 익사시키고는 달아났는데 조(詔)하여 유경으로 하여금 그를 쫓아가 붙잡게 했으나 붙들지 못하자 황공함에 약을 먹고 죽었습니다. 내가 올 때 대부인(大夫人-무의 어머니)께서는 이미 돌아가셔서[不幸] 릉이 양릉(陽陵)까지 송장(送葬)해드렸습니다. 자경의 부인께서는 나이가 어리신데 이미 재혼을 하셨다[更嫁]고 들었습니다. 오직 여동생이 두 명이고 두 딸과 아들이 하나 있는데 지금은 이미 10여 년이 흘렀으니 그들의 생사를 알 길이 없습니다. 인생이란 아침 이슬[朝露] 같은데 어찌 이렇듯 오래도록 스스로를 괴롭히십니까? 릉도 처음에 항복했을 때는 멍하니 미친 사람 같았고 한나라를 배신했다는 생각에 고통스러웠으며 심지어 노모께서는 보궁(保宮)〔○ 사고(師古)가 말했다. "「백관공경표」에 따르면 이는 소부(少府)의 속관으로 일종의 감옥[居室]인데 무제 태초 원년에 이름을 보궁으로 바꿨다."〕에 갇혀 있었으니 자경이 항복하고 싶지 않은 마음이 어찌 이 릉보다 심하겠습니까? 또 폐하께서 춘추가 높으시고 법령에 일정함이 없어 대신들 중에서 아무런 죄도 없이 족멸당한[夷滅] 자가 수십 집안이라 안위를 알 수가 없는데[24] 자경은 오히려 누구를 위해 고생을 하신다는 말입니까? 릉의 계책을 제발 따르시고 다른 말은 더 이상 하지 마십시오."

무가 말했다.

"우리 부자는 아무런 공로와 다움도 없는데 모두 폐하께서 이끌어주시어 지위는 장군의 반열에 올랐고 작위는 통후(通侯-철후, 열후)에 이르렀고 형제들이 모두 폐하를 제 몸과 같이 여길 만큼 가까워[親近] 항상 간

---

24 충의를 다하려는 천자가 지금 오락가락한다는 말을 통해 설득을 시도하고 있는 것이다.

과 쓸개를 땅에 바르게 되기[肝膽塗地]를 바라왔습니다. (그러니) 지금 죽을 수 있어 온몸을 다 바칠 수 있다면[自效=致身] 설사 도끼에 목이 날아가고 큰 솥에 삶기는 극형을 당하더라도 참으로 그것을 달게 받을 것입니다. 신하가 임금을 섬기는 것은 자식이 부모를 섬기는 것과 같다고 했으니 자식이 부모를 위해 죽는데 무슨 한스러움이 있겠습니까? 바라건대 다시는 그런 말을 하지 마시오."

릉은 무와 여러 날 동안 함께 술을 마시고 나서 다시 말했다.

"자경은 이 릉의 말을 한 번만 들어주시오."

무가 말했다.

"나는 이미 죽은 지 오래됐소. 왕이 반드시 이 무를 항복시키려 하니 오늘 하루 즐겁게 술을 마신 뒤에 그대 앞에서 죽어 보이겠소[效死=致死]."

릉은 그의 지극한 진심을 보고서 "아!" 하고 탄식하며 말했다.

"아아, 의로운 선비[義士]로다! 릉과 위율의 죄는 위로 하늘에 명확히 이르겠구나!"

이어 눈물을 흘리니 옷깃을 적셨고 무와 헤어져 돌아왔다. 릉은 자기가 무에게 내려주는 것을 꺼려해[○ 사고(師古)가 말했다. "자신이 흉노에 항복해 부귀를 누리게 된 것을 무에게 과시하는 것처럼 보일까 봐 꺼려한 것이다."] 그 아내(-선우의 딸)를 시켜 무에게 소와 양 수십 마리를 내려주었다. 뒤에 릉이 다시 북해 변에 이르러 무에게 말했다.

"구탈(區脫-흉노의 척후병)이 운중(雲中)에서 한나라 사람을 생포했는데 그 사람 말에 따르면 태수 이하 관리와 백성들이 모두 흰옷을 입었고 상이 붕(崩)했다고 했습니다."

무는 이를 듣고서 남쪽을 향해 통곡을 하고 피를 토했으며 매일 아침저녁으로 곡을 했다[臨=哭].

몇 달 후에 소제(昭帝)가 자리에 나아갔다. 여러 해가 지나 흉노는 한나라와 화친을 맺었다. 한나라가 무 등을 (보내줄 것을) 요구하자 흉노는 무가 죽었다고 말을 꾸며댔다[詭言]. 뒤에 한나라 사자가 다시 흉노에 찾아가자 상혜는 사자를 지키는 병사에게 청해 그와 함께 밤에 한나라 사자를 만나볼 수 있었는데 이때 자신의 상황을 상세하게 털어놓았다. 그리고 한나라 사자에게 가르쳐주기를 선우에게 이렇게 말하라고 했다.

'천자께서 상림원에서 사냥을 하시다가 기러기를 쏘아 잡으셨는데 그 발목에 비단으로 된 편지가 묶여 있었소. 거기에 무 등이 아무 늪지에 있다고 했소이다.'

사자는 크게 기뻐하며 혜의 말대로 선우에게 따졌다[讓=責]. 선우는 좌우를 둘러보며 놀란 표정을 짓더니 한나라 사자에게 사과하며 말했다.

"무 등은 사실은 살아 있소."

이에 이릉이 술자리를 베풀고 무에게 축하하며 말했다.

"이제 족하는 돌아가서 흉노의 땅에 이름을 떨쳤고 한나라 왕실에는 공적을 드러내었으니 옛날의 죽간과 비단[竹帛](-역사서)에 실려 단청으로 그림이 그려졌다 한들[25] 어찌 자경보다 낫겠소! 릉은 어리석고 겁이 많지만 만일 한나라가 릉의 죄를 너그럽게 보아[貰=寬] 내 노모를 살려주고

---

25 대궐 벽면에 공신의 초상화를 그렸던 것을 말한다.

큰 치욕을 떨쳐내어 새로운 뜻을 쌓을 수만 있게 해주었어도 거의 조가(曹柯)의 맹(盟)26에 가까운 기회를 가졌을 텐데. 이것이야말로 릉이 오래도록 잊지 못할 바람이었습니다. (그럼에도) 재산을 몰수하고 가족을 몰살해 세상에 큰 치욕을 드러냈으니 릉은 이제 더 이상 아무것도 미련이 없소. 다 끝났소. 그러니 자경이 내 마음을 알아주기를 바랄 뿐이오. 이미 다른 나라 사람이 됐으니 한 번 헤어지면 다시는 볼 일이 없을 것이오."

릉은 일어나 춤을 추며 이렇게 노래 불렀다.

"만 리를 지나 사막을 건너
그대 장군 돼 흉노와 떨쳐 싸웠네
길은 끊어지고 화살과 칼은 부러져
병사들은 전멸하고 이름은 이미 땅에 떨어졌도다
노모는 이미 돌아가셨으니
은혜 갚고자 하나 장차 어디로 돌아가리오."

릉은 여러 차례 눈물을 뚝뚝 흘렸고 그 길로 무와 헤어졌다. 선우는 무의 속관들을 불러 모았는데 이미 투항한 자와 죄로 죽은 이[物故]도 있어 무를 따라서 돌아갈 사람은 모두 9명이었다.

무는 시원(始元) 6년 봄에 경사(京師)에 이르렀다. 조서를 내려 무는 하

---

26 춘추시대 노나라 장군 조귀(曹劌)는 여러 차례 제(齊)나라에 패배했으나 노나라 공은 관용했다. 가(柯)에서 회맹할 때 조귀는 협박해 잃어버린 땅을 모두 되찾았다.

나의 태뢰(太牢-소·양·돼지)를 받들고 무제의 무덤과 사당에 아뢰었고, 제배해 그를 전속국(典屬國-오랑캐 담당)으로 삼아 작질은 중(中) 2,000석으로 했고 200만 전을 내려주었으며 공전(公田) 2경(頃)과 택지 1구(區)를 내려주었다. 상혜, 서성(徐聖), 조종근(趙終根)은 모두 제배돼 중랑이 됐으며 비단을 각각 200필씩 하사받았다. 그밖의 6명은 이미 늙어서 고향으로 돌아갔으며 1인당 10만 전을 선물로 받고 종신토록 부역을 면제받았다[復]. 상혜는 뒤에 우장군에 이르러 열후에 봉해졌고 그의 전기(傳記)가 저술됐다. 무는 흉노에 모두 19년 동안 있었으며 처음 출전할 때는 강장(彊壯)했으나 돌아올 때는 수염과 머리털이 하얗게 샜다.

무가 돌아온 이듬해 상관걸의 아들 안(安)이 상홍양(桑弘羊), 연왕(燕王), 그리고 개왕(蓋王)과 함께 반란을 모의했다. 무의 아들 원(元)도 안과 모의를 해 사형을 당했다.

애초에 걸, 안은 대장군 곽광과 권력투쟁을 하고 있어[爭權] 자주 광의 허물을 낱낱이 기록해[疏=條錄] 연왕에게 주어 글을 올려 이를 고하게 했다. 또 소무는 흉노에 사신으로 갔다가 20년이나 항복하지 않고 돌아왔는데 기껏 전속국이 됐고 대장군의 장사(長史-부관 양창(陽敞))는 아무런 공로가 없는데도 수속도위(搜粟都尉)가 된 것은 광이 권력을 독단해 제 마음대로 휘두르기 때문이라고 말했다. 연왕 등이 반란으로 인해 주살되기에 이르자 그 일당은 혹독한 국문을 당했는데 무는 평소 걸, 홍양 등과 오랜 친분이 있고 여러 차례 연왕의 상소에 이름이 오르내린 데다가 아들까지 음모의 한가운데 있어 정위는 무를 체포할 것을 주청했다. 곽광은 그 주청을 내버려두고[寑=留] 무의 관직만 빼앗았다.

몇 년이 지나 소제가 붕하자 무는 본래 2,000석 관리였다고 해 선제(宣帝)를 세우는 계모(計謀)에 참여해 관내후의 작위를 하사받았는데 식읍은 300호였다. 얼마 후에 위(衛)장군 장안세(張安世)가 무는 옛일에 밝고 사신으로 가서 명을 욕되게 하지 않았으며 선제(先帝)의 유언에도 언급이 된 사람이라며 그를 천거했다. 선제(宣帝)는 그 즉시 무를 불러 환자서(宦者署)의 대조(待詔)로 임명했다. 여러 차례 나아가 (천자를) 뵈었고 다시 우조(右曹) 전속국이 됐다. 무는 절의를 드러낸 노신이라 해 초하루와 보름에는 조회에 참여케 했고 좨주(祭酒)라 부르며 심히 우대하고 총애했다.

무는 천자로부터 받은 상사를 모두 형제와 벗들에게 주었고 집에는 남은 재산이 없었다. 황후의 아버지 평은후(平恩侯), 제의 외삼촌 평창후(平昌侯), 낙창후(樂昌侯)〔○ 사고(師古)가 말했다. "평은후 허백(許伯), 평창후 왕무고(王無故), 낙창후 왕무(王武)다."〕, 거기장군 한증(韓增), 승상 위상(魏相), 어사대부 병길(丙吉)은 모두 무를 존경했다. 무는 나이가 많았고 아들은 전에 일에 걸려 죽었기 때문에 상이 이를 불쌍히 여겨 좌우에 물었다.

"무가 흉노에 오래 있었는데 혹시 거기에 아들이라도 있는가?"

무는 평은후를 통해 스스로 털어놓았다.

"예전에 흉노를 떠나려 할 때 오랑캐 처가 통국(通國)이라는 아들 하나를 낳았다고 전해 들은 바 있습니다. 바라건대 사자를 통해 금과 비단을 주어 그를 사서 데리고 왔으면 합니다."

상은 허락했다. 뒤에 통국은 사자를 따라왔고 상은 그를 낭(郎)으로 삼았다. 또 무의 동생의 아들을 우조(右曹)로 삼았다. 무는 80여 세가 돼 신작(神爵) 2년에 병으로 졸했다.

감로(甘露) 3년에 선우가 비로소 들어와 조회했다[入朝]. 상은 고굉(股肱-다리와 팔)과도 같은 공신들의 아름다움을 생각해 마침내 (미앙궁에 있는) 기린각(麒麟閣)〔○ 장안(張晏)이 말했다. "무제가 기린을 잡았을 때 이 각을 짓고서 거기에 그 모습을 그리게 해 드디어 그것으로 이름을 삼은 것이다."〕에 그 본인들의 모습을 똑같이 그려 거기에 관작과 성명을 써넣었다. 곽광만은 이름을 쓰지 않고 다만 '대사마 대장군 박륙후 곽씨'라고 썼고 다음으로는 '위장군 부평후 장안세', '거기장군 용액후 한증', '후장군 영평후 조충국', '승상 고평후 위상', '승상 박양후 병길', '어사대부 건평후 두연년(杜延年)', '종정 양성후 유덕(劉德)', '소부 양구하(梁丘賀)', '태자태부 소망지(蕭望之)', '전속국 소무' 순으로 써넣었다. 모두 공로와 다움이 있었고 당시에 이름난 사람들이었기에 이를 표창해 한나라 왕실의 중흥을 보좌했다는 점에서 (옛날의) 방숙(方叔), 소호(召虎), 중산보(仲山甫)〔○ 사고(師古)가 말했다. "세 사람 모두 주나라 선왕(宣王)을 보좌해 문무의 공로가 있어 선왕의 중흥을 보좌했다."〕 등과 어깨를 나란히 할 만한 사람들임을 밝게 밝혀둔 것이다. 모두 11명이며 다 전(傳)이 있다. 승상 황패(黃覇), 정위 우정국(于定國), 대사농 주읍(朱邑), 경조윤 장창(張敞), 우부풍 윤옹귀(尹翁歸) 및 유자 하후승(夏侯勝) 등도 모두 삶을 좋게 마친 자[善終]들로서 선제(宣帝) 시대에 이름을 드러냈지만 그러나 명신의 초상화 반열에는 오를 수 없었다. 이를 보면 그 선정이 얼마나 엄격했는지를 알 수 있다.

찬(贊)하여 말했다.

"이(李)장군은 늘 조심하고 삼가느라[恂恂] 시골 사람 같았고 함부로 말을 꺼내지 않았다.[27] 그가 죽은 날에는 그를 아는 사람이건 알지 못하는 사람이건 모두 그를 위해 눈물을 흘렸으니 그는 그 마음속이 진실로 사대부들에게 신뢰를 준 것이라 하겠다. 속담에 이르기를 '복숭아나무와 자두나무는 (아름다운 꽃과 열매가 있어) 스스로 말하지 않아도 그 아래에 사람들이 몰려 길이 생겨난다[桃李不言 下自成蹊]'라고 했다. 이 말은 짧지만 큰 것을 비유하고 있다. 그러나 3대에 걸친 장수란 도가(道家)에서 꺼리는 바라 광(廣)에서 릉(陵)에 이르러 드디어 그 집안이 끊어지고 말았으니 슬프도다!

공자가 말하기를 '뜻있는 선비[志士]와 어진 사람[仁人]은 몸을 죽여 어짊을 이루는 경우는 있어도 삶을 구하기 위해 어짊을 해치는 경우는 없다'[28]라고 했고, 또 '사방으로 사신이 돼 가서 임금의 명에 욕됨이 없게 해야 한다'[29]라고 했다. 소무(蘇武)가 바로 이런 면모를 갖고 있었다."

---

27 이는 순순(恂恂)에서 보여주듯 『논어(論語)』 「향당(鄕黨)」 편에 나오는 다음 구절을 끌어와서 표현한 것이다. "공자께서 고향 마을에 가서 머무실 때는 (더더욱) 신실한 모습을 보이려 노력하느라 마치 말씀을 잘하지 못하는 사람처럼 보일 정도였다[恂恂如也 似不能言者]."

28 『논어(論語)』 「위령공(衛靈公)」 편에 나오는 말인데 순서가 뒤집어져 있다. 원래는 "뜻있는 선비와 어진 사람은 삶을 구하기 위해 어짊을 해치는 경우는 없고, 몸을 죽여 어짊을 이루는 경우는 있다"라고 했다.

29 『논어(論語)』 「자로(子路)」 편에 나오는 다음과 같은 대화 중의 일부다. 자공이 묻는다. "어찌해야 선비라 이를 수 있습니까?" 공자는 말했다. "몸가짐에 부끄러움이 있으며 사방으로 사신이 돼 가서 임금의 명에 욕됨이 없게 한다면 선비라 이를 수 있다."

권
◆
55

위청·곽거병전
衛靑霍去病傳

위청(衛靑)은 자(字)가 중경(仲卿)이다. 그의 아버지 정계(鄭季)는 하동(河東) 평양(平陽) 사람으로 현의 관리로서 평양후(平陽侯)의 집에서 일을 돌보았다. 평양후 조수(曹壽)는 무제의 여동생 양신(陽信)장공주와 결혼했다[尙]. 계(季)는 주인집 시녀[僮] 위(衛)씨〔○ 사고(師古)가 말했다. "지아비의 성을 따른 것이다."〕와 사통을 해 청(靑)을 낳았다. 청에게는 어머니가 같은 형 위장(衛長)과 여동생 자부(子夫)가 있었고, 자부가 평양공주의 집에서 궁중에 들어가 무제의 총애를 얻어 그 때문에 청은 성을 빌려[冒=假稱] 위씨(衛氏)로 바꿨다. 위씨의 장녀는 군유(君孺)이고 차녀는 소아(少兒)이며 그다음 딸이 자부인데 자부의 남동생은 보광(步廣)으로 그도 위씨 성을 빌렸다〔○ 사고(師古)가 말했다. "보광과 청 두 사람은 위씨가 아닌데 둘 다 성을 빌려 썼다는 말이다."〕.

청은 후(侯)의 가인이 됐으나 어릴 때 그 아버지의 집으로 돌아갔고 아버지는 그에게 양을 키우게 했다. 정실 어머니[民母=嫡母]의 자식들은 모두 (그를) 노비 대하듯이 했고 형제의 수에 넣어주지 않았다. 청은 일찍이 사람들을 따라다니며 감천궁의 거실(居室-궁궐 안 감옥)에 이르렀는데 목에 칼을 한 죄수 한 사람이 청의 관상을 보고서 말했다.

"귀인(貴人)의 상을 하고 있고 관직이 봉후(封侯)에 이를 것이야."

청은 웃으면서 말했다.

"다른 사람의 노비로 살아가는 주제에 매나 안 맞고 욕이나 안 먹으면 그걸로 족하지 어찌 봉후가 될 수 있단 말이오!"

청은 성년이 되자 후의 집안의 기사가 돼 평양공주를 모셨다. 건원(建元) 2년 봄에 청의 여동생 자부가 궁에 들어가 상의 총애를 입었다. 황후〔○ 사고(師古)가 말했다. "진(陳)황후로 무제의 고모의 딸이다."〕는 대장(大長)공주의 딸인데 아들이 없어 질투가 심했다. 대장공주는 위자부가 총애를 입어[幸] 임신을 했다[有身]는 말을 듣고서 그것을 질투해 마침내 사람을 시켜 청을 잡아오게 했다. 청은 이때 건장궁(建章宮)에서 일을 하고 있었는데[給事] 아직 그의 이름이 알려져 있지 않았다. 대장공주는 청을 붙잡아 감옥에 넣어놓고서 그를 죽이려고 했다. 그의 친구 기랑(騎郎) 공손오(公孫敖)가 장사들과 함께 가서 그를 빼냈기 때문에 그는 죽지 않을 수 있었다. 상이 듣고서 마침내 청을 불러 건장감(建章監)으로 삼고 시중을 겸임토록 했다. 어머니와 형제들이 귀하게 되자 천자가 내리는 상사(賞賜)가 며칠 사이에도 수천 금에 이르렀다. 군유는 태복 공손하(公孫賀)의 아내가 됐다. 소아는 예전부터 진장(陳掌)〔○ 사고(師古)가 말했다. "진평(陳平)의 증손자다."〕과 사통하고 있었는데 상은 소아를 불러 그의 신분을 귀하게 해주었다. 공손오는 청을 구해준 일로 인해 더욱 현달했다. 자부가 부인(夫人)이 됐다.[1] 청은 태중대부가 됐다.

원광(元光) 6년에 제배돼 거기(車騎)장군이 돼 흉노를 치러 상곡(上谷)에서 출진했고, 공손하는 경거(輕車)장군이 돼 운중(雲中)에서 출진했으며, 태중대부 공손오는 기(騎)장군이 돼 대군(代郡)에서 출진했고, 위위(衛尉) 이광(李廣)은 효기(驍騎)장군이 돼 안문(雁門)에서 출진했는데, 군사는 각각 1만 기였다. 청은 용성(籠城)〔○ 사고(師古)가 말했다. "籠의 발음은 (롱이 아니라) 용(龍)과 같다."〕에 이르러 오랑캐 수백 명의 머리를 벴다. 기장군 오는 7,000기를 잃었고 위위 광은 오랑캐에게 붙잡혔다가 탈출해 돌아올 수 있었는데 둘 다 참형에 해당됐으나 속죄금을 내고 서인이 됐다. 하 또한 아무런 공로가 없었다. 오직 청만이 관내후의 작위를 받았다. 이후에 흉노가 거듭해서[仍=頻] 변경을 침범했다. 상세한 이야기는 「흉노전(匈奴傳)」에 실려 있다.

원삭(元朔) 원년 봄에 위부인(衛夫人)이 아들을 낳아 세워져 황후가 됐다. 그 해 가을에 청은 다시 3만 기병을 이끌고 안문에서 출진했고 이식(李息)은 대군에서 출진했다. 청은 오랑캐 수천 명의 머리를 벴다. 이듬해 청은 다시 운중에서 출진해 서쪽으로 가서 고궐(高闕)〔○ 사고(師古)가 말했다. "산 이름인데 일설에는 요새 이름이라고 하며 삭방(朔方)의 북쪽에 있다."〕에 이르렀고 드디어 농서(隴西)에 이르러 오랑캐 수천 명을 포로로 잡고 가축 100여만 두를 얻었으며 백양(白羊)과 누번(樓煩) 두 왕을 패주케

---

1 후궁 중에서 서열이 크게 높아진 것이다.

했다. 드디어 하남 땅을 차지해 삭방군으로 삼았다〔○ 사고(師古)가 말했다. "북지군(北地郡)의 북쪽과 닿아 있고 황하의 남쪽이다."〕. 3,800호를 갖고서 청을 봉해 장평후(長平侯)로 삼았다. 청의 (부하인) 교위(校尉) 소건(蘇建)은 평릉후(平陵侯)가 됐고 장차공(張次公)은 안두후(岸頭侯)〔○ 진작(晉灼)이 말했다. "안두는 하동(河東) 피씨정(皮氏亭)이다."〕가 됐다. 건을 시켜 삭방의 성을 쌓았다. 상이 말했다.

"흉노는 하늘과도 같은 이치[天理]를 거스르고 인륜을 어지럽혔으며 (그 습속이 젊은이만 중시해) 노인을 학대하고 도적질에나 힘쓰며 주변 오랑캐 나라들을 속이고 모략을 일삼아 구원병을 자처하며 여러 차례에 걸쳐 변경을 침해했다. 그래서 군사를 일으키고 장병들을 보내 그 죄를 정벌했던 것이다. 『시경(詩經)』에 이르지 않았던가? '잠깐[薄] 험윤(獫允-오랑캐의 일족)을 정벌해 태원(太原)에 이르렀도다〔○ 사고(師古)가 말했다. "「소아(小雅)」 '6월(六月)' 편에 나오는 구절이다. (주나라) 선왕(宣王)의 북벌을 찬미한 것이다. 잠깐 정벌했다는 것은 그들을 축출했다는 뜻이다. 험윤은 북적(北狄)의 이름이니 곧 오랑캐다."〕', '수레를 가득 출동시키고 저 삭방에 성을 쌓았도다〔○ 사고(師古)가 말했다. "「소아(小雅)」 '출거(出車)' 편에 나오는 구절이다. 시인은 전차가 출동해 정벌을 하고서 이어 성을 쌓아 험윤을 물리친 것을 찬미했다."〕.' 지금 거기장군 청이 서하(西河)를 건너 고궐에 이르러 머리 2,300급을 얻었고 경거, 치중거(輜重車-군수품 운반용 수레), 가축 등을 모조리 확보했기 때문에 이미 열후에 봉했는데, 드디어 서쪽으로 하남 땅을 평정하고 유계(楡谿)의 옛 요새를 찾아냈으며[案=尋] 재령(梓嶺)을 넘어 북하(北河)에 다리를 놓고[梁] 포니(蒲泥)를 토벌하고 부리(符離)를 깨뜨렸으며〔○ 진작(晉灼)이 말했다. "포니와 부리는 둘 다 왕의 이름이다."〕 경무장한 정예병사를 목 베고 몸을 숨겨 이쪽의 정세를 탐색하던 적병 3,017명을 붙잡았다〔○ 사고(師古)가 말했다. "본래는 적 한 명의 목[首]을 베면 작위가 1급(級) 승진했기 때문에 수급(首級)이라고 했다. 그리고 이제 준해서 한 명을 생포해도 1급 승진했다."〕. 포로를 심문해 그 수가 많음을 알아냈고[獲醜=得衆] 저들의 말·소·양 100여만 두를 몰고 왔으며 무기와 병사들을 온전히 해 돌아왔으므로 청에게 3,800호를 익봉(益封)한다."

그후에도 흉노는 해마다[比歲=連年] 대군, 안문, 정양(定襄), 상군, 삭방에 침입해 백성들을 죽이거나 약탈했다. 상세한 이야기는 「흉노전(匈奴傳)」에 실려 있다.

원삭(元朔) 5년 봄에 청으로 하여금 3만 기를 이끌고 고궐에서 출진하게 했고 위위 소건을 유격(遊擊)장군, 좌내사(左內史) 이조(李沮)〔○ 문영(文穎)이 말했다. "沮는 발음이 (저가 아니라) 조(坥)다."〕를 강노(彊弩)장군, 태복 공손하를 기(騎)장군, 대(代)의 상국 이채(李蔡)를 경거장군으로 삼아 모두 거기장군(-위청)에 배속시켜 삭방에서 출진하게 했다. 대행(大行) 이식(李息)과 안두후 장차공을 장군으로 삼아 둘 다 우북평(右北平)에서 출진하게 했다. 흉노의 우현왕(右賢王)은 청 등의 군대와 마주하고서도 한나라 군대가 자신이 머무는 곳까지는 올 수 없으리라 여겨 술에 취해 있어 한나라 군사들은 한밤중에 진격해 우현왕을 포위했다. 우현왕은 놀라서 야음을 타 달아났는데 오로지 애첩 한 명과 수백의 기병만 데리고 내달려 포위를 뚫고[潰圍] 북쪽으로 도망쳤다.

한나라의 경기교위(輕騎校尉) 곽성(郭成) 등이 수백 리를 쫓아갔으나 따라잡지 못하고 우현왕 아래의 비왕(裨王)[○ 사고(師古)가 말했다. "소왕(小王)이며 비장(裨將)과 같은 것이다."] 10여 명과 남녀 1만 5,000여 명, 수십만에서 100만에 이르는 가축을 노획하고 이에 군사를 이끌고 돌아왔다. 요새에 도착하자 천자는 사자를 시켜 대장군의 인장을 가지고 가게 해 나아가서[卽=就] 군중에서 청을 제배해 대장군(大將軍)으로 삼고 여러 장수들은 다 병사들과 함께 대장군에게 배속됐으며 그곳에 관호(官號)를 세우고 (경사(京師)로) 돌아왔다. 상이 말했다.

"대장군 청은 몸소 융사(戎士)들을 이끌고 큰 승리를 거두어 흉노왕 10여 명을 사로잡았으니 청에게 8,070호를 익봉한다."

그러고는 청의 아들들인 항(伉)을 의춘후(宜春侯), 불의(不疑)를 음안후(陰安侯), 등(登)을 발간후(發干侯)에 봉했다. 청은 굳게 사양하며 말했다.

"신은 요행히 행군 도중에 대죄(待罪)² 를 하게 돼 폐하의 신령(神靈)스러움에 힘입어 군대가 큰 승리를 거두었으니 이는 다 모든 교위들이 힘껏 싸운 공로 덕분입니다. 폐하께서는 황공하게 이미 신 청에게 익봉해주셨고 신의 아들들은 아직 포대기에 싸여 아무런 공로도 세우지 못했건만 상께서는 황공하게도 땅을 떼어[裂地] 세 명을 후로 삼으셨는데 이는 행군 도중에 대죄를 하게 돼 병사들을 힘껏 싸우게 독려한 뜻이 아니옵니다. 항을 비롯한 세 아이가 어찌 감히 봉작을 받을 수 있겠습니까?"

상이 말했다.

---

2 관직을 맡게 되는 것을 겸양해 이렇게 표현했다.

"나는 여러 교위들의 공로를 잊은 것이 아니라 이제 정말로 그들에게 상을 내리려 한다."

이에 어사(御史)에게 조(詔)하여 말했다.

"호군도위(護軍都尉) 공손오는 세 차례 대장군을 따라가 흉노를 쳤는데 항상 군대를 호위하고 교위들을 단결시켜 흉노의 비왕들을 사로잡았기에 오를 봉해 합기후(合騎侯)로 삼는다. 도위 한열(韓說)은 대장군을 따라 전혼(寘渾)에서 출진해 우현왕의 왕정(王庭)에 이르렀고 대장군의 휘하에서 격전 끝에 비왕들을 사로잡았기에 열을 봉해 용액후(龍頟侯)〔○ 사고(師古)가 말했다. "액(頟)을 액(額)으로 쓰기도 한다."〕로 삼는다. 기장군 하는 대장군을 따라가 흉노의 비왕들을 사로잡았기에 하를 봉해 남교후(南窌侯)로 삼는다. 경거장군 이채는 두 차례 대장군을 따라가 흉노의 비왕들을 사로잡았기에 채를 봉해 낙안후(樂安侯)로 삼는다. 교위 이삭(李朔), 조불우(趙不虞), 공손융노(公孫戎奴)는 각각 세 차례 대장군을 따라가 흉노의 비왕들을 사로잡았기에 삭을 봉해 척지후(陟軹侯), 불우를 봉해 수성후(隨成侯), 융노를 봉해 종평후(從平侯)로 삼는다. 장군 이조(李沮), 이식 및 교위 두여의(豆如意), 중랑장 관(綰)도 모두 공로가 있으니 관내후(關內侯)의 작위를 내려주라. 조, 식, 여의의 식읍은 각각 300호로 하라."

그 해 가을에 흉노가 대(代)에 침입해 도위를 죽였다.

이듬해 봄에 대장군 청은 정양에서 출진했고 합기후 오는 중(中)장군, 태복 하는 좌장군, 흡후(翕侯) 조신(趙信)은 전(前)장군, 위위 소건은 우장군, 낭중령 이광은 후(後)장군, 좌내사 이조는 강노장군으로 삼아 모두 대장군에 소속시켜 수천 급의 머리를 베고 돌아왔다. 한 달 남짓 후에 모두

[悉] 다시 정양에서 출진해 오랑캐 1만여 명을 목 베거나 사로잡았다. 소건과 조신은 합동으로 3,000여 기병을 이끌고 독자적으로 선우의 군대와 맞붙어 하루 남짓 교전을 벌였는데 한나라 군사들은 거의 전멸했다[盡=全滅]. 신은 원래 흉노 사람으로 한나라에 투항해 흡후가 됐는데 상황이 급해지자 흉노의 꾐에 빠져 결국 800의 기병을 거느리고 선우에게 달려가 투항했다[奔降]. 소건은 자신의 군대를 다 잃고 혼자 몸으로 빠져나올 수 있었는데 스스로 청에게 돌아왔다. 청이 군정(軍正) 굉(閎), 장사(長史) 안(安), 의랑(議郎) 주패(周霸) 등에게 "소건은 어떻게 처리하면[當] 좋겠는가?"라고 묻자 패가 말했다.

"대장군께서 출전한 이래 아직까지 비장의 목을 베신 적이 없지만 이번에는 건이 군대를 버렸으니 마땅히 참수해 장군의 위엄을 밝히셔야 합니다."

굉과 안이 말했다.

"그렇지 않습니다. 병법에도 '소군은 아무리 견고해도 대군에게 사로잡힌다'라고 했습니다. 이번에 건은 수천의 병사로 선우의 수만 병사와 맞붙어 하루를 넘겨 힘껏 싸웠고 병사들은 모두 감히 두 마음을 품지 않았습니다. 그리고 스스로 돌아와 보고했는데도 그의 목을 벤다면 이는 앞으로는 (전투에서 지면) 돌아오지 말라는 뜻을 드러내 보이는 것입니다. 그의 목을 베서는 안 됩니다."

청이 말했다.

"청은 요행히 폐하의 인척[肺附]으로서 행군 도중에 대쇠하고 있기 때문에 위엄이 있고 없고에는 신경을 쓰지 않는다. 그런데 패는 나에게 위엄을 밝히라 했으나 그것은 심히 나[臣]의 뜻과는 무관한 것이다. 비록 나의 직권으로 장수를 목 벨 수 있다고는 하지만 폐하의 총애를 받는 신하로서 감히 국경 밖에서 부하를 제멋대로 주살해서는 안 되는 것이니, 사정을 천자께 보고해 천자께서 직접 결재하시도록 함으로써 남의 신하 된 자가 감히 함부로 권력을 행사하지[專權] 않는다는 것을 간접적으로라도 보여주는 것[風=諷]이 진실로 좋지 않겠는가?"

군리들은 모두 좋다고 했다. 드디어 건을 가두어 행재소(行在所-천자의 임시 거처)로 보냈다.

이 해에 곽거병(霍去病)은 비로소 후(侯)가 됐다.

곽거병은 대장군 청의 누이 소아(少兒)의 아들이다. 그 아버지 곽중유(霍仲孺)가 예전에 소아와 사통해 거병을 낳았다. 위황후가 존귀해지자 소아는 다시 첨사 진장의 아내가 됐다. 거병(去病)은 황후의 누이의 아들이라 해 나이 18세에 시중(侍中)이 됐다. 말을 탄 채 활을 쏘는 데 뛰어나 두 차례나 대장군을 종군했다. 대장군은 조서를 받아 그에게 장사(壯士)를 주고 표요교위(剽姚校尉)[○ 사고(師古)가 말했다. "표요(票姚)는 강하고 빠른[勁疾] 모습을 뜻한다."]로 삼았는데 경무장한 용감한 기병 800명과 함께 대장군의 본대에서 수백 리나 떨어진 곳까지 진격해 전리품을 챙겼고 이때 참수하거나 사로잡은 적이 적정 수준보다 많았다[過當][○ 사고(師古)가 말했다. "이끌고 간 자기 병사보다 더 많은 수를 포로로 잡는 것을 과당(過當)이라고 한다. 또 일설에는 한나라 군대가 잃어버린 군사는 적고 죽이거나 붙잡은 흉노의 수가 많을 때 그것을 과당이라고 하기도 한다."]. 이에 상이 말했다.

"표요교위 거병이 목 베거나 사로잡은 적은 2,028급(級)인데 그중에는 (적의) 상국(相國), 당호(當戶)가 있으며, 선우의 친척으로 조부의 항렬에 해당하는 적약후(藉若侯) 산(産)의 목을 베고 선우의 계부 나고비(羅姑比)를 생포했으니 그의 전공은 두 차례나 전군에서 으뜸이다[冠軍]. 이에 2,500호를 갖고서 거병을 봉해 관군후(冠軍侯)로 삼는다. 상곡(上谷) 태수 학현(郝賢)은 네 차례나 대장군을 따라가 사로잡은 적이 1,300급이니 현을 봉해 종리후(終利侯)로 삼는다. 기사 맹이(孟已)는 전공을 세웠으니 관내후의 작위를 내려주고 식읍은 200호로 하라."

이 해에 두 장군을 잃었고 흡후가 (흉노로) 도망쳤으며 전공이 많지 않았기 때문에 청은 익봉을 받지 못했다. 소건이 경사에 도착하자 상은 그를 주벌하지 않은 채 속죄금을 내게 하고 서인으로 삼았다. 청에게는 1,000금을 내려주었다. 이때 왕부인(王夫人)이 마침 천자의 총애를 받고 있어 영승(甯乘)[○ 사고(師古)가 말했다. "『사기(史記)』에는 영승이 제(齊)나라 사람이라고 했다."]이 대장군을 설득해 말했다.

"장군께서 공로가 아주 많지도 않은데 본인은 1만 호의 식읍을 하사받고 세 아들 모두 후(侯)가 된 까닭은 황후 때문입니다. (그런데) 지금은 왕부인이 총애를 받고 있으나 그 일족들은 아직 부귀를 누리지 못하고 있으니, 바라건대 장군께서는 하사받은 1,000금을 받들어 왕부인의 어머니[親=母]의 축수(祝壽)에 내놓으십시오."

청은 500금을 왕부인의 어머니 축수를 위해 바쳤다. 상이 이를 듣고서 청에게 묻자 청은 있는 그대로 대답했다[實對]. 상은 이에 영승을 제배해 동해(東海)도위로 삼았다.

교위 장건(張騫)이 대장군을 따르게 된 것은 일찍이 대하(大夏)에 사신으로 가 오랫동안 흉노에게 억류됐던 경험이 있었기 때문으로 그는 군대를 인도하면서 좋은 물과 풀이 있는 곳을 잘 알아 군대(의 군사와 말들)는 기갈을 면할 수가 있었고 게다가 앞서 먼 나라[絶國]에 사신으로 갔던 공로가 있었기에 건을 제배해 박망후(博望侯)로 삼았다.

거병은 후(侯)가 되고 3년이 지난 원수(元狩) 2년 봄에 표기장군(驃騎將軍)이 돼 기병 1만을 이끌고 농서(隴西)에서 출진해 공이 있었다. 상이 말했다.

"표기장군은 융사들을 이끌고 오려(烏盭)〔○ 사고(師古)가 말했다. "려(盭)는 려(戾)의 옛 글자다. 오려는 산 이름이다."〕를 넘어[隃=踰] (흉노의) 속복(遬濮) 부락을 토벌하고 호노수(狐奴水)를 건너 다섯 개의 왕국을 지나며 항거하는 자는 주살하고 항복하는 자는 용서하며 오직 선우의 아들만 잡으려 했다. 6일 동안 연이어 전투를 하며 언지산(焉支山) 1,000여 리를 넘었고 흰 칼날을 부딪혀가며 고란산(皋蘭山) 아래에서 혈전 끝에 적을 무찔러[鏖] 절란왕(折蘭王)을 죽이고 노후왕(盧侯王)을 목 벴으며 정예의 강병들을 주살하고 한 명도 빠짐없이 모두 포로로 잡았고 혼야왕(渾邪王)의 아들과 상국, 도위를 비롯해 8,960급을 목 베거나 사로잡았으며 휴도왕(休屠王)이 하늘에 제사 지낼 때 쓰는 금인(金人)을 거두어왔고 적의 병력의 10분의 7을 없애버렸기에 거병에게 2,200호를 익봉한다."

그 여름에 거병은 합기후 공손오와 함께 북지(北地)에서 출진해 서로 다른 길로 갔다. 박망후 장건, 낭중령 이광은 함께 우북평에서 출진해 서로 다른 길로 갔다. 광(廣)은 기병 4,000을 이끌고 먼저 갔고 건(騫)은 기병 1만을 이끌고 뒤따랐다. 흉노 좌현왕(左賢王)이 기병 수만을 이끌고 광의 부대를 포위하자 광은 이틀 동안 전투를 벌여 전사자가 절반을 넘었으나 사살한 적군은 그보다 훨씬 많았다[過當]. 건의 부대가 도착하자 흉노는 병사들을 이끌고 물러갔다. 건은 행군이 지체된 죄[行留]에 걸려 그 죄가 참수에 해당했으나 속죄금을 내고 서인이 됐다. 한편 거병은 북지에서 출진해 드디어 적진 깊숙이 들어갔는데 합기후가 길을 잃어 합류하지 못했다. 거병이 기련산(祁連山)에 이르기까지 목을 베거나 포로로 잡은 자가 대단히 많았다. 상이 말했다.

"표기장군은 균기수(鈞耆水)를 건너고 거연수(居延水)를 넘어 드디어 소월지국(小月氏國)에 이르러[臻=至] 기련산(의 흉노)을 공격해 (흉노의 땅) 역득(㠯得)에 무위를 떨쳤고 선우 선환(單桓)과 추도왕(酋涂王), 그리고 상국과 도위의 병사 중 투항한 자 2,500명을 사로잡았으니 능히 공을 이루고서야 그쳤다고 말할 수 있을 것이다. 목 베거나 사로잡은 자가 모두 3만 200명이고 다섯 왕과 그들의 어미, 선우의 연지(閼氏-부인)와 왕자 59명, 상국, 장군, 당호, 도위 63명을 사로잡았고 적의 병력의 10분의 3을 없애버렸기에 거병에게 5,400호를 익봉한다.

거병을 따라 소월지국까지 진격했던 교위에게는 좌서장(左庶長-제10작)의 작위를 내려준다. 응격사마(鷹擊司馬) 파노(破奴-조파노)는 두 차례에 걸쳐 표기장군을 따라가 속복왕(遫濮王)의 목을 베고 참수하고 계차왕(稽且王)을 생포했으며 그의 우천기장(右千騎將)은 왕과 왕의 어미 각각 한 명, 왕자 이하 41명을 붙잡아 포로가 3,330명이고 그의 선봉부대가 1,400

명을 사로잡았기에 파노를 봉해 종표후(從票侯)로 삼는다. (흉노의 구왕(句王)이었던) 교위 고불식(高不識)은 표기장군을 따라가 호우기왕(呼于耆王)과 왕자 이하 11명을 붙잡고 1,768명을 포로로 잡았기에 불식을 봉해 의관후(宜冠侯)로 삼는다. 교위 복다(僕多)〔○ 사고(師古)가 말했다. "「공신후표」에는 복명(僕明)으로 돼 있는데 여기서는 다(多)로 돼 있으니 옮겨 쓰는 이가 잘못한 것이다."〕도 전공이 있으니 봉해 휘거후(輝渠侯)로 삼는다."

합기후 오는 행군이 지체돼 표기장군과 약속한 시간에 도착하지 못한 죄로 참수형을 받아야 했으나 속죄금을 내고 서인이 됐다. 여러 노련한 장수[宿將=舊將]들이 거느리는 병마(兵馬)들도 표기장군만은 못했다. 거병이 거느린 병사들은 항상 엄선한 병사들이기도 했지만 병사들이 적진에 감히 깊숙이 들어갈 때에는 그 자신도 항상 용맹한 기병들과 함께 본대의 선봉에 섰고 그의 부대 역시 천운이 있어 일찍이 한 번도 곤경이나 고립에 빠진 적이 없었다. 그런데 여러 노련한 장수들은 늘 진격 속도가 지체돼 전공을 세울 기회를 만나지 못했다[不耦=不遇]. 이로 인해 거병은 나날이 총애를 받아 귀한 신분이 됐고 대장군과 어깨를 나란히 했다[比=比肩].

그 후에 선우는 혼야왕이 서쪽에 머물면서 여러 차례 한나라에 격파당해 표기의 군대에 의해 수만 명을 잃은 것에 격분해 혼야왕을 불러 주살하려고 했다. 이에 혼야왕은 휴도왕 등과 함께 한나라에 투항하기로 모의하고 우선 사람을 먼저 변경으로 보내 이를 통보했다. 이때 대행(大行) 이식이 황하 가에 성을 축조하고 있었는데 혼야왕의 사자를 만나보고는 그 즉시 파발마를 보내 조정에 보고했다. 상은 그들이 거짓으로 투항해 변경을 습격하려는 것이 아닌가 걱정해 이에 거병에게 군사를 거느리고 가서 그들을 맞이하라고 명했다. 거병이 황하를 건너자 혼야왕의 무리들과 서로 마주쳤다. 혼야의 비장들은 한나라 군사를 보자 대부분 투항하지 않으려고 해 뿔뿔이 숨거나 도망치는 자들이 제법 많았다. 거병은 이에 말을 달려 들어가 혼야왕을 만나보고는 도망치려는 자 8,000명의 목을 베고 드디어 혼야왕 혼자만 파발마에 태워 먼저 행재소로 보내고 혼야왕을 따라 왔던 자들을 다 인솔해 황하를 건넜는데 항복한 자는 수만 명이었으나 통칭해서 10만이라고 했다.

이윽고 혼야왕의 무리가 장안(長安)에 도착하자 천자는 수십 거만(鉅萬)을 상금으로 내려주었다. 혼야왕은 1만 호를 봉해주고 탑음후(漯陰侯)로 삼았다. 그의 비왕(裨王) 호독니(呼毒尼)를 하마후(下摩侯), 응비(鷹庇)를 휘거후(煇渠侯), 금려(禽黎)를 하기후(河綦侯), 대당호(大當戶) 조수(調雖)를 상락후(常樂侯)에 봉했다. 이에 상은 거병의 공로를 가상히 여겨 이렇게 말했다.

"표기장군 거병이 군사를 이끌고 흉노를 정벌해 흉노 서부 지역 왕인 혼야왕과 그 휘하의 많은 병졸들로 하여금 서로 이끌어 투항하게 했고, 적의 군량으로 그들을 먹였으며, 궁수(弓手) 1만여 명을 거느리고 투항을 거부하는 거칠고 사나운 흉노의 군사 8,000여 명을 주살했고, 다른 오랑캐 나라 왕 33명을 항복시켰다. 아군은 부상을 당하지도 않았고 10만의 흉노 무리를 모두 다 모아서 항복시켰다. 빈번하게 출병한 노고로 말미암아 우리의 군사력이 황하 유역의 요새에까지 이르게 돼 근심은 거의 없어졌다. 1,700호를 가지고 표기장군을 익봉하라. 농서, 북지, 상군의 수자리 병력을 반으로 줄이고 천하 백성들의 요역을 덜어주도록 하라[寬]."
관

그러고 나서 투항한 무리를 변경 지방의 다섯 군(郡), 즉 예전의 새외(塞外) 지역에 나누어 살게 하니 그들은 모두 하남 일대에 살면서 자신들의 풍습을 유지한 채 한나라의 속국이 됐다. 그 이듬해 흉노가 우북평(右北平)과 정양(定襄)에 쳐들어와 한나라 사람 1,000여 명을 죽이거나 재산을 빼앗아갔다[殺略=殺掠].
살략 살략

그 이듬해 천자는 여러 장수들과 상의해 말했다.

"흡후(翕侯) 조신(趙信)이 선우(單于)를 위한 계책을 세우고 있는데 그 자는 늘 한나라 군대가 사막을 건너게 되면[度幕] 잠시도 머물기가 어렵다고 여긴다. 이럴 때 대규모로 군대를 발동한다면 그 형세로 보아 반드시 얻고자 하는 바를 이룰 것이다."
도막

이 해는 원수(元狩) 4년이었다. 그 해 봄에 상이 영을 내려 대장군 청과 표기장군 거병으로 하여금 각각 5만 기병을 이끌게 하고 보병과 군수품 운반 인원 수십만 명이 그 뒤를 따르게 했다. 그리고 과감하게 힘써 싸우며 적진 깊숙이 들어갈 병사들은 모두 표기 밑에 소속시켰다. 표기는 처음에 정양(定襄)에서 나아가 선우와 맞서려 했으나 포로가 선우는 동쪽으로 갔다고 말하니 이에 천자는 다시 영을 내려 표기를 대군(代郡)에서 나아가게 했고 대장군을 정양(定襄)에서 나아가도록 했다.

낭중령(郎中令-이광(李廣))을 전장군(前將軍), 태복(太僕-공손하(公孫賀))을 좌장군, 주작도위(主爵都尉) 조이기(趙食其)를 우장군, 평양후(平陽侯) 양(襄-조양(曹襄))을 후장군으로 삼아 모두 대장군(大將軍)에 소속시켰다. 병사들이 곧바로 사막을 건너니 사람과 말의 수효는 모두 5만 기였으며 표기장군 등과 함께 모두 흉노의 선우를 쳤다. 조신(趙信)은 선우에게 계책을 말하기를 "한나라 군대는 사막을 건너왔으니 병사와 말이 지쳤을 것입니다. 흉노는 가만히 앉아서 포로들을 거둬들이기만 하면 될 것입니다"라고 했다. 그래서 (선우는) 흉노의 군수물자를 전부 멀리 북쪽으로 옮기고 모두 정예병사만으로 사막의 북쪽에서 기다리고 있다가 때마침 대장군의 군대와 마주쳤다. (대장군의) 군대는 요새에서 1,000여 리를 나와서야 선우의 군대가 진을 친 채 기다리고 있는 것을 발견했다.

이에 대장군은 영을 내려 무강거(武剛車)[3]를 군영의 주변에 둥글게 포진시켜놓은 다음 5,000기병을 내보내 가서 흉노와 대적하게 했다. 흉노도 1만 기병을 내놓았다. 마침 해가 점점 저물어가고 큰 바람이 일어나 모래와 자갈이 얼굴에 몰아치자 양쪽 군사들은 서로를 볼 수가 없었다. 한나라는 좌우의 날개를 더욱더 벌려 선우를 둘러쌌다[繞]. 선우가 보니 한나라의 병력이 많고 병사나 군마가 막강해 싸워도 흉노가 불리했다. 땅거미가 질 무렵 선우는 드디어 노새 6마리가 이끄는 전차[六騾]에 올라 용감한 기병 수백 명만 데리고 곧장 한나라의 포위를 뚫고 서북쪽으로 내달렸다. 때는 이미 어두웠으므로 한나라와 흉노는 서로 뒤엉켜 싸우는[紛挐=紛拏] 바람에 양쪽의 사상자는 대개 비슷했다. 한나라 군대 좌익 교위[左校]가 잡은 포로가 말하기를 "선우는 해가 지기 전에 달아났다"라고 하므로 한나라 군대는 곧바로 날랜 기병[輕騎]을 보내 선우를 뒤쫓았고 대장군의 군대도 함께 그 뒤를 따랐다. 흉노의 병사들도 흩어져 달아났다. 동틀 무렵까지 200여 리나 쫓아갔으나 선우를 잡지 못했다. 하지만 자못 목을 베거

---

3   뚜껑이 있어서 몸을 보호할 수 있는 전쟁용 수레다.

나 포로로 잡은 자가 1만여 명이나 됐다. 드디어 전안산(寘顔山)의 조신성(趙信城)에 이르러 흉노가 쌓아둔 식량을 찾아내 한나라 병사들을 먹였다. 군대는 하루를 머문 뒤에 돌아왔는데 (그에 앞서) 조신성에 남아 있던 곡식은 모두 다 불태워버렸다.

청이 선우와 교전하고 있을 때 전장군 광과 우장군 이기의 군사는 따로 동쪽 길을 따라갔는데 길을 잃고 헤맸다. 대장군이 군대를 이끌고 되돌려 사막 남쪽을 지났을 때에야 마침내 서로 만났다. 청은 사자를 보내 전투 결과를 조정에 보고하려고 해 장사(長史)로 하여금 문서에 입각해 광을 심문하게 하자 광은 자살했다. 이기는 속죄금을 내고 서인이 됐다. 청의 군대가 요새에 들어와 전공을 살펴보니 목을 베거나 사로잡은 흉노의 군사가 1만 9,000급이었다.

이때 흉노의 무리들은 10여 일 동안 선우의 행방을 알지 못해 우녹려왕(右谷蠡王)〔○ 사고(師古)가 말했다. "谷은 발음이 (곡이 아니라) 녹(鹿)이다."〕은 스스로를 세워 선우가 됐다. 뒤에 원래의 선우가 되돌아오자 우왕은 선우의 칭호를 버렸다.

거병이 거느린 기병과 병거와 치중(輜重-군수 부대)은 대장군의 군대와 대등했지만 비장은 없었다. 그래서 이감(李敢) 등을 대교(大校)로 삼아 비장의 역할을 하게 하고 대군(代郡)과 우북평에서 출진해 2,000여 리를 나아가 흉노의 좌왕의 군대와 전투를 벌였는데 이때 목 베거나 사로잡은 숫자가 이미 대장군보다 많았다. 모두 장안으로 돌아오자 상이 말했다.

"표기장군 거병은 군사를 거느리고 포로로 잡은 훈윤(葷允-흉노의 일파)의 병사들을 친히 이끌고서 장비와 군수품을 최대한 가볍게 한 채 광대한 사막을 횡단하고[絶=橫] 강을 건너 선우의 (근신인) 장거(章渠)를 사로잡고, (흉노의 왕) 비거기(比車耆)를 주살했으며, 다시 방향을 돌려 좌대장(左大將) 쌍(雙)을 쳐서 그의 군기와 전고(戰鼓)를 빼앗았고, 이어 이후산(離侯山)을 넘고 궁려수(弓閭水)를 건너 둔두왕(屯頭王), 한왕(韓王) 등 3명과 장군, 상국, 당호, 도위 등 83명을 사로잡았으며, 또한 낭거서산(狼居胥山)에서 하늘에 제사를 지내고[封] 고연산(姑衍山)에서 땅에 제사를 지냈으며[禪], 한해(翰海) 부근의 산에 올라 포로를 심문하니 사로잡은 흉노의 무리가 7만 443명으로 적의 병력 10분의 3을 줄였고, 적군에게서 식량을 조달해 아주 먼 곳까지 행군하면서도 군량이 떨어지지 않았다. 이에 표기장군에게 5,800호를 익봉한다.

우북평(右北平) 태수 노박덕(路博德)은 표기장군에게 배속돼 흥성(興城)에서 합류했는데 만날 시기를 놓치지 않았고 그를 따라 주여산(檮余山)〔○ 사고(師古)가 말했다. "檮의 발음은 (도가 아니라) 주(籌)다."〕에 이르러 2,800명을 목 베거나 사로잡았으니 박덕을 봉해 비리후(邳離侯)[4]로 삼는다. 북지(北地) 도위 위산(衛山)은 표기장군을 따라가 (흉노의) 왕을 사로잡았으니 산을 봉해 의양후(義陽侯)로 삼는다. 원래 흉노 사람으로 한나라에 귀의한 후(侯)인 인순왕(因淳王) 복육지(復陸支)와 누전왕(樓剸王) 이즉간(伊卽軒)은 모두 표기장군을 따라가 전공을 세웠으니 복육지를 봉해 두후(杜侯)로 삼고 이즉간을 봉해 중리후(衆利侯)로 삼는다. 종표후 파노와 창무후(昌武侯) 안계(安稽)도 표기를 따라가 전공을 세웠으니 각각 300호

---

4 『사기(史記)』에는 부리후(符離侯)로 돼 있다.

씩를 익봉하라. 어양(漁陽) 태수 해(解), 교위 감(敢)은 둘 다 군기와 전고를 빼앗았으니 관내후의 작위를 내려주고 해에게는 300호, 감에게는 200호의 식읍을 내려주라. 교위 자위(自爲)에게는 작위를 내려 대서장(大庶長)으로 삼는다."

(거병 휘하의) 군리와 병사들 중에는 관직을 얻고 상사(賞賜)로 받은 것이 너무나도 많았다. 반면에 (대장군) 청은 익봉되지 못했고 군리와 병사들 중에도 봉작을 받은 사람이 아무도 없었다. 오직 서하태수 상혜, 운중태수 수성(遂成)만이 상을 받았는데 수성의 작질은 제후의 상국이었고 식읍 200호와 황금 100근을 받았으며 혜는 관내후의 작위를 받았다.

(청과 거병의) 두 군대가 요새를 나설 때 관마(官馬) 및 사마(私馬)를 점검해보니 14만 필이었는데 뒤에 요새로 돌아온 말은 3만 필을 넘지 못했다[不滿=不過]. 이에 대사마(大司馬)의 자리를 두어 대장군과 표기장군 모두 대사마로 삼았다〔○ 진작(晉灼)이 말했다. "둘 다 대사마 직을 더해주었다는 것은 표기장군 거병과 대장군 청을 대등하게 만들려고 한 것일 뿐이다."〕. 그리고 법령을 정해 표기장군의 품계와 봉록[秩祿]을 대장군과 똑같게 만들었다. 이때 이후로 청은 날로 쇠퇴하고 거병은 날로 더 존귀해졌다. 청의 오랜 친구들이나 문하 사람들 중에 대장군을 떠나 표기장군을 섬겨 그 즉시[輒] 관작을 얻는 이들이 많았는데 오직 임안(任安)〔○ 사고(師古)가 말했다. "안은 형양(滎陽) 사람이며 뒤에 익주(益州) 자사가 됐는데 이 사람이 바로 사마천과 편지를 주고받았던 장본인이다."〕만은 그렇게 하지 않았다.

거병은 사람됨이 말수가 적고 들은 것을 남에게 전하지 않았으며[少言

不泄] 기개가 있어 (필요할 때는) 과감하게 나아갔다. 상이 일찍이 그에게 오기(吳起)와 손무(孫武)[吳孫]의 병법을 가르치려고 하자 표기장군은 이렇게 대답했다.

"방략이 어떠한지를 돌아볼 뿐 옛날의 병법을 배울 것까지는 없습니다."

상이 그를 위한 저택을 짓게 하고서 그에게 가서 보라고 하자 이렇게 말했다.

"흉노가 아직 멸망하지 않았기에 저택을 꾸밀 필요가 없습니다."

이 때문에 천자는 그를 더욱 총애하고 중히 여겼다. 그러나 젊어서 시중(侍中)을 지낸 데다가 신분이 높아지자 사병들을 살필 줄을 몰랐다. 그가 종군할 때에 상은 그를 위해 태관(太官)을 시켜 수십 대 수레 분의 음식물을 보내주었으나 이미 돌아온 후에 보니 물품 수레에는 버려지고 남은 양식과 고기가 있는데도 사병들 중에는 굶주린 자가 있었다. 그가 변경의 요새 밖에 있을 때 식량이 떨어져 어떤 사졸은 허기로 일어나 움직일 수 없는 지경임에도 거병은 오히려 구역을 표시해두고 공차기에 몰두했다. (그에게는) 이와 같은 일이 다반사였다. (반면에) 청은 사람됨이 어질어서 스스로를 낮춰 선량하고 겸허했으나 직접 상에게 아첨할 줄은 몰랐다. 그러나 세상 사람들은 아직 그를 칭송하지 않았다.

거병은 원수(元狩) 4년에 출정하기 시작해 원수 6년에 훙했다. 상은 그를 애도해 변경 속국의 현갑군(玄甲軍)을 동원해 장안에서 무릉(茂陵-훗날 무제의 릉)까지 도열시켜 장례 행렬을 보냈고 그를 위해 기련산을 본뜬 분묘를 만들도록 했다.

시호법에서 무용(武勇)을 뜻하는 경(景) 자와 영토를 넓혔다는 뜻의 환

(桓) 자를 합쳐 경환후(景桓侯)라는 시호를 내렸다. 아들 선(嬗)이 이어받았다. 선의 자(字)는 자후(子侯)로 상이 그를 아껴 장성하면 그를 장군으로 삼으려 했다. 봉거도위가 돼 상을 따라 태산에 봉하는 행사를 시종하던 도중에 훙했다. 아들이 없어 봉국을 없앴다.

거병이 병사한 후에 청(靑)의 장남 의춘후 항(伉)이 법에 걸려 후의 작위를 잃었다[失侯]. 5년 뒤에 항의 두 동생 음안후(陰安侯) 불의(不疑)와 발간후(發干侯) 등(登)이 모두 주금(酎金)의 법에 걸려 작위를 잃었다. 2년 후에는 관군후의 봉국도 끊어졌다. 4년 후인 원봉(元封) 5년에 청이 훙하자 시호를 내려 열후(烈侯)라고 했다. 장남 항이 뒤를 이어 6년 만에 법에 걸려 작위를 빼앗겼다.

청이 선우를 포위하고서 14년 만에 졸(卒)했는데 (그 후에) 끝내 흉노를 다시 치지 않은 것은 한나라의 말이 적은 데다 그때 마침 남쪽으로는 동월(東越)과 남월(南越)을 주벌하고 동쪽으로는 조선(朝鮮)을 정벌했으며 (서쪽으로는) 강족(羌族) 및 서남의 오랑캐[西南夷]를 치느라고 오랫동안 흉노를 정벌할 여력이 없었기 때문이다.

애초에 청이 이미 존귀했을 때 평양후(平陽侯) 조수(曹壽)가 나쁜 병에 걸려 봉국으로 나아갔는데 이때 (아내인) 장공주가 물었다.

"열후들 중에 누가 뛰어난 인물인가요?"

주변에서 모두 대장군을 말했다[言=推薦]. 주(主-공주)는 웃으면서 말했다.

"그 사람은 우리 집에서 출신한 자로 늘 말을 타고 나를 시종했던 자인데 어찌 그럴 수 있겠느냐?"

주변에서 말했다.

"지금은 그 존귀함이 다른 사람들과 비할 바가 아닙니다."

이에 장공주는 황후에게 은근히 말씀을 드렸고[風白=諷白] 다시 황후가 그를 상에게 말하자 상은 마침내 청으로 하여금 평양주(平陽主)〔○ 여순(如淳)이 말했다. "원래는 양신(陽信)장공주인데 평양후에게 시집갔기 때문에 평양주(平陽主)라고 불렀던 것이다."〕와 혼인을 하게 했던 것이고 그래서 주와 합장하고 무덤을 만들면서 모양을 여산(廬山)처럼 만들었다.

대장군이 평양공주를 아내로 맞이했기에 장평후 위항이 대신 그의 작위를 물려받았다. 그러나 6년 뒤에 위항은 법에 저촉돼 작위를 상실하고 그의 봉국은 말소됐다.

총괄하자면[最=凡] 대장군 청은 모두 7번 출진해 흉노와 싸워 5만여 급의 목을 베거나 사로잡았다. 선우와 한 차례 교전을 벌여 하남 땅을 탈취해 삭방군을 설치했다. 두 차례 익봉돼 식읍은 모두 1만 6,300호였다. 그의 세 아들도 봉해져 후가 됐는데 각 후마다 1,300호로 이들 부자의 식읍을 모두 합하면[幷之] 2만 200호였다. 그의 비장과 교위들 중에서 후에 봉해진 자는 9명이고 특장(特將)〔○ 사고(師古)가 말했다. "홀로 장군이 돼 출정하는 장군을 말한다."〕이 된 자는 15명인데 이광(李廣), 장건(張騫), 공손하(公孫賀), 이채(李蔡), 조양(曹襄), 한열(韓說), 소건(蘇建)은 모두 별도로 자신의 전(傳)이 있다〔○ 사고(師古)가 말했다. "이들 7명은 별도로 그들의 전이 있고 나머지 8명은 아래에 열거돼 모두 15명이다."〕.

이식(李息)은 (북지(北地)의) 욱질(郁郅) 사람으로 경제(景帝)를 섬겼다.

무제(武帝)가 즉위한 지 8년이 됐을 때 재관(材官)장군이 돼 마읍(馬邑)에 주둔했다. 6년 후에 장군이 돼 대(代)에서 출진했고 3년 후에 장군이 돼 대장군을 따라 삭방에서 출진했는데 한 번도 군공이 없었다. 모두 세 차례 장군이 됐고 그 후에는 항상 대행(大行)의 관직을 맡았다. 공손오(公孫敖)는 의거(義渠) 사람으로 낭(郎)으로서 무제를 섬겼다. 무제(武帝)가 서고 12년이 되던 해에 기장군(騎將軍)이 돼 대군(代郡)에서 출진했다가 사졸 7,000명을 잃어 참형에 해당됐으나 속죄금을 물고 서인이 됐다. 5년 후에 교위로서 대장군을 종군해 (군공을 세워) 합기후(合騎侯)에 봉해졌다. 1년 후에 중장군(中將軍)으로서 대장군을 따라 정양에서 출진했으나 공로가 없었다. 2년 후에 장군으로서 북지(北地)에서 출진해 표기장군을 뒤따르기로 했다가 기일을 못 맞춰[失期] 참형에 해당됐으나 속죄금을 물고 서인이 됐다. 2년 후에 교위로서 대장군을 종군했으나 공로가 없었다. 14년 후에 인우장군(因杅將軍)으로서 수항성(受降城)을 쌓았다. 7년 후에 다시 인우장군으로서 재차 흉노를 치러 나가 (삭방의 북쪽에 있는) 여오수(余吾水)에 이르렀으나 많은 사졸들을 잃어 형리에게 넘겨져 참형의 판결을 받았으나 죽은 것처럼 거짓으로 꾸며[詐死] 도망쳐 5, 6년 동안 민간에 숨어 지냈다. 뒤에 발각돼 다시 구금됐다. 아내가 무고(巫蠱)를 저지른 죄에 연루돼 멸족됐다[族=族滅=族夷]. 모두 네 차례 장군이 됐다.

이조(李沮)는 운중(雲中) 사람으로 경제(景帝)를 섬겼다. 무제(武帝)가 서고 17년이 되던 해에 좌내사(左內史)로서 강노장군(彊弩將軍)이 됐다. 1년 후에 다시 강노장군이 됐다.

장차공(張次公)은 하동(河東) 사람이며 교위로서 대장군을 종군해 (전공을 세워) 안두후(岸頭侯)에 봉해졌다. 그 후에 왕태후(王太后)가 붕(崩)하자 장군이 돼 북군(北軍)에 소속됐다. 1년 후에 다시 대장군을 종군했다. 모두 두 차례 장군이 됐고 뒤에 법을 어겨 후의 작위를 상실했다.

조신(趙信)은 흉노의 상국으로 있다가 투항해 후(侯)가 됐다. 무제(武帝)가 서고 18년이 되던 해에 전(前)장군이 돼 선우와 싸워 패하자 흉노에 투항했다.

조이기(趙食其)는 대우(斄栩)〔○ 사고(師古)가 말했다. "풍익(馮翊)의 현이다."〕 사람이다. 무제(武帝)가 서고 18년이 되던 해에 주작도위(主爵都尉)로서 대장군을 종군해 적의 머리 660급을 베었다. 원수(元狩) 3년에 관내후의 작위와 황금 100근을 받았다. 이듬해 우장군이 돼 대장군을 종군해 정양에서 출전했는데 길을 잃고 헤매는 바람에 참형에 해당했으나 속죄금을 내고 서인이 됐다.

곽창(郭昌)은 운중(雲中) 사람으로 교위로서 대장군을 종군했다. 원봉(元封) 4년에 태중대부로서 발호(拔胡)장군이 돼 삭방에 주둔했다. 돌아와 곤명(昆明)을 쳤으나 공로가 없어 장군의 인장을 빼앗겼다.

순체(荀彘)는 태원(太原) 광무(廣武) 사람으로 어거(御車)를 잘 몰아 인정을 받아 시중(侍中)이 됐다. 뒤에 교위로서 여러 차례 대장군을 종군했다. 원봉 3년에 좌장군이 돼 조선(朝鮮)을 쳤으나 공로가 없었고 누선(樓船)장군(-양복(楊僕))을 (무단으로) 체포한 죄로 주살됐다.

총괄하자면 표기장군 거병은 모두 여섯 차례 출진해 흉노를 쳤고 그중 네 차례는 장군으로서 11만여 급을 목 베거나 사로잡았다. 수만에 달하는 혼야왕의 무리를 투항시켜 하서(河西), 주천(酒泉)의 땅을 열어 서쪽 흉노의 침입을 크게 줄였다. 네 차례 익봉돼 모두 1만 7,700호였다. 그의 교위와 군리들 중에서 공로가 있어 후가 된 자는 6명이며 장군이 된 자는 두 명이다.

노박덕(路博德)은 서하(西河) 평주(平州) 사람으로 우북평 태수로 있으면서 표기장군을 종군해 (전공을 세워) 비리후(邳離侯)에 봉해졌다. 표기가 죽은 후에 박덕(博德)은 위위(衛尉)로서 복파(伏波)장군이 돼 남월(南越)을 깨뜨리고 익봉됐다. 그 후에 법에 걸려 후의 작위를 잃었다. 강노도위(彊弩都尉)가 돼 거연(居延)에 주둔하던 중 졸(卒)했다.

조파노(趙破奴)는 태원(太原) 사람이다. 일찍이 도망쳐 흉노로 들어갔다가 얼마 안 가서[已而] 한나라로 돌아와 표기장군의 사마(司馬)가 됐다. 북지에서 출진해 (공로를 세워) 종표후(從票侯)에 봉해졌다가 주금(酎金)을 어긴 죄에 연루돼 후의 작위를 잃었다. 1년 후에 흉하(匈河)장군이 돼 오랑캐를 쳐서 흉하수(匈河水)까지 이르렀으나 전공이 없었다. 1년 후에 누란왕(樓蘭王)을 쳐서 사로잡아 뒤에 착야후(浞野侯)에 봉해졌다. 6년 후에 준계(浚稽)장군으로서 2만 기병을 거느리고 흉노의 좌왕(左王)을 쳤다. 좌왕이 그를 맞아 8만 군사로 파노를 포위해 파노는 오랑캐에게 붙잡혔고 드디어 그의 군대를 전멸시켰다. 흉노 속에서 10년 동안 지내다가 다시 흉노의 태자 안국(安國)이 도망칠 때 함께 한나라로 들어왔다. 후에 무고(巫蠱)의 죄에 연루돼 멸족됐다.

위씨(衛氏)가 크게 일어난 이래 대장군 청이 처음으로 봉해졌고 그후에 그 집안[支屬]에서 5명이 후가 됐다. (그러나) 모두 24년 동안 5명의 후가 모두 봉국을 빼앗겼다. 정화(征和) 연간 중에 여(戾)태자가 패망할 때 위씨도 결국 멸망했다. 그리고 곽거병의 동생 광(光)은 존귀하고 성대하게 돼 별도로 전(傳)이 있다.

찬(贊)하여 말했다.
"소건(蘇建)은 일찍이 청(青-위청)을 설득해 이렇게 말했다.
'대장군(大將軍)께서는 지극히 존귀하고 무거운 지위에 있지만 천하의 뛰어난 선비나 대부들 중에 대장군을 칭송하는 자가 없으니 바라건대 장군께서는 옛날의 명장들이 뛰어난 이들을 골라 초빙한 일을 살펴보시어 그렇게 하기를 힘쓰십시오.'
청은 사절하며 말했다.
'이전에 위기(魏其-두영)와 무안(武安-전분)이 빈객들을 (불러 모아) 두텁게 대하니 천자께서 항상 그것에 대해 절치부심하셨소. 그처럼 사대부들을 가까이해 대우하고[親待] 뛰어난 이를 부르고 불초한 자들을 물리치는 것[招賢黜不肖]은 다른 사람의 주군 된 자[人主]가 쥐어야 할 칼자루[柄]요, 다른 사람의 신하 된 자[人臣]는 법을 받들어 직무에 충실하면 그만일 뿐 무엇 하러 선비들을 초빙하려 한다는 것이오!'
표기 또한 이러한 대장군의 뜻과 비슷했으니[方=比類] 장군으로서 그들의 사람됨이 이와 같았다."

권
◆
56

동중서전
董仲舒傳

동중서(董仲舒)는 광천(廣川) 사람이다. 젊어서 『춘추(春秋)』를 배워 익혔고[治] 효경(孝景) 때 박사가 됐다. 그는 (얼굴을 볼 수 없도록) 휘장[帷]을 내리고서 강론하고 암송했기 때문에 제자들은 학업에 참여한 순서에 따라 번갈아 배웠고 어떤 제자는 그의 얼굴을 한 번도 본 적이 없었다〔○ 사고(師古)가 말했다. "새로 배우게 되는 자들은 일단 고참 제자들에게 수업을 받아야 했기 때문에 모두가 반드시 중서의 얼굴을 보고 배운 것은 아니라는 말이다."〕. 대개 자기 집의 채소밭을 3년 동안 돌보지 않기도 했으니 공부에 대한 그의 열정이 이와 같았다. 벼슬길에 나아가거나 물러가는 일, 몸가짐과 행동거지[容止]는 예(禮)가 아니면 행하지를 않았기 때문에 배우는 선비들[學士]은 모두 다 스승으로서 그를 높였다. 무제(武帝)가 천자의 자리에 나아가 현량(賢良)과 문학(文學)의 선비를 들어 썼는데[擧] 그 수가 전후로 100여 명에 이르렀고 중서(仲舒)도 현량으로서 (천자의) 책

문(策問)에 답글을 했다[對策]. (천자가) 제(制)하여 말했다.[1]

"짐은 선제(先帝)의 지극히 존귀함[至尊]과 아름다운 다움[休德]을 이어받았다. 이 (지존의) 자리를 무궁하게 전하고, 이러한 다움을 무한히 펼치려고 하는데 맡은 바는 크고 져야 할 책임은 무겁다. 이 때문에 이른 아침부터 늦은 밤까지 편안히 쉴 겨를도 없이 온갖 나랏일의 기강을 세울 방법을 깊이깊이 생각했다. 그럼에도 불구하고 오히려 빠뜨린 것이 있을까 두렵다. 그래서 사방의 크고 뛰어난 인재를 널리 초빙하고자 각 군과 왕국, 제후들에게 현명하고 어질며 행실이 깨끗하고 학업을 폭넓게 닦은 선비를 공정하게 선발하라고 명했다. 그렇게 해 큰 도리의 요체[大道之要]가 무엇이고, 지극한 논의의 끝[至論之極]이 무엇인지를 듣고자 했다. 이제 그대 대부(大夫)들은 천거받은 선비들 중에서도 우두머리가 된 출중한 자들이다. 짐은 그대들을 매우 아름답게 여긴다. 그대 대부들은 정성을 기울여 깊이 생각하도록 하라! 짐이 귀를 기울이고 질문하겠다.

짐은 오제(五帝)와 삼왕(三王)의 도리에 대해서 들었다. 짐이 들은 바로는 제도를 바꾸고 음악을 제정하자 천하가 모두 화합했고, 모든 제왕이 그에 찬동했다고 한다. 순(舜)임금의 음악 가운데 소(韶-순임금이 제정한 음악)보다 위대한 것이 없었고, 주(周)나라 음악 가운데 작(勺-『시경(詩經)』「주송(周頌)」편에 실린 노래)보다 위대한 것이 없다고 한다. 빼어난 임금들[聖王]이 사라지자 종과 북, 피리와 현악기로 연주하는 음악이 미처 쇠잔

---

1 이 부분을 책문의 첫머리로 볼 수도 있다. 그럴 경우는 "제하여 말하노라"라고 옮기는 것이 좋을 것이다.

하기도 전에 큰 도리는 쇠약해져서 퇴락해버렸다. 점차 걸(桀)과 주(紂)의 행위가 등장해 임금다운 도리는 크게 붕괴하기에 이르렀다.

500년 사이에 법도를 잘 지키는 군주와 권력을 쥔 사대부 가운데 선왕의 법을 본받아서 자기가 처한 세상을 받들어 지탱하려는 자가 대단히 많아졌다. 그럼에도 불구하고 여전히 바른 도리[正道]로 되돌아가지 못한 채 날이 갈수록 기울고 무너져 후세의 왕들[後王]에 이르러서야 상황이 겨우 그쳤다. 그들이 붙잡아 지킨 것이 이치에 어긋나고 기강을 잃어서 그러한 것인가? 아니면 하늘이 이미 내린 명령을 다시 돌이키기가 불가능해 세상을 크게 쇠퇴한 상태로 몰아넣은 뒤에야 그친 것인가? 오호라! 하는 일마다 초조해하며 아침 일찍 일어나고 밤늦게 자면서 상고(上古)시대를 본받고자 힘쓴다고 해도 아무런 도움이 되지 않는단 말인가?

하(夏)·은(殷)·주(周) 삼대(三代)의 제왕이 천명(天命)을 받았다고 하는데 그것을 입증할 증거가 어디에 있는가? 천재지변은 무슨 이유로 일어나는가? 사람의 본성과 운명[性命]의 실상을 살펴보면 어떤 자는 요절하고 어떤 자는 장수하며 어떤 자는 어질고 어떤 자는 비루하다. 그들을 부르는 말은 익히 들어왔으나 그 이치는 명확하게 알지 못한다. 은덕이 사방에 퍼져 명령이 아래에서 잘 시행되고, 형벌이 가벼워도 간악한 자들이 행동을 고치며, 백성들이 화합해 즐거움을 누리고 정사는 밝게 펼쳐지기를 바란다. 도대체 어떠한 덕망을 닦고 어떠한 시책을 정비해야 하늘에서 감로(甘露)가 내려오고 온갖 곡식이 잘 익으며, 은혜가 사해를 기름지게 하고 덕택이 초목까지 미치게 할 것인가? 또 해, 달, 별 삼광(三光)이 온전하고, 추위와 더위가 순조로우며, 하늘이 내리는 복을 받고, 우리가 바치는 제물을 귀신이 잘 받아들여, 은택이 넘쳐흘러 세상 끝까지 뻗어나가고, 온갖 생령에까지 미치게 할 것인가?

그대 대부들은 옛 빼어난 이들의 치적을 훤히 알고, 풍속과 교화의 변천이나 (왕조 교체의) 자초지종을 익히 알며, 고매한 이치를 강론해 들은 지 오래일 터이니 짐에게 밝게 깨우쳐주기 바란다. 조목조목 조리 있게 나누어 이치를 설명하되 지나치게 번잡하게도 하지 말고, 지나치게 소략하게도 하지 말라! 경술(經術)에서 이치를 취해오고 내용의 출처를 신중하게 밝혀라! 부정하고 곧지 못하며 충성스럽지 못하고 공정하지 못해 맡은 책임을 어그러뜨리는 고관이 있으면, 다른 데 누설하지 말고 모두 글로 써라! 짐만이 그 글을 접할 것이므로 뒤에 있을지도 모를 탈은 걱정하지 말라! 그대 대부들은 온갖 정성을 다할 뿐 숨기지 말라! 짐이 친히 그대들의 글을 보겠노라!"

중서가 책문에 대답해 말했다.

"폐하께서 다움이 깊은 말씀[德音-황제나 임금의 말]²을 발하시어 밝은 조서를 내려 천명(天命)과 인정 및 본성[情性]을 구하셨는데 이것들은 다 어리석은 신이 능히 미칠 수 있는 바가 아닙니다. 신이 삼가 『춘추(春秋)』의 속을 파고들어 지난 세상에 이미 행해진 일들을 살펴봄으로써 하늘과 사람이 서로 관계하는 사이[際=間]를 들여다보니 깊이 두려웠습니다. 나라가 장차 도리를 잃어 실패하려 할 때에는 하늘이 때마침 먼저 재해

---

2 덕음(德音)이 종종 사용되는 표현이라 익숙하겠지만 아무런 내용을 드러내지 못해 조심스럽지만 이렇게 풀이해 옮겨보았다.

(災害)를 내려 그것을 꾸짖습니다. 그런데도 스스로 반성할 줄 모르면 다시 괴이(怪異)를 내려 그것을 경계시킵니다. 그런데도 바뀔 줄 모르면 마침내 나라는 해악을 당하다가 멸망하게 됩니다. 이렇게 볼 때 하늘의 마음은 (근본적으로는) 어질어서 임금을 사랑하고 그래서 그런 어지러움들을 그치게 해주고 싶어 합니다. 완전히 도리가 망해버린 세상이 아니라면 하늘은 온 힘을 다해 그 세상을 지탱시켜 유지해주려 하고 또 온전하게 안정시키려 하니, 일이 되느냐 안 되느냐는 힘써 애쓰는 것[強勉]에 달려 있을 뿐입니다. 힘써 애써가며 배우고 익힌다면[強勉學習] 견문은 넓어지고 지식도 점점 밝아질 것입니다. 힘써 애써가며 도리를 행한다면[強勉行道] 다움은 날로 일어나고 커져서 (결국은) 좋은 성과[功]가 있게 될 것입니다. 이것들은 모두 신속하게[還=速] 자기 것으로 만들 때 효험이 있게 됩니다. 『시경(詩經)』에 이르기를 '이른 아침부터 밤늦도록 풀어지지 말라[夙夜匪解]'[3]라고 했고, 『서경(書經)』에 이르기를 '힘쓰고 또 힘쓸지어다[茂哉茂哉]'[4]라고 했으니, 이는 다 힘써 애쓰라는 말입니다.[5]

    도리[道]라는 것은 다스림의 길[治之路]을 그대로 따라서 가는 것이니

---

3 「대아(大雅)」 '증민(烝民)' 편에 나오는 구절이다.

4 「우서(虞書)」 '고요모(皐陶謨)' 편에 나오는 구절이다. 원래는 무재(懋哉)인데 무재(茂哉)와 같은 뜻이다.

5 배움을 행하는[爲學] 도리는 힘써 행하는 것[力行]을 아는 데 이르는 것뿐이다. 힘써 애써가며 배우고 묻는 것[強勉學問]이 바로 앎에 이르는 것이다. 힘써 애써가며 도리를 행하는 것[強勉行道]이 힘써 행하는 것이다. 동중서의 이 말은 빼어나고 뛰어난 이[聖賢]들의 핵심적인 가르침[要指=要旨]이라 부를 만하다. 이것은 곧 『논어(論語)』의 첫 구절 '학이시습(學而時習)'에 대한 정확한 풀이이기도 하다.

어짊, 의로움, 예 갖춤, 음악[仁義禮樂]은 다 그 수단입니다. 그렇기 때문에 빼어난 임금[聖王]이 이미 세상을 떠났더라도 그 자손들은 길게 오랫동안 수백 년씩 안녕을 이어가는데 이는 다 예악(禮樂)으로 (백성들을) 가르치고 교화시킨 공로 때문입니다. 임금으로 있는 사람이 아직 음악을 짓지 못했을 때는 이에 선왕의 음악을 써서 세상을 아름답게 하니 그것이 백성들 사이에 깊이 파고들어 교화가 이루어지는 것입니다. 교화의 실상[情]이 제대로 이뤄지지 않으면 아송(雅頌)의 음악⁶도 이뤄지지 못하니 그 때문에 임금다운 임금은 공을 이루어 음악을 지어 자신의 다움을 즐기게 만듭니다.

음악[樂]이란 백성들의 풍속을 바꿔주는 것이며 백성들의 습속을 변화시켜줍니다. 이렇게 하면 백성들을 바꾸는 것은 쉽고 사람들의 변화된 모습이 훤히 드러나게 됩니다. 소리는 조화로움[和]에서 발하고 인정[情]에 바탕을 두며 피부에 닿아 뼛속에 감추어져 있기 때문입니다. 그래서 임금다운 도리[王道]가 비록 쇠해 무너진다 해도 피리와 현악기의 소리는 아직도 쇠미해지지 않은 것입니다. 무릇 순(舜)임금께서 (이미 돌아가셔서) 정사를 돌보지 않은 때가 아주 오래됐지만 음악을 연주하고 노래하던 유풍이 아직도 남아 있었기 때문에 공자께서는 제나라에 계실 때 소(韶)음악(-순임금의 음악)을 들으실 수 있었던 것입니다.⁷ 무릇 (제대로 된) 임금이

6　태평성대를 노래하는 음악을 가리킨다.

7　『논어(論語)』「술이(述而)」편에 이런 장면이 나온다. 공자가 제나라에 머물 때 소악(韶樂)을 듣고서는 석 달 동안 고기 맛을 보지 못했다. 공자는 말했다. "음악을 만든다는 것이 여기에까지 이를 줄은 미처 생각지 못했다."

라면 평안하게 나라를 보존하려 하지 않을 수가 없고 위태로움이나 멸망을 싫어하지 않을 수가 없습니다. 그런데도 정치가 어지럽고 나라가 위태로운 경우가 아주 많은 것은 일을 맡은 자가 적임자가 아니고 또 따르려 하는 바[所繇=所由]가 바른 도리가 아니기 때문입니다. 이렇기 때문에 정치는 날로 바뀌어 멸망에 이르게 되는 것입니다.

저 주나라의 임금다운 도리[周道]는 유왕(幽王)과 여왕(厲王) 때에 쇠퇴했는데, (그렇게 된 것은) 도리가 없었기 때문이 아니라 유왕과 여왕이 도리를 따라서 행하지[繇=從] 않았기 때문입니다. 선왕(宣王)에 이르러서야 옛 선왕의 다움을 그리워해 침체된 정사를 일으키고 피폐한 것들을 보완함으로써 문왕과 무왕의 공훈과 업적을 훤하게 밝히니 주나라의 왕도가 다시 찬란하게 일어날 수 있었고 시인은 이를 찬미해 시를 지었습니다. 이에 위에서 하늘이 주나라를 보우하시어 뛰어난 신하들을 태어나게 했으니 후세 사람들은 천왕을 칭송해 지금까지도 이어지고 있는 것입니다. 이는 이른 아침부터 밤늦도록 게으름을 피우지 않고 좋은 일들을 행한 결과입니다. 공자가 말하기를 '사람이 도리를 크게 하는 것이지 도리가 사람을 크게 하는 것이 아니다[人能弘道 非道弘人]'[8]라고 했습니다. 따라서 다스려짐과 어지러움[治亂], 망하고 흥하는 것[廢興]은 자신에게 달려 있는 것이니 하늘이 명을 내려준다고 해서 다시 돌이킬 수 있는 것은 아닙니다. (그렇기 때문에) 제왕이 잡아 쥐고 지키는 바가 도리에 어긋나고 잘못된 것이면 제왕의 법통[統]을 잃게 되는 것입니다.

---

8 『논어(論語)』「위령공(衛靈公)」 편에 나오는 구절이다.

신이 들건대 하늘이 어떤 사람을 크게 받들어 임금으로 만들 때는 반드시 사람의 힘으로는 이룰 수 없는 일이 저절로 나타나게 된다고 했는데 이것이 바로 (하늘로부터) 명을 받았다는 징표[符]입니다. 천하의 사람들이 같은 마음으로 그에게 돌아가 마치 부모에게 돌아가듯이 하기 때문에 하늘에서 내리는 상서로움이 (사람의) 열렬함[誠]에 감응해 이처럼 나타나게 되는 것입니다. 『서경(書經)』에 이르기를 '백어(白魚)가 대왕의 배에 들어오고 불이 일어 대왕의 지붕으로 돌아와[復=歸] 까마귀가 됐다〔○ 사고(師古)가 말했다. "이 문장은 「태서(泰誓)」편에 나오는 글인데 (무왕이) 주(紂)왕을 정벌할 때 이런 상서로움[瑞]이 있었다."〕'라고 했는데 (예컨대) 이것이 아마도 (하늘로부터) 명을 받았다는 징표일 것입니다. (이 조짐을 보고서) 주공은 '보답이로다[復哉]! 보답이로다〔○ 사고(師古)가 말했다. "주공은 이 상서로움을 보시고 즉시 이렇게 말했다. 복(復)은 보답[報]이다. 주나라의 다움이 번성했기 때문에 하늘이 이 상서로운 조짐을 통해 보답했다는 말이다. 이 말도 『서경(書經)』 「태서(泰誓)」편에 보인다."〕!'라고 했고, 공자는 '다움은 외롭지 않다[德不孤]. 반드시 그 이웃이 있다'[9]라고 했으니, 이것들은 다 좋은 일을 쌓고 다움을 거듭 베푼 효과입니다. (그런데) 후세에 이르러 방탕함과 안일함[淫佚]으로 인해 쇠퇴하고 미미해져서 (임금이) 뭇 백성들을 잘 통솔해 다스리지 못하니 배반한 제후들이 양민을 해치면서까지 토지를 다투고 다움에 의한 교화는 내팽개친 채 형벌을 제 마음대로 했습니다[任]. 형벌이 적중함을 잃으니[不中] 사특한 기운이 생

---

9 『논어(論語)』 「이인(里仁)」편에 나오는 구절이다.

겨나고 이런 기운이 아래에 쌓이니 위에는 원망과 증오가 쌓이게 됐습니다. 위아래가 서로 화합하지 못하니 음양이 뒤틀리고 요사스러운 재앙이 생겨났습니다. 이것이 바로 재이가 연이어 일어나게 된 까닭입니다.

신이 듣건대 명(命)이란 하늘이 내린 명령[令]이요, 본성[性]이란 살아 있는 것의 바탕[生之質]이요, 인정[情]이라는 것은 사람이 바라는 바[人之欲]라 했습니다. 어떤 사람은 일찍 죽고 어떤 사람은 오래 살고, 어떤 사람은 어질고 어떤 사람은 비루합니다. 하늘은 도공이 질그릇을 빚고 야금장이가 금속을 제련하듯이 사람을 만들어냈기 때문에 한 사람이 오로지 아름다울 수는 없습니다. 나라가 다스려지거나 어지러워지는 것도 여기서 비롯됩니다. 그래서 모든 사람이 다 같이 가지런할 수는 없습니다. 공자가 말하기를 '군자의 다움은 바람과 같고 소인의 다움은 풀과 같아서 풀 위로 바람이 불면 풀은 반드시 (바람 가는 방향으로) 휩쓸려 쓰러지게 마련이다'[10]라고 했습니다. 그래서 요임금과 순임금이 다움을 행하자 백성들은 어질어지고 오래 살았으며, 걸왕과 주왕이 폭정을 행하자 백성들은 비루해지고 일찍 죽었습니다. 무릇 윗사람이 아랫사람을 감화시키고 아랫사람이 윗사람을 따른 것을 비유하자면 질그릇을 만드는 녹로에 담겨 있는 진흙과 같아서 도공이 흙을 어떻게 주무르느냐에 달려 있고 거푸집에 들어 있는 쇳물과 같아서 야금장이가 어떻게 만들어내느냐에 달려 있습니다. '편안하게 해주면 이에 따라오고 고무시키면 이에 화답했다'[11]라고 한 (자

---

10 『논어(論語)』 「안연(顔淵)」 편에 나오는 구절이다.

11 『논어(論語)』 「자장(子張)」 편에 나오는 구절이다.

공의) 말은 바로 이것을 일컫는 것입니다.

신이 『춘추(春秋)』의 글 자체[文]에 주목해 조심스레 임금다운 도리의 실마리[王道之端]를 찾아보았더니 그것은 다름 아닌 바름[正]에 있다는 것을 알 수 있었습니다. 정(正)은 왕(王) 다음에 있었고 왕은 춘(春) 다음에 있었습니다.[12] 여기서 봄[春]이라는 것은 하늘이 행하는 바요, 바름이라는 것은 임금[王]이 행하는 바입니다. 따라서 그 뜻이란 위로는 하늘이 행하는 바를 받들어 잇고 아래로는 자신이 행하는 바를 바로잡음[正]으로써 임금다운 도리의 실마리[王道之端]를 바르게 한다는 것을 말하는 것일 뿐입니다. 그렇다면 임금다운 임금이 되려는 자[王者]가 뭔가 하고자 하는 바가 있다면 마땅히 하늘에서 그 실마리를 구해야 할 것입니다.

하늘의 도리[天道][13] 가운데 가장 큰 것은 음양(陰陽)입니다. 양은 다움[德]이고 음은 형벌[刑]입니다. 형벌은 죽임[殺]을 주관하고 다움은 살림[生]을 주관합니다. 이 때문에 양은 항상 한여름[大夏]에 거하면서 만물의 생장과 양육을 그 임무로 삼고 있으며, 음은 항상 한겨울[大冬]에 거하면서 아무것도 하지 않고 텅빈 상태를 지킬 뿐입니다. 이런 것을 볼 때 하늘은 다움의 힘을 빌려 활동할 뿐이요, 형벌의 힘을 빌려 움직이지 않는다는 것을 알 수 있습니다. 하늘은 음으로 하여금 아래에 잠입해 엎드려 있다가 때때로 나와서 양을 보좌하도록 했습니다. 따라서 양이 음의 도움을

---

12 공자가 『춘추(春秋)』를 지을 때 "은공원년 춘왕정월(隱公元年 春王正月)"이라고 썼다.

13 진덕수는 천리(天理)나 천도(天道)의 천(天)을 비유[喩]라고 본다. 옮긴이도 진덕수의 견해를 따른다. 다만, 내용상 하늘이 강조될 때는 하늘과도 같은 도리나 이치가 아니라 그냥 하늘의 도리, 하늘의 이치로 옮겼음을 밝혀둔다.

얻지 못하면 양 또한 혼자서는 한 해의 일을 완성할[成歲] 수 없습니다. 그럼에도 불구하고 끝내 양을 갖고서 1년의 처음을 이름 지은 것은 바로 하늘의 뜻[天意]입니다.

임금다운 임금이 되려는 자[王者]는 하늘의 뜻을 받들고 이어 정사를 행해야 합니다. 따라서 다움과 가르침[德敎]을 (자신의 일로) 떠맡을 뿐 형벌은 자신의 주된 일로 여기지 않습니다[不任]. 형벌이라는 것은 세상을 다스리는 것을 자신의 주된 일로 여기지 않으니 이는 마치 음이 한 해의 일을 완성하는 것을 자신의 주된 일로 여기지 않는 것과 같습니다. 정치를 하면서 형벌을 떠맡는다는 것은 하늘에 순종하지 않는 것이기 때문에 선왕들께서는 이런 일을 하지 않으려 하셨던 것입니다. (그런데 폐하께서는) 지금 선왕들께서 만들어놓은, 다움과 가르침을 맡는 관직은 폐기해 쓰지 않으시고 형벌을 담당하는 관리들만을 임용해 백성들을 다스리고 있으시니 이것이 혹시라도 형벌의 힘을 빌려 나라를 다스리는 뜻이 아니겠습니까? 공자가 말하기를 '백성을 가르치지 않고서 죽게 만드는 것을 일러 학정[虐]이라 한다'[14]라고 했는데 학정이 아래 백성들에게 쓰이고 있는데도 다움과 가르침이 온 나라에 널리 퍼지기를 바라시니 이는 이루어지기 어려운 일입니다.

신이 『춘추(春秋)』에서 (즉위 첫 해를) 1년(一年)이라 하지 않고 원년(元年)이라고 한 것의 뜻을 조심스레 생각해보았습니다. 1(一)이라는 것은 거기서부터 만물이 시작되는 처음[始]이요, 원(元)이라는 것은 말 그대로 크

---

14 『논어(論語)』 「요왈(堯曰)」 편에 나오는 구절이다.

다[大]는 것입니다. 1(一)을 굳이 원(元)이라고 한 것은 크게 시작하는 것[大始]을 보여주어 근본을 바로잡고자[正根] 한 것입니다.『춘추(春秋)』에서 그 근본이 무엇인지를 깊이 찾아보니 자기 자신의 귀한 곳[自貴]으로 돌아가는 것에서 시작하고 있었습니다.

따라서 임금다운 임금이 되려는 자는 마음을 바로잡음으로써 조정을 바로잡고 조정을 바로잡음으로써 조정 백관을 바로잡고 조정 백관을 바로잡음으로써 만백성을 바로잡고 만백성을 바로잡음으로써 천지사방을 바로잡는다고 했습니다. 천지사방이 바로잡히면 멀고 가까운 모든 것이 감히 단 하나라도 바로잡는 데서 벗어나지 못하니 사사로운 기운이 그 사이를 이간질하는 것[奸=犯]이 불가능합니다 이로써 음양이 조화를 이루고 바람과 비가 때에 맞춰 불고 내려 모든 생물들을 조화롭게 살려내니, 만백성이 불어나게 되며 오곡이 잘 익어 초목이 무성하게 자라며 하늘과 땅 사이에 있는 만물이 은택을 입어 크게 풍작을 이루고 아름답게 되며, 천하의 온 나라가 천자의 성대한 다움을 소문을 들어 알고 모두 찾아와서 신하가 될 것입니다. 수많은 복된 일들과 불러들이면 좋을 상서로운 것들이 전부 이르게 되고 그리하여 임금다운 도리는 완성되고야 말 것입니다.

공자께서 말하기를 '봉황새가 오지 않고 황하에서는 용마의 그림이 나오지 않으니 나는 끝났구나!'[15]라고 했는데 그것은 자신이 이런 상서로운 것들을 불러들일 만한 능력을 가졌는데도 자신이 비천한 신분이기 때문에 이들을 불러들이지 못함을 스스로 슬퍼한 것[自悲]입니다.

---

15 『논어(論語)』「자한(子罕)」편에 나오는 구절이다.

지금 폐하께서는 귀하기로는 천자이시고 부유하기로는 천하[四海]를 차지하셨습니다. 상서로운 것들을 얻을 수 있는 자리에 앉아계시고, 그들을 불러들일 만한 힘을 장악하고 계시며 또 그들을 불러들일 자질을 갖추셨습니다. 행실은 높고 은혜는 두터우시며 지혜는 밝고 뜻은 아름다우시며 백성을 사랑하고 선비를 좋아하시므로 올바른 임금님[誼主]이라고 말할 수 있을 것입니다. 그런데도 하늘과 땅이 (폐하의 다스림에) 응답함이 없고 아름다운 상서로움[美祥]이 아무것도 이르지 않고 있습니다. 그것은 어째서이겠습니까? 크게 보면 교화가 제대로 세워지지 않았고 만백성이 올바르지 못하기 때문입니다. 무릇 만백성이 이익을 추구하는 것은 마치 물이 아래로 흘러내려가는 것과 같아서 교화라는 제방을 쌓아서 막지 않는다면 그 흐름을 막을 수 없습니다. 이 때문에 교화를 세우고 간사한 행위를 모두 금지시키는 것은 그 제방을 튼튼하게 쌓는 것에 달려 있습니다. 교화가 무너지고 간사한 행위가 사방에서 발생해 형벌로도 사태를 해결하지 못하는 이유는 그 제방이 터져버린 데 있습니다. 옛날의 임금다운 임금들은 이 점에 대해 밝았기 때문에 남면(南面)하고서 천하를 다스릴 때 교화를 가장 큰 일[大務]로 삼지 않은 분이 아무도 없었던 것입니다. (그래서) 도읍에는 태학을 세워 교육을 시행했고 읍에는 학교를 설립해 백성을 교화시켰습니다. 이리하여 백성을 어짊에 젖어들게 만들고 백성을 의로움으로 도야했으며 백성을 예 갖춤으로 절제시켰습니다. 따라서 형벌을 아주 가볍게 시행했음에도 불구하고 (나라에서) 금하는 것을 백성들이 범하지 않았던 것은 교화가 잘 시행돼 풍속이 아름다웠기 때문입니다.

(주나라가 세워져) 빼어난 임금들[聖王]이 난세를 이어받아 천하를 잘

다스리자 난세의 흔적을 깨끗하게 청소해 다 없앴고 다시 교화를 닦아 그것을 높이고 일으켰습니다. 교화가 이미 밝게 시행되고 풍속이 새롭게 만들어지자 자손들이 이를 잘 따라주어 500~600년의 시간이 흘렀지만 오히려 그런 기풍이 무너지지 않았습니다. (그러나) 주나라 말엽에 이르러 크게 무도한 짓을 자행함으로써 천하를 잃었습니다. 진나라가 주나라의 뒤를 이었으나 그 기풍을 고치기는커녕 오히려 한층 더 악화시키고 문풍(文風)과 배움을 엄하게 금지해 책을 끼고 다닐 수 없었으며 예와 올바름[禮誼]을 내팽개치고 심지어 예나 올바름에 대해 듣는 것조차 싫어했습니다. 그들의 마음은 선왕의 도리를 완전히 없애버리고 오로지 제멋대로 권력을 휘두르며 자기들 마음대로 구차스럽고도 거친 정치[苟簡之治]를 하고 싶어 했습니다. 그 결과 천자의 자리에 오른 지 14년 만에 나라가 깨지고 망해버렸습니다.

먼 옛날부터 지금까지 어지러움을 기치로 어지러움을 걷어내어[以亂濟亂] 천하의 백성들에게 큰 피해를 끼친 나라로 진나라보다 더 심한 나라는 일찍이 없었습니다. 진나라가 남겨놓은 해독과 풍속은 지금까지도 완전히 사라지지 않은 상태입니다. 습속이 각박하고 백성들이 방자하게 날뛰며 범죄를 저지르고 관(官)에 반항하는 행위를 일삼으니 이렇게까지 심하게 썩어빠진 나라는 없었습니다. 공자가 말하기를 '썩은 나무는 조각할 수 없고 거름흙으로 쌓은 담장은 손질할 수가 없다'[16]라고 했습니다. 한나라는 진나라의 뒤를 승계했으므로 썩은 나무나 거름흙으로 쌓은 담장과

---

16 『논어(論語)』「공야장(公冶長)」편에 나오는 글이다.

같은 처지입니다. 제아무리 이 나라를 잘 다스리려고 해도 손을 써볼 길이 없습니다. 법률이 나오면 간사한 짓이 발생하고 명령을 내리면 사기를 치는 자들이 일어나서 마치 뜨거운 물로 끓는 것을 그치게 하고 땔감을 안고서 불을 끄려는 것처럼 힘을 들이면 들일수록 무익할 뿐입니다. 거문고 소리가 아주 심하게 뒤틀렸을 때에는 반드시 줄을 풀어서 새롭게 매어야 연주가 제대로 되는 것에 이러한 상황을 비유할 수 있습니다. 이처럼 정치를 잘했음에도 불구하고 심각하게 나라가 잘 다스려지지 않을 때에는 반드시 법을 바꾸어 개혁하고[更化=更張] 교화를 베풀어야 통치가 가능합니다. 새롭게 줄을 매야 할 때 새로 매지 않는다면 아무리 훌륭한 악사가 있다고 해도 연주를 잘할 수 없듯이 개혁해야 할 때 개혁하지 않는다면 아무리 크게 뛰어난 임금[大賢]이 나타난다고 해도 나라를 잘 통치할 수 없습니다.

그러므로 한나라가 천하를 차지한 이후부터 나라를 잘 다스리려고 늘 노력했음에도 불구하고 지금껏 잘 다스리지 못한 것은 개혁해야 할 때 개혁하지 않은 실책에 그 원인이 있습니다. 옛사람의 말 중에 '연못을 앞에 두고 물고기를 탐하느니 차라리 집에 돌아가 그물을 엮는 것이 낫다[臨淵羨魚 不如退而結網]'라는 것이 있습니다. 이제 정사를 맡아 나라를 잘 다스리기를 열망한 지 70여 년입니다.[17] 차라리 한 발짝 물러나서 개혁하는 것이 낫습니다. 개혁을 한다면 나라를 잘 다스릴 수 있고 잘 다스릴 수 있다면 재해가 날마다 사라지고 복록이 날마다 이를 것입니다. 『시경(詩經)』에

---

17 한나라가 세워지고 지금 동중서가 이 말을 할 때까지의 기간이 70여 년이다.

이르기를 '백성을 잘 보살피고 벼슬아치를 잘 대하니 하늘로부터 복을 받도다![宜民宜人 受祿于天]'[18]라고 했으니 정사를 시행해 백성을 잘 보살피는 자는 본래 하늘로부터 복을 받게 돼 있습니다. 인의예지신(仁義禮知信), 이 오상(五常)의 도리는 임금다운 임금이라면 갈고닦아야 할 일입니다. 이 다섯 가지 도리를 갈고닦는다면 하늘의 복을 받고 귀신의 신령한 보살핌을 누리며 그 임금다움이 외국에까지 퍼지고 나아가 지각이 없는 뭇 생명들에까지 미칠 것입니다."

천자는 이 대답을 보고 특출나다[異]고 여겨 마침내 다시 책문을 내렸다[冊之=策之]. 제하여 말했다.

"대개 듣건대 요순(堯舜)시대 때는 궁정의 깊숙한 별실[巖廊]에서 노닐고 옷소매를 늘어뜨리고 팔짱을 낀 채 아무런 하는 일이 없었어도 천하가 태평스러웠다. 주(周)나라 문왕(文王)은 해가 기울도록 식사할 겨를이 없을 만큼 정사에 여념이 없었는데 이때에도 천하가 잘 다스려졌다. 제왕의 도리는 똑같은 사리에 공통된 맥락을 가지고 있을 터인데 어찌하여 이리도 한 사람은 즐기고 한 사람은 고생한 차이가 있단 말인가?

검소한 옛 군주는 울긋불긋한 깃발 장식을 꾸며 만들지 않았다. 반면에 주나라 왕실에 이르러서는 양관(兩觀-궁궐 문 앞 양쪽에 세운 망루)을 설치하고 큰 수레를 타고 다녔으며 붉은 칠을 한 방패와 옥으로 자루를 꾸민 도끼를 가졌고 팔일무(八佾舞-천자의 춤)를 궁궐 마당에 배설해 춤을 추었다. 그런데도 제왕을 찬송하는 노랫소리가 드높았다. 제왕이 지향

---

18 「대아(大雅)」 '가락(假樂)' 편에 나오는 구절이다.

하는 도리가 다른가? 그런데 좋은 옥은 아로새기지 않는다고 말하는 자도 있고[19] 화려하지 않으면 천자의 (천자)다움을 돕지 못한다고 말하는 자도 있다. 이 두 가지 생각은 서로 다르다.

은나라는 다섯 가지 형벌[五刑]을 사용해 간악한 짓을 저지른 자를 벌하고 신체에 손상을 가해 나쁜 사람을 징계했다. 반면에 주나라 성왕(成王)과 강왕(康王)은 이러한 형벌을 채용하지 않았는데도 40여 년 동안 천하 사람들이 법을 어기지 않아 감옥이 비었다. 진(秦)나라에서는 형벌을 채용해 죽은 사람들이 매우 많았고 형벌을 당한 자들이 길거리에 널려 있었다. 그 때문에 인구가 줄어들었으니 슬픈 일이다!

오호라! 짐이 아침마다 새벽같이 일어나 예전 제왕들이 세워놓은 법을 생각하고, 지극히 존귀한 천자의 자리를 받들어 행하고, 크나큰 제왕의 업적을 빛나게 이루고자 심사숙고했더니 모든 것이 근본에 힘쓰고 뛰어난 이를 임용하는 데 달려 있었다. 이제 짐이 몸소 적전(籍田-종묘에 제사를 드리는 데 사용하는 쌀을 천자가 몸소 경작하는 전답)에서 경작해 농부에게 솔선수범하고 효도와 어른 공경을 권장하고 다움이 있는 사람을 숭상했다. 이를 위해서 각지에 파견한 사자들의 수레가 길에 이어졌다. 열심히 일하는 백성을 위문하고 고독한 자들을 구휼하느라고 사려를 다하고 정신을 쏟아부었다. 그럼에도 불구하고 빛나는 공적이나 아름다운 은덕을 거둔 적이 한 번도 없다.

지금은 음양이 어긋나고 사악한 기운이 천지에 가득해 생존의 욕구를

---

19 꾸미거나 사치하지 말아야 한다는 주장을 편 것이다.

채우는 생령들이 드물고 수많은 백성들이 아직도 풍족하게 살지 못한다. 청렴한 자와 탐관오리가 어지럽게 널려 있고 어진 자와 모자란 자가 뒤섞여 그 실상을 제대로 알 수 없다. 그래서 특별한 재능을 지닌 선비들을 모두 초빙해 들였으니 뭔가를 이룰 수 있지 않겠는가?

이제 조칙을 기다리는 그대 대부들은 100여 명이다. 어떤 자는 세상의 급선무를 진언하지만 물정에 통달하지 못한 경우가 있고 옛날 일과 견주어보면 부합되지 않는 경우도 있으며 현재의 실정에 적용해 실행하기 어려운 것도 있다. 법조문에 속박당해 자신의 의견을 마음껏 발휘하지 못해서 그러한가? 아니면 추종하는 학술이 서로 다르고 전수받은 도리가 남과 달라서 그러한가?

각자 숨김없이 응답해 글로 쓰도록 하라! 일을 담당한 관리들을 두려워해 숨기지 않도록 하라! 말하고자 하는 바를 분명하게 밝히고 생각을 깊이 있게 갈고닦아 짐의 뜻에 부합하도록[稱] 하라!"

중서가 책문에 대답해 말했다.

"신이 듣건대 요(堯)임금께서는 천명을 받고서 천하를 근심했을 뿐 천자의 자리를 달갑게 여기지는 않았습니다. 그래서 나라를 어지럽히는 신하들[亂臣]을 죽이거나 내쫓고,[20] 뛰어나고 빼어난 인물들[賢聖]을 힘써 구했습니다.[21] 그 덕분에 순임금, 우왕, 후직(后稷-주나라의 시조), 설(卨-

---

20 4명의 흉인(凶人)인 공공(共工), 환도(驩兜), 삼묘(三苗), 곤(鯀)을 축출한 사실을 말한다.
21 이 사건을 공자는 『논어(論語)』 「위정(爲政)」 편에서 애공에게 답하는 말을 통해 이렇게 표현했다. "곧은 사람을 뽑아서 쓰고 나머지 굽은 사람들은 그에 맞는 자리에 두면 백성들이 마음에서 우러나서 따를 것이고 그 반대가 되면 백성들은 복종하지 않을 것입니다."

은나라의 시조), 고요(皐陶-순임금의 신하)를 얻었습니다. 여러 빼어난 이들이 천자를 보좌해 덕망을 갖추도록 돕고, 뛰어나고 능력이 있는 이들[賢能]이 천자를 보좌해 직무를 수행하자 교화가 크게 펼쳐지고 천하가 화합해 넉넉해졌습니다. 만백성들은 모두 어짊을 편안히 여기고[安仁] 올바름을 즐겨[樂誼=樂義] 각자 하고 싶은 일을 하며 살았고 어떤 행동을 하든지 예에 들어맞아 거동이 자연스럽게 도리에 적중했습니다[中道]. 그래서 공자가 이르기를 '만일 임금다운 임금이 통치를 하더라도 반드시 한 세대는 지난 뒤에라야 백성들이 어짊[仁]을 따르게 될 것이다'[22]라고 한 것도 이를 가리키는 것입니다.

요임금은 천자의 자리에 있은 지 70년이 지나 자리를 사양하고 순임금에게 선위했습니다. 요임금께서 돌아가시자 천하 사람들이 요임금의 아들인 단주(丹朱)한테 의탁하지 않고 오히려 순임금한테 의탁했습니다. 순임금은 천자가 되는 것을 피할 수 없음을 깨닫고 그제야 천자의 자리에 올랐고, 우(禹)를 재상으로 삼아 요임금을 보좌하던 신하들의 힘을 빌려 요임금이 통치하던 유업을 이었습니다. 그러했기 때문에 옷소매를 늘어뜨리고 팔짱을 낀 채 아무 일도 하지 않았어도 천하가 잘 다스려졌습니다. 공자께서 이르기를 '순임금의 음악[韶]은 지극히 아름답고 또 지극히 좋다'[23]라고 한 것도 이를 가리키는 것입니다.

은나라 주왕(紂王)에 이르러 하늘을 거스르고 만물을 난폭하게 다루며

---

22 『논어(論語)』「자로(子路)」편에 나오는 말이다.

23 『논어(論語)』「팔일(八佾)」편에 나오는 말이다.

[逆天暴物] 뛰어나고 지혜로운 자들[賢知]을 살육하고 백성들을 해쳤습니다. 백이(伯夷)와 강태공(姜太公)은 둘 다 당대의 뛰어난 이였는데 숨어 살면서 주왕의 신하가 되지 않았습니다. 직책을 맡아보던 사람들도 사방으로 달아나 강과 바다로 숨었습니다. 천하의 힘이 소진돼 어지러워지고 만백성들의 삶이 불안해지자 천하 사람들은 은나라를 떠나 주나라를 좇았습니다. (주나라의) 문왕은 하늘을 따르고 만물을 다스리며, 뛰어나고 빼어난 인물들을 스승으로 모셨습니다. 이로 말미암아 굉요(閎夭), 대전(大顚), 산의생(散宜生)[24] 등이 주나라 조정에 모여들었습니다. 백성들에게 사랑을 베풀자 천하 사람들의 마음이 문왕에게 쏠렸습니다. 평민의 처지로 바닷가에서 낚시질을 하던 강태공도 몸을 일으켜 삼공(三公)의 자리에 나아갔습니다. 이때 주왕이 여전히 천자의 자리에 있었습니다만 높고 낮은 지위가 어지러워졌고 백성들이 뿔뿔이 흩어져 도망했습니다. 문왕은 그러한 실정을 가슴 아프게 생각해 그들을 따뜻하게 감싸 안으려고 했습니다. 그래서 해가 저물도록 식사할 겨를도 없었던 것입니다.

　공자가 『춘추(春秋)』를 지을 때는 먼저 제왕의 일을 밝히고 나서 수만 가지 사건을 그 뒤에 기록함으로써 소왕(素王)[25]으로서의 자취를 보였습니다. 이로 말미암아 보건대 제왕의 사리와 맥락이 같음에도 불구하고 누구는 수고롭고 누구는 편안한 것의 차이가 발생한 것은 제왕이 처한 시대

24　이들은 모두 주나라 문왕 때의 뛰어난 신하들이다.

25　천자의 자리에 오르지는 못했지만 천자의 다음을 가진 사람을 소왕이라고 한다. 여기서는 공자를 가리킨다. 공자는 『춘추(春秋)』를 지음으로써 제왕의 일을 행했기 때문이다.

가 서로 다르기 때문입니다. 공자가 말하기를 '무왕의 음악[武]은 지극히 아름답기는 하지만 지극히 좋지는 않다'[26]라고 한 것이 이를 가리키는 것입니다.

신이 듣건대 제도를 정해 검고 노란 채색으로 꾸미는 것은 높낮이를 밝히고 귀천(貴賤)을 구별해 다움을 지닌 제왕을 격려하기 위한 것입니다. 따라서 『춘추(春秋)』에서는 천명을 받아 제왕이 된 자가 우선적으로 제정해야 하는 것은 정삭(正朔)의 개정과 복색(服色)의 변경이었으니 그렇게 함으로써 하늘의 뜻에 부응하고자 했던 것입니다. 그렇다면 궁궐과 깃발의 제도 역시 본보기가 있어서 그렇게 한 것입니다. 그래서 공자가 말하기를 '사치하면 공손하지 못하고 검소(궁핍)하면 고루하기 쉽다'[27]라고 한 것은 이를 가리키는 것이니 지나치게 검소한 것은 빼어난 이가 제도에 딱 알맞게 행하는 것[中制]이 아닙니다.[28]

신이 듣건대 훌륭한 옥[良玉]은 가공하지 않는다고 하는 것은 본바탕[資質]이 윤기가 있고 아름다워서 굳이 조탁할 필요가 없다는 뜻입니다. 이것은 달항당인(達巷黨人)[29]이 스승에게 배우지 않고서도 저절로 지혜를

---

26 『논어(論語)』 「팔일(八佾)」 편에 나오는 말이다. 순임금의 음악과 비교할 때 시작은 좋았으나 끝은 그다지 좋지 못했다는 뜻이다.

27 『논어(論語)』 「술이(述而)」 편에 나오는 구절이다.

28 이는 정해진 이치에 따라야지 무조건 검소하려고만 하는 것은 빼어난 이의 도리가 아니라는 말이다.

29 달항당인은 7세에 공자의 스승이 됐다고 하는 천재적인 사람으로 알려져 있다. 『고사전(高士傳)』에 전한다.

갖추고 있다는 것과 다르지 않습니다. 그렇지만 평범한 옥[常玉]은 조탁하지 않으면 아름다운 무늬[文章]가 이루어지지 않듯이 군자는 학문을 연마하지 않으면 다움[德]을 이룰 수 없습니다.[30]

신이 듣건대 빼어난 임금[聖王]이 천하를 다스릴 때 어린 백성들은 배움을 익히게 하고 장성한 백성들은 각자 재능에 맞는 지위와 벼슬과 녹봉을 주어 그들의 다움을 길러주고, 형벌로는 그들의 나쁜 행위를 준엄하게 징계했습니다. 그래서 백성들은 예와 올바름에 밝아지고 윗사람을 범하는 것을 부끄러워했습니다. 무왕이 대의를 밝혀 도리를 해친 폭군을 평정한 뒤에 주공은 예악을 제정해 문물제도를 정비했습니다. 성왕(成王)과 강왕(康王)의 문물이 융성한 시대에는 40여 년이나 감옥이 비어 있었습니다. 이것은 교화에 점차 젖어들고 어짊과 의로움[仁義]이 퍼져서 그렇게 된 것이지 백성들의 신체에 손상을 가하는 형벌의 효과는 결코 아닙니다.

진나라에 이르러서는 그와 달랐습니다. 진나라는 신불해(申不害)와 상앙(商鞅)의 법을 스승으로 삼고 한비자(韓非子)의 설을 시행했으며, 제왕의 도리를 미워해 이리와 같은 탐욕을 풍속으로 삼았을 뿐 애씀과 다움[文德]으로 천하 사람들을 가르쳐 인도하려 하지 않았습니다. 그들은 명목만으로 책망했을 뿐 실정이 어떠한지 살피지 않았으므로 좋은 일을 한 자라고 해서 반드시 형벌을 면제받지 않았고 나쁜 짓을 저지른 자라 하더라도 반드시 형벌을 받지는 않았습니다. 이런 까닭에 백관들은 모두 빈말과 허황한 언사를 번지르르하게 꾸미기나 할 뿐 실상을 돌보지 않았습니

---

30 이것이 『논어(論語)』에서 공자가 줄곧 강조하는 문질빈빈(文質彬彬)이다.

다. 밖으로는 군주를 섬기는 예를 갖추었으나 안으로는 윗사람을 배반하는 마음을 품었으며, 거짓말을 만들고 겉치레를 꾸며 이익을 추구하면서도 부끄러움이 없었습니다. 또 잔혹한 관리를 즐겨 써서 백성들에 대한 가렴주구가 한도가 없었으며 백성들의 재력을 고갈시켜 백성들이 집을 떠나 도망쳐야 했기 때문에 밭 갈고 길쌈하는 생업에 종사할 수가 없어 도적떼가 사방에서 일어났습니다. 이 때문에 형벌을 받은 자가 대단히 많았고 죽임을 당한 자도 서로 이어질 정도로 많았습니다만 간사한 행위들은 그치질 않았으니 변화된 풍속이 그렇게 조장했기 때문입니다. 그래서 공자가 이르기를 '백성을 법령으로써 인도하고 형벌로써 가지런히 하면 백성들이 법망을 면하려고만 하고 부끄러움이 없게 된다'[31]라고 한 것도 이를 가리키는 것입니다.

 지금 폐하께서 천하를 두루[並=周] 차지하고 계시니 온 나라 안[海內]에 복종하지 않는 자가 없습니다. 구석구석 널리 살피고 골고루 들으시어 [廣覽兼聽] 뭇 신하의 지혜를 다 발휘시키고 천하의 좋은 사람들을 모두 드러내어 쓰시니 지극한 다움이 찬란하게 밝혀져 국외에까지 펼쳐지고 있습니다. 야랑(夜郞-한나라 서남부에 있던 나라)이나 강거(康居-한나라 서역 지방으로 현재의 러시아 사해와 바이칼호수 사이에 위치)와 같은 만리 이역 부족까지도 폐하의 은덕에 감복해 올바름을 따르고 있으니 이는 태평시대의 도래[太平之致]를 보여주는 것입니다.

 그런데 아직도 백성들에게 그 혜택[功]이 많이 베풀어지지 않는 이유

---

31 『논어(論語)』「위정(爲政)」편에 나오는 말이다.

는 아마도 임금다운 마음[王心]을 백성들에게 제대로 기울이지 않은 때문일 것입니다. 증자(曾子)는 말하기를 '들은 바를 존중하면 고명(高明)하게 될 것이요 알고 있는 바를 행한다면 위대하게 될 것이다. 고명해지고 위대해지는 것은 다른 데 달려 있는 것이 아니라 그의 의지를 더하는 데 달려 있을 뿐이다.'[32]라고 했습니다. 바라건대 폐하께서 마음으로 지극한 열렬함[至誠]을 다하고 미루어 도리를 행하신다면 삼왕(三王-하나라의 우왕, 은나라의 탕왕, 주나라의 문왕과 무왕)과 무슨 차이가 있겠습니까?

폐하께서는 친히 적전(籍田)을 경작해 농부에게 모범을 보이시고 아침 일찍 잠에서 깨어 거동하고 만백성을 걱정하시며, 먼 옛날의 빼어난 이들을 그리워해 뛰어난 이[賢]를 구하기 위해서 힘쓰십니다. 이러한 일은 요임금과 순임금이 쓰신 마음과 똑같습니다. 그럼에도 불구하고 아직까지 훌륭한 선비를 얻지 못한 까닭은 평소에 선비들을 고무 격려하지 않았기 때문입니다. 평소에 선비를 길러주지 않으면서 뛰어난 이를 구하는 것은 마치 옥을 조탁하지도 않고서 화려한 무늬가 만들어지기를 요구하는 것과 같다고 하겠습니다. 그렇다면 선비를 길러야 하는데 선비를 기르는 데는 태학(太學)보다 더 중요한 것이 없습니다. 태학은 뛰어난 선비[賢士]가 배출되는 곳이며 교화의 근본이 되는 곳입니다. 지금 한 개의 군이나 한 개의 제후국만 해도 인구가 많은데 (폐하의) 책문(策問)에 대해서 응답하는 자가 한 명도 나오지 않은 곳이 있으니 이는 임금다운 임금의 도리[王道]가 왕왕 단절됐음을 의미합니다. 신이 바라건대 폐하께서는 태학을 부흥시키

---

32 이것은 『대대예기(大戴禮記)』에 나온다.

고 (사리에) 밝은 스승[明師]을 배치해 천하의 선비들을 기르셔야 합니다. 자주 시험을 치르고 질문을 던져 그들이 가진 재능을 남김없이 발휘할 수 있도록 한다면 영재와 준재[英俊]를 마땅히 얻으실 것입니다.

오늘날 군수와 현령은 백성들의 사표(師表)가 되는 자들이라 천자의 은덕을 입어 백성들에게 교화를 베푸는 자입니다. 따라서 백성들의 사표가 어질지 못하다면 임금의 다움이 백성들에게 베풀어지지 않고 천자의 은택이 아래로 흐르지 못합니다. 현재 관리들이 밑에서 교화를 베풀지 못함은 물론이고, 위의 법을 받들어 시행하지 않은 채 백성들을 학대하고 간사한 자와 더불어 거래해 이익을 챙기는 자들도 있습니다. 이 때문에 빈궁하고 힘없는 백성들이 억울하게 고통을 겪고 생업을 잃고 있어 수령들이 폐하의 기대에 전혀 부합하지 못하고 있습니다. 이 때문에 음양이 조화를 잃고 사악한 기운이 하늘과 땅 사이에 충만해 있으며 만물이 마음껏 성장하지 못하고 만백성이 구제받지 못하고 있습니다. 이 모든 것은 지방장관[長吏]들이 현명하지 못해 일어난 결과입니다.

무릇 지방장관은 낭중(郎中)과 중랑(中郞)에서 많이 배출되고 이들 낭관은 2,000석 관리의 자제들 가운데 부형(父兄)의 보증으로 되는 경우가 많습니다. 또 부유한 재산 덕에 뽑히는 경우가 많으므로 그들이 꼭 뛰어나다[賢]고 할 수는 없습니다. 과거에 관리를 고과(考課)하는 관례는 관직에 임명돼 직무를 얼마나 잘 수행했는가를 근거로 순서를 매겼을 뿐 오래도록 그 자리에 있었다는 것을 기준으로 매기지 않았습니다. 따라서 재능이 보잘것없는 자는 아무리 오랜 세월을 벼슬자리에 있었다고 해도 미관말직을 벗어날 수가 없었고, 재능이 뛰어난 자는 벼슬자리에 오래 있지 않았다

하더라도 천자를 보필하는 직책을 맡는 데 장애가 없었던 것입니다. 그랬기 때문에 직책을 맡은 자들은 자신의 온 힘을 다하고 지혜를 짜내어 업무를 열심히 수행해 높은 고과를 받고자 했습니다. 그런데 지금은 사정이 다릅니다. 벼슬자리에 오래 있는 자가 귀한 벼슬을 차지하고 햇수만 쌓이면 지위가 올라갑니다. 그 때문에 청렴한 자와 탐관오리가 뒤섞이고 뛰어난 자[賢]와 똑똑지 못한 자[不肖]가 혼동돼 어떤 사람이 적임자인지 구분이 되지 않습니다.

어리석은 신이 생각건대 열후와 군수, 2,000석 관리들로 하여금 제각기 자기 치하에 있는 관리와 백성 중에서 뛰어난 자를 가려 뽑아 1년에 두 명씩 추천해 대궐에 숙위(宿衛)하도록 하십시오. 그렇게 한다면 대신들의 (사람 보는) 능력도 동시에 파악할 수 있습니다. 추천받은 자가 뛰어나면 추천한 자에게 상을 내리고 추천받은 자가 똑똑지 못하면 벌을 내리십시오. 그러면 열후와 2,000석 관리들은 모두 뛰어난 이를 찾는 데 온갖 정성을 기울일 것이므로 천하의 선비들을 얻어 관리로 기용할 수 있을 것입니다. 천하의 뛰어난 선비들을 두루 얻는다면 삼대의 성왕이 이룬 성대함도 쉽게 실현할 수 있을 것이고 요임금과 순임금 같은 명성도 손아귀에 쥘 수 있습니다. 근무 연한이 길다는 것으로써 고과하지 마시고 실제로 뛰어남과 유능함을 시험하는 것을 최상책으로 삼으셔야 합니다. 재능을 헤아려 관직을 더해주고 다움을 살펴 지위를 정해주신다면, 청렴한 자와 탐관오리가 길을 달리해 걷고 뛰어난 자와 똑똑지 못한 자[賢不肖]가 사는 곳을 달리할 것입니다.

폐하께서 은혜를 베푸셔서 신의 죄를 너그러이 용서하시고 법에 속박

당하지 않도록 조치하시고 배움을 갈고닦도록 해주셨으니 신이 감히 어리석은 생각이나마 모두 말씀드리지 않을 수 있겠습니까?"

이에 천자는 다시 책문을 내렸다. 제하여 말했다.

"대개 듣건대 '하늘에 대해서 잘 말하는 자는 반드시 사람에게서 하늘의 일을 증명하고 옛것에 대해서 잘 말하는 자는 반드시 현재 일에서 증명한다'[33]라고 했다. 따라서 짐은 하늘과 사람의 감응에 대해 질문하면서 위로는 요임금과 순임금을 칭송하고 아래로는 걸왕과 주왕을 애도했다. 점점 쇠퇴하다가 결국 멸망하는 법칙과 점점 발전해 마침내 번영을 구가하는 이치를 허심탄회하게 받아들여 나 자신을 바꾸고자 했다. 그대 대부는 음양이 만물을 창조하고 기르는 이유를 잘 알고 있고, 옛 빼어난 이들의 도리와 일[道業]을 잘 알고 있다.
도업

그러나 애써서 드러내야 할 바[文采]의 극치에 아직 이르지 못한 것을
문채
보니 혹시 이 시대에 해야 할 임무를 짐이 소홀히 한 것이 아닌가? 고대 제왕들의 조리를 끝까지 탐구하지 못하고, 일의 큰 계통과 기강[統紀]을
통기
완전히 이해하지 못한 것은 짐이 눈이 밝지 못해서인가? 아니면 짐이 귀가 어두워서인가?

삼대의 빼어난 임금들의 가르침은 시작이 다 똑같지 않을 뿐만 아니라 모두 나름의 결함을 지니고 있다. 오래돼도 바뀌지 않는 것을 도리라고 일컫는 자가 있는데 도리에 대한 관점이 혹시 다른가? 지금 그대 대부는 큰 도리의 극치를 이미 밝혔고, 다스려짐과 어지러워짐[治亂]의 실마리를 이
치란

---

33 이 말은 『순자(荀子)』 「성악(性惡)」 편에 나오는 말이다.

미 진술했으니 이 점을 빠짐없이 규명하고 숙고해 다시 한 번 설명하라! 『시경(詩經)』에 이르지 않았던가? '아아, 군자여! 항상 편히 살려고 하지 말라! 신령이 살펴보고 네게 큰 복을 주리라[嗟爾君子 無恒安處 神之聽之 式穀以女!]'³⁴ (그대가 올리는 대책을) 짐이 친히 볼 터이니 그대 대부는 힘써 밝히도록 하라!"

중서가 다시 대답해 말했다.

"신이 듣건대『논어(論語)』에서 '처음이 있고 끝이 있는 분은 오직 빼어난 이[聖人-공자]뿐이실 것이다'³⁵라고 했습니다. 폐하께서 은혜를 내리셔서 스승의 가르침을 배우고 있는 신의 말을 경청하시고³⁶ 다시금 밝은 책문을 내리시어 저의 뜻을 간절하게 해 빼어난 다움[聖德]을 끝까지 규명하도록 명하셨습니다만 그것은 이 어리석은 신하가 다 갖추어 말씀드릴 수 있는 것이 아닙니다. 앞서 올렸던 답변의 글에서 (고대 제왕의) 조목들[條]을 끝까지 탐구하지 못했고 계통과 기강에 대해 완전히 이해하지 못했으며 말이 분명치 못하고 가리키는 뜻이 분명하지 못했으니 이는 신의 학식이 천박한 죄입니다.

책문에서 '하늘에 대해서 잘 말하는 자는 반드시 사람에게서 하늘의 일을 증명하고, 옛것에 대해서 잘 말하는 자는 반드시 현재 일에서 증명한다'라고 하셨습니다. 신이 듣건대 하늘이란 만물의 할아버지가 되는 존재

---

34 「소아(小雅)」'소명(小明)' 편에 나오는 구절이다.

35 「자장(子張)」 편에 나오는 자하(子夏)의 말이다.

36 동중서는 『춘추공양전(春秋公羊傳)』의 대가인 호모자도(胡母子都)의 제자다.

입니다. 따라서 하늘은 만물을 두루 뒤덮고 있고 모든 것을 감싸 안은 채 차별을 두지 않습니다. 해와 달과 바람과 비를 베풀어 만물이 조화를 이루게 하고, 음양과 추위, 더위를 주관해[經=主] 만물이 생장하게 합니다. 그래서 빼어난 이는 하늘을 본받아 도리를 세우고, 진실로 널리 사랑할[薄愛=博愛] 뿐 사적으로 편애하는 일은 없습니다. 다움을 베풀고 어짊을 펼쳐서 백성을 넉넉하게 살도록 할 뿐만 아니라 의로움을 행하고 예를 세워서 백성을 인도합니다.

봄이란 하늘이 만물을 탄생하게 하는 까닭[所以]이며 어짊이란 임금이 백성을 사랑하는 까닭입니다. 여름이란 하늘이 만물을 성장시키는 까닭이고 다움이란 임금이 백성을 길러주는 까닭입니다. 서리란 하늘이 만물을 죽이는 까닭이며 형벌은 임금이 백성을 벌하는 까닭입니다. 이로써 말씀드리건대 하늘과 인간이 감응하는 것[徵]은 고금의 도리입니다.

공자가 『춘추(春秋)』를 지을 때 위로는 하늘의 도리를 헤아리고 아래로는 사람의 여러 가지 실상[諸人情]에 바탕을 두었으며 옛날의 일에 비추어 보았고 오늘날의 일에 비교해보았습니다. 따라서 『춘추(春秋)』에서 비방한 일에는 재해가 덧붙여 발생했다고 했고, 『춘추(春秋)』에서 미워한 일에는 괴이한 변고가 일어났음을 지적했던 것입니다. 나라의 과실을 기록할 때에는 천재지변의 변고까지 덧붙여 서술했는데 그렇게 서술함으로써 인간이 하는 일 중에서 좋고 나쁨의 극단에 이른 것은 곧 하늘과 땅과 소통해 왕래하며 서로 감응함을 보여준 것이니[天地流通而往來相應],[37] 이것은 참으

---

[37] 가만히 살펴보니 이는 하늘과 사람이 서로 관계하는 사이[際]는 배울 수 있는 것도 아니고 말

로 하늘의 한 실마리[天之一端]를 말하는 것입니다.

옛날에는 가르치고 일깨우는 관리를 설치해 다움과 선행으로 백성들을 교화하는 데 힘썼습니다. 백성들이 크게 바뀌고 난 뒤에는 천하에 언제나 한 사람의 죄인도 발생하지 않았습니다. (그런데) 지금 세상에는 그 제도를 폐지하고 다시 설치하지 않으므로 백성을 교화시킬 길이 없고 그 때문에 백성들은 좋은 행실과 의로운 일을 버리고 죽어라 재화와 이익만을 추구합니다. 그래서 법을 범하는 죄인이 많이 생겨나 한 해에 발생하는 옥사만도 1만이나 1,000의 수를 갖고서 헤아릴 지경입니다. 이러한 일로 볼 때 옛날의 법을 사용하지 않으면 안 될 것입니다. 그 때문에 『춘추(春秋)』에서는 옛날의 법을 바꾸는 자가 있으면 비난했던 것입니다.

하늘이 명령한 것을 명(命)이라고 하는데 명이란 빼어난 이가 아니면 행할 수가 없습니다. 질박한 바탕을 본성[性]이라고 하는데 본성은 교화가 아니면 이루어질 수가 없습니다. 인간의 바람을 인정[情]이라고 하는데 인정은 제도가 아니면 절제시킬 수가 없습니다. 이 때문에 임금다운 임금은 위로는 하늘의 뜻을 삼가 받들어 그 명(命)에 순종하고, 아래로는 교화를 밝혀 백성을 감화시켜 본성을 완성시키며, 법도의 올바름을 바로 세우고 상하의 질서를 구별해 인정을 억제합니다. 이 세 가지를 잘 시행하면 나라의 큰 근본이 바로 섭니다.

사람은 하늘로부터 명을 받는데 이 때문에 근본적으로 만물과는 현저히 다릅니다. 집안에서는 부자와 형제의 가까움[親]이 있고, 밖에서는 군

로 할 수도 없다는 것이다.

신(君臣)과 상하의 올바름[誼]이 있으며, 사람들이 만나 모이면 노인과 어른, 젊은이의 차례를 지키는 법이 있습니다. 따라서 보기 좋게 세련된 질서를 지켜 서로를 대하고, 기쁜 마음으로 은혜를 베풀어 서로를 사랑합니다. 이것이 사람이 (짐승들과 달리) 귀한 까닭[所貴]입니다. 오곡을 생산해 음식을 먹고, 비단과 베를 생산해 옷을 만들어 입고, 여섯 가지 가축을 길러서 먹고, 소를 부리고 말을 타며 표범과 호랑이를 우리에 가두어 기릅니다. 이것은 인간이 하늘의 신령한 기운을 얻어 만물 중에서 가장 귀하기 때문입니다. 그래서 공자는 말하기를 '하늘과 땅의 본성은 사람을 고귀하게 여긴다'[38]라고 말했던 것입니다.

이런 천성을 환하게 깨달으면 인간이 만물 중에서 가장 귀하다는 사실을 알게 되고, 인간이 만물 중에서 가장 귀한 존재라는 사실을 알게 된 다음에는 어짊과 의로움[仁義]에 대해 알게 되고, 어짊과 의로움에 대해 알게 된 다음에는 예를 중하게 여기고[重禮], 예를 중하게 여기게 된 다음에는 잘 처신하는 것을 편안하게 여기고[安處善], 잘 처신하는 것을 편안하게 여기게 된 다음에는 이치를 고분고분 따르는 것을 즐거이 여기고[樂循理], 이치를 고분고분 따르는 것을 즐거이 여기게 된 이후라야 그를 일러 군자라고 합니다. 공자께서 이르기를 '천명을 알지 못한다면 군자라고 할 수 없다'[39]라고 한 것은 이를 가리키는 것입니다.

책문에서 '위로는 요임금과 순임금을 찬미하고 아래로는 걸왕과 주왕

---

38 『효경(孝經)』'성치장(聖治章)'에 나오는 말이다.
39 『논어(論語)』「요왈(堯曰)」편에 나오는 구절이다.

을 애도했다. 점점 쇠퇴하다가 결국 멸망하는 법칙과 점점 발전해 마침내 번영을 구가하는 이치를 허심탄회하게 받아들여 나 자신을 바꾸고자 했다'라고 말씀하셨습니다. 신이 듣건대 적은 것이 모여서 많은 것을 이루고, 작은 것을 쌓아 큰 것을 만든다고 했습니다. 따라서 어둠 속에서 밝은 빛을 발하고 미천한 신분에서 현달해 귀한 분이 되지 않은 빼어난 이는 없습니다. 이 때문에 요임금께서는 여러 후(侯)들 가운데에서 천자가 되셨고〔○ 사고(師古)가 말했다. "요는 원래 당후(唐侯)로 있다가 천자의 자리에 올랐다."〕, 순(舜)임금께서는 깊은 산중에서 일어나셨으니〔○ 맹강(孟康)이 말했다. "순임금은 원래 역산(歷山)에서 밭을 갈던 농부였다."〕, 하루아침에 현달한 것이 아니고 점진적으로 천자의 자리에 오르셨습니다. 말은 자기[己]에게서 나오는 것이기에 막을 수가 없고 행동은 자기 몸[身]에서 나오는 것이기에 가릴 수가 없습니다. 이 같은 말과 행동은 군자가 천지를 움직이는 방법입니다. 그래서 작은 일이라도 몸과 마음을 다하는 자가 크게 되고 미미한 일이라도 신중에 신중을 거듭해 성취를 이루는 자가 세상에 드러나게 되는 것입니다. 『시경(詩經)』에 이르기를 '저 문왕께서는 조심하고 삼가셨도다[惟此文王 小心翼翼]!'[40]라고 했습니다. 그 때문에 요임금께서는 전전긍긍하며 날마다 도리를 행하셨고, 순임금께서는 두려운 마음으로 날마다 효를 행하셨던 것입니다. 선행이 쌓이면 이름이 세상에 드러나고, 다움이 펼쳐지면 몸이 귀하게 됩니다. 선(善)이 몸에 쌓이는 것은 마치 (사람의) 키가 매일매일 커가는 것과 같아서 남들이 알아차릴 수 없습

---

40 「대아(大雅)」 '대명(大明)' 편에 나오는 구절이다.

니다. 악(惡)이 몸에 쌓이는 것도 마치 불이 기름을 태우며 타오르는 것과 같아서 남들이 눈으로 볼 수가 없습니다. 인정과 본성[情性]을 환히 꿰뚫고 있고 풍속을 분명히 살피는 자가 아니면 그 누가 이런 실상을 알겠습니까? 이것이 요임금과 순임금께서 훌륭한 명성을 얻은 까닭이요, 걸왕과 주왕을 위해 애도하고 두려워해야 하는 까닭입니다.

선이 선을 따르고 악이 악을 따르는 것은 마치 그림자가 형체를 좇고 메아리가 소리에 응답하는 것과 같습니다. 걸왕과 주왕이 난폭해지고 나태해지자 참소를 잘하는 도적들이 함께 조정에 진출한 반면, 뛰어나고 지혜로운 사람들은 숨어서 나타나지 않았습니다. 악행은 날로 세상에 드러나고 나라는 날로 어지러워졌는데도 태연자약하게 마치 하늘에 해가 떠오르듯이 아무렇지도 않으리라고 생각했습니다만 끝내는 점점 쇠퇴해 붕괴되고 말았습니다. 난폭하고 사나워 어질지 못한 자는 하루아침에 망하지 않고 점점 망해갑니다. 그래서 걸왕과 주왕이 비록 무도한 자들이었으나 그래도 10여 년간이나 나라를 유지할 수 있었던 것입니다. 이것이 바로 점점 쇠약해지다가 끝내 멸망하게 되는 이치입니다.

책문에서 '삼왕의 가르침은 시작이 다 똑같지 않을 뿐만 아니라 모두 잘못된 부분을 지니고 있는데 어떤 자들은 오래돼도 바뀌지 않는 것을 도리(道理)라고 일컫고 있으니 도리에 대한 관점이 혹시 다른 것이 아닌가?'라고 물으셨습니다. 신이 듣건대 즐기되 어지럽지 않고 반복해서 행해도 싫증을 나지 않는 것이 도리라고 했습니다. 도리는 만 세대가 지난다고 해도 폐단이 없는 것입니다. 폐단이란 도리를 잃었을 때 생겨나는 것입니다.

선왕(先王)의 도리에도 치우쳐 떨쳐 일어나지 못하는 경우가 반드시 있으므로 선왕의 정사에도 실행되지 못하고 어둡게 남아 있는 부분이 있을 수 있습니다. 그러므로 그 치우친 구석을 들춰내어 그 폐단을 보완하기만 하면 되는 것입니다.

삼왕의 도리는 그 시작이 모두 동일하지 않은데 그렇다고 이것이 도리가 서로 상반된다는 의미는 아닙니다. 지나친 부분은 바로잡고 쇠잔한 부분은 보완하려고 하다 보니 직면한 상황이 바뀌었을 뿐입니다. 따라서 공자가 말하기를 '무위(無爲)하면서 잘 다스린 임금은 순임금일 것이다'[41]라고 했습니다. 순임금께서는 정삭(正朔)을 바꾸고 복색을 고침으로써 천명에 순종했고, 나머지 다른 것들은 모두 요임금이 행한 도리를 그대로 따랐으니 구태여 무엇을 바꿔 행했겠습니까?

따라서 임금다운 임금은 제도를 개선했다는 명성을 얻어도 실제로 도리를 바꾸는 일은 할 수가 없습니다. 하나라는 충(忠)을 숭상했고 은나라는 경(敬)을 숭상했고 주나라는 문(文)을 숭상했던 것은 왕조를 계승한 나라가 앞의 왕조의 폐단을 바로잡기 위해서는 그러한 시책을 꼭 써야만 했습니다. 공자가 말하기를 '은나라는 하나라의 예를 이어받았으니 은나라에 들어와 사라진 것과 새롭게 생겨난 것은 하나라와 비교해보면 얼마든지 알 수 있고, 주나라는 은나라의 예를 이어받았으니 주나라에 들어와 사라진 것과 새롭게 생겨난 것은 은나라와 비교해보면 얼마든지 알 수 있으니 혹시라도 주나라를 계승하는 자가 있다면 비록 100왕조 뒤의 일이라도 그

---

41 『논어(論語)』「위령공(衛靈公)」편에 나오는 구절이다.

모습을 알 수 있을 것이다'[42]라고 했습니다. 이 말은 100왕조 동안 임금들이 써야 할 예란 이 세 가지를 벗어나지 않는다는 의미입니다.

그런데 하나라가 순임금의 예를 계승했으면서도 줄이고 보탠 것에 대해서는 아무 말도 하지 않은 것은 지킨 도리가 같고 숭상한 바가 동일했기 때문입니다. 도리의 큰 근원은 하늘에서 나오고 하늘은 변하지 않기 때문에 도리 또한 변하지 않습니다. 이러한 까닭에 우왕은 순임금을 계승하고, 순임금은 요임금을 계승해 세 분의 빼어난 임금이 서로 천자의 자리를 주고받으며 하나의 도리를 지켰으므로, 폐단을 바로잡는 정사를 (별도로) 시행할 필요가 없었습니다. 따라서 줄이고 보탠 것에 대해서 아무 말도 하지 않은 것입니다.

이를 근거로 본다면 치세를 이어받은 나라는 지키는 도리가 같았고 난세를 이어받은 나라는 도리가 바뀌었습니다. 지금 한나라는 크게 혼란한 시대를 계승했으므로 주나라의 문(文) 중심주의를 조금 줄이고 하나라의 충(忠) 중심주의를 택하는 것이 좋을 듯합니다.

폐하께서는 밝으신 다움과 아름다운 도리[明德嘉道]를 지니셔서 세속의 경박함을 걱정하시고 임금다운 도리가 밝게 드러나지 않음을 안타까워하십니다. 그래서 현량(賢良)과 방정(方正)의 선비들을 천거받아 그들과 상의하고 질문을 던져 어짊과 의로움의 성대한 다움을 일으키고 제왕의 법과 제도를 밝혀 태평성대의 도리를 세우려고 하십니다. 어리석은 신은 그동안 들은 지식을 진술하고 배운 것을 암송하며 겨우 스승의 말씀을

---

42 『논어(論語)』「위정(爲政)」편에 나오는 구절이다.

전수해 잊지나 않을 수준입니다. 정사의 잘잘못을 논하고 천하의 생성과 쇠퇴를 살피는 일은 천자를 보좌하는 대신의 직무이자 삼공(三公)과 구경(九卿)의 임무여서 신이 할 수 있는 일이 아닙니다. 다만, 신이 자못 괴상하게 생각하는 일이 있습니다. 옛날의 천하는 오늘날의 천하이고, 오늘날의 천하는 또한 옛날의 천하입니다. 똑같은 천하이건만 옛날에는 크게 잘 다스려져 위아래가 화목하고 습속이 아름답고 번성했으며 억지로 시키지 않아도 좋은 행위를 했고 금지하지 않아도 나쁜 일을 그만두었습니다. 관리들은 간사한 짓을 하지 않았고 백성들은 도적질을 하지 않아 감옥은 비었고 은덕은 초목에까지 퍼졌으며 혜택은 사해를 뒤덮었습니다. 그리하여 봉황이 모여들었고 기린이 와서 노닐었던 것입니다.

옛일을 오늘날의 일과 비교해보면 어찌 그렇게도 차이가 심한지요? 어디서부터 잘못됐기에 이렇게 퇴보했겠습니까? 혹시 옛날의 도리를 잃어버려서 그런 것이겠습니까? 아니면 하늘의 이치에 어긋나는 일을 해서 그런 것이겠습니까? 시험 삼아 옛날을 그대로 뒤쫓고 하늘로 복귀한다면 태평성대를 볼 수 있겠습니까? 하늘이 내려주는 것에도 차별이 있습니다. (강한) 이빨을 준 자에게는 뿔을 제거하고 날개를 달아준 자에게는 다리를 두 개만 줍니다. 큰 것을 받은 자는 작은 것을 가질 수 없는 이치입니다. 옛날에는 녹봉을 받은 자는 힘들여 농사를 지어서 밥을 먹지 않았고, 또 상업과 같은 말단의 일에 종사하지 않았습니다. 큰 것을 받는 자는 작은 것을 가질 수 없다는 취지로 하늘이 행하는 일과 이치가 똑같습니다. 큰 것을 이미 받고도 작은 것까지 가진다면 하늘도 풍속하에 민들 수 없거늘 더구나 사람이야 말해 무엇 하겠습니까? 이것이 백성들이 시끌시끌

불만을 터뜨리며 풍족하지 못하다고 힘겨워하는 이유입니다. 천자의 총애를 받아 높은 지위를 차지하고 따뜻한 집 안에 앉아서 두터운 녹봉을 받아먹는 처지인데도 한술 더 떠서 부귀로 얻은 자산과 권력을 이용해 백성들과 더불어 이익을 다투니 백성들이 어떻게 저들을 당해내겠습니까? 이 때문에 저들은 노비의 수를 늘리고 소와 양을 많이 기르며 전답과 저택을 확장하고 생계의 수단을 늘리고 축적한 재물을 쟁여놓습니다. 그칠 줄 모르고 이런 짓에 힘써 백성들을 핍박하기 때문에 백성들은 날이 갈수록 깎이고 달이 갈수록 줄어들어 점차 몹시 곤궁한 처지로 떨어집니다. 부자들은 사치스럽게 지내도 여유가 있으나 가난한 자들은 곤궁하게 지내다 보니 근심 걱정뿐입니다. 곤궁하게 지내며 근심 걱정뿐이지만 윗자리에 있는 자들이 구제해주지 않으므로 백성들은 삶을 즐기지 못하고, 삶을 즐기지 못하므로 죽음조차도 피하지 않거늘 죄를 짓는 것쯤이야 왜 피하겠습니까? 이것이 형벌이 늘어나도 간사한 행위가 끊이지 않는 이유입니다. 따라서 녹봉을 받는 집안은 녹봉으로 먹고 살아가면서 백성들과 생업을 다투지 않아야 이익이 균등하게 배분되고 백성들이 집집마다 풍족하게 지낼 수 있습니다. 이것이 하늘의 이치이자 먼 상고적의 도리입니다. 그리고 천자가 법으로 만들어 제도화해야 할 것이자, 대부들이 순종해 시행해야 할 일입니다.

그래서 공의자(公儀子)[43]는 노나라 재상으로 있을 때 집에 들어가 아내가 비단을 짜는 것을 보고 화를 내며 아내를 내쫓았고, 집에서 식사할 때

---

43 춘추시대 노(魯)나라의 재상이었던 공의휴(公儀休)다.

뜰에 심은 아욱을 먹게 하자 분통을 터뜨리며 아욱을 뽑아버렸습니다. 그는 '내가 녹봉을 받고 있거늘 채소를 심는 농부와 길쌈하는 여인의 이익을 빼앗는단 말이냐?'라고 그 이유를 설명했습니다. 이런저런 벼슬자리에 앉았던 옛날의 어진 이와 군자는 모두들 그와 같았습니다. 그래서 아랫사람들은 그들의 행동을 공경해 가르침에 따랐고, 그들의 청렴함에 감화를 받아 탐욕스럽거나 비열하지 않았습니다.

주나라 왕실이 쇠퇴하자 공경대부(公卿大夫)들이 의로운 행위에는 무관심하고 이익에만 급급해 백성들에게 이익을 양보하는 기풍이 없고 전답을 다투는 송사를 벌이기도 했습니다. 시인이 그것을 미워해 '높도다! 저 남산이여! 바위가 험하도다. 위대한 사윤(師尹-주나라의 태사(太師) 윤씨(尹氏))이여! 백성들이 그대를 바라보도다!'[44]라고 풍자하는 시를 지었습니다. 이 시는 고관들이 의로움을 좋아하면 백성들이 어짊[仁]에 기울어 풍속이 좋아지고 고관들이 이익을 좋아하면 백성들이 사악한 행위에 기울어 풍속이 무너진다는 뜻을 담고 있습니다. 이를 통해서 보건대 천자의 대부는 아래의 백성이 우러러 본받는 대상이자 먼 지방민들이 사방에서 엿보는 대상입니다. 가까이에 있는 자들은 자세히 살펴보고 본받고, 멀리에 있는 자들은 바라만 보고도 흉내를 냅니다. 뛰어난 사람이 앉아야 할 자리에 앉아 서민이 하는 행위를 어떻게 할 수 있겠습니까? 허둥지둥[皇皇] 재물과 이익을 추구해 부족할까 봐 항상 걱정하는 사람이 바로 서민의 심리이고, 허둥지둥 어짊과 의로움[仁義]을 추구해 백성을 교화시키지 못할까 봐

---

44 『시경(詩經)』「소아(小雅)」'절남산(節南山)' 편에 나오는 구절이다.

항상 두려워하는 사람이 바로 벼슬아치의 심리입니다. 『주역(周易)』에 이르기를 '짐을 짊어진 채 수레를 타면 도적을 불러들인다'[45]라고 했습니다. 수레를 타는 것은 군자의 지위에 있다는 것이고 짐을 짊어진 것은 소인의 일을 한다는 것입니다. 군자의 지위에 앉아서 서민이 할 일을 하는 자는 반드시 우환이 생긴다는 뜻입니다. 군자의 지위에 앉은 자로서 군자가 할 일을 행해야 한다면 그것은 공의휴가 노나라의 재상으로서 한 일 말고는 달리 할 일이 없습니다.

『춘추(春秋)』의 대일통(大一統)[46,47]이라는 것은 하늘과 땅의 변하지 않는 날줄[常經]이며 옛날부터 지금에 이르기까지 관통하는 올바름입니다. 지금의 스승들은 도리를 달리하고 사람들은 의논을 달리하고 백가(百家)는 각기 방향을 달리해 지향하는 뜻이 같지 아니하니, 이렇게 해서는 위에서 일통을 유지할 수가 없어 법과 제도가 수시로 바뀌고 아래에서는 지켜야 할 바를 알지 못합니다. 신이 비록 어리석지만 육예(六藝)의 과목에 들지 않거나 공자의 가르침에 속하지 않는 것들은 모두 그 도리를 끊어서 함께 나아가지 못하게 해야만 그릇되거나 한쪽에 치우친 학설들이 없어질 것이고 그런 뒤에라야 통치의 기강이 하나가 될 수 있고 법과 제도 또한 밝아질 수 있어 백성들이 따라야 할 바를 알게 될 것입니다."

---

45 해(解)괘(䷗)의 효사(爻辭)다.

46 이는 『춘추공양전(春秋公羊傳)』 은나라 원년 봄 정월(正月)에 나오는 말이다. 동중서는 이 말을 통해 천하의 도술은 하나로 통일돼야 함을 말하고 있다.

47 이는 곧 봉건국들이 모두 중앙의 천자국의 통치를 받아야 하고 독자적인 행동을 해서는 안 된다는 원칙이다.

(동중서가) 대책(對策)을 이미 마치자 천자는 중서를 강도국(江都國)[48]의 상국으로 삼으니 이왕(易王)을 섬기게 됐다. 이왕이 중서에게 질문했다.

"월(粵)나라 왕 구천(句踐)이 대부 설용(泄庸), 대부종(大夫種), 범려(范蠡)와 함께 책략을 짜서 오(吳)나라를 정벌해 마침내 멸망시켰소. 공자께서 은(殷)나라에 어진 사람 세 분[三仁]이 있다고 말씀하셨는데[49] 과인은 월나라에도 세 명의 어진 이[三仁]가 있다고 생각하오. 환공(桓公)이 관중(管仲)에게 물어 의심을 해결했듯이 과인은 그대에게 물어 의문점을 해결하고 싶소."

중서는 다음과 같이 답했다.

"신이 듣건대 옛날 노나라 군주가 유하혜(柳下惠)[50]에게 '내가 제나라를 정벌하고 싶은데 어떻게 하면 좋겠소?'라고 물었더니 유하혜가 '정벌해서는 안 됩니다'라고 했습니다. 유하혜가 집으로 돌아와 걱정하는 낯빛을 하고 '남의 나라를 정벌하는 일은 어진 사람[仁人]에게는 묻지 않는다고 들었는데 이 말이 어째서 내게 이르렀단 말인가?'라고 했습니다. 유하혜는 그저 질문을 받았을 뿐인데도 부끄러워했습니다. 더구나 사특한 계략을

---

48 한나라의 제후국으로 경제(景帝)의 아들인 이왕(易王) 유비(劉非)의 나라다. 무제의 형인 이왕은 본바탕이 교만하고 용맹함을 좋아했다. 동중서는 예법과 의로움으로 왕을 바로잡았고, 이왕은 그를 공경하고 존중했다.

49 『논어(論語)』「미자(微子)」편에서 공자는 은나라 주왕 때 기자(箕子), 미자, 왕자비간(王子比干)의 어진 세 분이 있었다고 말했다.

50 노나라 대부 전금(展禽)으로 유하는 그의 봉지이고 혜는 시호다.

꾸며 오나라를 정벌한 일이야 말해 무엇 하겠습니까?[51] 이를 근거로 말씀드리자면 월나라에는 어진 사람이 한 사람도 없다고 할 것입니다. 어진 사람이란 의리를 바로잡을 뿐 이익을 꾀하지 않고, 도리를 밝힐 뿐 성공 여부는 계산하지 않습니다. 그 때문에 공자의 문하에서는 5척 동자도 오패(五覇)[52]를 입에 담는 것조차 부끄럽게 여겼습니다. 사기와 폭력을 앞세우고 어짊과 의로움[仁義]을 뒤로 미루었기 때문입니다. 사기술을 행한 까닭에 큰 군자의 문하에서는 거론되지 못한 것입니다. 다른 제후들과 비교하면 오패를 어질다고 할 수 있겠으나 삼대의 빼어난 임금들에 비교하는 것은 무부(碔砆)라는 돌〔○ 응소(應劭)가 말했다. "무부는 그냥 돌인데 옥과 비슷하다."〕을 좋은 옥에 비교하는 것과 같습니다."

왕이 말했다.

"좋도다."

중서가 강도국을 다스릴 때 『춘추(春秋)』에 기록한 재이(災異)의 원리에 의해 음양이 서로 바뀌며 운행하는 이치를 추론했기 때문에 비를 구할 때는 여러 양기들을 막아버리고서 여러 음기들을 풀어놓았고, 비를 그치게 할 때는 이와 반대로 했다. 강도국에서 이렇게 해보니 그가 바라는 대로 이루어지지 않은 일이 없었다. 중도에 재상에서 물러나 중대부(中大夫)가

---

51 범려 등이 구천을 도와 먼저 거짓으로 항복하게 한 다음 강화를 맺고서 전쟁 준비를 해 결국 오나라를 멸망시켰다.

52 「제후왕표(諸侯王表)」에 붙인 사고(師古)의 주에 따르면 춘추시대의 패자로서 제나라 환공(桓公), 진(晉)나라 문공(文公), 송나라 양공(襄公), 진(秦)나라 목공(穆公), 오나라 부차(夫差)를 말한다.

됐다. 이에 앞서 요동에 있는 고조(高祖)의 사당과 장릉(長陵)에 있는 고조의 능묘 안의 궁전에서 화재가 발생했는데 한가하게 집에서 지내고 있던 중서는 그 화재의 의미를 미루어 헤아려 논했으나 그 글을 미처 황제에게 올리지 않았는데, 주보언(主父偃)이 중서에게 문안 인사차 왔다가 은밀히 그 초고를 보고는 질투해 글을 훔쳐가서 아뢰었다. 상은 많은 유생들을 불러 그 초고를 보여주었는데 중서의 제자인 여보서(呂步舒)가 그것이 스승의 글인 줄 모르고 아주 어리석은 자[大愚]의 글이라고 말했다. 이에 중서를 형리의 손에 내려보냈고 사형죄라는 판결이 나왔으나 조서를 내려 그를 사면했다. 그 뒤로 중서는 다시는 재이에 대해서 감히 말하지 않았다.

중서는 사람됨이 깐깐하고 곧았다[廉直]. 이때 바야흐로 (한나라에서는) 사방의 오랑캐들을 밖으로 내몰고 있었다[外攘]. 공손홍(公孫弘)은 『춘추(春秋)』를 익혔으나 중서만 못했는데 대신에 그는 시류를 잘 읽고[希世=觀相世] 실무 처리를 잘해 지위가 공경(公卿)에 이르렀다. 중서는 홍을 아첨꾼[從諛]으로 여겼기 때문에 홍은 그를 질시했다. 교서왕(膠西王)도 제(帝)의 형님으로 특히 방종하고 제멋대로 행동해 수차례 2,000석 관리를 죽였다. 홍은 이 틈을 타서 상에게 말했다.

"오직 동중서만이 교서왕의 상국으로 삼을 만합니다."

교서왕은 중서가 큰 유학자[大儒]라는 말을 들었기에 그를 잘 대우해주었지만 중서는 오래 머물면 죄를 얻을까[獲罪=得罪] 두려워 병을 핑계로 벼슬에서 물러났다. 동중서는 제후국 두 나라에서 재상을 지냈는데 그때마다 교만한 왕을 섬겨야 했기에 (먼저) 자신을 바로잡고서 아랫사람을 통솔하고 자주 소를 올려 간쟁했으므로 나라 안에서 교화와 명령이 잘 시행됐고 가는 곳마다 잘 다스려졌다. 벼슬을 버리고 집에 머문 뒤에는 죽을 때까지 집안의 생업은 묻지 않았고 오로지 배움을 닦고 책을 저술하는 것만 일로 삼았다[爲事].

중서가 집에 물러나 있을 때에도 조정에서 중대한 의논 거리[大議]가 있으면 사자와 정위 장탕(張湯)을 그의 집에 보내 의견을 구했는데 그에 대한 응답은 항상 명백하고 법도가 있었다. 무제가 처음에 자리에 오른 이래 위기후(魏其侯)와 무안후(武安侯)가 승상이 돼 유자들을 존중했다. 중서는 대책(對策)을 올려 공자의 학문을 미루어 헤아려 밝히고 나머지 백가(百家)들을 억눌러 쫓아냈다. 학교에 관리를 두고,[53] 주군(州郡)에서 무재(茂材)와 효렴(孝廉)을 천거하게 한 일은 모두 중서가 발의한 것이다. 중서는 연로해 천수를 누리고 집에서 생을 마쳤다[壽終]. 그의 집을 무릉(茂陵)으로 이주시켰고 아들과 손자는 모두 학문을 통해서 관리가 됐다.

중서가 저술한 책들은 모두 경술(經術-유학)의 뜻을 밝힌 것으로 상소와 (강도국에서 발표한) 조령(條令)을 합하면 모두 123편이다. 그리고 『춘추(春秋)』에 기록된 일의 잘잘못[得失]을 논한 글에는 '문거(聞擧)', '옥배(玉杯)', '번로(蕃露)', '청명(淸明)', '죽림(竹林)' 등이 있고, 이것들 외에도 수십편이 더 있어 10여만 자에 이르는데 모두 후세에 전해졌다. 그중에서 세상에 절실하게 필요하고 조정에서 시행된 것을 골라 이 편에 드러냈다.

찬(贊)하여 말했다.

---

53 건원 5년에 오경박사(五經博士)를 두었다.

"유향(劉向)은 칭송하기를 '동중서는 제왕을 보좌할 만한 재능을 가졌기 때문에 이윤(伊尹)과 여망(呂望)[伊呂]도 그보다 낫지 않다. 관중(管仲)과 안영(晏嬰)[管晏] 따위[屬]는 패자[伯者=覇者][○ 사고(師古)가 말했다. "패자란 제나라 환공(齊桓)이나 진나라 문공[晉文] 따위를 말한다."]를 보좌했으므로 아마 동중서에는 미치지 못할 것이다'라고 했다. 향(向)의 아들 흠(歆)에 이르러서는 이렇게 말했다.

'이윤과 여망은 빼어난 이의 짝[耦=對]이므로 제왕도 이들을 얻지 못했다면 흥성하지 못했다. 따라서 안연(顏淵)이 죽자 공자가 "아[噫]! 하늘이 나를 버렸구나[天喪余][○ 사고(師古)가 말했다. "이 일은 『논어(論語)』에 나온다. 희(噫)는 탄식하는 말이다. 즉, 공자가 자신을 보좌할 인물을 잃었다는 말이다."]!"라고 탄식했으니 오로지 이 한 사람만이 공자의 상대가 될 만했기 때문이다. 재아(宰我), 자공(子貢), 자유(子游), 자하(子夏)로서는 그런 자리에 참여할[與=豫] 수 없었다. 중서는 학문을 없애버린[滅學] 진(秦)나라를 뒤이은 한나라에서 육경(六經)이 지리멸렬해진 시기에 태어났다. 장막을 내려치고 발분해 공부하면서 큰일[大業]에 마음을 기울였다. 훗날의 배우는 자들로 하여금 통일된 길을 걷게 해 모든 유자들의 우두머리가 됐다. 그러나 그의 사우(師友)의 연원(淵源)이 스며든 것[所漸][○ 사고(師古)가 말했다. "점(漸)은 스며드는 것[浸潤]이다."]을 살펴보면 오히려 자유와 자하[游夏]에도 미치지 못한다. 관중과 안영이 그에게 미치지 못하고, 이윤과 여망도 그보다 낫지 않다고 한 말씀은 지나치지 않을까?'

향의 증손자 공(龔)은 독실한 논의를 펼친 군자였는데 그는 흠의 말이 옳다고 말했다."

권
◆
57

사마상여전
司馬相如傳

〖상〗

사마상여(司馬相如)는 자(字)가 장경(長卿)으로 촉군(蜀郡) 성도(成都) 사람이다. 어려서부터 책읽기를 좋아하고 격검(擊劍)을 배워 그 부모는 그를 애칭으로 견자(犬子-개자식)라고 불렀다. 상여는 공부를 이미 마치자 인상여(藺相如)의 사람됨을 흠모해 이름을 상여(相如)로 고쳤다. 많은 돈을 내고서 낭(郞)이 돼 효경(孝景)을 섬겨 무기상시(武騎常侍)가 됐으나 그는 그 관직을 달가워하지 않았다. 마침 효경은 사부(辭賦)를 좋아하지 않았는데 이때 양(梁)나라 효왕(孝王)이 입조하니 유세하는 선비들이 그를 따라 왔다. 제(齊)나라 사람 추양(鄒陽)과 회음(淮陰)의 매승(枚乘), 오현(吳縣)의 엄기부자(嚴忌夫子) 등의 무리였는데 상여는 그들을 만나보고 이를 기뻐하며 병을 핑계로 벼슬을 그만두고 빈객으로 양나라를 두루 돌아다녔다. (양나라 효왕(孝王)은) 여러 학자들과 함께 살게 되니 상여는 학자들과 교유하면서 여러 해 동안 유세객들과 같이 지낼 수 있게 돼 이에 그는 여기에서 '자허부(子虛賦)'를 지었다.

마침 (양나라의) 효왕이 훙(薨)하자 상여는 귀향했는데 집안이 가난해 생업을 삼을 만한 것이 없었다. 그는 평소 임공(臨邛)의 현령 왕길(王吉)과 잘 지냈는데 길(吉)이 말했다.

"장경(長卿)께서는 오랫동안 벼슬을 구하기 위해 밖에 떠도셨는데 뜻을 이루지 못하고 돌아오신 모양이니 내게로 와서 지내시지요."

이에 상여는 성안에 들어와 여정(旅亭)에 머물렀다. 임공 현령 길은 매일 공손하고 예의 바르게 와서 상여에게 문안 인사를 올렸다. 상여는 처음에는 그가 오는 것을 반기다가 뒤에는 병을 핑계로 만나지 않았는데 그럴수록 길은 더욱 삼가고 공손히 하며 상여를 모셨다.

임공에는 부자가 많았는데 탁왕손(卓王孫)은 노비와 식객이 800명이나 됐고 정정(程鄭) 또한 수백 명이었는데 어느 날 이 두 사람이 서로 대화를 나눴다.

"현령께 귀한 손님이 있다고 하니 함께 그 손님을 부릅시다. 그리고 현령도 초대합시다."

현령이 탁씨의 집에 도착해보니 이미 손님이 100명을 넘었고 정오가 될 때까지 사마장경(司馬長卿)을 오라고 했는데 장경은 병이 나서 갈 수가 없었다. 임공 현령은 감히 먼저 맛볼 수가 없어 자신이 직접 가서 맞아오니 상여는 어쩔 수 없이 억지로 갈 수밖에 없었는데 그가 들어서자 연회장에 앉아 있던 사람들은 모두 (그의 풍채를 보려고) 몸을 기울였다.

술자리가 무르익자 임공 현령이 먼저 거문고를 연주한 다음 말했다.

"가만히 들으니 장경께서 거문고를 잘 타신다고 하니 한 곡 듣고 싶습니다."

 상여는 사양하다가 한두 곡조를 연주했다. 이때 탁왕손에게는 딸 문군(文君)이 있었는데 최근 과부가 됐고 음악을 좋아했다. 그래서 상여는 현령과 서로 존중하는 체하고는 실은 거문고로 그녀의 마음을 사로잡으려고 했다. 상여가 임공에 올 때 거기(車騎)를 뒤따랐는데 그의 행동거지는 조용하고 여유로우며 고상한 품위가 있어 그 주변에 소문이 났다. 그리하여 탁씨의 집에서 술을 마시며 거문고를 탈 수 있게 됐고, 문군은 문틈으로 몰래 상여를 엿보고 마음에 끌려 좋아하게 돼 (오히려) 자신이 배우자로 적합한지를 걱정할 정도였다. 술자리가 끝나자 상여는 곧바로 사람을 시켜 문군의 시종에게 두터운 선물을 주고 은근히[殷勤=慇懃] 자신의 마음을 전하게 했다.

 문군은 야밤에 상여에게로 도망쳤고 상여는 그녀와 함께 내달려 성도로 돌아갔다. 상여의 집은 속이 텅 비어[徒=空] 네 벽만 있을 뿐이었다. 탁왕손은 크게 화가 나 말했다.

 "딸년이 변변치 못하나[不才] 내가 차마 죽이지는 않겠지만 단 한 푼의 돈도 나눠주지 않겠다."

 사람들이 간혹 왕손에게 (설득해) 말해보았지만 왕손은 끝내 듣지 않았다. 문군은 시간이 오래 지나 힘들어지자 장경에게 말했다.

 "장차[弟=且] 함께 임공으로 가시지요! 내 형제들에게 밑천을 빌리면 얼마든지 생계를 꾸려갈 수 있을 텐데 무엇 하러 이렇게 고생스레 살 필요가 있겠습니까?"

 상여는 문군과 함께 임공으로 가서 수레와 말을 모두 팔아 술집 한 채를 사 문군으로 하여금 화로에 앉아 술을 팔게 하고 상여 자신은 농부가 입는 쇠코잠방이를 걸치고 고용인들과 함께 잡일을 하고 길거리에서 술잔을 닦았다. 탁왕손은 이를 부끄러워해 문을 닫아걸고 나오지 않았다[杜門不出]. 형제들과 집안의 장자(長者)들은 번갈아가면서 왕손에게 말했다.

"아들 하나와 딸 둘이 있고 부족한 것이라고는 재산이 아닙니다. 지금 문군은 이미 몸을 사마장경에게 잃었고[失] 장경은 세상을 떠돌며 배워 박학한 데다가 다능하니 비록 가난하지만 그의 재주는 믿을 만합니다. 또 게다가 그는 현령의 빈객인데 어찌 그를 이처럼 욕되게 하실 수 있습니까!"

탁왕손은 어쩔 수 없이 문군에게 노비 100명과 돈 100만 전, 그리고 시집갈 때를 위해 준비했던 의복과 재물을 나눠주었다. 문군은 마침내 상여와 성도로 돌아가 밭과 집을 사서 부자가 됐다.

오랜 시간이 흘러 촉(蜀)나라 사람 양득의(楊得意)가 구감(狗監)〔○ 사고(師古)가 말했다. "천자의 사냥개[田獵犬]를 관리하는 책임자다."〕이 돼 무제(武帝)를 모셨다. 상이 '자허부(子虛賦)'를 읽고서 그것을 칭찬하며 이렇게 말했다.

"짐은 어찌 홀로 이 사람과 같은 때에 살지 못했던가!"

득의가 말했다.

"신의 마을 사람 중 사마상여라는 자가 있는데 그가 말하기를 자신이 '자허부'를 지었다고 했습니다."

상은 놀라며 곧 상여를 불러 물었다.

상여가 말했다.

"제가 지은 것이 맞습니다. 그러나 이 시는 제후의 일에 대해 말한 것으로 (황제께서) 보실 만한 것이 못되니 청컨대 천자를 위해 '유렵부(游獵賦)'를 짓게 해주십시오."

상이 상서(尙書)에게 명해 붓과 작은 목간[札]을 주니 상여는 '빈 말[虛言]'이라는 뜻의 '자허(子虛)'를 갖고서 초(楚)나라의 아름다움을 칭찬했고, '어찌 이런 일이 있겠는가[烏有此事]'라는 뜻의 '오유선생(烏有先生)'을 갖고서 제(齊)나라를 위해 초나라를 비난했다. 또 '이 사람은 없다[亡是人]'는 뜻의 '무시공(亡是公)'을 갖고서 천자의 대의(大義)를 밝히려고 했다. 그래서 이 세 사람(-자허, 오유선생, 무시공)의 가공인물을 빌려서 말을 만들어 황제와 제후의 원유(苑囿-동산)를 미루어 논하고 그 마지막 장(章)에서 절약과 검소함으로 귀결 지음으로써 이를 통해 풍간(諷諫)하려 했다. 천자에게 이 글이 올라가자 천자는 크게 기뻐했다. 그 부(賦)는 이러했다.

'초나라가 자허(子虛)를 제나라에 사자로 보내니 제나라 왕은 나라의 거기(車騎)를 모두 징발해 사자와 함께 사냥을 나갔다.

사냥이 끝나자 자허는 오유(烏有)선생에게 들러 크게 자랑했는데[姹=誇訑] 무시공(亡是公)도 그 자리에 있었다. 모두 자리에 앉자 오유선생이 물었다.

"오늘 사냥은 즐거웠습니까?"

자허가 말했다.

"즐거웠습니다."

"많이 잡았습니까?"

말했다.

"조금 잡았습니다."

"그런데 뭐가 즐거웠습니까?"

대답해 말했다.

"저[僕]는 왕께서 저에게 수레와 말이 많은 것을 자랑하려고 하셨을 때 제가 운몽(雲夢)〔○ 장읍(張揖)이 말했다. "초나라의 늪지[藪]다. 남군(南郡) 화용현(華容縣)에 있다."〕의 일로써 대답한 것이 즐거웠다는 것입니다."

말했다.

"들어볼 수 있겠습니까?"

자허가 말했다.

"좋습니다. (제나라) 왕은 1,000승의 수레와 1만 명의 기병을 뽑아서 거느리고 바닷가에서 사냥을 했는데 늘어선 병졸들이 늪에 가득 찼고 그물은 온 산에 둘러쳐졌습니다. 토끼를 그물로 덮쳐 잡고 사슴을 수레바퀴로 깔아뭉겼으며 고라니를 활로 쏘아 맞히고 기린의 다리를 잡아 넘어뜨리니 갯벌을 어지럽게 내달린 수레바퀴는 찢긴 짐승들의 피로 물들었습니다. 활로 쏘아 맞혀 잡은 사냥감은 대단히 많았는데 (제나라 왕은 자신의 공을) 자랑하면서 나를 돌아보고 이렇게 말했습니다.

'초나라에도 평원과 넓은 늪지가 있어 이와 같이 풍요롭고 즐겁게 사냥을 할 수 있소? 초나라 왕의 사냥솜씨는 나와 비교할 때 어떻소?'

저는 수레에서 내려[下車] 대답했습니다.

'신은 초나라의 비루한 사람일 뿐인데 다행스럽게도 (궁궐에서) 10여 년 동안 숙위(宿衛)를 맡아볼 수 있었기에 때로는 왕을 모시고 후원(後園)에서 사냥을 한 적이 있어 어떤 곳은 보았고 어떤 곳은 보지 못했으니 두루 다 보았다고 할 수는 없습니다. 심지어 궁궐 밖의 (사냥터인) 늪지에 대해 말할 수 있겠습니까!'

제나라 왕이 말했습니다.

'그렇다고 해도 대략 그대가 보고 들은 것만 말해보시오.'

제가 (그래서) 이렇게 대답했습니다.

'네네[唯唯][○ 사고(師古)가 말했다. "유유(唯唯)는 공손하게 응대하는 말이다."]. 신이 듣건대 초나라에는 7개의 늪지[澤]가 있어 일찍이 그중 하나는 보았는데 그 나머지 것들은 아직 보지 못했습니다. 신이 본 늪지는 대개 다만 그중에서도 가장 작은 것[小小]일 뿐인데 이름은 운몽(雲夢)이라고 합니다. 이 운몽은 사방 900리이고 그 가운데에는 산이 있습니다. 그 산은 굽이쳐 감아 돌며[盤紆] 첩첩이 빼곡하고[岪鬱] 우뚝 치솟아[隆崇] 험준하며[律崒] 봉우리와 암석[岑崟]이 들쭉날쭉해[參差] 해와 달이 가려져 일그러지기도 합니다[蔽虧]. 서로 뒤섞여[交錯=錯綜] 어지러워[糾紛=紛糾] 위로는 푸른 구름을 뚫었고 산비탈은 완만하게 경사져 강과 시내에 이어집니다[屬=連].

그 흙을 보면 붉은 모래[丹=丹砂], 푸른빛 나는 찰흙[靑=靑雘], 붉은 흙[赭=赤赭], 흰 흙[堊=白堊], 자황(雌黃-황과 비소의 화합물로 염색 재료), 백부(白柎-흰색 수정), 주석, 벽옥, 금, 은 등이 온갖 색깔로 화려한 광채를 내어 그 찬란하기가 용의 비늘[龍鱗] 같습니다.

그 돌을 보면 적옥(赤玉), 자주색 돌[玫瑰], 푸른 옥[琳], 옥 다음 가는 돌[珉], 아름다운 옥[琨吾], 감륵(瑊玏-옥 비슷한 돌), 검은색 돌[玄厲], 연석

(礝石-옥과 비슷한 돌), 붉은 바탕에 흰 무늬가 있는 돌[武夫]이 있습니다.
무부

그 동쪽에는 향초가 자라는 동산[蕙圃]이 있는데 거기서 두형(杜衡), 난
혜포
(蘭), 지(芷), 약(若)〔○ 장읍(張揖)이 말했다. "두형은 모양이 접시꽃[葵]과
규
비슷하고 냄새는 천궁의 싹[蘼蕪]과 비슷하다. 지는 백지(白芷-흰 지초)이
미무
고 약은 두약(杜若)이다."〕과 천궁[穹窮=芎藭], 창포, 꼬시래기[江離=江蘺],
궁궁 궁궁   강리 강리
천궁의 싹, 꾸지뽕[甘柘], 파차(巴且-파초)가 있습니다.
감자

그 남쪽에는 평원과 넓은 못이 올라갔다 내려갔다 하며 구부러지고 길게 뻗어 있으며 움푹 들어갔다가 평평하게 넓게 펴지며 장강에 잇닿아 무산(巫山)에서 끝이 납니다.

그 높고 건조한 곳에는 침석(葴析-쪽풀), 그령풀[苞], 타래붓꽃[荔], 맑
포   려
은 대쑥[薛], 향부자[莎], 푸른 번(煩-향부자와 비슷한데 그보다 큰 풀)이
설   사
납니다.

그 낮고 습한 곳에는 장랑(藏莨-수크령), 겸가(蒹葭-갈대의 일종), 동장(東蘠-장미의 일종), 조호(雕胡-부추처럼 생긴 향초의 일종), 연우(蓮藕-연뿌리), 고로(觚盧), 암려(菴閭-대쑥의 일종), 헌우(軒于)가 자랍니다. 온갖 것들이 자라기 때문에 이루 다 그려낼 수가 없습니다.

그 서쪽에는 솟아오르는 샘과 맑은 연못이 있어 거센 물살이 떠밀며 흘러가는데 그 위로는 연꽃과 마름꽃들이 있고 그 아래에는 큰 바위와 흰 모래가 감춰져 있습니다. 샘과 연못 안에는 신령스러운 거북이와 교룡(蛟龍)과 대모(玳瑁-큰 거북이)와 별원(鼈黿-자라의 일종)이 있습니다.

그 북쪽에는 그늘진 숲[陰林]〔○ 사고(師古)가 말했다. "나무가 많고 커
음림
서 늘 그늘이 진다는 뜻이다."〕과 큰 나무들이 있어 편남(楩柟-키 큰 녹나

무), 예장(豫章-큰 나무의 일종), 계초(桂椒-계수나무와 산초나무), 목란(木蘭), 벽리(檗離-황벽나무), 주양(朱楊-붉은 버드나무), 사리(樝梨-풀명자나무와 배나무), 영률(樗栗-고욤나무와 밤나무), 귤유(橘柚-귤나무와 유자나무)가 향기를 뿜어내고 있습니다.

그 (나무들) 위에는 봉황과 비슷한 완추(宛雛), 공작과 난새[鷩] 등원(騰遠)과 여우를 닮은 사간(射干)이 살고 있습니다.

그 아래에는 흰 호랑이[白虎]와 검은 표범[玄豹], 이리를 닮은 만연(蟃蜒, 㺅㺄), 너구리를 닮은 추(貙-맹수의 일종)와 한(犴-오랑캐 땅에 사는 들개)이 있습니다.

이곳에서는 마침내 전제(剸諸)〔○ 사고(師古)가 말했다. "오(吳)나라 사람인데 오왕 료(僚)를 칼로 찔러 죽였다. 용맹한 사람을 뜻한다."〕 같은 사람을 시켜 맨손으로 이런 맹수들을 쳐서 잡게 합니다. 초나라 왕은 이에 잘 길들인[馴=擾] 박(駁)〔○ 장읍(張揖)이 말했다. "흰색 몸뚱이에 꼬리는 검으며 뿔이 하나 있고 뾰족한 어금니를 가져 호랑이나 표범을 잡아먹는데 그것을 길들여 마차를 끌게 하면 네 마리 말이 끄는 것에 버금간다."〕 네 마리가 끄는 옥으로 장식한 수레를 타고서 물고기의 수염으로 만들어 휘청거리는 깃발을 날리고 명월주로 장식한 깃발을 휘날리며 간장(干將)〔○ 장읍(張揖)이 말했다. "한왕(韓王)의 칼을 만든 장인이다."〕이 만든 웅장한 창을 들고서 오호(烏號-고대 황제(黃帝)가 썼다는 활)의 조각한 활을 왼쪽에 두고 하복(夏服-하나라 때의 화살통)에 담은 견고한 화살을 오른쪽에 두었습니다. (말을 잘 모는) 양자(陽子)〔○ 장읍(張揖)이 말했다. "백락(伯樂)으로 진(秦)나라 무공(繆公)의 신하이며 성은 손(孫), 이름은 양(陽)이다."〕

가 수레를 같이 타고[驂乘] (옛날에 말을 잘 몰았다는) 섬아(孅阿)가 말을
              참승
몰아 달립니다. 살살 풀어줘가며[案節] 전력을 다해 달리기도 전에 곧바로
                              안절
사나운 짐승을 덮치니 공공(蛩蛩-말을 닮은 푸른색의 동물로 아주 잘 달
림)을 짓밟고[蹴] 거허(距虛, 駏驢-공공과 함께 다닌다는 비슷한 동물)를
         축
바퀴로 깔아뭉개며[轔] 야생마를 앞지르고[軼] 도도(騊駼-북해에서 산다
            린   질
는 말을 닮은 전설상의 야수)를 수레 축으로 들이받습니다. 유풍(遺風-천
리마)을 타고서 유기(遊騏)를 쏘고〔○ 장읍(張揖)이 말했다. "『이아(爾雅)』
에 이르기를 말 모양에 뿔 하나가 있는 것이 휴(䮾)인데 뿔이 없는 것을 기
(騏)라고 했다."〕 수레와 말은 질풍노도와 같아 우레처럼 빨리 도달하며
유성처럼 전격적이고 활은 헛되이 날아가는 법이 없으며 적중했다 하면
반드시 짐승의 눈가[眥]를 찢거나 가슴을 꿰뚫어 겨드랑이를 지나 심장의
               자
힘줄을 끊어버리고, 이렇게 잡은 짐승들은 마치 비가 쏟아지듯 풀을 덮고
땅을 가리웁니다. 이때 초나라 왕은 마침내 말고삐를 잡아 이리저리 배회
하는데 그 모습은 새가 날개를 활짝 편 채 가만히 소요하는 듯하며 그늘
깊은 숲을 바라보면서 장사들의 사납고 분노한 모습과 맹수들이 두려움에
떠는 장면을 구경한 다음에 지친 짐승들의 앞을 가로막아 힘이 다 떨어진
것들을 잡아 여러 짐승들의 다양한 모습들을 남김없이 살펴봅니다[殫睹=
                                             탄도
盡睹].
진도

    그러고 나면 정(鄭)나라의 아리따운 여인들이 가는 비단[阿=細繒]과 가
                                               아 세증
는 베[錫=細布]로 된 옷을 몸에 두르고 섬세한 모시와 흰 비단으로 만든
     석 세포
치맛자락을 끌면서 각종 비단으로 몸을 꾸미고 안개처럼 엷은 비단을 늘
어뜨리는데 주름 잡힌 옷들은 마치 나무가 우거진 계곡처럼 겹쳐져 구불

구불하지만 긴 소맷자락은 가지런하고 허리끈[襳]은 바람에 날리며 저고리 장식[髾]은 아래로 드리워져 있습니다. 수레를 뒤따르는데 옷감들이 서로 부딪히며 사각사각 소리가 나고 옷자락 아래로는 난초와 혜초(蕙草)가 나부끼고 위로는 깃털 장식이 나부낍니다. 비취새의 털로 만든 깃발이 휘날리는 가운데 구슬로 장식한 수레의 끈이 걸려 있어 어느새 솟아올랐다가 다시 내려오는 것이 마치 신령을 방불(髣髴)케 한답니다.

　이제는 드디어 여럿이 무리를 지어 서로 함께 혜포(蕙圃=향기 나는 풀이 자라는 들판)로 가서 밤 사냥을 하고[獠=宵獵=夜獵] 우거진 덤불 사이를 폴짝폴짝 뛰어[媻姍勃窣]¹ 금속처럼 단단한 제방[金隄]에 올라 그물로 비취새를 잡고 활과 화살로 준의(鵔鸃-산닭과 비슷한데 깃털이 화려하고 벼슬이 작다)를 쏘아 맞추고 짧은 활에 가는 실을 매어 하늘 높이 날고 있던 흰 고니를 맞히고[弋] 거듭해서 가아(駕鵝-들거위)를 잡고 왜가리[鶬] 두 마리를 쏘아 떨어뜨리니 검은 학도 함께 (맞고서) 떨어집니다. 그것도 싫증이 나면[怠=倦] 청지(清池)에서 노는데 익조(鷁鳥) 무늬를 새긴 배를 띄우고 계수나무 삿대를 들고서 비취새 깃털로 장식한 장막을 치고 새털로 만든 배 덮개를 세웁니다. 독모(毒冒)를 그물로 잡고 자패(紫貝) 〔○ 곽박(郭璞)이 말했다. "자패는 보랏빛 바탕에 검은 무늬가 있다." 사고(師古)가 말했다. "조개는 물속의 딱딱한 생물로 옛날에는 화폐로 사용됐

1　원문을 그대로 옮길 경우 무슨 뜻인지를 알 수가 없다. 여기서는 그래서 한 번 사고(師古)의 주석에 입각해 옮겨본 것이다. 그만큼 여기서 사마상여는 평소에는 거의 쓰지 않는 한자들을 총동원해 이 부를 지은 것이다. 이 부의 성격을 간접적으로 이해하기를 바라는 마음에 여기서 그 원문을 잠깐 노출해보았다. 부 전체가 실은 이런 한자로 다 돼 있다 해도 과언이 아니다.

다.")를 낚아 올렸으며 징[金鼓=鉦]을 치고[摐=撞] 풍소[籟=簫]를 불며 뱃사공이 노래를 부르는데 그 소리가 부드럽다가 갑자기 크게 올라가니 물고기와 자라 등이 놀라 물 위로 펄쩍 뛰고 파도가 크게 끓어올라 용솟음쳤다가 한곳으로 모여 소용돌이를 치며 물속의 돌들은 서로 부딪혀 소리를 내고 그 소리가 크게 울리며 퍼져 마치 우레 소리처럼 수백 리 밖까지 들리는 듯합니다.

슬슬 밤 사냥을 끝내려 할 때 영고(靈鼓)[○ 사고(師古)가 말했다. "여섯 방향에서 쳐서 사람들을 놀라게 한다."]를 치고 봉홧불을 올리면 수레는 행렬을 정돈하고 기병들은 대오를 갖추며 실을 짜놓은 듯 잇달아 서서 앞으로 나아가는 것이 당당하기 그지없습니다[裔裔]. 이제야 초나라 왕은 양운(陽雲)의 대(臺)에 올라 편안하게[泊乎] 아무것도 하지 않으면서 담담하게 마음을 다잡으며 작약(勺藥)으로 음식 맛을 낸 다음에 그것을 먹습니다. 이는 대왕께서 하루 종일 말을 달리며 한 번도 수레에서 내리지 않으시고 수레바퀴에다 피를 물들인 채 생고기를 찢어 소금을 찍어 입에 넣으며 스스로 즐거움으로 삼는 것과는 같지 않습니다. 신이 남몰래 살펴보건대 제나라는 거의 초나라만 못합니다.'

그랬더니 (제나라) 왕은 저에게 아무런 대답도 하지 못했습니다."

오유선생이 말했습니다.

"이 어찌 말씀이 지나치십니다! 족하께서는 1,000리 길도 멀다 않고 제나라에 오시어 은혜를 베풀어주셨습니다[況]. 제나라 왕이 나라 안의 병사들을 모두 부르고 수많은 수레와 말을 갖추어 그대[使者]와 함께 사냥을 나간 것은 온 힘을 다해 짐승을 잡아 좌우(左右)[○ 사고(師古)가 말했다. "검손하게 사자를 직접 지칭하지 않으려고 좌우라고 말한 것이다."]를 즐겁게 해주려고 한 것인데 어찌 지나치게 자랑한다고 하십니까? 초나라 땅에 그런 곳이 있는지 없는지를 물어본 것은 (초나라와 같은) 대국의 아름다운 풍습[風烈]과 선현들이 남긴 좋은 말씀[餘論]을 듣고자 한 것입니다. (그런데) 지금 족하께서는 초나라 왕의 두터운 다움[德厚=厚德]은 칭송하지도 않고 오히려 운몽의 광활함만 성대하게 추켜세워 교만과 사치를 드러내어 음란함과 사치스러움만 지나치게 말했으니 가만히 보건대 족하를 위해서는 그런 것은 취할 만하지 않습니다. 반드시 만약에 말씀하신 바와 같다고 한다면 그것은 진정코 초나라의 아름다움이 아닙니다. 만일 말씀하신 그대로라면 이는 임금의 악을 드러내는 것이고 그렇지 않다면 이는 족하의 신뢰성을 해치는 것입니다. 임금의 악을 드러내는 것이나 그대의 사사로운 의로움을 손상하는 것이나 둘 중에 옳은 것은 하나도 없는데 선생께서 그렇게 하셨으니 반드시 장차 제나라에서는 그대를 가벼이 여길 것이고 초나라에 누가 될 것입니다.

또한 제나라는 동쪽으로 큰 바다와 접해 있고[陼] 남쪽에는 낭야대(琅邪臺)가 있으며, 성산(成山)에서 유람하고 지부산(之罘山)에서 활쏘며 발해(勃澥)에 배 띄우고 맹저(孟諸)에서 노닐다가, 곁으로는 숙신(肅愼-외국)과 이웃하고 오른쪽으로는 탕곡(湯谷)을 경계로 삼고 있습니다. 가을에는 청구산(靑丘山)에서 사냥하고 바닷가에서 노닐기도 하는데 운몽 따위는 여덟 개나 아홉 개를 집어삼켜도 그 가슴 속에 조금도 가시가 걸리지[芥蔕=刺鯁] 않을 것입니다. 만약에 이 자리에서 사방의 진귀하고 특이한 물건과 외국의 수많은 종류의 기이한 새나 짐승을 말할 것 같으면 물고기의 비늘처럼 끝도 없어 중요한 것만 추려도 이루 다 적을 수 없어, 우왕(禹王)이라 하더라도 그 이름을 다 말할 수 없고 설왕(卨王)이 다시 나와도 다 셀 수 없을 것입니다(○ 사고(師古)가 말했다. "그런 것들이 하도 많아서 우왕이나 설왕과 같은 뛰어나고 빼어난 머리를 가진 사람도 다 말하거나 셀 수 없다는 말이다."). 그러나 (제나라 왕은) 제후의 자리에 있기 때문에 감히 유희의 즐거움이나 원유(苑囿-동산)의 크기에 대해서는 말하지 않을 것입니다. 그리고 또 선생은 이 나라에 빈객으로 오셨으니 왕은 이 때문에 어떤 말로도 응답하지 않은 것이지 어찌 대답할 말이 없어서였겠습니까?"

무시공이 빙그레[听然]웃으며 말했다.
　　은연

"초나라 쪽 이야기도 틀렸지만 제나라 쪽 이야기도 꼭 맞는다고는 할 수가 없습니다. 무릇 (천자가) 제후들로 하여금 공물을 바치게 하는 것은 재물이나 보물을 얻기 위해서가 아니라 술직(述職)(○ 곽박(郭璞)이 말했다. "제후들이 천자에게 조회하는 것을 술직이라 한다.")하게 하려는 것입니다. 또 흙을 쌓아 올려 서로의 경계를 만들어주는 것은 수비와 방어를 위한 것이 아니라 분수에 넘치는 참람함을 막기 위함입니다. (그런데) 지금 제나라는 제후의 대열에 올라 동쪽의 울타리 나라[東藩]가 됐는데도 밖으로
　　　　　　　　　　　　　　　　　　　　　　　　　　　　　　　　　　　동번
숙신과 사사로이 왕래하고 제후국을 버리고서[捐=棄](○ 사고(師古)가 말했
　　　　　　　　　　　　　　　　　　　　손　기
다. "청구에 가서 사냥한 일을 말한다.") 경계를 넘어서 바다 건너까지 가 사냥을 한 것은 의리상으로 볼 때 결코 있어서는 안 되는 일입니다. 또 두 분의 논란은 임금과 신하의 의리를 밝히거나 제후들의 예를 바로잡는 데는 힘쓰지 않고 부질없이 사냥의 즐거움이나 동산의 크기만을 두고서 서로 다투며 사치함을 가지고 서로 이기려 하고 황음(荒淫)을 가지고 서로

넘어서려 하고 있으니, 이는 이름을 끌어 올리고 명예를 드러내는 일이 아니라 곧바로 임금을 깎아내리고 스스로를 갉아먹는 일입니다.

게다가 무릇 제나라와 초나라의 일이라는 게 심지어 어찌[烏=於何] 입에 담을 만한[道=言] 것이리오! 여러분은 아직 거대하고 화려한 것을 보지 못한 듯하니 어찌 홀로 천자의 상림(上林-상림원)에 대해 들어보지 못한 것입니까?

왼쪽에는 창오(蒼梧)가 있고 오른쪽에는 서극(西極)이 있으며〔○ 문영(文穎)이 말했다. "창오군은 교주(交州)에 속하니 장안의 동남쪽에 있어 그렇기 때문에 왼쪽이라고 했다.『이아(爾雅)』에 이르기를 서쪽으로 빈국(邠國)에까지 이르는 것을 서극(西極)이라고 한다고 했으니 장안의 서쪽에 있어 그렇기 때문에 오른쪽이라고 했다."〕단수(丹水)는 그 남쪽으로 지나가고[更=歷] 자연(紫淵)은 그 북쪽을 가로지릅니다[徑]. 패수(覇水)와 산수(産水)는 (상림원) 안에서 시작해 안에서 끝나고[終始] 경수(涇水)와 위수(渭水)는 밖에서 나와서 안으로 흘러들어오며[出入]〔○ 사고(師古)가 말했다. "패수는 남전곡(藍田谷)에서 나와 서북쪽으로 흘러 위수로 흘러들어간다. 산수도 남전곡에서 나와 북쪽으로 패릉(覇陵)에 이르러 패수로 흘러들어간다. 두 강은 다 상림원 안에서 나와 안에서 마치며 두 번 다시 밖으로 나가지 않는다. 경수는 안정(安定-군) 경양(涇陽)의 견두산(開頭山)에서 시작해 동쪽으로 흘러 양릉(陽陵)에 이르러 위수로 들어온다. 위수는 농서(隴西-군) 수양현(首陽縣) 조서(鳥鼠) 동혈산(同穴山)에서 나와 동북쪽으로 화음(華陰)에 이르러 황하로 흘러들어간다. 상림원 밖에서 흘러들어와 다시 상림원 밖으로 흘러나간다."] 풍(酆)·호(鄗)·뇨(潦)·결(潏)² 은 그 안을 굽이굽이 흐르면서 구석구석을 거쳐갑니다[經營]. 콸콸[蕩蕩] 여덟 개의 강으로 나뉘어 흐르며 서로 등지기도 하면서 각기 다른 모습을 보여주고 동서남북 가리지 않고 흘러 다니다가 산초(山椒)나무가 자라고 있는 쌍둥이 모양의 언덕 사이로 나와 섬의 물가에 이르러 계수나무 숲의 가운데를 가로질러 넓은 들판을 지나고, 콸콸 흐르는 혼류는 큰 구릉을 따라 아래로 내려가 좁은 해안 사이를 뚫고 나오면서 큰 돌[穹石]에 닿고 툭 튀어나온 모래톱에 부딪혀 사납게 성난 듯 끓어오르고 세차게 출렁이다가 물은 용솟음치는 듯하다가 원래대로 돌아오고, 뭉쳤다가 치솟는가 하면 금방 또 달아나고 서로 부딪혀 큰 소리를 내며 옆으로 마구 퍼졌다가 거꾸로 휘돌아 포개지는 듯하더니 가볍게 내달리는데, 그 소리는 요란하고 세력에 오르내림이 있어 높았다 싶으면 느닷없이 낮아지고 이어서 뒹굴어 한쪽으로 꼬부라지고 뒷 물결은 앞 물결을 따라잡아 움푹 파인 곳을 향해 달려가고 물소리가 콸콸 급류의 여울을 따라 흘러내려갑니다. 바위를 때리고 구부러진 언덕을 냅다 찌르면서 달려가 치솟아 올랐다가 부서져 흩어지고 높은 곳으로 치솟았다가 어느 새 낮은 곳으로 떨어나 성내며 울부짖는 물소리는 콸콸거리며 솥에서 끓어오른 듯이 물결을 내달리게 하고, 물거품을 토해내며 후다닥 내쏟아 달려서 저 아득한 곳에서 또 새로운 아득한 곳으로 흘러가고 소리도 없이 고요하게 유장하게 영원히 흘러갑니다. 그런 다음에야 끝도 없이 당당하게 흘러내려가다가 천천히 배회하

---

2   모두 강의 이름이다. 潦는 발음이 요가 아니라 뇌(牢)이고, 潏은 휼이 아니라 결(決)이다.

며 흰색 물빛으로 떠돌다가 동쪽으로 흘러 태호(太湖)로 들어가 넘쳐흘러 작은 연못이나 호수에 모이게 됩니다.

여기에는 교룡(蛟龍), 적리(赤螭), 어긍(魚䱵), 점리(漸離), 옹(鰅-물여우), 용(鰫-괴어), 건(鰬-드렁허리), 탁(魠-동자개), 우우(禺禺), 허(魼-큰 가자미), 탑(鰨-가자미류)이 등지느러미[鰭]를 흔들고 꼬리를 움직이며 비늘과 날개를 힘껏 떨쳐 일어나고 심연 속의 바위 속에서 움직입니다. 물고기와 자라는 즐겁게 떠들고 온갖 무리들이 한데 어우러져 있습니다. 밝은 달과 붉은 구슬은 강 기슭에서 반짝거리고 촉석(蜀石)과 황연(黃碝)과 수정이 산처럼 쌓여 찬란하게 빛나고 서로 다투어 빛을 내며 물 가운데 쌓여 있습니다. 홍곡(鴻鵠), 숙보(鷫鴇), 가아(駕鵝), 촉옥(屬玉), 교정(交精), 선목(旋目), 번목(煩鶩), 용거(庸渠), 잠자(箴疵), 교(鵁-해오라기), 노(鸕) 등 온갖 물새들이 물 위로 떼 지어 떠다니며 물결 따라 둥둥 떠가고 바람 따라 흘러다니는데, 때로는 파도와 함께 흔들거리기도 하고 풀이 우거진 물가로 몰려가 물풀을 쪼아 먹고 마름[菱]과 연[藕]을 씹어먹기도 합니다.³

여기에는 높은 산들[崇山]이 빼곡이 들어차[嵳嵳] 있는데 그것들은 가파르고[巃] 우뚝하고[嵷] 드높고[崔] 깎아지른 듯하고[巍] (그 안의) 깊은 숲들[深林]에는 거대한 나무들이 있고 뾰족한 바위들[嶄巖]은 들쑥날쑥합니다[參差=不齊]. 구종(九嵏-산)과 찰알(巀嶭-산), 그리고 남산(南山)은 까

---

3   여기까지는 최대한 기존의 번역 및 사고(師古) 등의 원주를 반영해 풀어서 옮긴 것이다. 이렇게 될 경우 사마상여의 현란한 한자 사용을 상당 부분 희생할 수밖에 없다. 그런 아쉬움을 달래기 위해 이하 두 문단에서는 좀 더 그의 어휘력을 체감할 수 있는 방식으로 옮겨보겠다. 이 같은 이중 번역을 통해 그의 문장력과 그 뜻을 동시에 전달해보려 한 것이다.

마득하고[峨峨]〔○ 사고(師古)가 말했다. "구종산은 지금의 예천현(醴泉縣) 경계에 있다. 찰알산은 곧 지금의 이른바 차아산(嵯峨山)인데 삼원현(三原縣) 서쪽에 있다. 남산은 종남산(終南山)이다. 아아(峨峨)는 높은 모양을 나타내는 의태어다."〕 암벽의 벼랑 끝[陁=岸際]들은 울퉁불퉁하고[巘錡=隆屈 窔折] 치솟아[崯=高峻] 굽이지고 험난하며[崛崎] (산속에서) 뿜어져 나온 물들은 시냇물로 흘러들어[振溪] 그것들은 다시 골짜기로 쏟아져 들어가고[通谷] 굽이굽이[騫產] 시내를 이루어 크고 작은 입들을 아! 하고 벌리고 있으며 크고 작은 언덕들[阜陵]은 별도로 물속의 섬[陼]을 이루었는데 그 모습이 삐죽삐죽[嶻], 울퉁불퉁[魄], 구불구불[巽], 까마득하고[庨],[4] 언덕들[丘虛=丘墟]은 굽이굽이[堀] 멀어져갑니다[礨]. 흙 쌓인 언덕 위[隱轔=堆壟]는 울퉁불퉁 굽이쳐[鬱㟸] 끝없이 이어지고 언덕 벼랑은 허물어져 내리고 그 아래 계곡으로는 물이 흘러가는데, 점점 천천히 흐르다가 넓고 평평한 땅[夷陸=平野]에 이르러 갈기갈기 흩어져 흐릅니다.

물가의 높은 땅[皋=皋隰]에 정자를 지으니 1,000리도 서로 이어진 듯 평평하게 다듬어지지 않은 곳이 없습니다. 그곳은 초록빛 향기 나는 풀[蕙=薰草]로 뒤덮이고[捬=覆] 강리(江離)가 무성했으며 미무(蘼蕪-잡초의 일종)가 가득하고 향기 나는 풀 유이(留夷)가 뒤섞여 있습니다. 결루(結縷)가 온통 심어져 있고 여사(戾莎)도 모여 있으며[攢=聚] (향기 나는 풀들인) 게거(揭車), 형란(衡蘭), 고본(稿本)〔○ 사고(師古)가 말했다. "풀의 일종으로 뿌리는 궁궁(芎藭-궁궁이)과 비슷하다."〕, 사간(射干-범부채의 뿌리), 자강

---

4 여기서 사마상여의 형용의 극치를 볼 수 있다.

(此薑-생강의 일종), 양하(蘘荷-생강의 일종), 침지(葴持), 약손(若蓀-창포의 일종), 선지(鮮支-지자수(支子樹)), 황력(黃礫)〔○ 사고(師古)가 말했다. "황력은 지금 염색을 할 때 쓰는 황설(黃屑)나무다. 선지나 황력은 둘 다 풀은 아니지만 이미 평원에 워낙 많았기 때문에 함께 언급한 것일 뿐이다."〕, 장모(蔣茅-띠풀의 일종), 청번(青蘋-향부자와 비슷한 큰 풀) 등은 큰 못[閜澤_{광택}=大澤_{대택}] 주변에 마구 퍼져 있고[布濩_{포호}=布路_{포로}] 평원에 끝도 없이 이어져 있으며[延曼_{연만}] 서로 끊임없이 이어지며[離靡_{이미}] 널리 퍼져 있어[廣衍_{광연}] 바람에 따라 쓰러지거나 흔들리며 각종 향기를 뿜어내 (사람들의 마음속에서) 후끈한 열기를 끌어 올립니다[揚烈_{양렬}].⁵

여기에서는 사방을 두루두루 살펴보아도[周覽汜觀_{주람범관}] 온갖 향기들이 가득하고[繽紛_{진분}=衆盛_{중성}] 촘촘히 뒤섞여 있어[軋芴_{알홀}=緻密_{치밀}] 망망하고 황홀해 직접 눈으로 본다 한들 끝이 안 보이고 아무리 잘 살펴보아도 경계[涯_애=畔_반]는 없습니다. 해는 정원 동쪽에 있는 연못[東沼_{동소}]에서 나와 서쪽 언덕[西陂_{서파}] 사이로 사라집니다. 그 남쪽에는 날씨가 따뜻해[隆_융=溫_온] 겨울에도 식물들이 자라고 물이 (얼지 않아) 살아 움직이듯 일렁거립니다. 그곳에 사는 짐승으로는 용(庸-소의 일종), 모(旄-긴 털 소), 맥(貘-곰과 비슷한 동물), 이(犛-검은 들소), 물소[沈牛_{침우}], 큰 사슴[麈麋_{주미}], 적수(赤首), 환제(圜題), 궁기(窮奇-식인 동물), 코끼리[象_상], 코뿔소[犀_서] 등이 있습니다. 그 북쪽에는 한여름에도 얼음이 얼고 땅이 갈라져 바지 자락을 걷고 빙판 위를 걸어서 강을 건넙니다. 그곳에 사는 짐승으로는 기린(麒麟), 각단(角端-기린과 비슷하면서

5　이하에서는 다시 최대한 우리말로 풀어서 옮기겠다.

콧등에 뿔이 달림), 도도(騊駼), 낙타, 공공(蛩蛩), 탄혜(驒騱-야생마), 결제(駃騠-빠른 말), 여마(驢馬-나귀류), 영(驘) 등이 있습니다.

여기에는 이궁(離宮)과 별관(別館)들이 산에 가득하고[彌=滿] 골짜기를 타고서 넘는 듯하며[跨=騎], 높다란 회당은 사방으로 이어져 있고, 겹겹이 쌓은 누각은 각의 굴곡마다 서로 이어져 있습니다. 화려하게 조각하고 그림을 그려 넣은 대들보와 옥으로 꾸민 서까래 끝, 임금의 수레가 달리는 길[輦道]이 갓끈[纚]처럼 죽 이어져 있으며, 처마 아래 주랑은 사방으로 이어져 있는데 그 길은 멀어서[長途] 도중에 하룻밤을 묵어야 한답니다. 산의 높은 곳[巖]을 평평하게 해서[夷=平] 거기에 집을 짓고 그 위에 여러 층의 누대를 쌓아 올렸으며 바위에 있는 굴을 이용해 방을 꾸몄습니다〔○ 사고(師古)가 말했다. "누대에서 방으로 비밀리에 이어진다."〕. 거기서 아래로 머리를 숙여[頫=俯] 멀리 보면[杳眇=視遠] 보이는 것이라고는 아무것도 없고 우러러보면 대들보가 높아 하늘에 닿을 듯하며[捫天], 유성[奔星=流星]은 궁궐의 작은 문[閨闥]을 지나가고[更=歷] 무지개는 난간에 걸려 있습니다. 청룡은 동상(東箱)으로 머리를 흔들며 꿈틀꿈틀 돌아나가고[蚴蟉] 상서로운 수레[象輿]는 서상(西箱)의 맑고 고요한 곳을 멋지게 재빨리 달려가며[婉僤] (신선) 영어(靈圉)는 조용한 집에서 한가로이 지내고 (또 다른 신선) 악전(偓佺)의 무리[倫=衆]는 남쪽 처마[榮=檐] 아래에서 온몸을 드러내고 있으며 달콤한 샘물[醴泉]은 깨끗한 방에서 솟아나고 밖에서 흘러들어온 물은 뜰 한가운데를 지나갑니다. 반석(磐石)은 깨끗하게 정리돼 있고 어떤 것은 한쪽으로 기울어 기댄 듯하며 어떤 것은 험준해 자연 그대로의 모습을 간직하고 있습니다. 매괴(玫瑰-붉은빛 돌)와 벽림

(碧琳-푸른 옥의 종류), 산호(珊瑚)가 떨기를 이루어 수북하고 민옥(珉玉)과 문석(文石)에는 무늬와 줄이 나 있으며 적옥(赤玉)은 아름다운 무늬를 띠고서 그 사이에 함께 섞여 있으며 조채(晁采)와 완염(琬琰-옥의 일종)과 화씨(和氏-화씨벽)는 이곳에서 납니다.

여기서는 노귤(盧橘)〔○ 사고(師古)가 말했다. "노(盧)는 검은색을 뜻한다."〕이 여름에 익고 황감(黃甘-귤의 일종), 유자[橙=柚], 탱자[楱], 비파나무[枇杷], 멧대추나무[橪], 감나무[柿], 정내(亭柰-사과나무의 일종), 후박나무[厚朴], 다래나무[樗棗], 소귀나무[楊梅], 붉은 앵두나무[櫻桃], 포도나무, 은부(隱夫)〔○ 사고(師古)가 말했다. "알 수가 없다."〕, 까마귀 머루나무[蘡], 산앵두나무[棣], 답답(荅遝)〔○ 장읍(張揖)이 말했다. "자두나무[李]와 비슷한데 촉(蜀)에서 난다."〕, 이지(離支)[6] 등 온갖 과일나무들이 후궁에 늘어서 있고 북쪽 동산까지 가득하며 구릉으로 이어졌다가[扡=延] 평평한 들판으로 내려갑니다.

비취색 나뭇잎이 끝을 쳐들고 붉은 줄기는 흔들흔들하며 붉은 꽃들은 활짝 피어나고 붉은 꽃봉오리[榮]는 드리워져 이 모든 것들이 광활한 들판을 훤하게 구석구석 비춥니다. 사당(沙棠)〔○ 장읍(張揖)이 말했다. "사당은 모양은 팥배나무[棠]와 비슷한데 노란 꽃에 붉은 열매가 열리고 그 맛은 자두와 비슷한데 씨가 없다. 『여씨춘추(呂氏春秋)』에 이르기를 '과일 중에 가장 맛있는 것은 사당의 열매다'라고 했다."〕, 개다래나무[櫟=木蓼], 종가시나무[櫟], 화(華)나무〔○ 사고(師古)가 말했다. "오늘날 그 껍질을 활에

---

6 여지(荔枝)라고도 한다.

붙인다."), 단풍나무[楓], 옻나무[櫨], 유(留)나무, 낙(落)나무, 서야(胥邪), 빈
    풍   노
랑나무[仁頻=檳榔], 종려나무[并閭], 박달나무[欃檀], 목란, 예장(豫章)나
    인빈 빈랑   병려   참단
무, 여정(女貞)나무〔○ 사고(師古)가 말했다. "겨울이나 여름이나 늘 푸르고
시들지 않기 때문에 마치 절조가 있는 것과 같다고 해 이름을 그렇게 붙
였다."〕 등이 있는데 키가 큰 것은 1,000길이 되고 굵은 것은 여러 사람의
아름드리인데, 가지는 곧게 뻗어 시원스럽고 열매와 잎은 크고 무성하며
[欃枍] 그것들은 한곳에 모여 서로 기대어 의지하고 있고 구불구불 뒤엉
 준무
키고 마구 흐드러져 있으며 때로는 꼿꼿하게 때로는 삐딱하게 축축 늘어
진 가지들 사이로 꽃잎들이 떨어지며 바람에 나부끼고, 우람하게 자란 나
무들은 바람이 불면 슬쩍슬쩍 흔들리며 바람이 불어 나뭇가지를 흔들기
라도 하면 그때 나는 소리는 마치 석경이나 피리[管籥] 소리를 듣는 듯합
                                  관약
니다. 울퉁불퉁[柴池=參差] 이 나무들은 후궁을 빙 둘러서 자라고 있고
         시지 참차
수많은 나무들이 겹치고 뒤섞여 있는가 하면 산을 뒤덮고 계곡을 수놓으
며 언덕을 따라 내려가 습한 지대로 내려가는데 이를 보려 해도 그 끝이
보이지 않고 계속 그것을 보게 되면 한도 끝도 없게 됩니다.

　여기에는 현원(玄猿-검은 원숭이), 소자(素雌), 유(蜼-긴꼬리원숭이), 확
(玃-큰 원숭이), 비뢰(飛蠝-날다람쥐), 질(蛭-거머리나 서캐), 조(蜩-매미),
확유(玃蝚-땅강아지), 참호(螹胡-흰 원숭이), 혹(縠-흰 여우), 궤(蛫-곤충의
이름)는 그 사이에서 서식합니다. 길게 울부짖기도 하고 서럽게 울기도 하
며 빠른 행동으로 서로 오가기도 하고 나뭇가지에서 놀거나 나무에 거꾸
로 매달려 있습니다. 때로는 끊어진 다리를 훌쩍 뛰어넘어 숲을 달려 지나
가 늘어진 나뭇가지를 붙잡고 나무가 드문 곳으로 건너뛰기도 하고 어지

러이 흩어져 먼 곳으로 옮겨가기도 합니다.

　이런 곳이 수백 수천 곳이나 돼 즐겁게 노닐면서 오가고 궁궐에서 자고 별관에서 쉴 수 있으며 그렇다고 요리사[庖廚]를 데려올 필요가 없고 후궁을 데려올 일도 없으며 백관(百官)도 다 갖춰져 있습니다〔○ 사고(師古)가 말했다. "필요한 것들은 현지에 다 있다는 말이다."〕.

　여기에서는 가을이 지나고[背秋] 겨울이 찾아오면[涉冬] 천자는 목책을 이용해 사냥을 합니다[校獵]. 상아로 장식한 수레를 타고 옥구슬로 장식한 6마리 준마를 앞세우고 무지개 같은 깃발을 휘날리며 곰과 호랑이를 그려 넣은 깃발을 나부끼면서 가죽으로 만든 수레[皮軒=革車]는 앞장서고 도거(道車)와 유거(游車)는 뒤를 따릅니다. 손숙(孫叔)이 고삐를 잡고 위공(衛公)은 참승(參乘)하며 좌우로 이리저리 호종(扈從)하면서 병사들이 사방의 목책 안으로 나아갑니다. 북을 두드려 행차를 엄중히 하고 사냥꾼을 풀어놓으며 장강과 황하를 막아서 짐승을 가두고 태산을 망루로 삼으며 수레와 말은 우레처럼 일어나 하늘을 흔들고[殷=振] 땅을 움직이며 앞뒤로 흩어져[陸離=分散] 제각각 사냥감을 쫓아가는데, 사냥하는 사람들이 길게 이어져 언덕을 타고 못까지 흘러내려가는 듯한 모양은 마치 구름이 하늘을 가리고 비가 땅으로 쏟아져 내리는 것과 흡사합니다. 비(貔-비휴(貔貅)로 표범을 닮은 전설상의 동물)와 표범을 사로잡고 승냥이와 이리를 패서 잡으며 곰과 큰 곰은 손으로 잡고 야생 양은 발로 차서 잡습니다. 갈(鶡-꿩을 닮은 새)의 꼬리와 깃털로 장식한 모자를 쓰고 백호 무늬의 바지를 입고 야생마를 타고서 가파른 언덕을 오르고 경사진 언덕을 내려가며 험준한 지름길을 내달려 골짜기를 넘고 물을 건넙니다. 비렴(蜚廉-몸은 새 모양인데 머리는 사슴 모양의 짐승)을 몽둥이로 내려치고 해치(解鷹-해태)를 사로잡아 희롱하고 하합(蝦蛤-큰 두꺼비이나 대합조개)를 패서 죽이고 맹씨(猛氏-작은 곰)를 작은 창으로 찌르고[鋋] 요뇨(要褭-준마)를 줄로 붙들어 매어두고 큰 돼지[封豕]를 활로 쏘아 맞힙니다. 화살은 헛되이 쏘지 않아 손에서 시위를 놓는 순간 짐승의 목이나 머리를 관통하고 활은 불발하는 일이 없어 소리가 났다 하면 어느새 사냥감에 꽂힙니다.

이때 천자의 수레[乘輿]는 깃대를 흔드는 일을 멈추고서 이리저리 배회하고 주변을 오가면서 각 부대[部曲]의 나아가고 물러남을 곁눈질로 바라보고 장수들이 지휘하는 모습을 잘 살펴봅니다. 그런 연후에 조금씩 앞으로 나아갔다가 느닷없이 먼 거리까지 내달려 하늘을 날고 있던 새들을 흩어지게 만들고 교활한 짐승들은 가차없이 발로 차고 짓밟으며 흰 사슴을 수레로 깔아뭉개고 토끼를 잡는데, 그 빠르기가 붉은 우레를 앞질러 그 빛을 뒤에 남겨놓고 기이한 것들을 뒤쫓아 수레가 닿을 수 있는 범위[宇宙] 밖으로 튀어나가며, 번약(蕃弱-하후씨의 활)에 흰 깃이 달린 화살을 가득 채워 유효(游梟-사람 모습을 한 짐승)를 쏘고 비거(蜚遽-사슴 머리에 용의 몸을 하고 있는 전설상의 동물)를 치며 살찐 것을 골라 활을 쏘는데, 이미 맞추기 전에 명중할 곳을 정하고서 쏘게 되면 화살이 현에서 떠났는가 하면 짐승은 이미 쓰러져 있습니다[殪].

그런 다음에 깃발을 달아 위에서 드날리게 해 거센 바람을 이겨내고 허무(虛無-허공)를 타고 올라 신선들과 함께 노닐면서 현학(玄鶴-1,000년이 되면 검은색이 된다는 학)을 짓밟고[藺] 곤계(昆雞-학과 비슷한데 황백색임)의 행렬을 어지럽히며 공작과 난조(鸞鳥-난새)를 뒤쫓고 준의(鵔鸃-금계)를 겁박하며 예조(翳鳥)를 붙잡고[拂] 봉황과 원추(鵷鶵-봉황의 일종)를 잡으며 초명(焦明-봉황의 일종으로 서방의 새)을 덮칩니다.

길이 다하고 도로가 끊어져 수레를 돌려 돌아옵니다. 마음대로 돌아다니다가 멀리 북쪽 끝으로 와서 모이는데, 그러고 나서도 곧장 가기도 하고 빙 둘러 가기도 하면서 석궐관(石闕觀)을 지나고 봉만관(封巒觀)을 거쳐 모작관(鳷鵲觀)을 지나 노한관(露寒觀)을 바라보다가〔○ 장읍(張揖)이 말했다. "이 4개의 관은 무제(武帝) 건원(建元) 연간에 지어진 것으로 운양(雲陽)의 감천궁 밖에 있다."〕당리궁(棠利宮)으로 내려와서 의춘궁(宜春宮)에서 휴식을 취하고, 서쪽으로 선곡궁(宣曲宮)으로 치달려 우수(牛首)의 못에 배를 띄워 노를 젓고 용대관(龍臺觀-풍수(豐水) 서북쪽)에 올라 세류관(細柳觀-곤명지 남쪽)에서 쉽니다. 사대부의 부지런함과 지략을 살펴보고 사냥꾼이 무엇을 얼마나 잡았는지 돌아봅니다. 보병과 수레가 밟고 짓뭉갠 것, 기마가 유린해서 잡은 것, 백성들이 발로 밟아서 잡은 것, 그밖에 짐승들이 달아나다가 지쳐서 엎드려 칼에 찔리지도 않고 놀라 죽은 것 등이 뒤섞여 이루 다 셀 수가 없었고, 이에 사냥과 유람에 싫증이 나면[懈怠] 호천대(顥天臺-대가 하늘만큼 높다는 뜻)에 술자리를 베풀고 넓고 큰 집에 음악을 펼쳐놓는데, 1,000섬 무게의 큰 종을 치고 1만 섬 무게의 기둥을 세우며 비취의 깃털로 꾸민 깃발들을 세우고 악어가죽으로 만든 북을 세워두고 도당씨(陶唐氏)〔○ 사고(師古)가 말했다. "음강씨(陰唐氏)를 잘못 베껴 쓴 것이다."〕의 춤곡을 연주하고 갈천씨(葛天氏-삼황 때의 군주)의 노래를 듣습니다. 1,000명이 노래하면 1만 명이 화답하니 산과 언덕이 그 소리에 진동하고 내와 골짜기는 그 소리에 출렁입니다[蕩波]. 파유(巴兪)의 춤과 송나라, 채나라, 회남의 음악과 우차곡(于遮曲)과 문성현(文成縣), 전현(顚縣)의 노래를 한꺼번에 번갈아가며 연주하기도 하고 금(金)과 고(鼓)가 교대로 소리를 내는데, 금석(金石)의 소리와 태고(太鼓)의 소리는 마음을 확 뚫어주고 귀를 놀라게 합니다. 형(荊), 오(吳), 정(鄭)나라의 음악과 순임금의 음악[韶], 탕왕의 음악[濩], 무왕의 음악[武], 주공의 음악[象]과 은근히 주색에 탐하게 하는 늘어진 음악인 언(鄢)과 영(郢)의 음악이 어지러이 일어나며 격초(激楚)와 결풍(結風)〔○ 사고(師古)가 말했다. "둘 다 악곡의 이름이다."〕을 연주합니다. 배우와 난쟁이[侏儒]와 (서융의 노래인) 적제(狄鞮)를 부르는 가수가 있어 귀와 눈을 즐겁게 해주고 마음을 기쁘게 해주니, 앞에서는 아름다운 음악이 흐르고 뒤에는 아름다운 미녀들이 늘어서 있습니다.

저 청금(靑琴)〔○ 복엄(伏儼)이 말했다. "청금은 옛날의 신녀(神女)다."〕이나 복비(虙妃)〔○ 문영(文穎)이 말했다. "낙수(洛水)의 신녀다."〕 같은 여인들은 세상에 둘도 없는 미인으로 아름답고 우아하며 여유롭고 정숙하며, 진한 화장과 곱게 꾸민 모습[刻飾]은 가볍고 곱고 가냘프고 부드러우며 섬세하고 나긋나긋하며, 비단 치맛자락을 끌고 서 있는 모습은 아름답고 기다란 옷매무새는 마치 그림을 그려놓은 듯하고 걸을 때마다 옷에 물결이 일어 세상의 보통 옷들과는 전혀 다릅니다. 진한 향기를 뿜으며 하얀 이를 가지런히 드러내며 웃으면 더욱 빛나고, 가느다란 긴 눈썹은 마치 그린 듯하고 먼 곳을 바라보는 눈은 마치 곁눈질을 하는 듯합니다. 여자의 미색이 오고 남자의 혼백이 가서 서로 만나니 마음은 서로 기울어져 즐깁니다[愉=樂].

이에 술자리가 무르익고 풍악이 한창 흥을 돋우면 천자는 망연히 생각에 잠기어 무엇인가 잃어버린 것이 있는 듯한 표정으로 이렇게 말합니다.

'아, 이것은 너무 지나친 사치로다! 짐은 정사를 들을 일이 없어 한가로울 때 가을이 되면 사냥을 즐기면서 때때로 여기서 휴식을 취할 뿐이다. 그런데 후세의 자손들이 사치하고 화려한 데에 흘러서 마침내는 처음(의 근검과 순박한 데)으로 되돌아갈 수 없게 될까 두렵다. 이는 후세의 자손들을 위해 대업을 일으켜 대통을 남기신 선조의 본래 뜻이 아니다.'

이에 마침내 술자리를 끝내고 사냥을 중지한 뒤 담당 관리에게 이렇게 명해 말합니다.

'개간할 수 있는 토지는 모두 갈아서 밭을 만들어 백성들을 넉넉하게 만들라. 담을 헐고 도랑을 메워 산골 백성들이 이곳으로 올 수 있도록 하고 저수지에도 물고기를 길러 백성들에게 그것들을 잡을 수 있게 하라. 궁관(宮觀)을 비워 백성들을 궁궐의 하인으로 채우는 일이 없도록 하라. 창고의 곡식을 풀어 가난한 자를 구제하고 모자란 것은 보충해주도록 하라. 과부와 홀아비들을 돌보아주고 고아와 의지할 곳 없는 늙은이를 위로해주도록 하라. 황제의 조서를 말해 형벌을 덜어주고 제도를 고치며 복색을 바꾸고 역법을 바꾸어 천하와 더불어 (다시) 시작하도록 하라!'

이에 길일을 가려[歷=算] 재계한 다음 예복을 입고 육두마차(六頭馬車)를 타고 비취 깃발을 세우고 방울을 울리면서 육예(六藝)의 동산에서 놀고, 어짊과 의로움[仁義]의 길로 달리고, 『춘추(春秋)』의 숲을 돌아보고, 이수(狸首-잃어버린 시로 활쏘기 때 연주했음)를 쏘고, 추우(騶虞-『시경(詩經)』의 시)를 잡고, 현학(玄鶴)을 쏘아 맞추고, 간척(干戚-고대의 춤)을 세우고, 운한(雲罕-천자의 깃발)을 장식하고, (『시경(詩經)』의) 「대아(大雅)」와 「소아(小雅)」를 망라하고 벌단(伐檀-위(魏)나라의 시)을 불러 슬퍼하고, 악서(樂胥-『시경(詩經)』의 시)의 시를 즐기고, 『예기(禮記)』의 동산에서 위엄 있는 태도를 닦고, 『상서(尙書)』의 밭에서 날개를 펴서 춤을 추며 노닐고 『역경(易經)』의 도리를 서술합니다.

동산 안에 있는 기이한 짐승을 풀어주고 명당(明堂)에 올라 태묘에 앉아서 여러 신하들에게 정치의 얻고 잃음[得失]을 마음껏[恣] 아뢰게 하니 사해에 천자의 은혜를 입지 않는 자가 없게 됩니다. 이런 때에 천하의 백성들은 매우 기뻐해 바람에도 귀를 기울이고 물의 흐름에 따라 교화되므로 급히 도리를 제창하면 의로움 쪽으로 옮겨가고[遷義=徙義]⁷ 형벌은 있으나 쓰지 않습니다. 다움[德]은 삼황(三皇)보다 높고 공로[功]는 오제(五帝)〔○ 사고(師古)가 말했다. "오제는 황제(黃帝), 전욱(顓頊), 제곡(帝嚳), 요(堯), 순(舜)을 말한다. 일설에는 소호(少昊), 전욱(顓頊), 고신(高辛), 요(堯), 순(舜)을 말하기도 한다."〕보다 많아집니다. 이와 같았기에 사냥을 해도 기쁘게 할 수 있는 것입니다. 만일 종일토록 말을 달려서 몸과 마음을 수고롭게 해 지치고, 수레와 말을 혹사시키며 정예병사들의 사기를 꺾고[抗=折], 창고의 재물을 탕진하며 두터운 은덕은 없이 일신의 향락만 힘쓰고 백성들을 돌보지도 않고 국가의 정사도 잊은 채 꿩과 토끼 사냥만을 탐낸다면 이는 어진 사람이 할 일이 아닙니다. 이렇게 본다면 제나라와 초나라의 일이 어찌 슬프지 않겠습니까! 땅은 사방 1,000리를 넘지 않는데 원유

---

7 이는 곧 의로움을 몸소 행한다는 뜻이다.

(苑囿)는 900리나 됩니다. 이곳에서는 초목을 개간할 수 없어 백성들은 농사를 지어 먹을 수도 없습니다. 한낱 제후의 작은 나라로서 만승의 천자조차도 사치로 여기는 바를 즐기신다면 나는 백성들이 그 해를 입게 될까 두렵습니다."

그러자 두 사람은 깜짝 놀라 안색을 바꾸고 멍하니 정신을 잃고 있다가 주춤주춤 물러나 자리를 피하며 말했다.

"시골뜨기라 고루해서 꺼리고 피해야 할 바를 몰랐는데 오늘에야 드디어 가르침을 받았으니 삼가 말씀을 따르겠습니다.'"

이 부(賦)를 올리자 천자는 그를 낭(郎)으로 삼았다. 무시공은 상림원의 광대함과 산곡(山谷), 수천(水泉)에 있는 만물(萬物)을 말했고, 자허는 초나라의 운몽택이 가지고 있는 것이 매우 많은 것을 말했는데 그것은 매우 사치스럽고 화려해 그 실질보다 지나치며, 또 의리상으로 숭상할 바가 아니었다. 그런 까닭에 여기에서 그 중요한 것만을 취하고 정도(正道)로 돌아갈 수 있도록 논했다.

권
57

사마상여전
司馬相如傳

〚하〛

상여(相如)가 낭이 된 지 여러 해가 됐을 때 마침 당몽(唐蒙)이 사자가 돼 야랑(夜郞)과 서북(西僰)을 점령하고서[略] 이곳과 통하려고 파(巴), 촉(蜀)의 관리와 군졸 1,000명을 징발했는데 두 군(郡)에서 육로와 수로로 그들의 양곡을 운송하기 위해 내보낸 사람만도 1만여 명이나 됐다. 당몽이 군사 징발법을 발동해 그 수령을 베어 죽이자 파와 촉의 백성들은 크게 놀라고 두려워했다. 상이 이를 듣고서 마침내 상여를 보내 당몽을 꾸짖게 하고 이어 파와 촉의 백성들에게 그것은 상의 뜻이 아니었음을 해명하도록 했다. (상여가 쓴) 격문은 다음과 같다.

'파(巴)와 촉(蜀)의 태수에게 고하노라. 남쪽 오랑캐들[蠻夷]이 제멋대로[自擅] 하는데도 토벌하지 못한 날이 오래되다 보니 때때로 (한나라의) 변경을 침범하고 사대부(士大夫)를 괴롭혔다. (새로운) 폐하께서 자리에 오르시어[卽位] 천하를 위로하고 어루만지셨으며[存撫=慰撫] 중국(中國)을 편안하게 하신[集安=便安] 연후에 군사를 일으켜 북쪽으로 흉노(匈奴)를 정벌하시니 선우(單于)가 놀라고 두려워하면서[怖駭=懼驚] 양손을 마주 잡고 폐하의 말씀을 받들어 무릎을 꿇고 화평을 청했다. (그리고) 강거(康居)와 서역(西域)의 나라들은 여러 단계의 통역을 거쳐[重譯] 입조하기를 청해 머리를 조아리며 진기한 공물을 바쳤다. 군대를 옮겨 동쪽으로 갔는데 (민월이 남월을 공격해 그로 인해) 남월(南越)에서는 내분이 한창이었다. 그래서 한나라 사신은 오른쪽으로 가서[右弔=右至]¹ (남월의 수도인) 반우(番禺)에 이르니 그 태자가 한나라에 입조했다. 남이(南夷)의 군주들과 서북(西僰)의 군장(혹은 추장)들은 늘 공물을 바치는 것[貢職]을 게을리하지 않았고 목을 길게 빼고 발꿈치를 들어 물고기가 입을 위로 향하듯 모두 서로 다투어 의로움을 사모해[慕義] 신하가 되기를 원했지만 길은 멀고 산천은 가로막혀 그들 스스로의 힘으로는 이 뜻을 이룰 수가 없다. 저 순종하지 않는 자는 이미 주살했으나 좋은 행동을 한 자들에게는 아직 상을 주지 못했다. 그래서 중랑장(中郞將) 당몽을 보내 빈객을 대하는 예의로 파와 촉의 사졸과 백성 각 500명을 징발해 폐백을 받들고 가게 하는 한편 불의의 변을 당하지 않도록 사자를 호위하게 했던 것이니, 애당초 전쟁을 하려 하거나 전투를 벌이려 했던 의도는 없었다. (그런데) 이제 듣건대 당몽은 군사 징발법을 발동시켜 그곳의 자제들을 놀라게 하고 두려움에 떨게 했으며 장로(長老)들을 근심하게 만들었고 또한 두 군(郡)에서

---

1 남쪽을 향해서 오른쪽으로 갔다는 말이니 서쪽으로 내려갔다는 뜻이다.

도 자기들 마음대로 그들을 위해 식량을 운송하게 했다고 한다. 이런 일들은 모두 폐하의 뜻이 아니다. 징발된 자들 중에 혹은 도망치고 혹은 자살한다고 하니 이 또한 남의 신하 된 자가 취할 도리[節]가 아니다.

저 변방 군(郡)의 무사들은 봉수(烽燧-봉화)가 올랐다는 말을 들으면 그 즉시 모두 활을 잡고 달려가고 무기를 들고 뛰어가서 땀을 흘리며 서로 잇달아 모여서 다른 사람에게 뒤질까 두려워한다. 그들은 적의 하얀 칼날을 무릅쓰고 날아오는 화살도 두려워하지 않는 것을 의로움으로 여겨 뒤를 돌아보지도 않고 발꿈치를 돌리지 않으며 그 사람들이 품은 노여운 마음은 마치 자신의 개인적인 원수를 갚으려는 것과 같다. 그들이라고 어찌 죽는 것을 좋아하고 사는 것을 싫어해서겠는가? 그들인들 어찌 호적이 없는 백성일 것이며 파와 촉의 사람들과 다른 군주를 모시겠는가? 단지 그들은 계책이 깊고 멀리 내다보아 국가의 위급함을 급선무로 여기고 신하로서의 도리를 다하는 것을 기쁘게 생각하기 때문이다. 그렇기 때문에 부(符)를 쪼개 봉읍(封邑)을 받고, 규(珪)를 나누어 작위를 받아 그 지위는 통후(通侯)에 오르고 사는 집은 성 동쪽 저택가에 줄짓게 된다. 마침내는 [終則] 빛나는 이름을 후세에 남기고 토지를 자손들에게 전하게 되며 하는 일은 매우 충성스럽고 공경스러우며 머무는 지위는 매우 편하고 명성은 끝없이 전해지고 공적은 훤히 드러나 사라지지 않는다. 이 때문에 뛰어난 이와 군자들은 간과 뇌를 중원 땅에 바르고 기름과 피로 들풀을 적신다 해도 결코 물러나지 않는 것이다. 그래서 지금 폐백을 받들고 가는 관리가 남이(南夷)에 이르러서 즉시 자살하거나 혹은 달아나다가 목이 베인다면 자신이 죽은 뒤에 이름을 남길 수도 없을 것이고 시호도 지극히 어리석다[至愚]라고 할 것이며 그 치욕은 부모에게까지 미쳐 천하의 웃음거리가 될 것이다.

사람의 도량이 서로 다름이 어찌 이다지도 크단 말인가! 그러나 이는 그 혼자만의 죄가 아니다. (그것은) 앞서 아버지와 형이 가르치지 않아 자제들의 행동이 조신하지 못한 탓이고 청렴함과 부끄러워함이 별로 없어 풍속이 도탑지 않기 때문이다. 그들이 형벌을 받는 것은 진실로[亦] 마땅하지 않은가!

폐하께서는 사자와 담당 관리[有司]가 저(-당몽)와 같을까 걱정하시고 또 불초한 어리석은 백성들이 이와 같이 행동하는 것을 슬퍼하시기 때문에 그래서 사자를 보내 백성들에게는 병졸들을 징발한 이유를 훤하게 알려주고, 이어 나라에 불충하게 죽고 도망하는 것을 꾸짖고[數=責] 삼로(三老), 효제(孝弟)들에게는 백성들을 깨우치지 못한 허물을 꾸짖는[讓=責] 것이다. 지금은 바야흐로 바쁜 농사철이니 백성들을 번거롭게 불러 모으는 것이 어렵다는 것을 안다. 가까운 고을의 백성들은 직접 살펴볼 수 있겠지만 멀리 떨어진 곳의 계곡과 두메산골의 백성들이 두루 듣지 못할까 걱정스럽다. 이 격문이 도착하거든 급히[亟=急] 현 안의 오랑캐 부족에 내려주어 모두가 폐하의 뜻을 알게 하고 결코 소홀함이 없도록 하라.'

상여가 돌아와 보고했다[還報=復命]. 당몽은 이미 야랑을 경략해 그곳의 길을 열었고 그로 인해 서남이(西南夷)의 길을 열어 파(巴), 촉(蜀), 광한(廣漢)의 병졸들을 징발해 도로를 만드는 데 수만 명을 투입했다. 2년 동안 길을 닦았으나 길은 완성되지 않았고 병졸 다수가 죽었으며[物故=死] 억만에 이르는 경비가 들어갔다. 촉의 백성들과 한나라의 조정에서 파견

된 사람들은 대부분 그 일이 옳지 않다고 말했다. 이 무렵 공(邛)과 작(筰)〔○ 문영(文穎)이 말했다. "공(邛)이란 지금의 공도현(邛都縣)이고 작(筰)이란 지금의 정작현(定筰縣)이다."〕의 군장(君長)들은 남이(南夷)가 한나라와 교통함으로써 수많은 상을 받았다는 소식을 듣고는 대부분 한나라의 신하가 되고 싶어 해 한나라 관리에게 남이와 같은 대우를 해줄 것을 청했다. 상이 상여에게 물으니 상여는 이렇게 말했다.

"공(邛), 작(筰), 염(冉), 방(駹)은 촉군(蜀郡)에 가깝고 길도 쉽게 통해 예전에[異時] 일찍이(-진(秦)나라 때) 서로 통해 군과 현을 두었는데 한나라가 일어나면서 없앴습니다. 이제 정말로 다시 통해 현을 설치한다면 남이의 경우보다 나을 것입니다."

상은 옳다고 여겨 이에 상여를 제배해 중랑장으로 삼아 사자의 부절을 세워주어[建] 서이(西夷)로 가게 했다. 부사(副使)는 왕연우(王然于), 호충국(壺充國), 여월인(呂越人)이었으며 사두마차의 급행 전마(傳馬)를 달려파, 촉의 관리들의 폐물을 서남이에 뇌물로 주었다. (이들이) 촉에 도착하자 촉의 태수 이하의 관원들은 교외로 나와 맞이했고, 현령은 몸소 쇠뇌와 화살을 등에 지고서 길을 인도했으며[先驅=導路], 촉 사람들은 이렇게 상여를 맞이하는 일을 영광[寵=榮]으로 여겼다. 이에 탁왕손(卓王孫)을 비롯해 임공(臨邛)의 여러 공(公)들은 모두 상여의 문하(門下)를 통해 소와 술을 바침으로써 환심을 샀다. 탁왕손은 탄성을 내지르며 스스로 딸을 좀 더 일찍 사마장경(司馬長卿)에게 시집보내지 못한 것을 안타까워하면서 딸에게 재물을 두텁게 나누어 주어서 다른 아들과 공평하게 해주었다. 상여는 서남이를 공략하게 해 평정했고 공, 작, 염, 방, 사유(斯楡)의 군장들은

모두 달려와 스스로 신하[臣妾]가 되길 청했고 (서남이로 통하는) 변경의
　　　　　　　　　신첩
관소(關所)를 철거하고 변관(邊關)의 범위를 더욱 넓히니 서쪽으로는 말수
(沫水)와 약수(若水)에 이르고, 남쪽으로는 장가강(牂柯江)에 이르러 돌과
나무로 경계표지를 세웠으며[徼], 영산(零山)의 길을 통하게 하고 손수(孫
　　　　　　　　　　　　　요
水)에 다리를 놓아 공, 작과 통하게 했다〔○ 장읍(張揖)이 말했다. "영산의
길을 뚫어 개통하고서 영도현(靈道縣)을 두었다. 손수는 대등현(臺登縣)에
서 나와 남쪽으로 회무(會無)에 이르러 약수로 흘러들어간다."〕. 천자에게
돌아와 보고하니 천자는 크게 기뻐했다.

상여가 사자로 (촉 땅에) 갔을 때 촉(蜀)의 장로들은 대부분 서남이와
통교해봐야 아무런 소용이 없을 것으로 말했고 조정 대신들 또한 그렇다
고 여겼다. 상여가 간언하고자 생각했으나 일에 대한 계획이 이미 섰으므
로 감히 간언하지 못하고 대신 글을 지어 촉의 부로(父老)의 말인 것처럼
해서[藉=假託] 이에 대해 자기가 그것을 힐난함으로써 황제에게 풍간(諷
　　　자　가탁
諫)하고[風=諷], 또 그것을 통해 자신이 사신으로 온 뜻을 밝혀 백성들 모
　　　　풍　풍
두로 하여금 천자의 뜻을 알게 했다. 그 글은 다음과 같다.

'한나라가 일어난 지 78년, (천자의) 다움은 6대에 걸쳐 성대했고[茂=懋
　　　　　　　　　　　　　　　　　　　　　　　　　　　　　　　무　무
=盛] 무위(武威)는 흘러넘쳤으며[紛紜] 성대하고 은택은 깊고 넓어[汪濊=
  성　　　　　　　　　　　분운　　　　　　　　　　　　　　　　왕예
深廣] 모든 만물을 촉촉이 적셔주었으니[霑濡] 나라 밖까지 출렁출렁 넘
심광　　　　　　　　　　　　　　　　　점유
치고 있다[洋溢]. 이에 마침내 사자에게 명해 서쪽으로 가게 해 물이 흘러
　　　　양일
가듯이 적들을 물리치니[攘=却退] 바람이 부는 데 따라 쓰러지지 않는 풀
　　　　　　　　　　양　각퇴
들이 없는 것과 같았다. 그리하여 염(冉)을 입조시키고 방(駹)을 복종시켰

으며 작(筰)을 평정하고 공(邛)을 어루만지며 사유(斯楡)를 공략하고 포만(苞滿)을 점령하고서 수레를 돌려 귀환해 동쪽을 향해 천자에게 장차 보고를 하려고 촉의 도읍[蜀都]에 이르렀다. (이에 현지의) 기로(耆老), 대부(大夫), 진신(搢紳)선생 27명이 위의(威儀)를 바로 하고서 사자를 찾아와[造=至] 인사를 마치고 나아와 이렇게 말했다.

"대개 듣건대 천자께서 이적(夷狄)을 대하시는 태도는 그 뜻이 관계를 묶어두는 것[羈縻=牽制]에 있지 (국교를) 단절하는 데 있지 않다고 했습니다. (그런데) 지금 3군(三郡)의 병사를 피로하게 하면서 야랑과 통하는 길을 열려고 한 지 3년이 됐지만 공업은 끝내 마치지 못했고 사졸들은 피로에 지쳤으며 만백성들은 견딜 수가 없는 지경입니다[不瞻]. 그런데 지금 또 서이(西夷)와 통교하려 하니 백성들의 힘이 다해 능히 일을 마치지 못할까 걱정스럽습니다. 이는 또한 사자와 관련된 일이라 저희들은 남몰래 당신과 주변 사람들을 위해 걱정하고 있습니다. 또한 저 공(邛), 작(筰), 서북(西僰) 등이 중국과 나란히 존립한 지가 오래돼 그 경과를 다 기록조차 할 수가 없을 정도입니다. (중국의) 어진 임금[仁者]은 다움을 통해 그들을 찾아오게 하지 못했고 강한 임금[強者]은 힘을 통해 그들을 병탄하지 못했으니 생각해볼 때 저들을 어떻게 하겠다는 것은 거의 불가능한 일입니다! (그런데도) 지금 백성들의 재물을 쪼개어 이적(夷狄)들에게 나눠주고 있어 도리어 믿고 의지해야 할 (중국의) 백성들을 피로하게 만들어 아무짝에 쓸모없는 (서남이와 같은) 이적들을 도우려고 하니, (저희 같은) 시골 사람들은 고루해서 무슨 말씀을 드려야 할지를 모르겠습니다."

사자가 말했다.

"어찌[烏=於何] 이런 말씀을 하십니까? 반드시 여러분이 말한 대로라고 한다면 이 촉 땅 백성들도 (오랑캐의) 옷을 바꾸지 않았을 것이고 파 땅의 백성들도 풍속이 (중국처럼) 교화되지 않았을 것이니 저[僕]는 오히려[尙=猶] 이런 말을 듣는 것이 싫습니다. 더구나 이 사안은 워낙 중대해 진실로 그냥 구경하는 사람[觀者]이 꿰뚫어볼 수 있는 바[所觀]가 아닙니다. 나는 급히 가야 하기 때문에 그 상세한 것들을 다 말씀드릴 수 없지만 대부들을 위해 그 개요만이라도 거칠게 말씀드리겠습니다[粗陳].

대체로 세상에는 반드시 비상한 사람이 있은 뒤라야 비상한 일이 있고, 비상한 일이 있은 뒤라야 비상한 공적이 있는 것입니다. 비상하다는 것은 본래 평범한 것과는 다른 것입니다. 그래서 비상한 일의 그 시초[元=始]라는 것은 일반 백성들[黎民]이 두려워하는 것입니다. 그것이 공적을 이루게 되면 천하가 비로소 편안합니다[晏=安].

옛날에 홍수가 넘쳐흘러서 범람해 마구 흐르니 백성들은 짐을 꾸려 높은 곳과 낮은 곳을 오르내리면서 이사를 다니느라 삶이 험난해 편안할 수가 없었습니다. 하후씨(夏后氏)²는 이를 근심해 마침내 홍수의 근원[洪原] 〔○ 사고(師古)가 말했다. "강의 근원을 원(原)이라고 한다."〕을 막았습니다[堙=塞]. 강을 트고 하수를 소통시켜[決江疏河] 강을 나누거나 깊게 해서 재해를 덜어 물을 동쪽으로 향하게 해 바다에 돌려보내니 천하가 영원히 편안해졌습니다. 이처럼 부지런해야 하는 때를 만나 어찌 백성들만 수고로웠겠습니까? (하후씨는) 마음속으로 번민하고 몸소 노동을 했기에 몸이

---

2 우왕(禹王)이 천하를 통치한 호(號)다.

말라 살집이 없어지고 피부에는 털이 나지 않았습니다. 그랬기에 그의 아름다운 공적[休烈=美業]은 끝없이 드러나고 그 명성은 오늘날에도[于茲=今茲] 통하고[浹=徹] 있는 것입니다.

또 무릇 뛰어난 임금이 즉위했을 경우[踐位=卽位] 어찌 자질구레한 일이나 그때그때 처리하면서 법률 조문에 얽매이고 습속에 매여 낡은 관습이나 따라 하면서 당대의 속된 의견을 듣기만을 좋아하겠습니까? 반드시 장차 숭고하고 원대한 것을 생각해 사업을 열고 법통을 세워 만세의 모범이 되려고 할 것입니다. 그렇기 때문에 모든 나라를 감싸주고 사방의 오랑캐를 끌어안는 일에 부지런히 힘써 하늘이나 땅과 나란히 하려고 할 것입니다. 또 『시경(詩經)』에 이르지 않았습니까? '넓은 하늘 아래 왕의 땅 아닌 곳 없고 온 땅 위에 왕의 신하 아닌 자 없다[普天之下 莫非王土 率土之濱 莫非王臣]'〔○ 사고(師古)가 말했다. "「소아(小雅)」 '북산(北山)' 편에 나오는 구절이다."〕.' 이는 육합(六合-천지 사방)의 안과 팔방(八方-사방(四方) 사유(四維)의 밖까지 물이 스며들고 넘쳐흐르는 것과 같아 생명을 가진 것들 중에 군자의 은택으로 윤택하지 않은 자가 있다면 뛰어난 군주는 그것을 부끄럽게 여길 것입니다. 이제 나라 안의 의관을 갖춘 사람들은 모두 아름다운 복을 받아서 한 사람도 빠진 자가 없습니다.

그러나 오랑캐는 풍속을 달리한 나라로서 멀리 떨어져 있고 이민족의 땅이어서 배와 수레도 통하지 않고 인적도 드물어 정치와 교화는 아직 미치지 않으며 천자의 덕화도 미미할 뿐입니다. 그리하여 이들은 안으로 들어와서는 변경에서 의로움을 범하고 예를 침해하며[犯義浸禮] 밖으로 나가서는 제멋대로 간사한 짓을 저질러 자신들의 군주를 내쫓고 죽였습니다. 군주와 신하의 위치를 바꿔놓고, 높은 자와 낮은 자가 차례를 잃게 하고, 부형(父兄)은 죄 없이 형벌을 받고, 어린이와 고아는 종이 돼 묶인 채 울게 했습니다. 그러고는 중국[內=中國]을 향해 원망하며 이렇게 말했습니다.

'대개 듣건대 중국에는 지극히 어진 임금[至仁]이 있어 다움은 성대하고 은택은 두루 넓어 만물이 제자리를 얻지 못하는 경우가 없다고 하는데 지금은 홀로 우리만 어찌[曷=何] 버려두는가?'

그들이 뒤꿈치를 들고서 중국을 사모하는 것은 마치 가뭄에 비를 기다리는 것과 같아서 포학한 자도 이 때문에 (감동을 받아) 눈물을 흘리는데 하물며 빼어난 천자께서 또 어찌[烏] 그대로 둘 수 있겠습니까? 그래서 북쪽으로 군대를 출동시켜 강한 오랑캐[强胡]를 치고, 남쪽으로 사자를 보내 강한 월나라[勁越]를 꾸짖었습니다. 사방이 다움에 감화되자[風德] 서이와 남이의 군장들 중에서 물고기가 흐르는 물을 따르듯 우러러보며 작호(爵號) 받기를 원하는 이가 헤아릴 수 없을 정도입니다. 그래서 이에 말수(沫水)와 약수(若水)에 관소를 두고 장가강(牂柯江)을 경계로 삼았으며[徼], 영산(零山)을 뚫어 길을 열고[鏤=疏通] 손수(孫水)의 원천에 다리를 놓았으며, 또한 도리와 다움[道德]의 길을 세우고 어짊과 의로움[仁義]의 전통을 드리워, 장차 은혜를 널리 베풀고 먼 곳의 백성들을 어루만져 소원하고 먼 곳까지 미치게 해 막히지 않게 하며, 아직 막히어 미개한 곳으로 하여금 광명의 빛을 얻게 함으로써 이러한 전쟁을 쉬게 하고 그에 대한 토벌을 그치게 하려는 것입니다. 먼 곳과 가까운 곳이 한 몸이 되며 중앙 조정과 먼 외방이 함께 안락할 수 있으니 참으로 평안하지 않겠습니까?

무릇 백성들을 곤궁과 어려움 속에서 구제하고, 지존의 아름다운 다움을 받들어 말세의 쇠퇴한 형세를 회복하고 주나라의 끊어진 대업을 잇는 것은 천자의 급선무입니다. 설사 백성들이 수고로울지라도 또 어찌[惡=烏]오 오 그칠 수 있겠습니까?

또 무릇 임금다운 임금[王者]왕자이란 진실로 큰일을 근심하고 부지런히 하는 데[憂勤]우근서 시작하지 않는 것이 없고 평안과 안락함[佚樂]일락에서 끝나지 않는 것이 없습니다〔○ 사고(師古)가 말했다. "시작함에 있어 큰일을 근심하고 부지런히 하면 끝에 가서 평안과 안락함을 얻게 된다는 말이다."〕. 그렇다면 천명을 받은 뜻은 바로 여기에 있는 것입니다. 바야흐로 장차 (천자께서는) 태산에 봉제(封祭)를 올릴 단을 쌓고, 양보산(梁父山)에서 제의(祭儀)를 올리며 수레 방울을 울리고 음악과 송(頌)를 크게 연주해, 위로는 오제(五帝)와 같고 아래로는 삼왕(三王)과 같아지려 합니다. 곁에서 지켜보는 자는 아직 가르치는 손가락을 제대로 보지 못하고, 곁에서 듣는 자는 아직 천자의 참뜻을 듣지 못하는 것이니, 이는 초명(鷦明)[3]이 이미 하늘을 날고 있음에도 새그물을 치는 자는 오히려 숲과 못을 들여다보고 있는 것과 같은 것이라 슬플 뿐입니다!"

이 글을 보고 여러 대부들은 망연자실해 그들이 품고 있던 생각과 간언할 말을 잊어버렸다. 그리고 모두 감탄해 이렇게 칭찬했다.

"한나라의 은덕은 진실로 위대합니다. 이것은 우리들이 듣고 싶어 했던

---

3 다섯 방위를 지키는 전설 속의 신령스러운 새다.

말입니다. 비록 백성들이 태만하게 할지라도 우리들이 앞장서서 실천하겠습니다."

부로들 또한 낙담해[敝罔=失望] 고개를 떨구고 하직 인사를 한 다음에 스스로 물러갔다.'

그 뒤에 어떤 사람이 글을 올려 상여가 사자로 나갔을 때 돈을 받았다고 말해 (상여는) 관직을 잃었다. 1년 남짓 뒤에 다시 불려와 낭(郎)이 됐다.

상여는 말을 더듬었으나[口吃] 글은 잘 지었다. 평소 소갈병(消渴病)을 앓고 있었다. 탁문군(卓文君)과 혼인해 재물은 풍족했다. 그래서 그는 비록 벼슬을 살았지만 일찍이 공경(公卿)이나 국가의 일에는 관여하지 않으려고 했고 늘 질병을 핑계 삼아 한가하게 살면서 관직과 작위를 흠모하지 않았다.

일찍이 상을 따라서 장양궁(長楊宮)에 가서 사냥을 했다. 이때 천자가 바야흐로 직접 곰, 산돼지를 쏘는 것을 좋아해 말을 달려 들짐승을 쫓아다니자 상여는 그것을 갖고서 소를 올려 간언했다. 그 소(疏)는 이러했다.

'신이 듣건대 만물은 종류는 같아도 각기 다른 능력을 갖고 있으니 그래서 힘으로는 오획(烏獲)〔○ 사고(師古)가 말했다. "진(秦)나라 무왕(武王)의 역사(力士)다."〕을 칭찬하고 민첩하기로는 오경기(吳慶忌)〔○ 사고(師古)가 말했다. "오왕 요(僚)의 아들로 활을 잘 쏘았다."〕를 말하며 용맹하기로는 맹분(孟賁)과 하육(夏育)〔○ 사고(師古)가 말했다. "두 사람 다 고대의 용사다."〕을 들먹입니다. 신의 어리석음으로 남몰래 보건대 사람됨에는 진실로 그러한 것이 있고 짐승들 역시 그러하다고 생각됩니다.

지금 폐하께서는 막히고 험한 곳을 타고 넘으며 맹수들을 활로 쏘는 것을 좋아하시는데 갑자기 아주 대단한 짐승과 맞닥뜨리게 되면 깜짝 놀라 안전한 땅을 확보하지 못하고, 시종하는 수레[屬車]를 범해 시퍼런 먼지를 일으킨다면 수레는 제대로 돌리지도 못하게 되고 사람들도 기교를 부릴 틈이 없으니, 비록 오획이나 봉몽(逢蒙)〔○ 사고(師古)가 말했다. "옛날에 활을 잘 쏘던 사람이다."〕의 기예를 가지고 있다 할지라도 쓸 수가 없어서 마치 고목과 썩은 가지처럼 모두 어려운 처지에 놓이게 됩니다.

이것은 호족(胡族)과 월족(越族)이 수레의 아래에서 나타나고 강족(羌族)과 이족(夷族)이 수레 뒤의 가로지른 나무에 이르는 것인데 어찌 위태롭지 않겠습니까? 비록 만전을 기해 걱정을 없앤다 하더라도 그러나 여기는 본래 천자가 마땅히 가까이 할 곳이 아닙니다. 또 무릇 길을 깨끗하게 닦은 다음에 간다고 해도 길에 들어서 달리게 되면 오히려 때에 따라 고삐가 끊어지는 변고[銜橛之變]도 있는데 하물며 무성한 풀을 건너고 구릉을 달리며 앞에서 짐승을 잡는 즐거움을 누리면서 그러나 안으로 변고가 있을 수도 있다는 생각을 갖지 않는다면 그것은 해가 되지 않기가 어려울 것입니다.

무릇 만승의 무거움[重]을 가벼이 여겨 편안하게 생각해서는 안 되며, 만의 하나 위험한 일이 생기는 것을 즐기며 그것을 오락으로 여기신다면 신은 남몰래 폐하를 위해서 그렇게 해서는 안 된다고 생각합니다. 대개 눈 밝은 사람[明者]은 아직 싹트지 않은 것도 멀리서 보며 또 일과 사람을 볼 줄 아는 사람[知者]은 위험이 아직 싹트지 않았을 때 피하는 것이니, 재앙이란 진실로 숨겨지고 미미한 곳에 숨어 있다가 사람이 소홀히 하는 데서 나타나는 것입니다.

그래서 속담에 이르기를 '집안에 천만금을 쌓아놓았다고 할지라도 앉을 때 처마 끝은 피한다'고 했습니다. 이 말은 비록 작은 것일지라도 큰 것을 깨우쳐줄 수 있다는 뜻입니다. 신이 바라건대 폐하께서 제 말씀에 뜻을 두시고 다행스럽게도 잘 살펴주십시오.'

상은 이 소를 좋게 여겼다. 돌아오는 길에 의춘궁(宜春宮)을 지나면서 상여는 부(賦)를 지어 올려 진나라 2세의 과실을 마음 아파했다[○ 사고(師古)가 말했다. "의춘궁은 본래 진나라의 이궁(離宮)으로 (2세황제) 호해(胡亥)가 이곳에서 염락(閻樂)에게 살해됐기 때문에 그에 대한 감회가 있어 마음 아파한 것이다."]. 그 부는 이러했다.

'가파른 긴 언덕을 올라 층층이 높게 솟아 늘어선 궁전으로 들어선다.
굽이진 강의 물가를 굽어보며,
울퉁불퉁한[參差] 남산(南山)을 바라본다.
　　　　　참차
높디 높은 산은 텅 빈 듯하고, 깊디 깊은 계곡은 산간에 퍼져 있다.
시냇물 흐름은 가볍고도 급하게 멀리 흘러가서
평원의 넓고 평평한 연못으로 쏟아지네.
무성하게 잘 자란 온갖 나무들의 울창한 그늘을 보고,
빼곡한 대나무 숲의 무성함도 본다.
동쪽으로는 토산(土山)으로 달려가고,
북쪽으로는 옷을 걷고서 여울물을 건넌다.

잠시 조용히 걸으며 2세의 유적을 살피다가 조문한다.

2세는 몸가짐을 삼가지 않다가 나라는 망하고 권세는 잃었도다.

참소를 믿고 깨닫지 못하다가 종묘사직은 끊어졌도다.

아아! 품행이 좋지 못해 분묘에는 풀이 우거져도 돌볼 이 없고,

혼령은 돌아갈 곳이 없어 제삿밥도 받지 못하는구나.'

상여는 제배돼 효문원(孝文園)의 영(令)이 됐다. 상은 '자허부'를 훌륭하다고 여겼는데 상여는 상이 선도(仙道-신선술)를 좋아하는 것을 알고서 이렇게 말했다.

"상림의 일을 아름답다고 하기에는 아직 부족합니다. 오히려 더 화려한[靡=麗] 글이 있습니다. 신이 일찍이 '대인부(大人賦)'를 지었으나 다 아직 완성하지 못했으니 청컨대 제가 다 갖추어 올릴 것을 허락해주십시오."

상여는 전설 속의 선인(仙人)들이 산과 못 사이에서 사는데 그 모습이 너무 파리하게[甚臞=甚瘠] 그려져 있어 이는 제왕이 흠모하는 선인의 모습이 아니라고 여겨 이에 드디어 '대인부(大人賦)'를 (지어) 올렸다. 그 글은 이러했다.

'세상에는 대인(大人)이 있어 중주(中州)에 산다〔○ 사고(師古)가 말했다. "대인은 천자를 비유한 것이고 중주는 중국(中國)이다."〕.

그의 저택이 1만 리에 가득 찼건만[彌=滿] 일찍이 거기서 잠시나마 머무를 수 있다고 여기지 않는구나.

세속이 각박하고 비좁은 것을 슬퍼해 떠나갈 뜻을 품고[揭] 훨훨 가볍

게 날아가 멀리서 노닐도다.

 붉은색 깃발과 흰 무지개를 타고 올라 구름 기운에 몸을 싣고 위로 떠올라가네.

 황백(黃白)의 긴 장대를 세우고 빛나는 깃발을 달고서 오색 빛깔을 늘어뜨려 깃발 끝을 꾸미고 혜성(彗星)을 끌어당겨 깃발의 드리운 깃털로 삼았다.

 깃발은 바람을 따라 높이 나부끼며 아리따운 자태로 흔들린다.

 참(欃), 창(槍)[4]을 따다 깃발로 삼고 깃발 장대 위에 둥그런 무지개를 길게 엮어 도(韜-활집)를 삼는다.

 이때 하늘에는 붉은빛이 아득히 멀리 퍼지나 암담해 빛도 없고 바람처럼 솟아오르고 구름처럼 떠오른다. 날개 달린 응룡(應龍) 모양의 수레를 타고 적룡(赤龍)과 청룡(靑龍)을 부마(副馬)로 삼으니 그 오르내리는 기세가 왕성하다. 목을 꼿꼿이 세우고 달리며 굽혔다가 우뚝 일어나 뛰는가 하면 똬리를 틀곤 한다. 머리를 끄덕끄덕 흔들더니 목덜미를 길게 빼고 앞으로 나아가기도 하고 때로는 머리를 들어 나아가지 않기도 한다. 때로는 방자하고 자유분방하며 머리를 치켜드는 것이 가지런하지도 않고 재빨리 앞으로 나아갔다가는 뒤로 물러서며 눈을 움직이고 혀를 내민다. 쭉 위로 날아올라 좌우로 서로 따르고 여러 번 머리를 흔들며 달려서 서로 의지해 뒤엉키고 이끌며 서로를 부른다. 땅을 밟고 내려섰는가 하면 훌쩍 날아 솟아오르고 날아올라서는 미친 듯이 달리고 나란히 날아가 서로 쫓곤 한다.

---

4 둘 다 혜성의 일종이다.

번개처럼 빠르고 갑자기 밝아지며 안개처럼 사라지고 구름처럼 흩어진다.

비스듬히 극동(極東)을 건너 북극(北極)에 오르니 신선들과 서로 교유하노라. 진인(眞人)이 서로 만나 오른쪽으로 돌았다가 옆으로 비천(飛泉)을 건너 오르니 정동(正東)으로 간다. 여러 신선들을 불러 뽑아 정하고 요광(瑤光)에서 여러 신선들을 배치한다. 오제(五帝)를 길잡이로 삼고 태일(太一)을 제자리에 돌려보내며, 능양(陵陽)으로 하여금 뒤따르게 하고 현명(玄冥-고대의 물의 신)을 왼쪽에 있게 하고 함뢰(含雷)를 오른쪽에 있게 하며 육리(陸離)를 앞에, 휼황(潏湟)을 뒤에 있게 한다. 선인 정백교(征伯僑)를 부리고 선문(羨門)을 부린다. 기백(岐伯)에게 명해 의방(醫方)을 맡기고 축융(祝融-불의 신)에게 경호를 하게 해 행인들을 멈추게 하고 악기(惡氣)를 맑게 한 뒤에 나아간다. 나는 수레 1만 승을 모아 오색 구름을 수레의 일산(日傘)으로 삼고 빛나는 깃발을 곧추세운다. 구망(句芒)으로 하여금 시종들을 인솔하게 해 남쪽으로 가서 즐기고자 한다.

숭산(崇山)에서 당요(唐堯)를 찾아보고 우순(虞舜)을 구의(九疑)로 찾아간다. 수레 행렬은 어지럽게 뒤섞이고 서로 교차한 채로 나아가려 하는데 소란스럽고 서로 부딪쳐 서로 혼란스럽고 어지러워서 전진할 수가 없다. 이제 물이 아래로 흐르는 것처럼 행렬이 움직인다. 잇달아 모여드는 것이 마치 모아놓은 듯하고, 넓게 퍼져 흩어지는 것 또한 광막하게 섞여 있는 듯하다. 뇌실(雷室)의 우레 소리는 우르르 쾅 하고 들리는 곳으로 곧바로 들어가고, 귀곡(鬼谷)은 울퉁불퉁해 평탄하지 않은 곳을 빠져나온다. 팔굉(八紘-가장 먼 곳)을 두루 관람하고 사황(四荒)을 본 뒤에 떠나서 구강(九江)을 건너고 오하(五河)를 넘어 염화산(炎火山)을 지나 약수(弱水)에 배를 띄워 작은 주(洲)를 건넌다. 사막을 건너 문득 총령산(葱嶺山)에 쉬며 물장난을 즐긴다. 여와(女媧)에게 비파를 타게 하고 풍이(馮夷)로 하여금 춤추게 한다. 때로는 아득히 어두워지고 그늘이라도 지면 병예(屛翳)를 불러 풍백(風伯)을 벌주고 우사(雨師)를 형에 처한다. 서쪽으로 곤륜산(昆侖山)의 모호한 모습을 바라보다가 곧바로 삼위산(三危山)으로 달려간다. 창합(閶闔)을 밀치고 천제의 궁궐로 들어가 옥녀(玉女)를 태워 함께 돌아온다. 낭풍산(閬風山)을 올라 먼 곳에서 멈추니 마치 까마귀가 높이 날아오른 뒤에 한 번 멈춰 쉬는 것과 같다. 음산(陰山)을 낮게 돌아 완곡하게 날아올라 내가 지금 본 서왕모(西王母)를 만나본다. 그녀는 흰머리에 옥으로 장식한 꾸미개를 쓰고 바위틈에서 살고 있는데 다행히 세 발을 가진 까마귀[三足烏]가 있어서 그녀를 위해 일한다. 반드시 불로장생해 이와 같이 된다면 1만 년을 살아도 즐거워하기에는 부족하다.

수레를 돌려 돌아오는 길에 부주산(不周山) 옆으로 넘어 유도산(幽都山)에서 회식한다. 북방의 밤기운을 마시고 아침 이슬을 먹는다. 지초(芝草)의 꽃잎을 씹고 경수(瓊樹)의 꽃잎을 먹는다. 머리를 들어 점차 하늘 높이 날아오른다. 천문(天門)의 거꾸로 달린 그림자를 뛰어오르듯 꿰뚫고 나가 뭉게뭉게 피어나는 구름을 건너서 유거(游車)와 도거(道車)를 달려 기다란 길을 내려가며 안개를 뒤로 남긴 채 멀리 달려간다.

인간 세상을 비좁게 여겨 깃발을 펼쳐 들고 북극으로 나간다. 주둔시킨 기병들은 현궐(玄闕)에 남겨두고 선구(先驅)에게 한문(寒門)에서 앞질러 가게 한다. 아래는 깊고 멀어서 땅이 보이지 않고 위는 넓디넓어 하늘이 없다. 보려고 해도 눈이 아물거려 볼 수가 없고 들으려 해도 귀가 황홀해 들

리는 것이 없다. 허무를 타고 올라 앞으로 나아가니 초연하게 벗도 없이 홀로 남아 있도다.'

 상여가 '대인부'를 올리자 천자는 크게 기뻐하며 갑자기 구름 위로 올라간 듯하고 하늘과 땅 사이에서 한가로이 노니는 듯했다.
 상여는 이미 병으로 벼슬에서 물러나 무릉(茂陵)의 집에서 살고 있었다. 천자가 말했다.
 "사마상여의 병이 위독하다니 가서 그의 책을 모두 가져오는 것이 좋겠다. 만일 그렇게 하지 않는다면 뒤에 그것을 잃을 것이다."
 소충(所忠-사람 이름)을 보냈는데 상여는 이미 죽었고 집에는 남겨진 책이 없었다. 그의 아내에게 물으니 이렇게 대답했다.
 "장경(長卿)은 일찍이 아무런 책도 갖고 있지 않았습니다. 종종 글을 지으면 사람들이 곧바로 가져가버렸습니다. 장경이 아직 죽기 전에 한 권의 책을 지었는데 이렇게 말했습니다. '사자가 와서 책을 찾거든 이것을 올리시오.'"
 그가 남긴 서찰 형태의 글은 봉선(封禪)의 일에 관한 글이었는데 소충이 그것을 바치자 천자는 그것을 진귀하게 여겼다. 그 글은 이러했다.

 '저[伊] 상고시대에 하늘과 땅이 처음 열리고[初肇=初始] 하늘[顥穹]〔○ 사고(師古)가 말했다. "호(顥)나 궁(穹)은 각각 하늘을 나타내는 말이다. 호는 기운이 크다는 뜻이고 궁은 둥근 천장[穹隆] 모양을 하고 있다는 뜻이다."〕이 백성을 낳은 이래 여러[選=數] 대의 임금[辟=君]들을 거쳐서 진

(秦)나라에 이르렀습니다[迄=至]. 가까운 시대[邇=近]의 군주들이 남긴 발자취를 더듬고 먼 옛날[逖=遠]의 유풍(遺風)을 들어보겠습니다. 예로부터 군주가 된 자는 많았지만 이름이 묻혀 (역사에) 제대로 기록되지 않은 자는 이루 다 셀 수 없습니다. 순(舜)임금과 우왕(禹王)의 뒤를 이어 밝고 큰 [昭夏=明大] 다움을 계승해 생전의 이름과 사후의 시호를 높이 받들어 후세에 일컬을 만한 임금은 대략 72명이 있습니다. 그 누구도 좋은 쪽[淑=善]을 따르고서 크게 번성하지 않은 자가 없었고, 그 누구도 다움을 잃고서 오래 존속한 자가 없습니다.

헌원씨(軒轅氏)[5] 이전의 일은 멀고도 아득해 그 자세한 것은 들을 수 없을 뿐입니다. 그러나 오제(五帝)와 삼왕(三王)은 육경(六經)에 전하고 있어 대체적으로 볼 수가 있습니다. 『서경(書經)』에 이르기를 '원수(元首)는 밝도다! 고굉(股肱-신하)들은 훌륭하도다[元首明哉 股肱良哉]'〔○ 사고(師古)가 말했다. "「우서(虞書)」 '익직(益稷)' 편에 나오는 말이다."〕'라고 했습니다. 이에 근거해 말하자면 군왕들 중에는 당요(唐堯-요임금)보다 성대한 이가 없고, 신하들 중에는 후직(后稷)[6]보다 뛰어난 이가 없습니다. 후직은 사업

---

5 헌원의 언덕에서 낳았기 때문에 헌원씨라고 하고, 유웅(有熊)에 국도(國都)를 정한 까닭으로 유웅씨라고도 일컫는다. 배와 수레를 최초로 만들어 교통을 편리하게 했다. 당시 지남차(指南車)를 만들어 탁록(涿鹿)의 벌판에서 포학작란(暴虐作亂)하던 치우(蚩尤)를 쳐서 평정하니, 제후가 천자로 받들어 신농씨(神農氏) 뒤를 잇게 됐다. 또한 토덕(土德)의 서기(瑞氣)가 있다고 해 황제(黃帝)로도 불린다.

6 농경신(農耕神)으로 오곡(五穀)의 신이기도 하다. 성(姓)은 희(姬)씨고, 이름은 기(棄)다. 『사기(史記)』 '주본기(周本記)'에 따르면 유태씨(有邰氏)의 딸로 제곡(帝嚳)의 아내가 된 강원(姜原)이 거인의 발자국을 밟고 잉태해 아들을 낳았다[감생설화(感生說話)]고 한다. 그것이 불길하다 해

을 당(唐-요임금의 나라)에서 처음으로 했고, 공류(公劉)[7]는 공적을 서융(西戎)에 드러냈습니다. 문왕(文王)이 제도를 고치니 이에 주나라가 크게 융성하고 대도(大道)가 비로소 이루어졌습니다.

그리고 그 뒤로 점차 쇠미해 1,000년을 누린 뒤에 그 성교(聲敎)가 끊어졌습니다. 어찌 그 처음도 잘하고 그 끝도 잘한 것이 아니겠습니까? 그렇게 된 데에는 다른 까닭이 있는 것이 아닙니다. 그것은 앞의 것(-창업자의 뜻)을 따르는 데 삼가고[愼] 그 교화를 삼가[謹] 지켜왔기 때문일 뿐입니다. 그러므로 주나라의 사적은 평이해 따르기 쉽고, 은택은 깊고 광대해 풍부하며, 법도는 명백해 본받기가 쉽고, 법통을 드리우는 것이 이치에 맞기 때문에 계승하기 쉬웠던 것입니다. 이 때문에 왕업은 성왕(成王) 때에 이루어졌고, 공적은 문왕(文王)과 무왕(武王)이 으뜸이었습니다.

그러나 그 시작한 바[所元]를 살피고 그 마친 바[攸卒=所卒]를 궁구해 보면 특별히 이상하리만큼 뛰어난 사적은 없으니 지금의 한나라와 비교가 됩니다〔○ 사고(師古)가 말했다. "한나라의 다음과는 비교가 될 수 없다는 말이다."〕. 그러나 (주나라 사람들은) 오히려 양보산과 태산에 올라 봉

세 차례나 내다 버렸지만 그때마다 구조됐다[기자설화(棄子說話)]고 한다. 나중에 요제(堯帝)의 농관(農官)이 되고 태(邰) 땅에 책봉돼 후직이 됐다.

7 상(商)나라 때 사람으로 고대 주(周)나라 왕조의 건설자라 이르는 후직(后稷) 기(棄)의 후예이자 불굴(不窋)의 손자이고 국도(鞠陶)의 아들이다. 주나라 종족은 대대로 우하(虞夏)에서 후직의 관직을 세습했다. 불굴에 이르러 관직을 잃고 융적(戎狄)의 땅으로 달아나 살았다. 그가 종족들을 이끌고 태(邰)에서 빈(豳)으로 옮겨왔다. 지형과 수리(水利)를 살펴 농기구를 정리하고 황무지를 개간해 농업을 발전시켰다. 집과 건물을 짓고 궁실을 세우면서 이곳에 정착하게 된다. 그리하여 빈곡(豳谷)은 주 부족의 발원지가 됐다.

선(封禪)해 영광스러운 봉호(封號)를 세우고 높은 명성을 베풀었습니다. 위대한 한(漢)나라의 다움은 수원(水源)처럼 솟구쳐 올라 널리 사방에 미치고 구름처럼 퍼지고 안개처럼 흩어져 위로는 구천(九天)까지 뻗치고 아래로는 팔방의 극까지 흘러가는 듯합니다. 살아 있는 모든 것은 천자의 은택에 젖어 윤택해지고 화기(和氣)는 옆으로 흘러넘치며 당당한 절조는 질풍처럼 멀리 퍼져나갑니다. 가까이에 있는 자는 그 은택의 원천에서 놀고 멀리에 있는 자는 그 은택의 말류에서 헤엄치는 것과도 같습니다. 거대한 악을 저지른 자는 연기처럼 사라지고 어리석은 자는 지혜를 얻었으며 (심지어) 곤충도 화락(和樂)해 모두 머리를 돌려 안으로 향하고 천자의 은택을 (입게 되기를) 바라고 있습니다.

그런 다음에 추우(騶虞)와 같은 진귀한 짐승을 원유(苑囿-동산)에서 기르고 미록(麋鹿)과 같은 기이한 짐승을 잡습니다. 한 줄기에서 여섯 이삭이 달린 곡식을 부엌에서 골라 종묘에 바치고, 뿔이 한쪽에 쌍으로 돋아난 백린(白麟)을 희생으로 해 종묘에 제사를 지내며, 주나라 때 놓아주었던 거북을 기산(岐山) 가에서 잡고, 취황색(翠黃色) 용을 못에서 부르며, 신마(神馬)를 시켜 영어(靈圉-신선의 이름)와 접촉해 한가로운 관사에 빈객으로 머물게 합니다. 기이한 물건의 괴이함과 다양한 변화가 이보다 더할 수는 없습니다. 삼가 받들어야 할 일입니다.

상서(祥瑞)로움이 여기에 이르렀건만 오히려 다움이 엷다고 겸손해하며 감히 봉선할 것을 말하지 않습니다. 대체로 주나라에서는 무왕(武王)이 은나라의 주왕(紂王)을 칠 때에 펄펄 뛰는 백어(白魚)가 튀어올라 배에 떨어진 것을 아름다운 상서라고 해 구워서 하늘에 제사 지냈습니다. 이와 같은 미미한 것을 징험이라고 해 태산에 올라가 봉선했던 것이니 참으로 부끄럽지 않습니까! 주나라의 앞서감[進]과 한나라의 겸양[攘=讓]의 도리〔○ 사고(師古)가 말했다. "주나라가 아직 봉선할 만한 것이 아닌데도 봉선한 것을 앞서감이라 했고, 한나라가 봉선해야 할 일인데도 봉선하지 않은 것을 겸양이라고 말하고 있다."〕가 어찌 이렇게도 다릅니까?'

이에 대사마(大司馬)가 나아와 말했다.

"폐하께서는 어짊으로 천하의 백성들을 기르시고 의로움으로 불순한 자들[不譓=不順]을 정벌하십니다. 중국 안의 제후들[諸夏]은 기꺼이 공물을 받들고 모든 오랑캐들[百蠻]은 폐백을 바치니, 임금다움은 상고의 제왕과 같고 공로는 비교할 자가 없으며, 아름다운 공업은 두루 이르지 않는 곳이 없고 상서로운 조짐들은 여러 가지로 변화해 시기를 따라 계속해서 이르러서 유독 처음 나타난 것은 없을 정도였습니다.

생각건대 이는 태산과 양보산에 제단을 설치하고 폐하께서 거둥하시기를 바라는 것입니다. 이는 대체로 봉호를 세워 영광을 드러나게 하려는 것입니다. 즉, 하늘이 은혜를 내려 땅을 복되게 해 장차 제사를 지내 성공을 아뢰려는 것입니다. 그런데도 폐하께서 겸양하시어 출발하지 않으시니 그것은 천신(天神), 지기(地祇), 산악(山嶽)의 신의 환심을 끊고 왕도(王道)의 예의를 잃는 것으로서 여러 신하들이 부끄럽게 여깁니다. 어떤 사람은 말하길 '하늘의 뜻은 진실로 이미 상서로운 징조로 암시했고, 상서로운 징조가 나타나면 본래 사양할 수 없다'라고 했습니다. 그런데도 만일 이것을 사양한다면 그것은 옛날부터 태산에는 표기(表記)를 세울 기회가 없었을 것이고 양보산은 제사를 받을 가능성이 없었을 것입니다. 또한 각각 때에 따라 한때를 영화로 삼고 그 세상을 지나가는 데 그쳤을 뿐이라면 뒷세상에서 이야기하는 자가 오히려 어떻게 72명의 군주가 있던 것을 말할 수 있었겠습니까?

무릇 다움을 닦은 이[修德]에게 부서(符瑞)를 주면 그것을 받들어 봉선을 행하는 것은 예의를 뛰어넘는 행위가 아닙니다. 그래서 빼어난 임금들은 봉선을 폐기하지 않아 예를 닦고 자기를 공경하고 정성을 다해 천신을 기다리며, 중악(中嶽-숭산)에 공을 새겨서 지존의 신문을 드러내고, 빼어난 다움[聖德]을 서술해 영광스러운 봉호를 나타내고, 두터운 복을 받음으로써 은택을 모든 백성들에게 미치게 했던 것이니 이 일은 얼마나 성대한 것입니까! 이것은 천하의 장관이며 왕자(王者)의 위대한 업적이니 가볍게 여길 수 없습니다. 바라건대 폐하께서는 이것을 완수하셔야 합니다.

그런 뒤에 여러 유학자들[縉紳先生]의 학술과 지략을 빌려서 일월(日月)의 찬란한 빛을 우러르는 것처럼 그것으로써 관직을 지키고 일을 처리하게 하며, 또 겸해서 그 의로움을 바르게 처리하도록 하고 그 글을 교감해 『춘추(春秋)』같은 역사서를 짓게 하십시오. 그리하여 종래의 육경(六經)을 칠경(七經)이 되게 해 후세에 길이 전해 만세에 이르도록 맑게 흐르게 함으로써 그 영묘한 여파를 높이고 영명한 이름을 날려서 성대한 재능을 떨칠 수 있게 하십시오. 옛날의 빼어난 왕들이 길이 위대한 명성을 보전해 항상 으뜸으로 칭송받는 까닭은 바로 이러한 도리를 시행했기 때문입니다. 마땅히 장고(掌故-태상(太常) 소속의 담당관)에게 명해 봉선의 뜻을 모두 아뢰게 해 살펴보시길 바랍니다."

이에 천자는 감동해[沛然] 자세를 바꾸고서[改容] 이렇게 말했다.

"그렇도다! 짐이 이 일을 시험해보리라!"

마침내 생각을 바꾸고[遷思] 마음을 돌려 공경들의 의견을 총합해 봉선의 일을 물었고, 천자의 큰 은택을 시로 읊게 하고서 부서(符瑞)의 풍부함을 넓혔다. 드디어 송을 지어 노래를 불렀다.

'우리 하늘, 만물을 덮어주시고 구름, 둥둥[油油][○ 이기(李奇)가 말했다. "유유(油油)는 구름이 떠다니는 모양이다. 맹자(孟子)가 말했다. '유연(油然)은 구름이 생겨나는 모양이고 패연(沛然)은 비가 내리는 모습이다.'"] 떠가는구나

감로(甘露)와 때맞춰 내리는 비[時雨] 저 대지를 촉촉이 적셔주도다

영양분 가득한 물기 땅속 깊숙이 스며드니

어떤 생물이건 길러주지 못하랴

아름다운 곡식 한 줄기에 여섯 이삭이 달렸으니

우리 창고에 어찌 쌓이지 않으리

단지 비 내려 적셔줄 뿐만 아니라 대지를 윤택하게 해주고

단지 윤택하게 해줄 뿐만 아니라 널리[范=普] 퍼지게 하도다

만물이 기뻐하며 그리워서 사모하는구나

명산(名山)이 봉선(할 곳)을 분명하게 드러내어

임금께서 오시기를 바라는데

임금이시여, 임금이시여, 어찌[侯=何] 가시지[邁=行] 않으십니까

무늬 아름다운 짐승 우리 임금의 동산에서 즐기네

흰 바탕에 검은 무늬 그 모습 아름답구나

화목한 모습 바로 군자의 자태로다

대개 일찍이 그 짐승 있다는 소리만 들었더니 이제야 그것을 보는구나

어디서 왔는지 알 수 없지만 하늘이 내려준 상서로운 조짐이로다

이 짐승 순임금 때 나타나더니 그로 말미암아

우씨(虞氏-순임금)가 일어났었지

살찐[濯濯] 기린 제단의 뜰[靈畤]에서 노니는구나
　　탁탁　　　　　　　　　　영치

맹동(孟冬) 10월에 우리 임금이 가셔서 교사(郊祀)하셨네

저 기린이 우리 임금의 수레 앞을 달려

우리 임금 그것으로써 제사를 지내셨지

삼대(三代) 이전에도 일찍이 이러한 상서는 없었다네

꿈틀거리는 황룡이 지극한 다움에 감동해 날아오르니

그 채색은 번쩍번쩍 빛이 나네

진정한 용(-제왕)이 모습을 보여 만백성들을 깨우쳐주었고

고서에도 육룡(六龍)을 타고 하늘에 오른다고 했었다네

용은 천명(天命)을 받은 자가 타는 것이고 천명은 조짐으로써만 받을 뿐

사물에 기탁해 봉선할 것을 군주에게 알려주는구나

육경을 펼쳐놓고 살펴보니 하늘의 뜻과 사람의 일이

이미 서로 어울려 합치되고 위와 아래가 서로 화해를 나타냈네

빼어난 임금의 일, 항상 스스로 두려워하고 삼가도다

그래서 흥기할 때는 반드시 쇠망할 것을 염려하고

편안할 때에는 반드시 위태로움을 생각한다네

이 때문에 탕왕(湯王)과 무왕(武王)은

　지극히 존엄한 지위에 있으면서도 엄숙과 삼감을 잃지 않았네

　순임금은 큰 법칙을 밝혀서

　항상 스스로 성찰하고 정치의 득실을 살폈다네

　이런 일들이 바로 봉선의 상서로운 조짐을 말하는 것이라네.'

　상여가 이미 죽은 지 5년이 지나고 나서 상은 비로소 후토(后土)에 제사를 지냈다. 8년 뒤에 드디어 중악(中嶽)에 제례(祭禮)하고, 태산(太山)에 봉(封)하고, 양보산 자락의 숙연산(肅然山)에서 선(禪)했다.

　상여가 지은 다른 글로는 '유평릉후서(遺平陵侯書)', '여오공자상난(與五公子相難)', '초목서(艸木書)' 등과 같은 것이 있으나 여기에서는 수록하지 않았고[不采=不擇] 그 저서들 중에서 특히 공경(公卿)들 사이에서 이름난 것만 실었다.

　찬(贊)하여 말했다.

　"사마천이 말했다. '『춘추(春秋)』는 드러난 것[見]을 미루어 헤아려 숨겨진 뜻[隱]에 이르고〔○ 위소(韋昭)가 말했다. "드러난 일[見事]을 미루어 헤아려[推] 숨겨진 뜻이나 피하는 바[隱諱]에 이르는 것이니, 예를 들면 진나라 문공[晉文]이 천자를 불렀는데[8] 경(經-『춘추(春秋)』)에서는 '하양(河陽)을 순수(巡狩)했다[狩河陽]'라고 기록한 것 등이 그런 부류다."), 『주역

8　제후가 천자를 불렀으니 이는 예가 아니다.

『周易』은 숨어 있는 것을 바탕으로 해서 드러내며[顯]〔○ 위소(韋昭)가 말했다. "『주역(周易)』은 숨어 있고 아주 미미하며 아득한 것[隱微妙]을 바탕으로 해서 사람들에게 일을 마침내 현저하게 드러내어 보여준다."〕,[9] (『시경(詩經)』의)「대아(大雅)」는 왕(王)이나 공(公), 그리고 대인(大人)을 말해 그들의 다움[德]이 일반 백성들[黎庶]에 미치게 하고〔○ 위소(韋昭)가 말했다. "먼저 왕이나 공, 그리고 대인의 다움을 말하고 그후에 일반 백성들에게 그 다움이 미치게 했다."〕,「소아(小雅)」는 일반 사람들[小己]의 얻고 잃음[得失]을 비꼬아서 그 영향이 위에까지 이르게 한다〔○ 위소(韋昭)가 말했다. "「소아」에 나오는 사람들의 뜻은 좁고 작아서[狹小] 먼저 자기 자신의 근심과 고통[憂苦]을 말하게 한 다음에 그 영향이 위에서 정치하는 사람들의 얻고 잃음에 미치도록 했다."〕. 이것들이 말하는 바는 비록 각기 다르지만 그것이 모두 다움에 합치된다는 점에서는 똑같다. 상여(相如)는 (그의 글에서) 비록 공허한 꾸밈[虛辭]이나 함부로 하는 말[濫說]이 많기는 하지만 그러나 그 주된 귀착점[要歸]은 절의와 검소함[節儉]이다. 이것이 『시경(詩經)』의 풍간(諷諫, 風諫)과 무슨 차이가 있는가? 양웅(揚雄)은 "(사마상여의) 요란하고 화려한 부(賦)는 100가지를 권면하면서 한 가지를 풍자하는데[勸百風一] 이는 마치 정(鄭)나라 위(衛)나라의 음란한 음악으로 치닫다가 끝에 가서는 아악(雅樂)을 연주하는 것과 같으니 이미 희롱한 것이 아니겠는가?"라고 말한 바 있다. 나는 상여의 말 중에서 논할 만한 것만 가려서 이 편(-「사마상여전」)을 지었다.'"

---

9 이런 점에서 『춘추(春秋)』와 『주역(周易)』은 그 방향이 서로 반대다.

KI신서 9069

완역 한서 ❻ 열전列傳 2

1판 1쇄 인쇄 2020년 4월 3일
1판 1쇄 발행 2020년 4월 17일

지은이 반고
옮긴이 이한우
펴낸이 김영곤
펴낸곳 (주)북이십일 21세기북스

출판사업본부장 정지은 **서가명강팀장** 장보라
서가명강팀 강지은 안형욱
서가명강사업팀 엄재욱 이정인 나은경 이다솔
교정 및 진행 양은하 **디자인 표지** 김승일 **본문** 김정자
영업본부이사 안형태 **영업본부장** 한충희 **출판영업팀** 김수현 오서영 최명열
마케팅팀 배상현 김윤희 이현진
제작팀 이영민 권경민

출판등록 2000년 5월 6일 제406-2003-061호
주소 (10881) 경기도 파주시 회동길 201(문발동)
대표전화 031-955-2100 **팩스** 031-955-2151 **이메일** book21@book21.co.kr

(주)북이십일 경계를 허무는 콘텐츠 리더
21세기북스 채널에서 도서 정보와 다양한 영상자료, 이벤트를 만나세요!
페이스북 facebook.com/jiinpill21 **포스트** post.naver.com/21c_editors
인스타그램 instagram.com/jiinpill21 **홈페이지** www.book21.com
유튜브 youtube.com/book21pub
서울대 가지 않아도 들을 수 있는 명강의! 〈서가명강〉
유튜브, 네이버 오디오클립, 팟빵, 팟캐스트, AI 스피커에서 '서가명강'을 검색해보세요!

ⓒ 이한우, 2020

ISBN 978-89-509-8751-0 04900
      978-89-509-8756-5 (세트)

• 책값은 뒤표지에 있습니다.
• 이 책 내용의 일부 또는 전부를 재사용하려면 반드시 (주)북이십일의 동의를 얻어야 합니다.
• 잘못 만들어진 책은 구입하신 서점에서 교환해드립니다.